厚德博學
經濟匡時

新时代财政学教材系列

非税收入教程

汪　冲　温娇秀　编著

上海财经大学出版社

图书在版编目(CIP)数据

非税收入教程 / 汪冲，温娇秀编著．—上海：上海财经大学出版社，2021.10
(匡时·新时代财政学教材系列)
ISBN 978-7-5642-3813-1/F·3813
Ⅰ．①非…　Ⅱ．①汪…②温…　Ⅲ．①非税收收入-财政管理-中国-高等学校-教材　Ⅳ．①F812.43

中国版本图书馆 CIP 数据核字(2021)第 114493 号

责任编辑：杨　娟
封面设计：张克瑶
版式设计：朱静怡

非税收入教程

著 作 者：汪　冲　温娇秀　编著
出版发行：上海财经大学出版社有限公司
地　　址：上海市中山北一路 369 号(邮编 200083)
网　　址：http://www.sufep.com
经　　销：全国新华书店
印刷装订：上海华教印务有限公司
开　　本：787mm×1092mm　1/16
印　　张：21.5
字　　数：420 千字
版　　次：2021 年 10 月第 1 版
印　　次：2021 年 10 月第 1 次印刷
印　　数：0 001—2 500
定　　价：66.00 元

总 序

改革开放以来，中国财政进行了广泛而深刻的变革，为我国经济的快速增长做出了巨大贡献。进入新时代，财政被赋予更加重要的使命。党的十八届三中全会指出“财政是国家治理的基础和重要支柱。”因此，从理论上总结中国财政改革与发展的实践，将其写进教材，编写出版新时代背景下的财政学系列教材，具有鲜明的理论与实践意义。

上海财经大学高度重视新时代财政学教材系列的编写工作，成立由上海财经大学原党委书记丛树海教授担任主任的编审委员会，成员包括蒋洪教授、胡怡建教授、马国贤教授、刘小川教授、朱为群教授、刘小兵教授、付文林教授、邓淑莲教授和范子英教授。在编审委员会的指导与审核下，广泛听取财政部和学术界的意见与建议，充分研讨教材的理论框架、写作思路和内容安排，组建各教材编写团队，形成成熟可靠的工作方案。

“新时代财政学教材系列”的总体编写风格是：将实践总结与理论升华相贯穿，注重提炼和升华中国财政实践的理论内涵和理论思想。写作中，以公共财政为主线，服从财政本质属性与实践运行规律；深刻把握中国财政发展的历史进程，梳理总结中国财政改革与实践的经验；广泛借鉴国际范围内的经验教训，注重历史和当前、宏观与微观、中国与世界多种视角的联系与整合。

鉴于所涉面广，“新时代财政学教材系列”准备采取分批编写的办法，成熟一本推出一本，计划用两到三年时间推出十本左右相关教材，完整涵盖财政的各个领域，从而完成对中国财政改革实践的理论总结与展望的任务。

上海财经大学公共经济与管理学院
“新时代财政学教材系列”编审委员会
2020 年 7 月

前　言

70余年来，中国财政实现了广泛而深刻的变革，为中华民族的历史性变迁做出了巨大贡献。总结新中国财政改革与发展实践，编写出版“新时代财政学教材系列”系列教材，具有重要的理论价值与实践意义。

《非税收入教程》作为该系列教材之一，在结构安排上根据非税收入的理论要素，按照征收依据——征收对象——征收标准——征收管理——使用管理——监督管理展开，蕴含的是为什么征、对谁征、征多少、如何征管、如何使用、如何监督这样一个逻辑链条。其中，第一章作为导论介绍非税收入的概况。从非税收入的含义、特征及作用三个角度展开阐述，并结合中国现实情况和国外代表性国家的经验，对非税收入的规模、结构、负担和管理进行梳理与总结。

第二章至第四章围绕非税收入的征收依据，分别以混合产品的补偿、外部性的矫正、国有资产收入的形成与发展这三条线索，阐述非税收入的征收依据和征收目的。

第二章混合产品的补偿中，以混合产品理论框架为基础，结合拥挤、外溢和俱乐部产品等理论要素介绍混合产品最优供给的必要性条件。进而，从充分性角度明确指出混合产品供给的三个目标，即效率、公平与有效。强调在既定资源禀赋下，既需要注重经济效率，以实现产品与服务供给水平的最大化，最大限度地满足更多个体的使用需求；同时也追求较低的管理成本和较好的政策可行性。基于上述理论基础，重点阐述混合产品通过非税收入形式进行补偿和筹资的潜在优势、局限与相应约束。明确指出使用非税收入补偿混合产品具有提升公共资源配置效率、改进公共资源使用效率和避免过度使用浪费的优势，同时，也存在适用范围有限、资金筹集能力不足，以及与支付能力公平原则相脱节的局限性。并且，在使用非税收入形式补偿混合产品供给时，需要建立公开透明的决策、科学的定价机制、规范的征收管理和完善的使用监督。最终，以中国改革开放以来举世瞩目的高速公路发展成就和“贷款修路、收费还贷”政策为案例，回顾总结相应成效、不足与改革。

第三章外部性的矫正中，梳理外部性概念及其分类，明确指出外部性矫正政策的多样性。非税收入作为其有机构成，主要包括庇古式收费、产权出让收入或政府特许经营收入，分别对应课征庇古税、运用科斯定理明晰产权和政府管制三种理论思维。在以中国的烟草专卖体制为案例的介绍中，指出现有体制和上述非税收入政策在矫正吸烟产生的巨大负外部性社会成本方面的功能尚发挥不足，应强化这一领域非税收入与矫正负外部性二者之间的内在联系与功能整合。同时，在矫正外部性的非税收入政策体系内部，应当明确各具优势和局限性。庇古式收费相对于产权拍卖和政府管制，具有更加精准的矫正，更易实现经济效率和明确的受益公平性等优势，同时，也存在实施成本较高、价值量核算内容较多，以及限制或禁止功能较弱、政策有效性相对较低的局限。在北京市汽车牌照抽签制度与上海市汽车牌照拍卖制度的比较分析案例中，借助现有理论研究成果对这两项制度的影响及福利状况进行介绍。

第四章国有资产收入的形成中，按照形成依据和影响机制两个层面展开。明确国有资产收入的形成依据是国有产权权利，是国家凭借对国有资产的所有权，从国有资产的产权行使中，包括经营、投资、运营、出租、出让、转让、分配等行为中获得的经济利益。在影响机制层面，重点对国有资本收益和国有资源有偿使用收入的形成与发展进行阐述。在国有资本收益方面，总结现有产权理论研究，说明国有企业委托代理链条和法人治理结构决定了国有资本收益所具有的表现形式和阶段性特征。并明确由“管资产管人管事”向“管资本为主”这一新型委托代理框架转变的进程中，国有资本收益的影响机制包括混合所有制企业法人治理结构及绩效、国有资本投资和运营机制、国有企业战略布局，以及国有资本经营预算管理制度和国有资本收益收取政策。同时，从所有制结构的内生变化来看，一个得到充分发展的民营经济不仅不会危及国有经济，反而会使得各种所有制资本取长补短、相互促进、共同发展，间接促进各类型国有资本收益。在国有资源有偿使用收入方面，以中国当前产权主体较为明确、产权权能界定较为充分、产权出让制度较为健全的国有建设用地出让为例展开机制分析。一是从锦标赛模式下的政府行为角度阐述中央政府建立的规则和地方政府的反应；二是结合财政分权体制下的土地财政机制表现，最终说明政治激励与财政体制的共同作用下，深刻决定、影响着土地出让金这一当前中国体量最大的非税收入。而且，需要从政治激励与财政体制两方面相结合，完善相应治理，才能防控由土地财政引发的一系列潜在风险，持续推进中国工业化和城市化进程。

第五章非税收入征收对象中，将上述理论基础投射到具体非税收入领域，分析阐述中国当前的行政事业收费、政府性基金、国有产权非税收入和其他类型非税收入的征收对象。在行政事业性收费中，明确确立收费对象的一般原则和依据。在当前大幅取消、免征、停征和减征行政事业性收费的背景下，应进一步梳理收费对象的设定，明确理论依据，避免重复征收，同时，也要避免走向与行政收费对象过多、范围过大的一个相反极端，即实施行政服务“零收费”现象。在政府性基金方面，应当着力解决内部关系混乱，基金与税、基金与费交叉混合，功能定位不清的问题，完善政府性基金的法律依据与支撑。在国有资本收益收取对象上，明确区分国家股和国有法人股的股息和股利收入，同时，拓宽“以所有者身份依法取得的国有资本投资收益”的界定，全面考虑国家以所有者身份依法行使的投资、转让、处分等行为产生的收益，而不仅仅是局限在投资收益这一范畴。在国有资源有偿使用收入方面，现实中尚存大量的国有资源没有作为收入取得对象，同时，部分资源有偿使用收入取得对象与行政收费对象相混淆，造成资源配置扭曲和国有资产流失。应在落实产权主体和产权权能、制定资源清单和权利清单的基础上，拓展国有资源资产有偿使用收入的取得对象。在行政事业单位非经营性国有资产方面，推广"南宁模式"，向当前正在实施的国有资本运营公司和投资公司体制靠拢，规范非经营性国有资产收入的取得。

第六章非税收入征收标准中，首先介绍制定收费标准的原则，并以公路收费为例介绍收费标准的确立思路，并对收费标准中的常用方法，如成本法和收益法，以及比费法、综合法和高峰负荷法等加以介绍。在矫正性非税收入征收标准中，以排污费改环境保护税为例，介绍目前征收标准的确立思路，并指出与理想的矫正性标准尚有一定差距。这是因为从矫正性非税收入征收标准的确定依据来看，这一标准至少应达到负外部性行为带来的社会损失，并要求采用与之相适应的标准确定方法，由此引出市场价值法、机会成本法、恢复和防护费用法、影子工程法等标准制定方法。在国有资本收取标准方面，介绍我国国有资本收益收取标准的进展，指出现有国有资本收益收取标准存在两个问题：一是收取标准仍然偏低。二是偏重于发展国有资本和解决国有企业历史遗留问题，直接用于保障民生，体现全民共享的支出比重仍然较低。因而提出建立国有资本收益的需求性收取标准，并注入更多的专项支出属性。在国有资源有偿使用收入和行政事业单位非经营性资产的收益，其收取标准的确立思路应是基于竞争性取得方式所形成的市场价值标准，同时，对于附加限制条件的竞争性取得方式，则应进行有效规制。在其他非税收入取得标准方面，总体应采取据实收取，但是在罚没收入标准方面，还应进一步考虑体现惩戒性质的加成收取。

接下来的第七章到第九章则侧重于非税收入的管理。第七章非税收入征收管理中，按照征管流程重点关注了三个理论问题——法定授权、征管架构与预算监控。当前，中国非税收入征收的法定程度相对较低，权力配置相对封闭，行使不透明、不公开，立法机构、公众与社会组织的权力行使不够充分。而且，中国当前非税收入的设立权集中在政府，向部门转移授权的情形非常普遍，且存在多头部门授权问题，缺乏有效监督与制约。从国外经验来看，非税收入征管中具有很高的法定与法治化水平。其中，非税收入征收权的法定和法治是其核心内容，而非税收入项目的设立及调整权，特别是设立的法律授权，又是非税收入征收权的核心表现。非税收入项目的法定授权设立中，应有类似于"项目管理"的思路，具有"一个项目，一部法案"的特征。每一使用者付费法案中的授权需根据拟解决问题的现实与目标，分别设立不同授权形式和内容，因案而异。法定授权设立中的内容涉及收取标准、触发条件、有效期、支出用途、收入规模限制，以及报告和审查要求。授权的焦点在于既要保证设立授权内容的具体和明确,以此作为国会监督和司法审查的依据,同时又需增强机构的灵活性,改进资源配置和使用效率。

在征管架构中,中国目前正形成两种非税收入征管体制:一种是以国家税务总局为主的领导下,税务系统集中征收、收缴、收取的征管体制,其对象不仅包括中央非税收入项目和央地分成的非税收入项目,也包括地方政府非税收入项目。二是属地化的"块状结构"征管体制,以财政部门、主管部门、执收执罚单位以及其他业务单位之间的横向联系为主。传统的分散征收管理与垂直管理下的税务部门集中征收管理这两种体制在一段时间内仍将共存。从适宜性和必要性角度考虑,与现有税制联系较为紧密的非税收入项目,包括一些政府性基金和涉企的部分行政事业收费等,均可以尽快划转为税务部门征收。同时,国有资本收益和国有资源有偿使用收入的征收也应尽快全面划转。未来,非税收入的征管组织架构会有所演变,形成财政部门(及其他监管部门)、(对口非税收入项目的)主管部门和税务部门三方格局,而执收单位在征管组织架构中将会淡化,甚至逐步退出。同时,财政部门、主管部门和税务部门三方格局下的征管架构仍需要进一步优化相应的职责配置。应当明确财政部门根据立法授权或者政府规定,制定、指导与监管政策的先导作用。财政部门可以吸收现有上海模式和湖南模式各自的优势与特色,发挥类似于美国行政管理与预算局(Office of Management and Budget,OMB)的作用,具有更全面的职责配置、更充分的权力行使内容及范围。

在预算监管中,近年来中国不断推进全口径的预算范围和统一的预算管理改革,推广非税收入信息化征缴与电子化票据系统,切实提高了政府非税收入预算管理水平。相对于税收收入,非税收入项目较为细微、分散,种类与名目数量众多,一些非税收入不稳定,受清费减负、减税降费等宏观政策的影响较为明显。目前,非税收入"重征缴、轻预算"的现象仍较为普遍,"政出多头""条块分割""收支挂钩"的问题在预算管理中表现得更为明显。需要进一步明确非税收入预算管理的法律法规依据,进一步提高非税收入预算编制的准确性,包括运用更为科学准确的政府服务成本核定方法,保证非税收入预算执行的刚性。同时,针对部门单位"谁收谁用、多收多用"的"收支挂钩"问题,应意识到其实质是非税收入游离于政府全面预算管理之外所产生的"预算脱钩"现象,其成因既有非税收入自身特征,也有非税收入资金绩效管理滞后、成本核算技术落后、政府内部控制不规范、财务报告和中期规划制度不健全等原因。因此,进一步的"收支脱钩"改革应着力实现充分、彻底的"预算挂钩"。同时,在保证统一的预算监管这一前提下,注重发挥部分非税收入项目,特别是具有使用费特征的非税收入项目本身所应有的"收支关联"性,提高非税收入资金的资源配置和使用效率。

第八章非税收入使用管理的内容更具前瞻性,同时也具有现实意义。当前,中国仍处在积极推进项目化绩效评价活动的阶段,建立项目化绩效管理框架和流程的改革任重道远,更遑论非税收入项目的绩效管理。同时,为核算和披露政府提供公共产品和服务的成本信息，中国政府正积极推进政府财务管理改革，明确要求实施政府成本会计，完善政府内部控制。本章较为全面地介绍了非税收入资金使用管理中的三个基础内容——绩效管理、成本核算和财务报告，并以美国卫生与公共服务部（HHS）下属的联邦食品与药品管理局（FDA）的一系列使用费项目作为国外案例。三者环环相扣、互为依托——绩效管理提供了为实现法定绩效要求所必需的管理体系，其不仅涉及绩效评价，更重要的是从建立法定绩效要求和量化的绩效目标开始，直至绩效报告、绩效审计与绩效拨款的完整体系和流程。成本核算则通过界定项目活动、计量项目成本为绩效管理提供相应的依据和技术支撑，而财务报告作为信息披露与公开的必要手段，体现监督制约和优化治理的机制作用。当前，中国应着手构建非税收入的项目化绩效管理体系、改进非税收入项目的预算科目设置和成本核算方法，同时，以财务报告为载体推进非税收入项目的信息公开透明。

第九章非税收入的监督管理中，则是对政府非税收入的监督管理进行了集中的梳理与总结。从非税收入监督范围、监督目标、监督体系及主要内容对非税收入的监督体系进行概述，明确非税收入监督体系中包括自动监督体系与自主监督体系两个层面。重点是论述非税收入的监督实现机制，包括信息公开的基础作用、程序透明的保障功能，以及争议解决机制的明确。同时，从监督体系的制度规范来看，包括健全的法律法规、合理的分权与制衡、科学的征管查程序和信息的公开透明。

自第十章开始，结合当前“清费立税”“放管服”“减税降费”非税收入征管划转改革等一系列改革，分别针对行政收费、政府性基金、国有产权非税收入，总结改革成效、分析潜在问题、展望未来改革。

总体来看，本教材力求体现以下两个原则：

1. 注重理论框架和理论内容的提炼。细致划分非税收入理论要素，衔接形成紧密的理论逻辑链条，建立明确的理论框架和研究对象。以此为基础，深度归纳总结相应理论内涵和内容，为中国非税收入的分析与展望提供明确的理论依据。

2. 实践总结与理论升华相结合。写作中紧密结合中国非税收入改革与发展的历史进程，注重总结与提炼相应实践的理论内涵。全书内容安排体现了理论与实践相贯穿的思路，广泛使用中国非税收入改革事件、嵌入式案例和国内外成熟经验作为支撑和依据。

本书的第一章、第十章、第十一章、第十二章由温娇秀编写，第二章至第九章是由汪冲编写并负责全书统稿。本书编写得到上海财经大学线下一流本科课程项目《非税收入制度》的资助，闫慧慧、薛迎迎、匡浩宇、宋尚斌四位博士研究生在资料收集和整理过程中提供了帮助，在此表示感谢。非税收入是政府财政收入的重要组成部分，政府非税收入的规范治理亦是国家治理中的重要内容，具有突出的理论价值和实践意义。当前，中国非税收入管理已经进入新的历史时期，从单纯注重收入功能转为注重发挥非税收入对促进效率与公平的作用。在当前降费减负改革背景下，非税收入的规范化不仅事关公共财政体系的健全和财政收入质量的改善，而且还有利于创造更好的营商环境，更好地服务于实体经济，更充分地实现经济效率与社会公平。从上述要求来看，本教材的编写仅仅是一个尝试。由于时间有限，水平不足，尚需进一步深入拓展相应的理论基础，更好指导实践。

作者

2021 年 5 月

目　录

第一章　非税收入概述

第一节　非税收入的含义、特征与作用

一、非税收入的含义

（一）国际上对政府非税收入的界定

按照国际惯例，政府收入通常分为经常性收入、资本性收入和赠与收入。其中，经常性收入由税收收入和非税收入组成。

世界银行（World Bank）将非税收入定义为政府出于公共目的而取得的无须偿还的收入，如罚款、管理费、政府财产经营收入等，以及政府外的单位自愿和无偿地向政府支付的款项。不包括政府间拨款、借款、前期贷款收回以及固定资产、股票、土地、无形资产的售卖变现收入，也不包括来自非政府部门的以资本形成为目的的赠与收入。

国际货币基金组织（IMF）的政府统计体系被世界各国政府广为使用，根据该政府统计体系，政府收入分为财政收入及捐赠收入，非税收入是指政府在税收之外取得的收入，包括政府因公共目的而获得的不需要归还的补偿性收入及非政府单位自愿和无偿向政府支付的款项。

经济合作与发展组织（OECD）则以是否具有对应的报偿性作为界定税收和非税收入的标准，认为当政府征收的收入不超过其提供公共产品和服务的成本，且费用缴纳者是直接受益者，此时政府为费用缴纳者提供公共产品和服务而征收的收入，可认定为非税收入。

（二）我国对政府非税收入的界定

我国“非税收入”这个名词出现的时间虽然不长，但非税收入作为一种财政收入方式，早在新中国成立之初就已经存在。长期以来，我国一直使用的是“预算外收入”的概念，从概念和管理模式上都区别于预算资金，随着我国财政体制的不断完善，原来作为预算外收入管理的资金逐步纳入财政预算管理，演变为现在的非税收入。

在我国的法律性文件当中，2004 年 7 月财政部发布的《关于加强政府非税收入管

理的通知》(财综〔2004〕53 号)首次对政府非税收入的概念做出规定:“政府非税收入是指除税收以外,由各级政府、国家机关、事业单位、代行政府职能的社会团体及其他组织依法利用政府权力、政府信誉、国家资源、国有资产或提供特定公共服务、准公共服务取得并用于满足社会公共需要或准公共需要的财政资金。”这个概念明确了非税收入的获取主体、获取依据、获取目的以及资金性质。

2016 年财政部印发的《政府非税收入管理办法》(简称《办法》)(财税〔2016〕33 号)对政府非税收入的概念做出了系统性的规定:“本办法所称非税收入,是指除税收以外,由各级国家机关、事业单位、代行政府职能的社会团体及其他组织依法利用国家权力、政府信誉、国有资源(资产)所有者权益等取得的各项收入。”同时《办法》第三条还明确了非税收入所包含的具体内容。

比较上述两个文件的内容可以发现,非税收入的范围得到了进一步扩展,在财综〔2004〕53 号中,非税收入的定义较为狭小,只是指除税收外,各级政府、国家机关等“取得并用于满足社会公共需要或准公共需要的财政资金”。在财税〔2016〕33 号,非税收入的定义则扩大到除税收外,各级政府、国家机关等“取得的各项收入”,定义范围进一步扩大。

而对比国际机构对非税收入的定义我们还可以发现,我国政府的非税收入除包含经常性收入外,亦包含资本性收入。

(三)我国政府非税收入所包含的项目

根据《政府非税收入管理办法》第三条的规定,我国政府非税收入具体项目包括行政事业性收费收入、政府性基金收入、罚没收入、国有资源(资产)有偿使用收入、国有资本收益、彩票公益金收入、特许经营收入、中央银行收入、以政府名义接受的捐赠收入、主管部门集中收入、政府收入的利息收入和其他非税收入 12 项。但在财政部的统计口径中,非税收入的具体项目与上述文件中的规定略有差别,根据《2019 年政府收支分类科目》,财政部在统计我国政府非税收入时共列入政府性基金收入、专项收入、行政事业性收费收入、罚没收入、国有资本经营收入、国有资源(资产)有偿使用收入、捐赠收入、政府住房基金收入、专项债券对应项目专项收入和其他收入等 10 类,各类收入的含义和具体代表事项如表 1.1 所示。考虑到数据的可得性,本书非税收入所包含的具体项目与财政部统计口径相同。

表 1.1　　非税收入的具体类别

类　别	定　义	事项举例
行政事业性收费	向公民、法人等特定服务对象收取的费用	驾驶证工本费、签证费、法院诉讼费

续表

类　别	定　义	事项举例
专项收入	向公民、法人无偿征收的，纳入一般公共预算管理的具有专项用途的财政资金	教育费附加收入、地方教育附加收入、文化事业建设费收入
国有资本经营收入	从国家出资企业取得的国有资本收益	中国人民银行、国有独资企业利润收入、国有控股、参股企业的股利、股息收入、国有资产（含国有股权）转让或出售收入
国有资源（资产）有偿使用收入	政府有偿转让海域、矿产等国有资源（资产）的使用权等而取得的收入	海域使用金收入、场地和矿区使用费收入、特种矿产品出售收入
罚没收入	向公民、法人实施处罚取得的罚款（罚金）、没收款、账款，没收物质、赃物的变价款收入	公安罚没收入、法院罚没收入、海关罚没收入
政府性基金收入	指各级人民政府及其所属部门根据法律、行政法规规定并经国务院或财政部批准，为支持特定公共基础设施建设和公共事业发展，向公民、法人和其他组织无偿征收的具有专项用途的财政资金	铁路建设基金收入、民航发展基金收入、国家重大水利工程建设基金收入
捐赠收入	以政府名义接受的外国政府、非政府机构的无偿性收入	国外捐赠收入、国内捐赠收入
政府住房基金收入	按《住房公积金管理条例》等规定计提的资金、出租出售相应住房和商业配套措施所取得的收入	公共租赁住房租金收入 配套商业设施租售收入
专项债券对应项目专项收入	反映以政府性基金项目为偿还资金来源举借的专项债务对应项目形成的、可用于偿付专项债券本息的经营收入	港口建设费专项债务对应项目专项收入、海南省高等级公路车辆通行附加费专项债务对应项目专项收入
其他收入	上述以外的其他非税收入	主管部门收入、免税商品特许经营费收入

资料来源：财政部 2016 年《政府非税收入管理办法》、2019 年《政府收支分类科目》。

二、非税收入的特征

非税收入与税收收入一样，都是政府的财政收入来源，与税收收入相比，非税收入具有以下特征：

（一）取得依据的复杂性和多样性

与仅凭政府行政权力取得税收收入不同，政府非税收入的取得依据更为复杂和多样。政府获得非税收入既可以凭借行政权力，也可以凭借财产所有权、政府信誉，还可以是因为提供了相应的产品或劳务。比如，非税收入中的政府性基金、罚没收入等是政府利用其行政权力进行征收的；非税收入中的国有资源（资产）有偿使用收入、国有资本经营收入是政府利用其财产所有权进行征收的;非税收入中的行政事业性收费则是因为政府提供了相应的产品或服务而获得的收入。

(二)取得方式的强制性与自愿性

税收收入的征收依法强制进行,具有国家法定效力,任何纳税人不得无故拒绝缴税,纳税人自身对于是否缴税往往无选择权。与税收不完全相同,有些政府非税收入是强制征收的,也有些政府非税收入的收取是自愿的。如部分政府性基金、罚没收入是国家机关、国家机关授权的单位和司法部门依照国家公权力向市场主体强制征收的,具有强制性特点;而行政事业性收费则属于自愿性的非税收入,从理论上讲,使用费是按照谁使用谁付费的原则收取,由社会成员自主选择,具有近似于交易费用的性质,因此具有自愿性的特点。①

(三)征收时间和对象的非固定性

政府非税收入的非固定性表现在两个方面:一是,征收时间的非固定性,有些非税收入项目是政府在一定时间里,为了特殊的公共政策目的而专门设立的,它们往往有固定的征收期限,一旦完成了既定的目标或任务,此类非税收入一般会被撤销,政府性基金大多属于该类非税收入。而税种往往具备较强的固定性,没有重大原因一般会持续征收。二是,缴纳对象的非固定性。与纳税人持续性纳税不同,非税收入大多是一次性收取,像使用费收入,只是在社会成员享受了政府提供的准公共物品时才缴纳,如果不消费该产品或服务就不用缴纳。例如只有在城市内驾驶私家车的人才应缴纳城市车辆通行年费,与那些没有车的人自然毫无关系。此外,像非税收入中的罚没收入也是只有在发生违法违规行为时才能收取。

三、非税收入的作用

根据非税收入的形式,我们可以发现非税收入的作用主要体现在如下方面:

(一)筹集财政收入

不管非税收入在政府财政收入中所占比重多大,它总能够为政府带来一定的财政收入,因此,非税收入具有为政府筹资的功能。对于某些国家在某些特殊时期,非税收入甚至可以是政府筹资的重要手段,如在我国,非税收入在政府收入中的比重曾一度超过税收收入。在不同国家,非税收入在政府财政收入中所占的比重有所不同,且随着社会经济的发展,由于非税收入具有类型多样、资金来源多样、灵活性较大等特点,总体来讲具有一定的分散性,资金筹集功能相对不稳定。因此,政府非税收入大多不

---

① 但是如果政府和事业单位提供的物品和服务具有垄断性,此时社会成员没有选择的余地,只能完全接受对方的条件,此时该类非税收入呈现强制性的特征,这在一些行政规费、司法规费和受益费上体现得较为明显。

被作为政府筹资的主要形式。

（二）补偿公共服务成本

通过政府非税收入的收取如证书工本费等，可以在一定程度上弥补政府提供准公共产品或服务的成本，当然这种收费通常是低于产品或服务的成本的，至少不宜超过产品或服务的成本。通过这一方式所筹集的政府非税收入，可以在一定程度上减轻财政的负担，弥补准公共产品或服务的部分成本。

（三）惩罚性作用

政府非税收入中罚没收入收取的主要目的在于保障社会公众的利益，对某些扰乱社会公共秩序等方面的行为实施处罚，通过经济处罚警告不要再次发生类似行为。因此，该类非税收入征收的主要目的不在于获得收入或者补偿成本，其主要功能是禁止某些行为的发生。

（四）避免公共资源浪费

非税收入中有部分收费为政府征收的“拥挤费”。所谓“拥挤费”，是指在一些“俱乐部产品”（如公园、道路、桥梁和博物馆等）的消费中，对其产品的消费超过其饱和界限时（“拥挤”时）所收取的费用，即对消费中所产生的外部成本进行收费，这里的外部成本是指消费拥挤给他人带来的不便以及给社会带来的潜在危害。“拥挤费”的收费标准应根据产品消费中边际社会成本等于社会边际效益时的边际外部成本来确定，当对产品的消费者按边际外部成本收取拥挤费用时，这意味着让消费者承担由自己行为所带来的外部成本，由此，外部成本转换为内部成本。这样，在成本机制约束下，对产品的消费会降低到一个合理的水平，从而有利于缓解产品消费中的拥挤程度，保障公共设施的合理利用。

（五）矫正负外部性

在一些情况下，企业生产可能会对它自己以外的主体带来损害，即带来“负外部性”。由于外部性的产权难以界定，损益的范围和大小也很难确定，受“负外部性”影响的主体很难因受害而向带来“负外部性”的生产者索赔，这样，客观上诱发“负外部性”生产者过度地从事这类活动，而相关治理成本却要由社会来承担，造成明显的不公平和社会福利的损失。政府可以就此征收“矫正性收费”，有效修正社会成本与企业个体成本的差距，这样生产者可以负担其生产活动的全部成本，从而达到矫正负外部性的目的。

第二节 我国非税收入概况

为说明我国非税收入的概况，在此我们先展示非税收入的规模和结构，并由此计算非税收入的负担，最后梳理我国对非税收入的管理制度沿革。

一、非税收入的规模和结构

在财政实践中，我国非税收入的不同项目纳入不同预算进行管理，纳入一般公共预算管理的非税收入项目包括专项收入、行政事业性收费收入、罚没收入、国有资本经营收入（部分）、国有资源（资产）有偿使用收入、捐赠收入、政府住房基金收入和其他收入，政府性基金收入和专项债券对应项目专项收入纳入政府性基金预算管理，而部分国有资本经营收入则单独纳入国有资本经营预算进行管理。下面我们通过展示一般公共预算、政府性基金预算与国有资本经营预算中非税收入的规模和结构来反映我国非税收入的概况。

（一）一般公共预算非税收入的规模与结构

第一，一般公共预算非税收入的规模。图 1.1 展示了从 1994 年至 2019 年我国一般公共预算中非税收入的规模，从中可以看出，1994 年我国一般公共财政非税收入仅有 91.22 亿元，一般公共预算中非税收入占财政收入的比重只有 1.75%。近 10 年来，伴随着 GDP 的增长与财政收入规模的不断扩大，我国非税收入的规模也不断扩大，2011 年，一般公共预算中非税收入的金额为 14 136.04 亿元，首次突破 1 万亿元，到 2015 年，我国一般公共预算非税收入增长至 27 347 亿元，2019 年则增长至 32 390 亿元，并且自 2015 年以来，一般公共预算中非税收入占财政收入的比例持续超过 17%。

第二，一般公共预算非税收入的结构。为反映一般公共预算中非税收入的构成，对 2008—2018 年一般公共预算中非税收入的主要项目进行了分析，如表 1.2 所示。从表中可以看出，非税收入中专项收入的比重基本呈现出不断上升的趋势，其占比从 2008 年的 22%上升到 2018 年的 28%；与此相反，行政事业性收费收入、罚没收入与其他收入的比重则基本呈下降趋势：行政事业性收费收入的占比从 2008 年的 30%下降到 2018 年的 15%，这主要与中央政府对行政性收费的持续整顿有关；罚没收入也从 2008 年的 13%下降到 2018 年的 10%，这也与中央政府不断规范行政部门执罚行为密切相关；其他非税收入的下降幅度则更为明显，其占比由 2008 年的 35%下降到 2018 年的 8%。

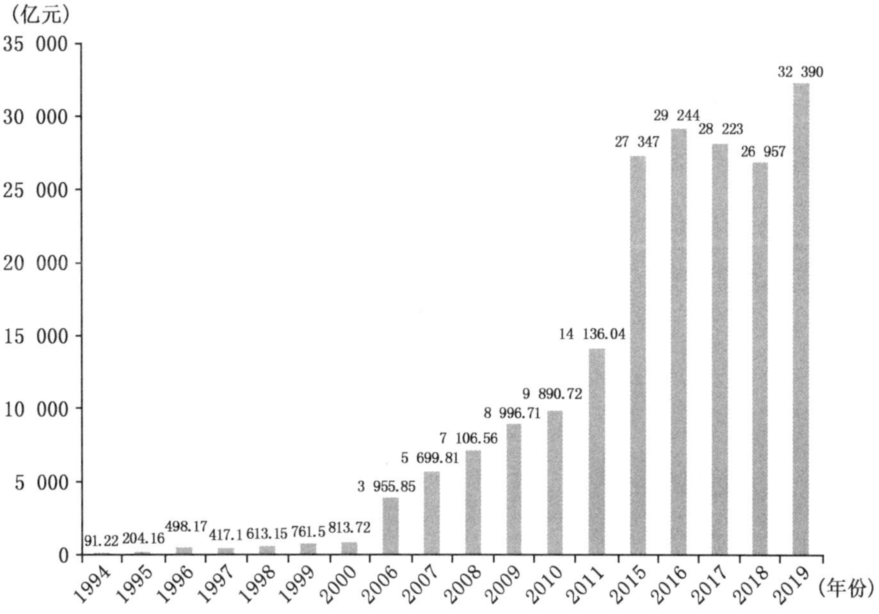

资料来源:《中国财政年鉴》、国家统计局。

图 1.1　1994—2019 年一般公共预算非税收入的规模

表 1.2　　2008—2018 年一般公共预算非税收入的结构

年份	非税收入合计(亿元)	罚没收入		专项收入		行政事业性收费		其他收入	
		规模(亿元)	占比	规模(亿元)	占比	规模(亿元)	占比	规模(亿元)	占比
2008	7 107	898	13%	1 554	22%	2 135	30%	2 519	35%
2010	9 891	1 075	11%	2 041	21%	2 996	30%	3 779	38%
2012	16 639	1 560	9%	3 233	19%	4 580	28%	7 267	44%
2014	21 195	1 722	8%	3 711	18%	5 206	25%	3 012	14%
2016	29 244	1 918	7%	6 909	24%	4 896	17%	1 823	6%
2017	28 223	2 394	8%	7 029	25%	4 745	17%	2 409	9%
2018	26 957	2 659	10%	7 523	28%	3 925	15%	2 199	8%

资料来源:《中国财政年鉴》、国家统计局。

(二)政府性基金收入和国有资本经营预算收入的规模

政府性基金收入作为我国非税收入的一个重要组成部分,纳入政府性基金预算进行管理,图 1.2 展示了全国 2008—2019 年政府性基金收入的规模状况。从中可以看出,2008 年全国政府性基金收入总额为 14 985 亿元,之后便基本呈现增长的态势。

2015 年全国政府性基金收入同比下降，这主要是因为我国房地产市场进入调整阶段，全国国有土地使用权出让收入增速快速下滑，与之相应，全国政府性基金收入同比呈现回落态势。自 2016 年开始，全国政府性基金收入继续呈现增长态势，2019 年全国政府性基金收入为 84 516 亿元，是 2008 年的 5.64 倍。

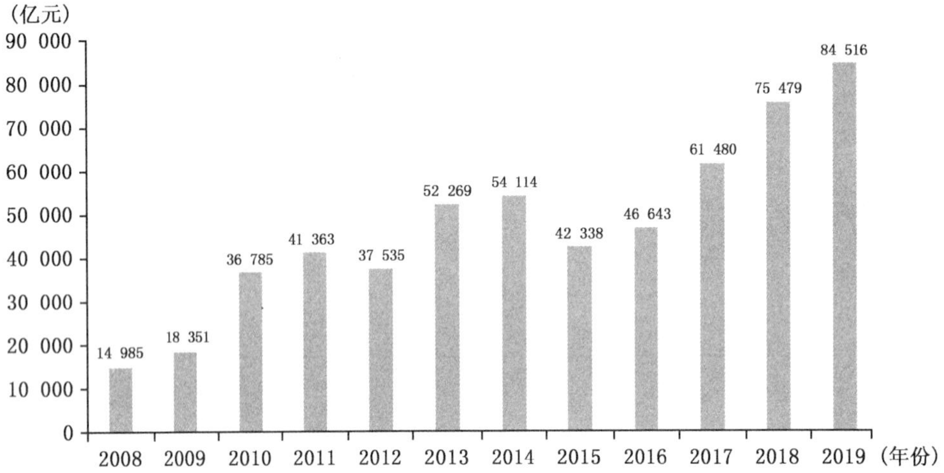

资料来源:《中国财政年鉴》、财政部网站。

图 1.2 2008—2019 年全国政府性基金收入规模

图 1.3 反映了 2008—2019 年全国有资本经营收入规模，全国国有资本经营收入总额从 2008 年的 444 亿元增长到 2019 年的 3 960 亿元，增长到原来的 8.91 倍。

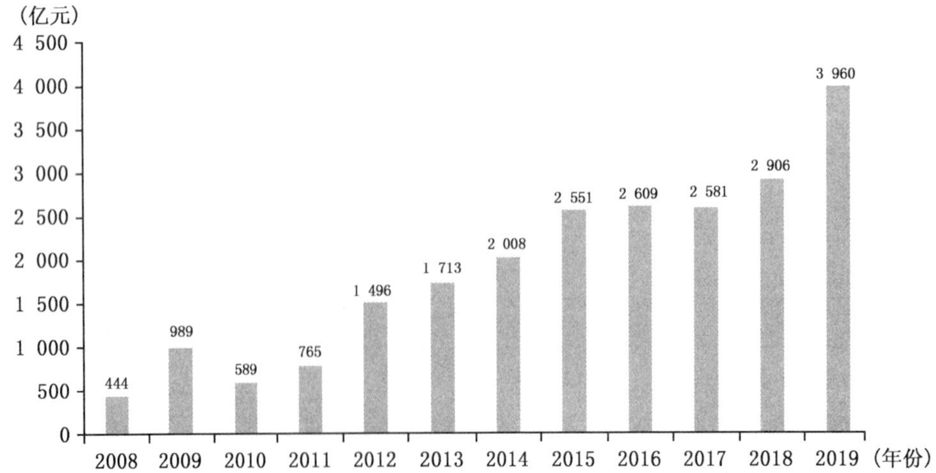

资料来源:《中国财政年鉴》、财政部网站。

图 1.3 2008—2019 年全国国有资本经营收入规模

图 1.4 则汇总了 2008—2019 年我国政府性基金收入和国有资本经营收入合计的规模，2008 年我国政府性基金收入和国有资本经营收入合计的规模只有 15 429 亿元，2019 年这个数值已经达到了 88 476 亿元，增加到原来的 5.73 倍。

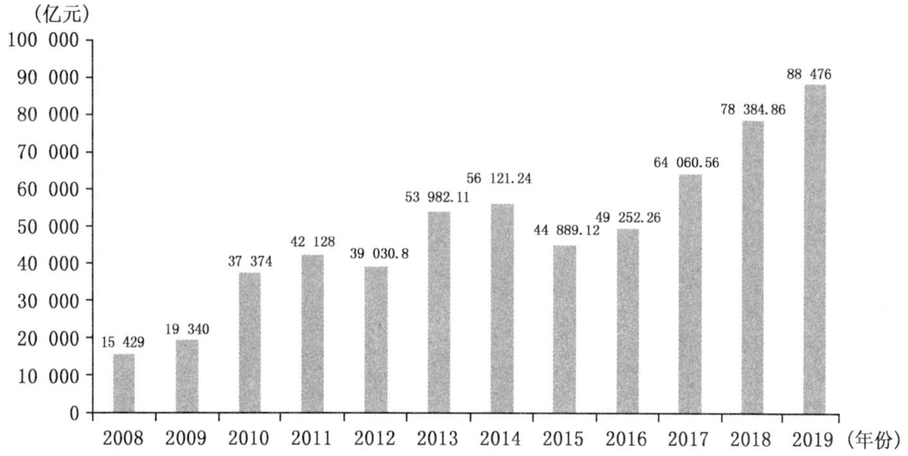

资料来源：《中国财政年鉴》、财政部网站。

图 1.4　2008—2019 年我国政府性基金收入和国有资本经营收入合计

(三)汇总非税收入的规模与结构分析

第一，汇总非税收入的规模。将一般公共预算中的非税收入、政府性基金收入与国有资本经营收入进行汇总，就可得到我国汇总非税收入的规模，图 1.5 是 2008—2019 年我国汇总非税收入的规模，从中可知，2008 年我国汇总非税收入只有 24 543.56 亿元，到 2019 年其规模已经达到了 120 866 亿元，增加到原来的 4.92 倍。

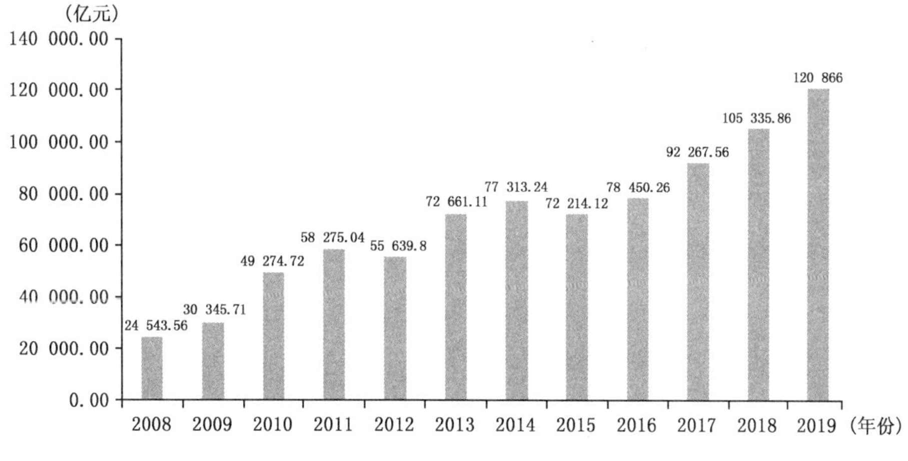

资料来源：《中国财政年鉴》、财政部网站。

图 1.5　2008—2019 年我国汇总非税收入的规模

第二，汇总非税收入的结构。图 1.6 展示了 2012—2019 年一般公共预算、政府性基金预算与国有资本经营预算中各非税收入的比重。从中可以看出，政府性基金收入是我国非税收入的重要组成部分，大部分年份的占比都在 70%左右，即使是较低的 2015 年和 2016 年，占比也接近 60%；一般公共预算中非税收入的占比基本在 30%左右，2015 年和 2016 年的占比较高，分别达到了 38%和 37%；而国有资本经营预算中非税收入的比重则较小，基本为 3%左右。

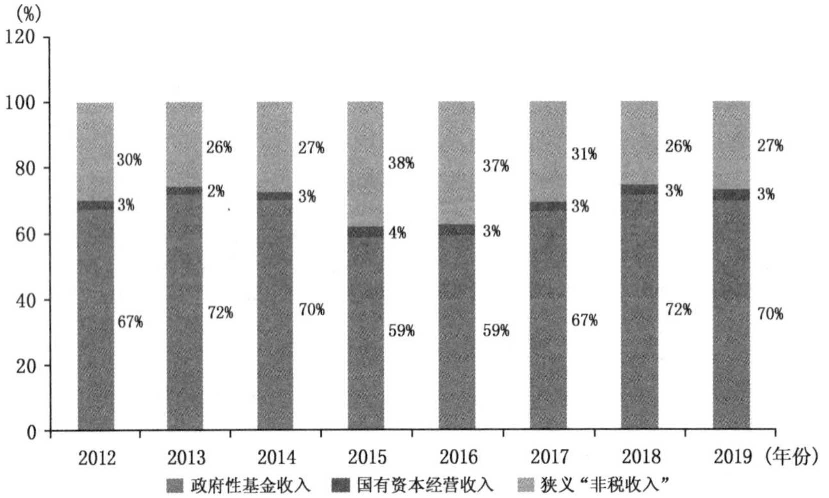

资料来源：《中国财政年鉴》、财政部网站。

图 1.6　我国非税收入的结构

二、我国非税收入负担

本书选取了以下 3 个指标用来衡量我国非税收入的变化和非税收入的负担情况：非税收入变化率、平均非税收入负担和边际非税收入负担。

（一）非税收入变化率

$$\text{非税收入变化率}=\frac{\text{某年度非税收入}-\text{上年度非税收入}}{\text{上年度非税收入}}\times 100\%$$

非税收入变化率可以衡量某年度非税收入较上一年度增减变化的程度。图 1.7 是我国 2009—2019 年非税收入变化率的情况，从中可以看出，大部分年份非税收入的变化率都为正，其中 2010 年的变化率达到最高，2010 年的非税收入比 2009 年增长了 62.38%，而 2012 年、2015 年非税收入的变化率为负值，近几年非税收入的变化率保持在 14.5%左右。

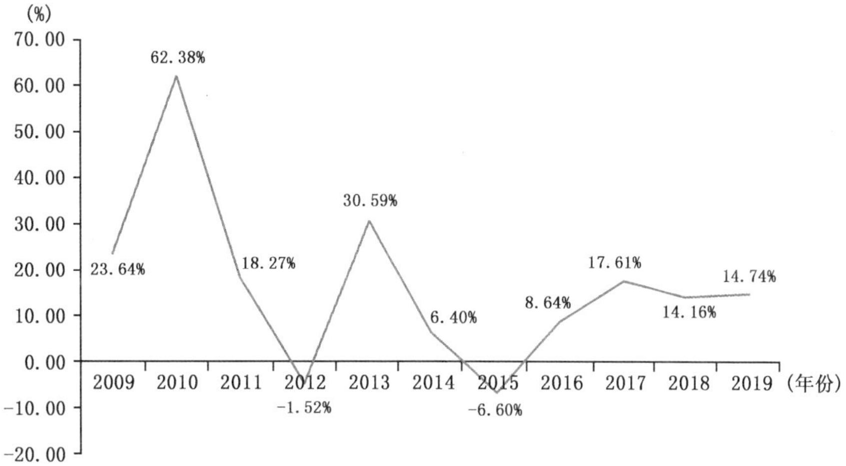

资料来源:国家统计局、《中国财政年鉴》、财政部网站。

图 1.7　2009—2019 年我国非税收入变化率

(二)平均非税收入负担

$$平均非税收入负担=\frac{一定时期内的非税收入}{同期国内生产总值}\times 100\%$$

平均非税收入负担衡量的是一定时期内每一单位国内生产总值中被政府以非税收入形式拿走的部分。图 1.8 展示了 2008—2019 年我国平均非税收入负担的变化趋势,从中我们可以看出,2008 年我国平均非税收入负担仅有 7.69%,而 2019 年我国平均非税收入负担达到了 12.20%,是 2008 年的 1.59 倍。尤其是在近几年减税降费的背景下,税收收入逐年减少,非税收入增速大大超过税收收入,导致非税收入占 GDP 的比重不断攀升。

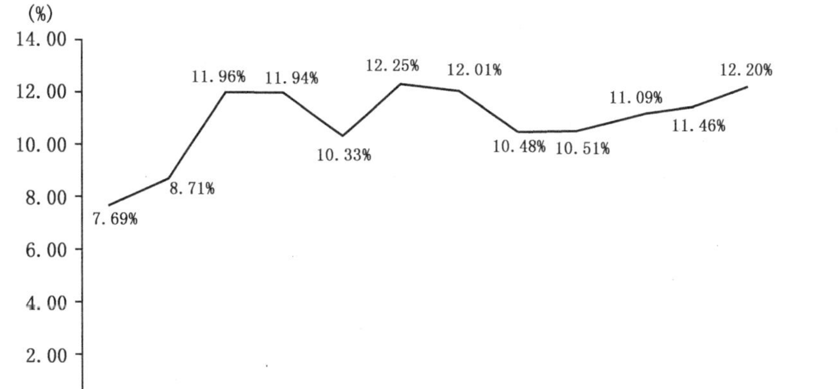

资料来源:国家统计局、《中国财政年鉴》、财政部网站。

图 1.8　2009—2019 年我国平均狭义宏观非税负担

（三）边际非税收入负担

$$边际非税收入负担=\frac{一定时期内的非税收入变动总量}{同期国内生产总值变动总量}\times100\%$$

边际非税收入负担衡量的是一定时期内每增加的一单位国内生产总值中被政府以非税收入形式拿走的部分，图 1.9 展示了 2009—2019 年我国边际非税收入负担的变化趋势，从中可知，2013 年我国边际非税收入负担达到最高，为 31.3%；而 2012 年和 2015 年边际非税收入负担为负值，都系当年非税收入的变动值为负所致。

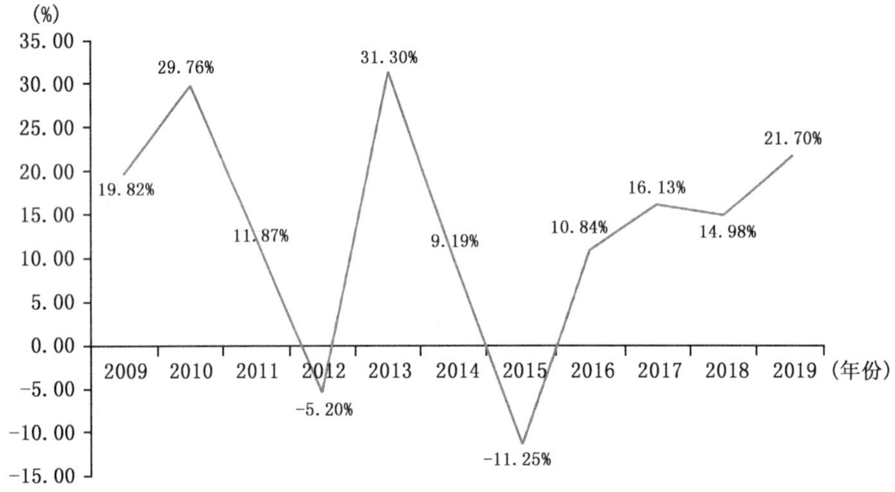

资料来源：国家统计局、《中国财政年鉴》、财政部网站。

图 1.9　2009—2019 年我国边际非税收入负担

三、我国非税收入管理的历史沿革

新中国成立以来，我国非税收入（当时称为“预算外资金”）在一个较长的时期内都未纳入预算管理，因此在地方政府支出压力不断膨胀下，曾一度形成“乱收费、乱罚款和乱集资、摊派”的三乱行为。2002 年，我国首度提出并考虑逐步将预算外资金纳入预算内管理。2011 年，政府非税收入全部纳入预算管理，此后推行了一系列非税项目公示及清费措施，非税收入的征收管理规范化格局初步形成，下面我们对非税收入管理的几个阶段进行简要梳理。

（一）第一阶段，预算外资金快速膨胀（1949—2001 年）

新中国成立之初，我国政府财政收入以税收收入为主体，在经历大规模经济建设后，预算外资金如企业管理的专项基金、行政事业费收入逐步增加，在 1957 年末，全国预算外资金收入达 26 亿元，相当于预算内税收收入的 8.5%。

20世纪60年代初期，我国进行了财政体制改革，恢复了中央集权式的财政预算政策，这一时期预算外资金急剧萎缩。从1978年至1992年，伴随改革开放、中央政府对地方政府加速放权，地方政府预算外资金快速膨胀，各自掌控的预算外资金也快速扩大，分配无序化显现(刘尚希，2013)。其间我国政府曾于1986年发布了《关于加强预算外资金管理的通知》，对预算外资金的概念和征管方式做出了初步界定，但预算外资金之后仍维持高速增长，政策效果有限。1992年末，预算外资金达到1 530亿元，总规模与预算内资金相当。

此后，政府对预算外资金的管理持续增强，1996年，我国发布了《关于加强预算外资金管理的决定》，明确对预算外资金实行"收支两条线"管理，并初步将公路建设基金、铁路建设基金、养路费、电力建设基金等13项总额占比较高的预算资金统一纳入地方财政预算。当年预算外资金由4 000亿元下降至2 826亿元，但仍未完全遏制预算外资金快速增长的趋势。

(二)第二阶段，非税收入逐步规范化管理(2002—2010年)

伴随预算外资金纳入预算管理范围的逐步扩大，以及从预算内外双轨制逐步过渡至统一纳入预算管理的需求进一步提升，政府非税收入的概念因势提出。2004年7月，财政部发布的《关于加强政府非税收入管理的通知》(以下简称《通知》)首次对政府非税收入的概念做出规定："政府非税收入是指除税收以外，由各级政府、国家机关、事业单位、代行政府职能的社会团体及其他组织依法利用政府权力、政府信誉、国家资源、国有资产或提供特定公共服务、准公共服务取得并用于满足社会公共需要或准公共需要的财政资金。"并界定了非税收入的细分类目，这一《通知》的发布，标志着政府决心将非税收入逐步纳入规范化管理的决心。

(三)第三阶段，非税收入全面纳入预算管理(2011年至今)

财政部于2010年发布《关于将预算外资金管理的收入纳入预算管理的通知》，通知规定从2011年1月1日起将按预算外资金管理的收入全部纳入预算管理。同时，政府非税收入按照预算管理属性，分别纳入公共预算管理体系和政府性基金预算管理，其中：行政事业性收费、部分专项收入、罚没收入、国有资产(资源)有偿使用收入等纳入公共预算管理，将与税收一同纳入政府支付统筹；而政府性基金，如土地出让收入等以收定支、具备专款专用特点的资金纳入政府性基金管理，以满足特定行业基础设施和服务的建设。至此，我国以公共预算、政府性基金预算、国有资本经营预算和社保基金预算为基础的政府预算体系初步建成。

此外，自2008年以来，我国政府在清理行政事业性收费与政府性基金方面，推出了一系列举措，行政事业性收费项目与政府性基金项目不断减少(见表1.3)。

表 1.3　　2008—2018 年非税收入项目清理举措

年　份	清理项目
2008	停征工商"两费"
2009	取消和停征 100 余项行政事业性收费
2011	取消 31 项涉企收费和 20 项社团收费
2012	针对小微企业免收管理类、登记类收费，取消 253 项地方政府设立的行政事业性收费
2013	取消和免征 30 项中央和地方省级设立的行政事业性收费
2014	取消 12 项行政事业性收费，并对小微企业免征 42 项收费
2015	取消和暂停征收的行政事业性收费项目(共 37 项)
2016	扩大免征范围的 18 项行政事业性收费，主要为农业和质检部门收费
2017	取消 41 项行政事业性收费
2018	统一停征排污费和海洋工程污水排污费，以环境保护税取代

资料来源：2008—2018 年财政部公告整理。

第三节　国外非税收入概况

国外非税收入数额相对于税收收入来说一般都比较少，在各国财政收入中，非税收入占比较小，大部分非税收入都用于提供公共服务和准公共物品。下面本书以联邦制国家的代表美国、加拿大和单一制国家的代表日本为例说明国外的非税收入情况。

一、代表性国家的非税收入项目

(一)美国的非税收入项目

美国政府财政收入总体上以税收为主，使用者收费等非税收入的比重很低，且主要来源于州政府及州以下政府。总体上来讲美国联邦政府非税收入项目包括预算内非税收入和预算外非税收入。其中，预算内非税收入主要包括规费和使用费、特许权收入、罚没收入、赠与收入和许可经营收入等；预算外的非税收入一般是财产性收入，主要包括利息收入、专营和租金收入，土地、矿藏和能源等财产销售收入，政府财物销售收入、贷款和投资到期变现收入等。地方政府最重要的非税收入则包括：第一，使用费，即地方政府的各类许可证颁发所形成的销售收入；第二，垄断性行业排他性收入，地方政府对涉及私人产品市场的商品和服务垄断或进行授权销售，形成了垄断性行业排他性收入；第三，公共设施收费，包括政府为兴建和维护各类市政基础设施、公立医疗机构、水电网络以及教育机构的运转所收取的费用。

（二）加拿大的非税收入项目

加拿大政府组织结构主要分为联邦、省级和地方三个层级，各级政府的主要收入均以税收收入为主，但非税收入仍是加拿大各级政府收入的必要补充。其非税收入来源主要有五个方面：一是自然资源收入。主要是指对国有资源的勘探、开发和开采等活动而收取的费用，包括森林资源开采收费、矿山资源开采许可收费、石油和天然气开采许可收费与水力发电收入等。二是政府收费收入。指政府提供公共产品或公共服务所收取的费用。三是商品与劳务的专卖销售收入。主要包括政府的一般公共物品销售、省与地方学位委员会向联邦政府提供教育服务等而取得的收入。四是国有资产的经营和使用收入。包括国有企业的股权收益、国有资产出租、出售或转让所得、国有企业股权红利等。五是博彩专营收入。主要是指赛马和彩票等博彩活动的专营收入。

（三）日本的非税收入项目

日本政府由中央政府、都道府县和市町村三级构成，地方政府主要是指都道府县和市町村这两个层级。中央和地方政府非税收入占财政收入比例相差不多，规模都不算很大，大致都在15%左右。日本非税收入项目主要包括：专卖事业收费收入、国有资产收益收入（国有企业红利收入、国营事业收入）、公立教育收费收入（中学教育收费、幼儿教育收费等）、政府建设公立住房收费收入、基础设施利用费收入（港湾设施使用费、下水道使用费等）、公有土地租赁使用费（如停车费）、公证费用及其他收入费。其中，公立教育收费收入、政府建设公立住房收费收入、基础设施利用费收入与公有土地租赁使用费则为日本地方政府非税收入的主要来源。

二、代表性国家的非税收入管理

（一）美国的非税收入管理

总体上来看，美国的非税收入管理以法律为核心，严格规定各级政府的管理权限，各项管理工作必须依照程序进行，公众参与度、公开透明度高。具体来看：

第一，非税收入项目严格经法定程序确定。在对非税收入的管理方面，美国有严格的立法程序，任何一项新的收费项目的提出都必须要经过严格的立法程序的审核，其立法层次分为联邦和州两级。联邦和州政府都制定了对应本立法级次上的《宪法》，来规范非税收入的整个征管流程。任何非税收入项目的开征、收费标准等的确定都需要进行民主决议，通过议会或者本地范围内全民公投来确定。

第二，实行听证制度。政府在增设一个新的非税收入项目或对原有的收费标准进行修改时，都会告知利益相关人参与讨论磋商。将收费原因、标准、影响等向缴费人一一说明，同时缴费人可提出意见或建议。按照法律规定，只有按照相关的程序，征收主体和征收对象之间达成一致，才实施收费。

第三，统一纳入预算管理。美国非税收入是政府收支活动的重要组成部分，为了能够综合反映政府的全部收支活动，政府将全部非税收入纳入统一预算，保证其接受民主监督，杜绝随意滥用。具体地，非税收入在统一预算管理的基础上，专项基金专项管理，即通过设立基础账户进行基金式分类管理，实行专款专用，对于非税收入的支出有严格的要求。

第四，严格透明的监督。在美国，政府的非税收入受到社会公众和议会的共同监督。一方面，为了可以有效地接受社会监督，通畅公众监督的途径，各级政府都必须设立政务公开网站，将各项财政收支及有关的管理政策及时向外界报告，报告的数据、信息应当真实、准确、完整，接受来自各方的监督。另一方面，议会监督也起到了宏观上的把控作用，政府的各项非税收入情况都是议会年度审查的内容之一。

（二）加拿大的非税收入管理

加拿大对非税收入的管理主要体现在如下方面：

第一，以法律为依据实施管理。各项法律规定是加拿大政府非税收入取得的法理基础和取得依据，在加拿大，非税收入立法的主体只有联邦和各省的议会，联邦一级非税收入法律体系主要由宪法、联邦财政管理法及其他相关法律所组成，省级议会针对本省的实际状况进行相关的非税收入立法，地方政府收取非税收入必须取得省级政府的授权才能具有法律效力保障。

第二，信息公开，设立听证答辩制度。加拿大不管是何层级政府都应确保向公众公开所有政府财政信息，非税收入信息也不例外。非税收入的各项信息，从预算报告到非税收入的管理法律政策都应通过政府网站向公众公布，公众也能致函某一级别政府申请现场查阅非税收入的文档资料。对于新设立非税收入项目或提高某已有非税收入项目的收费标准，政府都会告知相关的利益受影响人，耐心听取其意见和建议。政府必须就新设立项目或提高某已有非税收入项目收费标准事宜召开听证会，准许新闻媒体进行公开报道，在磋商过程中向公民解释该事宜对社会的潜在收益和潜在不利影响，确保公民的知情和参与权利得到实现。在听证过程中，政府有义务对公民的质疑进行解释答辩，以取得公民的支持和谅解。任何非经上述程序的非税收入项目增加或修改决议，不得进入收费程序。

第三，纳入财政预算管理体制，收支统一管理。根据联邦财政管理法规定，联邦级别的非税收入必须统一足额地上缴至由加拿大出纳总署设立的“综合收入基金”账户，非税收入的财政预算管理方法程序与税收收入一致。无论是联邦或是地方政府的非税收入，一般均不规定资金只能对特定项目使用。地方政府（包括省级和地方）由于存在着完善的法律和制度约束，对非税收入的征收和使用依然规范有序，各部门对非税收入使用也必须列入各年度的预算并得到本级议会的批准方可执行。

第四，多种监督措施并存。在加拿大，对非税收入的监督包括审计监督、政府内部监督、议会监督和社会监督。一是审计监督。加拿大审计署具有较强的独立性，不隶属于任何层级政府或议会，把对联邦和地方政府的各项非税收入的审计作为财政审计重要一环，主要审计内容是对非税收入的取得到支出的全流程进行成本效益分析，审计过程中发现任何违法违规行为将公开通报并予以处罚。二是政府内部监督。这是由政府内设的国库委员会进行的监督审查，该部门从非税收入的项目申请阶段就开始进入监督审查程序，对需要特别关注的事项进行特别调查，并且对各政府非税收入支出单位进行现场或非现场检查。三是议会监督。政府每个财政年度都有义务向议会提交当年度的财政决算状况以及下一年度的财政预算报告，要求报告内容翔实，如实反映政府包括非税收入在内的所有财政活动情况。各级议会有权对同级政府提交的财政预算提出质疑甚至是否决该报告。四是社会监督。加拿大公民的社会管理参与度水平很高，政府的行为基本置于公民的监督之下，如果像非税收入这类财政收入因管理不善而出现问题，公民在选举中会用选票做出回应使管理不力的政府下台。

（三）日本的非税收入管理

日本对非税收入的管理则主要体现在如下方面：

第一，坚持非税收入法定。日本在《财政法》中规定："不仅是租税，中央政府以国家权力为基础而收缴的课征金，以及对法律上或事实上的国家垄断行业收缴专卖价格或事业费等，都必须以法律或国会决议为依据。"因此，日本的各类公共部门和组织要征收任何非税收入项目都必须要有法律依据，日后如欲变更某项收费的缴费主体或征收标准时，也应当经过严格的法律程序。

第二，合理划分非税收入管理权限。日本通过法律形式对中央和地方承担的公共责任进行了严格细致的划分，责任明确事权清晰，有效避免了职能范围的交叉重复。对于各级非税收入的项目确立，分别由国会以及各级政府决定。一般而言，国会负责影响全国的非税收入项目确立及其收费标准，比如电信费用、国营的新干线铁路以及其他国营铁路使用费用、烟草业的收费等。地方政府负责影响本地的非税收入项目确立及其收费标准，如本地公营的水资源使用费、本地公立学校的学费等。

第三，纳入政府财政预算，实行双重管理模式。日本财政预算体系采用统一财政制度，包括政府非税收入的所有政府收支全部纳入财政预算管理，在统一预算收支的基础上，不同类型的政府收支采取不同的预算管理方式。具体地，非税收入进入特别会计预算，一般用于某些社会公益性开支，为保证此类开支的足额投入，该类预算基本实行专款专用的开支方式。此外，日本对于政府非税收入的预算管理往往采用"双重管理模式"，即对于特别会计预算的收支由收取非税收入的政府部门实行收支一体化的直接管理，直接完成非税收入管理职能；而财政部门通过审批该收费部门的预算、决算和采用会计监督的方式，对该部门进行财政管理和监督，从而间接地实现对非税收入的管理和监督。

本章小结

本章介绍了非税收入的概述，主要内容包含三大方面：

第一，非税收入的含义、特征及作用。针对政府非税收入的含义，分别介绍了世界银行(World Bank)、国际货币基金组织(IMF)、经济合作与发展组织(OECD)三大国际机构以及我国对政府非税收入的界定。对比国际机构对非税收入的定义，我国政府的非税收入除包含经常性收入外，亦包含资本性收入。非税收入与税收收入一样，都是政府的财政收入来源，与税收收入相比，非税收入具有以下特征：(1)取得依据的复杂性和多样性。政府获得非税收入既可以凭借行政权力，也可以凭借财产所有权、政府信誉，还可以是因为提供了相应的产品或劳务。(2)取得方式的强制性与自愿性。税收收入的征收依法强制进行，与税收不完全相同，有些政府非税收入是强制征收的，也有些政府非税收入的收取是自愿的。如部分政府性基金、罚没收入是国家机关、国家机关授权的单位和司法部门依照国家公权力向市场主体强制征收的，具有强制性特点，而行政事业性收费则属于自愿性的非税收入。(3)征收时间和对象的非固定性。征收时间的非固定性是指，有些非税收入项目是政府在一定时间里，为了特殊的公共政策目的而专门设立的，它们往往有固定的征收期限，一旦完成了既定的目标或任务，此类非税收入一般会被撤销，政府性基金大多属于该类非税收入。缴纳对象的非固定性是指，与纳税人持续性纳税不同，非税收入大多是一次性收取，像使用费收入，只是在社会成员享受了政府提供的准公共物品时才缴纳，如果不消费该产品或服务就不用缴纳。就非税收入的作用来看，根据非税收入的形式，非税收入的作用主要体现在如下方面：(1)筹集财政收入；(2)补偿准公共产品或服务成本；(3)惩罚性作用；(4)缓解产品消费的拥挤程度，保障公共设施合理利用；(5)非税收入是政府矫正负外部性的有效工具。

第二，我国非税收入概况。结合中国现实情况，对非税收入的规模、结构、负担和管理进行了梳理与总结。为说明我国非税收入的概况，首先通过展示一般公共预算、政府性基金预算与国有资本经营预算中非税收入的规模和结构来反映我国非税收入的概况。其次，选取了非税收入变化率、平均非税收入负担和边际非税收入负担3个指标，衡量了我国2009—2019年非税收入的变化和非税收入的负担情况。最后梳理了新中国成立以来我国对非税收入的管理制度沿革。

第三，国外非税收入概况。国外非税收入数额相对于税收收入来说一般都比较少，在各国财政收入中，非税收入占比较小，大部分非税收入都用于提供公共服务和准公共物品。针对国外非税收入的概况，以联邦制国家的代表美国、加拿大和单一制国家的代表日本为例，对各国非税收入的项目以及非税收入的管理进行了说明。

名词解释

1. 非税收入：是指除税收以外，由各级国家机关、事业单位、代行政府职能的社会团体及其他组织依法利用国家权力、政府信誉、国有资源(资产)所有者权益等取得的各项收入。

2. 预算外收入:是指国家机关、事业单位和社会团体为履行或代行政府职能,依据国家法律、法规和具有法律效力的规章而收取、提取和安排使用的未纳入国家预算管理的各种财政性资金。

3. 非税收入变化率:非税收入变化率=(某年度非税收入-上年度非税收入)/上年度非税收入×100%,非税收入变化率可以衡量某年度非税收入较上一年度增减变化的程度。

4. 平均非税收入负担:平均非税收入负担=一定时期内的非税收入/同期国内生产总值×100%,平均非税收入负担衡量的是一定时期内每一单位国内生产总值中被政府以非税收入形式拿走的部分。

5. 边际非税收入负担:边际非税收入负担=一定时期内的非税收入变动总量/同期国内生产总值变动总量×100%,边际非税收入负担衡量的是一定时期内每增加的一单位国内生产总值中被政府以非税收入形式拿走的部分。

复习思考题

1. 什么是“非税收入”? 我国政府非税收入包含哪些项目?
2. 与税收收入相比,非税收入具有哪些特征?
3. 简述“政府非税收入”与“预算外收入”的区别与联系。
4. 衡量“非税收入”负担的指标有哪些? 结合现状分析我国当前的非税收入负担。
5. 简述我国非税收入管理的历史沿革。

第二章　非税收入理论基础(一):混合产品的补偿

第一节　公共产品的供给

一、公共产品的概念与分类

当前,对于现实中政府提供的以基础教育、社会保障、公共卫生与基础医疗、污染治理、基础设施为代表的公共产品与服务(以下简称"公共服务"),一些理论研究将其抽象简化为纯公共产品。这方面最著名的例子就是罗宾(1970)针对教育供给及筹资问题的研究。另一些理论研究,在考虑政府提供公共服务的依据和必要性时,又较多从具有正外部性的私人产品角度界定其产品属性。例如,弗里德曼在解释政府在教育方面的作用时就以外部性作为主要论据,同时还包括政府对孩子和不负责任的家长的父爱主义的关怀(弗里德曼,1986)。

纯公共产品这一理论概念的产生基于萨缪尔森在1954年和1955年发表的两篇经典论文:《公共支出的纯理论》和《公共支出理论的图解》。他指出现实中存在这样一种物品——每个人消费这种产品不会导致其他人对这种产品消费的减少。随后,这一定义被不断总结与提炼,最终形成纯公共产品的两个基本特性,即消费的非排他性和非竞争性。非排他性是指消费者在使用公共产品的同时,无法排除其他人获得收益;而非竞争性是指消费的增加并不需要增加供给,或者说不引起生产成本的增加。

纯公共产品分析框架从公共服务所具有的"公共性"特征出发,基于非排他性与非竞争性属性,将公共服务的个人需求曲线垂直相加推得社会需求曲线,以此来考察公共产品最优供给的必要性条件。但从现实情况看,绝大部分的公共服务并不符合纯公共产品的定义,它们大都不满足萨缪尔森(1954)定义的个体消费非竞争性特征,某一时点上个体的消费超过特定水平之后会减少其他个体的消费量;同时,现实中一些公共服务具有的非排他性往往也不是由于缺乏排他技术或者排他成本过高所致。不可否认,纯公共产品理论框架是一种理论标杆,直接以其讨论现实中公共服务的成本补偿问题时会产生一定的简化和偏差。

外部性理论框架把公共服务的受益区分为私人收益与社会收益两个层面，尽管在证明教育等公共服务在市场环境下产生的效率与公平缺失，以及论证政府干预上都具有逻辑上的完整与严密，但却产生了若干问题。首先是社会收益的衡量存在巨大的困难，这是由于社会收益的内涵极其宽泛。以教育为例，布劳格(1976)曾对教育可能产生的外部性进行了总结，包括：更好的收入机会、受到较好教育对后代获得更好收入的帮助、教育使得更容易发觉和培养潜在才能、更好的职业流动性、激励科学技术领域研究、增强守法程序、培育社会责任感、政治坚定性与参与度等。其次，社会收益率的测度在技术上也难以达到要求，因此，围绕公共服务的收益率分析(Rate of Return Analysis)往往集中于私人收益而忽略社会收益。虽然社会收益这一外部性并不进入个体行为决策与效用函数。但是，对公共服务与产品而言，其补偿及成本分担不应局限在私人收益，也需要考虑相应社会收益或成本的外溢。可见，利用外部性框架分析公共产品与服务补偿问题时所面临的主要问题是缺乏对"公共性"(Publicness)的分析，当然，这主要是由外部性分析框架关注的侧重点不同所致。

在混合产品理论视角下，现实中的公共服务按照其属性可以划分为两个维度：可获得性(可及性，Availability)与个体效用化(Utilization)(Millward，1970；Holterman，1972)。可获得性具有消费上的非竞争性，而个体效用化具有私人产品属性，具有竞争性与排他性。无疑，可获得性突出的是个体的权利与机会，而个体效用化水平则是体现的是个体的受益"结果"。更重要的是，可获得性与个体效用化二者之间存在着紧密的理论联系与互动影响，由此导致了混合产品区别于纯公共产品的显著特征。

按照米尔沃德(1970)与霍尔特曼(1972)等的论述，混合产品的典型特征是消费的效用化由个体控制，并且在共同消费过程中具有可被定义的个体意义上的消费单位(如占用的空间、时间、服务能力等)；而可获得性(可以从产出、能力与规模等进行衡量)却没有可被定义的个体意义上的消费单位。

假定 y 是某一种混合产品的总的可获得量，x_a、x_b 与 x_c 分别是个体 a、b 与 c 对这一产品的效用化水平，假设只有一种私人产品 z。则三者的消费向量分别为(z_a,y,x_a)，(z_b,y,x_b)与(z_c,y,x_c)，则消费效用化的总量为 $x_a+x_b+x_c$，定义 x_k 为既定 y 的个体效用化水平的最大可能值，则满足 $x_a+x_b+x_c\leqslant x_k=x_k(y)$。这说明可获得性 y 会影响个体从混合产品中获得的效用水平 x_i。对于混合物品而言，混合产品的效用化具有典型的私人品性质，即个体消费的公共服务效用化(产品)必须小于等于效用化(产品)数量的总和。同时，可获得性同样也进入个体的效用函数，并影响个体的行为决策与个体效用成本，由于可获得性具有消费的不可分性(Indivisibility of Consumption)，从而具有纯公共产品属性。

例如，公路里程数、公路车道里程数、公共交通通勤车辆数和通勤率、公共交通网络的覆盖率和通达程度等都可以用来反映一个区域或城市的公共交通设施规模和公共交通水平，这就是一个相对个体效用水平的可获得性概念。这是因为上述这些产出并不能在个体消费层面被精确划分和分割，其只能作为一个整体进入个体的效用函数。对个体而言，个体层面只能决定其占用的时间、空间或者使用频率，同时，这种占用或使用又是具有竞争性和排他性的。又如，由校舍面积、教师数量与质量、固定资产与教学仪器设备等衡量的学生吸纳和培养能力，以及相应的教育水平和质量；某一社区内垃圾无害处理能力为“50 吨/年”；政府兴建的行政服务大厅能够最多同时容纳 500 人同时办理某项行政许可服务。上述这些界定都可以归结为混合产品可获得性范畴。而相应的混合产品个体效用化则意味着在既定可获得性条件下，占用和使用混合产品所产生的个体效用水平。显然，个体效用化具有竞争性，并受到个体偏好、消费环境、预算约束等因素的影响。

二、混合产品的最优供给

（一）混合产品的最优供给

从混合产品的公共品属性（或称之为公共产品层次，Public Good Dimension）来看，可获得性进入了每一个体的效用函数，满足非竞争性条件的定义，因此，帕累托条件是个体边际替代率的加总等于边际转化率，见（2.2）式；但从私人品属性来看（效用层次，Utilization Dimension），消费具有竞争性，每一个体的消费数量也存在差异，帕累托条件是每一个体的边际替代率等于边际转换率，混合产品的最优化条件便成为纯私人品与纯公共产品最优条件的组合形式：[①]

$$MRS^{i}_{xz}=MRT_{xz} \tag{2.1}$$

$$\sum MRS^{i}_{yz}=MRT_{yz} \tag{2.2}$$

（2.1）式与（2.2）式中，符号 i、x、y 与 z 分别表示第 i 位个体、公共服务效用化水平、公共服务的可获得性与私人品消费集合，并且满足 $x=\sum x_i$。按照这样的思路，混合产品的最优供给条件是纯公共产品与私人品最优供给条件的组合。

（二）考虑拥挤和特定使用者的必要性条件

由于个体效用化并不具备完全的竞争性，与此相应的一个问题就是“拥挤”的影响。[②] 从理论上说，拥挤的特征就是对于某一个体，所有个体的公共服务总体效用化水平进入了其效用函数，并对其消费行为决策产生影响。显然，拥挤可视为外部性的一种特殊形式。就外部性而言，其个体效用函数可以表示为 $U_i=U_i(x_i,x_j,y,z)$，

---

① 关于混合物品帕累托条件的证明，请参照 Holterman(1970)和 Else(1988)的研究。

② 从理论上来说，基本公共服务效用化过程中的溢出效应(Spillover Effect)除了拥挤之外，还有消费外部性以及教育、医疗服务产生的社会收益等。

$i \neq j$。其中,x_j 是其他个体消费的向量。此时,存在外部性的混合产品帕累托最优供给条件仍与(2.1)、(2.2)式相似,但是,(2.2)式的具体形式转变为:

$$MRS^{i}_{x(i)z}+\sum MRS^{j}_{x(i)z}=MRT_{xz}$$

与(2.2)式相比,除了表示个体 i 关于 x 和 z 的边际消费替代率 $MRS^{i}_{x(i)z}$,最优化条件还受到个体 j 关于个体 i 的消费 $x(i)$ 和其自身消费 z 之间的边际替代率的影响。显然,这反映了外部性的理论特征——由于其他个体的消费行为与自身的效用化水平存在关联,因此,其他个体的边际消费替代率也会构成外部性混合产品最优化供给条件中的一个要素。

运用与外部性相似的思路,存在消费拥挤时的个体效用函数可以表示为 $U_i=U_i(x_i,x,y,z)$。由于拥挤的含义在于个体收到其他所有人的消费影响,或者反过来说,个体的行为也会影响其他所有人。因此,此时典型个体效用函数中不再是 x_j,而是包含所有个体在内的 x。由于拥挤问题产生于个体的公共服务效用化过程,同时可获得性作为公共产品也进入个体效用函数并影响个体消费行为决策,因此,拥挤的程度必然受到可获得性与个体效用化的双重影响,其函数形式可表示为:

$$G=G(x,y)\text{且满足}G_x>0,G_y<0 \tag{2.3}$$

G 表示拥挤,G_x 与 G_y 分别表示拥挤程度关于 x 与 y 的一阶偏导数,(2.3)式的含义是,$G_x>0$ 意味着在既定的消费可获得性水平下,个体效用化水平越高会使拥挤程度越大;而 $G_y<0$ 则表示在既定效用化水平下,可获得性的提高将会缓解拥挤现象。运用与混合产品相似的推导思路,可以获得存在拥挤的最优化必要条件:①

$$B_x-G_x-\phi_x=0 \tag{2.4}$$

$$B_y-G_y-\phi_y-\psi'(y)=0 \tag{2.5}$$

可见,上述表达式仍遵循边际收益与边际成本相等的基本框架,但是多出了一些与拥挤、个体效用化相关的边际表达式。其中,$B=B(x,y)$ 表示消费者的收益,B_x 和 B_y 分别是个体关于 x 与 y 的边际收益,ϕ_x 和 ϕ_y 表示个体效用化关于 x 与 y 的边际成本函数。除了拥挤边际成本,$\psi(y)$ 反映了既定可获得性水平下由质量差异引发的边际成本调整。与不考虑拥挤时相比,此时的最优化条件中涉及个体效用函数的二阶导数 ϕ_{xy} 和 $\psi'(y)$。它不会影响公共服务可获得性与个体效用化二分式的最优化分析框架,但是进一步复杂化了可获得性与个体效用化之间的关系。由(2.5)式可知的一个基本结论是,可获得性、拥挤及其通过二阶条件产生的间接变化会最终影响个体效用化的最优价格水平。

---

① (2.4)~(2.7)式的详细证明可以参见 Else P K,Further Thoughts on Public Goods,Private Goods and Mixed Goods[J]. Scottish Journal of Political Economy,1988,35(2):115—128.

进一步，当考虑个体间在公共服务可获得性上存在差异，即共同消费的公共服务仅仅局限在所有个体的某一个子集当中时，也会产生拥挤。布坎南(1965)认为类似于俱乐部产品一样，特定分组或者限定使用者的情况下，成员数量也会作为最优化问题的一个变量产生影响。在前文的分析中，使用者的数量被假定只对愿意为效用化的边际成本付费的成员，因此从整体的边际收益与边际成本方式进行最优化决策。在俱乐部理论上，最优化指的是每一个体而言的净收益最大化。因此，将 x 定义为每一分组的成员数，而不是总体的效用化水平。这样，在每一分组(子集)内部的个体偏好同质性条件下(分组之间存在偏好差异)，可以证明，公共服务可获得性与个体效用化的最优条件为(2.6)与(2.7)式。

$$\frac{1}{x^2}\{x(B_x-G_x-\phi_x)-[B(x,y)-G(x,y)-\phi(x,y)-\psi(y)]\}=0 \quad (2.6)$$

$$\frac{1}{x}(B_y-G_y-\phi_y-\psi'(y))=0 \quad (2.7)$$

比较(2.4)、(2.5)与(2.6)、(2.7)式，可以发现可获得性最优条件的形式上仍然近似，但是，在考虑可获得性且存在分组差异的情况下，(2.6)式表明对于每一分组内的个体而言，最优条件要求人均边际净收益必须等于平均净收益。并且，由于俱乐部产品的特征所致，此时的边际净收益最大值会大于 0，因此，与总体净收益最大化相比，人均净收益最大化涉及的 x 与 y 都相对更低。

综上所述，混合产品不仅可以拓展为包括纯公共产品、外部性、拥挤和俱乐部产品等理论要素在内的一般性框架，更重要的是说明了可获得性与个体效用水平之间的传导与影响，并揭示可获得性影响最终的个体效用水平这一线索。区别于纯公共产品，混合产品的可获得性构成了理解其最优供给中的一个关键概念。同时，外部性、拥挤和俱乐部分组等因素的客观存在，进一步加剧了可获得性与个体效用之间的复杂关联。一般意义上，上述因素会使得混合产品供给中产生进一步的扭曲，包括降低个体效用的最优价格水平，或者更低的私人品消费集合和混合产品可获得性。

(三)优化供给的充分性考虑

进而从充分性角度讨论如何实现混合产品的供给优化。现有理论的一个基本看法是，考虑到效率与公平之间的潜在冲突，特别是由于公平维度的多样性和公共品筹资所产生的经济扭曲，并不存在唯一的帕累托最优，事实上，存在且仅存在持续的帕累托改进状态。如果从现实角度考虑，有两方面的因素构成了公共服务优化供给中的决策基础：一是由效率或者公平等因素所决定的政策目标；二是现实的民情和国情。任何供给决策首先都需要满足促进社会发展的基本目的并且不能违背社会发展所处阶段的规律。在这一过程中，公共服务的供给目标是更好配置资源，平稳供求，以实现激发经济活力的同时带来丰富人民群众物质生活的目的。由此导致优化供给需要考虑的效率与公平问题。

第一,效率、有效性和公平的兼顾。任何一项公共服务的供给中需要考虑的因素可归纳为效率、有效与公平三个方面,而三者之间如何实现兼顾与协调则构成了优化供给中的核心问题(丛树海,2006)。

以道路为例,①其供给目标同样可以细分为效率、有效与公平三个方面(见表2.1)。其中,效率要求的是投入产出比最大化,即既定土地、能源、劳动和资本等要素投入上的产出最大化,这一产出水平可以用新增的公路里程数、公路车道里程数等技术规格角度加以衡量。反映了要素投入、技术水平、供给与运营模式、项目供应商和代理商的选择等。但是,考虑到道路交通设施这一产品与服务并非纯公共产品,其"公共性"很显然具有混合产品理论中的可获得性属性,即产出的使用具有非竞争性,并且产出规模及质量又会直接影响个体效用水平。同时,又容易受到拥挤(由使用者交互影响所致)、使用者限定或者"俱乐部"式的分组(如道路使用的某些排他性设置所致)导致的供给扭曲,一个直接引发的问题就是,既定的产出水平对于个体现实需求或者公益目标的满足程度如何,这就引发了有效性方面的要求。此外,如果进一步考虑道路交通设施的投入分担、产出分配,乃至最终的个体受益差距,其供给目标内涵无疑更加丰富。

表 2.1　　以道路为例的供给目标内涵

效率 (Efficiency)	投入产出比,投入包括土地、能源、劳动和资本等要素支出,产出是指新增的公路、铁路或水路等里程数等结果
有效 (Efficacy)	产出水平对个体现实需求或公益目标等的满足程度(运输服务的运力、时间成本、通达程度等)
公平 (Equity)	交通运输设施的投入分担、产出分配或实际消费(公路驾驶里程数等)

资料来源:《应对道路定价的公平挑战》,Tylor et al.(2010)。

第二,公平概念的复杂与多维。在寻求效率、有效与公平之间的兼顾与协调时,须注意到公平分配概念的复杂与多维,特别是由于混合产品的可获得性这一独特属性所致,公平分配中的核心是对公平正义的定位与取舍。围绕公共服务,至少存在以下公平的理论标准:一是严格的平均主义(Strict Egalitarianism),其基本内涵是不管个体贡献度,每一社会成员均等享受同样的公共产品与服务,其特征是一种结果公平。二是差别原则(Difference Principles),个体在基本权利和自由方面得到公平对待,但是社会鼓励个体竞争,并会从个体竞争中获得长远发展。本质上这也是一种机会公平观。三是基于资源的原则(Resource-based Principles),即公共产品与服务按照实际

① 引自 Tylor et al.(2010),《应对实施道路定价的公平挑战》。

供应能力均等分配，很少或不考虑个体之间的差别。其同样属于机会公平。四是荒漠理论(Desert-based Theories)，其认为对于社会贡献大的人理应优先从社会财富积累和公共服务中受益更多，这一观念强调成本与收益之间的关联，以及权利与义务关系的对等，无疑具有突出的市场公平观色彩。五是自由主义理论(Libertarianism)，其认为只有在所有个体都同意的条件下的个体间的财富转移或再分配调节才是正当的。显然，这是一种极端的市场公平观。

准公共产品供给中的公平考虑不仅涉及多维度的公平观，还涉及政府、阶层与群体，以及个体居民等多层面。表 2.2 报告了按照市场公平、机会公平与结果公平维度，以及政府、阶层与群体、个体居民多层面的公平内涵。

表 2.2　　道路供给的公平观

对象	市场公平	机会公平	结果公平
政府	每一辖区的交通设施支出与财政收入情况相匹配	每一辖区交通设施建设支出公平	每一辖区的交通设施支出产生相等的运力和服务能力
阶层与群体、利益集团、种族和族裔团体等	各个阶层与群体所享受到的交通运输设施带来的收益与其纳税情况相匹配	每一阶层与群体都能均等享受到交通运输资源	交通运输支出在不同阶层与群体之间产生相同水平的便利和功效
个体居民	个体面临的定价和支付的税费与其享受的交通设施水平相匹配	个人意义上，人际间的交通设施资源相等	交通运输支出在不同个体之间产生相同水平的便利和功效

资料来源：《应对道路定价的公平挑战》，Tylor et al. (2010)。

第三，多重要求下的政策执行与目标。效率、有效与公平的复杂与潜在冲突，要求对政策可行性及相应的目标设定提供了多重约束，同样以道路这一混合产品为例，表 2.3 报告了不同角度政策可行性要求及相应的目标内涵。

表 2.3　　多重约束下的政策执行与目标

	政策执行	政策目标
效率	相对于收入情况具有较低的行政、管理费用和交易成本	既定支出水平下能够最优供给交通运输设施服务
有效性	政治可行性：具有稳定的政治支持，受到投票者欢迎，并且较少受到利益相关者的反对 收入能够满足支出需求，并具备稳定和可靠性	既定供给能力条件下的社会福利最大化 更低的交通运输成本，并能促进经济发展
公平	公平处理地区和地方政府之间的关系； 要足够重视利益相关者和利益集团的公平诉求	任何个体都具有公共交通服务和公共交通设施的可获得性 基于支付能力基础上的累进性设计 收费定价要与使用者成本情况相挂钩

资料来源：《应对道路定价的公平挑战》，Tylor et al. (2010)。

可见,从充分性角度考虑,在既定要素和资源禀赋下,既需要注重经济效率,以实现产品与服务供给水平的最大化,最大限度地满足更多个体的使用需求;同时也追求较低的管理成本和较好的政策可行性。在面对多维度公平观进行定位及取舍时,并非孤立采用单一思维,而是在保证机会均等的基础性要求上,注重引入市场公平的理念要素。在推进产品与服务供给改善的过程中,注重渐进改革理念,积极实施帕累托改进,同时,注重引入补偿机制以处理多重目标下的潜在冲突,以实现效率、有效与公平的兼顾与协调。

第二节　混合产品非税补偿的选择

与私人物品一样,现实中更多体现为混合产品的公共产品与服务也存在补偿问题。政府存在的必要性决定了公众或社会成员只需对政府提供的公共服务进行补偿,而不允许其通过提供公共服务来获利。因此,政府在提供公共服务过程中发生的全部费用如何公平、有效地在享受或消费这些公共服务的公众或社会成员中分摊,就成为政府筹集财政资金或构建公共收入体系所要解决的基本问题。

从技术特征来看,政府提供的产品与服务往往具有鲜明的混合产品特征,这既是政府作为公共部门区别于私人部门的主要标志,也是政府选择筹资方式的依据。针对现实中公共产品与服务基本都属于混合产品的现实前提,使用非税收入予以补偿应意识到其既具有优势,又存在局限与约束条件。

一、混合产品非税补偿的优势

(一)提升公共资源配置效率

税收之所以作为政府筹资方式,主要是因为其能够解决公共服务消费上的非排他性与非竞争性引发的“搭便车”问题,合理补偿公共服务成本。但是,现实中政府提供的公共服务大多是混合产品,即部分具有非竞争性和非排他性特征。如果一项公共服务只是部分地具有非排他性与非竞争性,那么,这项公共服务的成本全部通过税收来分摊显然是不合理的。不仅如此,现实中还有大量的公共服务本质上是具有正外部性的私人产品。针对正外部性条件下产生的供给或消费不足现象,政府通过税收或收费筹资,进而通过公共生产的方式加以提供。那么,对于这一类产品或服务,如果完全采用税收筹资进行供给,或者孤立使用“使用者付费”制度弥补成本,都不完全符合效率要求。

可见,通过税收来为公共服务筹资是有条件的,即只有无法排他的非竞争性公共服务才需要通过税收方式来筹资;反之,如果一项公共服务只是部分地非排他或虽非排他但具有竞争性,或者是政府供给的具有正外部性的私人产品,那么,这项公共服务就不应该仅仅只通过税收来筹资,还应该通过收费筹资方式以更好地识别与匹配消费者偏好。这是因为:这类公共服务要么是具有竞争性但无排他性,要么是具有排他性但非竞争性。由于这类公共服务的效用可以分割,并且消费者对公共服务的偏好无论在范围还是程度上都存在差异。用税收形式补偿这类公共服务的生产费用,实际上是公共服务的费用由全体社会成员共同负担。这将剥夺了想更多(或更少)消费公共服务的社会成员根据自己的偏好选择公共服务的种类、规模和质量的权利,使公共服务的供给偏离最佳状态,降低了公共服务的效率。因此,混合产品使用收费等非税补偿形式的优点之一在于能够建立直接的成本收益关联,解决供给中的信息不对称和不充分,激励改善公共服务质量和资源配置效率。

(二)改进公共资源使用效率

在识别并匹配个体的公共服务偏好时,如果不能明确界定公共服务的受益程度,或者是不能明确区分直接或间接的受益对象,那么,税收是更好的筹资方式。反之,则对直接消费者收费就是最有效率的。这是因为按照经济行为主体从公共服务享用中获得的收益收取费用,迫使消费者面对其消费决策的真实成本,有利于消除因"免费"产生的过度需求,从而可以形成一种效率选择的激励机制。而"税收—公共支出"机制对于大多数公共服务而言缺乏这样的权利义务对等关系,难以有效调节公共服务需求。

即便公共服务的成本不完全等同于个体获得的收益,凭借非税补偿机制所具有的灵活性,也可以拓展到公共服务的受益层面来设计相应的补偿机制。由此,产生了两种不同的定价依据,除了基于成本补偿视角实施的费用还原原则之外(即根据政府的部门所提供服务所消耗的成本费用数额来确定收费标准,以收费补偿所费),基于受益视角可以实施劳务报偿标准,其要求是以个体从政府部门服务中受益的大小来确定收费标准,即劳务应得收益。基于成本和受益实施补偿的灵活性,使得非税补偿有益改进公共资源的使用效率。

除了基于成本和收益角度实施补偿,在公共服务的消费过程中,还可以结合机会成本来进一步设计相应的补偿机制,同样能够显著改进公共资源的使用效率。为了防止因个人行为影响甚至损害他人和社会利益,现代政府普遍使用法律和经济等手段来规范个人行为。这些手段的目的就是要堵塞私人将其私人成本社会化的渠道,或者说,就是要迫使个人在做出决策时,必须将"如果其行为影响或损害他人与社会利益"时其需要付出多大"代价",纳入其决策成本之中。从本质上讲,个人行为中的这种可能付出的"代价"属于其行为的机会成本,表现为政府非税收入中的拥挤性收费、各种罚款和没收收入。如果经济处罚作为政府管理的一种工具而存在,那么,它本身就是政府管理这一公共服务的重要组成部分。作为政府管理手段存在的这类收入的必要性已经毋庸置疑。实践证明,拥挤性收费与各种罚款的标准在调节个人行为方面的作用大小与收入水平是正相关的,即随着收入水平的不断提高,这类收费和罚款的标准也必须相应的提高。其之所以能够调节个人行为,一是因为这些收费和罚款迫使人们直接面对其真实的、用货币表示的机会成本;二是因为这类收费和罚款是以迫使人们放弃这种行为为目的。最终都是通过调节使用行为,提升公共服务的使用效率。

(三)避免公共资源过度使用和浪费

相对于税收方式,以收费、拍卖为代表的非税补偿由于其明确的成本收益关联程度更能满足市场公平性,体现受益公平原则。非税补偿能够满足支出与收入紧密关联的要求,目标匹配性强。而税收的市场公平性相对较低,这是因为相对于使用程度高的群体,使用较少的群体无疑是损失方,同时又不得不承担相应的税收负担。而且,由于收费能够有效识别与区分使用者,并建立明确的成本—收益关联,这就可以从技术上避免公共资源的过度使用和浪费问题。

二、混合产品非税补偿的局限

(一)适用范围有限

不得不承认,混合产品使用非税收入,特别是使用者付费政策进行补偿的适用范围相对较窄。其需要该混合产品本身满足一定的要求,如具有排他可行性或者排他成本相对较低以能够排除“搭便车”行为,能够明确测度使用量或者是使用收益,以便于计量使用者补偿水平。

(二)资金筹集能力不足

对混合产品采用非税补偿也存在资金筹集能力不足或者非税补偿标准过高的问题。这是因为混合产品的费基较窄,而某些混合产品的建设成本与使用成本往往有较大的差别,单纯基于使用者付费的原则设立补偿标准会削弱这些项目的可行性。同时,混合产品使用收费、拍卖等方式进行补偿的征管成本、制度执行成本也相对较高,或者说,缺乏专业征管机构和法律保障下的强制集中征管,非税补偿混合产品的征管效率总体相对偏低,这些都制约了非税补偿的普遍使用。

(三)与支付能力公平原则相脱节

尽管能够较好地从受益角度贯彻市场公平原则,但是非税补偿混合产品的局限之一在于与支付能力联系不够紧密。这说明,从市场公平、机会公平与结果公平三者出发,税收和收费的公平性各有侧重。公平性角度出发的税收与非税收入并非一定对立,二者需要实现某种功能上的整合。

税收,特别是一般性税收更有利于实现机会公平和结果公平,尤其是对于公共服务而言,机会均等的重要性更为明显。这是因为从价值判断和公共选择角度而言,机会均等会使得全社会对最终的结果有更多的认同与接纳。托宾(1970)的特别平等主义是这方面的著名观点,该观点认为,对投票权、基础教育和医疗服务等这样一些特殊产品,应按照平等原则进行分配。这里的平等分配并不是绝对的平均分配,而是指每个人在接受最起码的或最低数量的教育、医疗卫生、社会保障等公共服务上应享有同等的机会。更重要的是,提高公共服务可获得性方面的机会均等会改善结果不公平,而改善公共服务,特别是基本公共服务的结果均等又会进一步有利于实现机会的均等,乃至最终实现市场公平。

因此,从公平分配视角出发,税收与非税收入可以基于公平的目标定位实施功能上的整合:如果某项公共服务中需要维护市场公平,那么采用收费机制是可取的;相反,如果是为了维护个体的生存与发展,保障个体的基本自由和权利,那么这种公共服务更宜采用税收机制。现实中,对于某项公共服务而言,可能需要协同采用税收和收费机制以更好实现公平。

同样以公路为例。在公路的修建方面,考虑到公共交通服务和公共交通设施的可获得性和使用权利,使用建立在支付能力基础上的累进性税收筹资是适当的,并且,考虑到这种公共设施的长期使用性质,政府采用债务融资并以未来的税收作为偿债担保,还能够在代际分担成本,贯彻代际的公平。而在公路的使用过程中,可以采用与使用成本(而不是建造成本)相挂钩的收费定价,以体现市场公平。从效率角度来看,这一类似于拥挤收费的做法还能够准确识别与匹配消费者偏好,避免过度使用和公地悲剧。但是,如果以债务融资方式修建公路并单纯依靠收费进行偿债,这种与使用成本脱钩的收费定价产生的高收费水准,无疑会降低公共交通服务和公共交通设施的个体可获得性和使用权利,进而损害机会均等和市场公平。

三、混合产品非税补偿的约束

(一)公开透明的决策

非税补偿机制的优越性来自其具有直接的有偿性(交易性),或者说,具有较为紧密的项目化的"收入—支出"关联,这一点与税收将个体的公共品消费和公共品筹资相分离的机制具有重大区别,同时也意味着混合产品非税补偿相对于税收筹资而言具有分散决策的特征。

分散决策的优势在于可以灵敏与快速响应消费者需求,提高资源的配置效率,同时,分散决策状态下更接近社区和居民,具有信息优势和沟通便利,有利于提高产品与服务的供给效率,形成供给中的锦标竞争。但正因为是具有分散决策特征,混合产品非税补偿又特别需要公开透明的决策。特别是,通过决策机制的开放与制衡,实现政府、部门、企业与使用者之间的成本分担与利益共享,达到治理理论所倡导的参与式治理和“善治”目标。若缺乏公开透明,分散决策下的混合产品非税补偿不仅可能会被其他利益动机所俘获,产生供给扭曲,而且这种扭曲又可能会因为分散决策下缺乏监督与制衡被进一步放大,偏离了混合产品供给效率、有效与公平的目标。

(二)科学的定价机制

不同于税收是由国家通过法律形式规定了对什么征税及其征收比例等税制要素,并在全国范围内能够保持相对连续性、稳定性和统一性,混合产品的收费定价权不仅具有特定空间范围和时段内的垄断性,而且散落于各级政府、部门,甚至是企业。非税补偿中的定价缺乏税收制度和税制要素固定性这样一种形式特征。这种分散的定价决策尽管具有信息上的优势和灵活性,但是,在缺乏科学的定价原则和定价程序等规范以及监督制约不健全的情形下,容易诱发垄断定价、寻租、地方保护主义和腐败等弊端。

为此,混合产品使用非税补偿或筹资时需要高度重视定价机制,特别是定价形成依据的确立、定价方法的使用、定价决策权力的分散与制衡、定价调整的可能等。科学的定价机制构成混合产品非税补偿的约束条件之一。

(三)规范的征收管理

基于法律的税收固定性始终是税收的固有形式特征。即使税制要素内容也会因经济发展水平、国家经济政策的变化而进行必要的改革和调整,但这种改革和调整也总是要通过法律形式事先规定,而且改革调整后要保持一定时期的相对稳定和统一。同时,税收征管受到法律制度的规范,税源监控、稽查和征收,以及信息化建设一直是税收征管的重点,具有相对较高的征管效率和法律权威。

政府收费的主体是政府下属的各部门、行政单位和事业单位,甚至是委托授权给特定企业,实施补偿的依据是这些部门、单位的具体管理职能和服务内容。这就使得政府收费的收取主体具有分散性的特点。如果在管理上又直接将其作为收费单位的支出补偿,则这类收入就会首先表现为各收费单位的收入,与收费主体的利益直接相关。收费越多则单位可支配的资金也越多,从而有可能会造成征收的不规范、征收效率的低下和部门利益驱使下的逐利行为。而且,数量众多的征收主体,也使得规范征收管理所需的努力程度和监管成本也相对较高,提出的规范化要求也更高。上述因素均说明,规范的征收管理构成了混合产品使用非税补偿时的一个重要约束条件。

(四)完善的使用监督

通过预算及其他财政管理制度,税收收入与财政支出实现了分离,税收收入在支出使用方面的决策、监督、执行与报告体系也更加完整和严密。但是,对于非税收入领域而言，特别是一些经营性收费项目和专项使用的非税收入，收入与支出之间的联系往往更加紧密，收费主体和收入使用主体数量也更加庞大，这是由于收费的直接补偿属性和专用性所致，从本质上反映了收费等补偿机制的交易性特征。

上述特征说明，相对于政府层级中的财政收入与财政支出对应关系，围绕具体收费项目及收取主体形成的收入与支出关系更加微观和具体，联系也更加紧密。这种"微循环"既有确立直接的成本收益关联，激励改善供给质量，提高资源配置效率的优点，同时也要求实施完善的支出使用监督措施。这是由于体现在具体收费项目这一层面的收入与支出之间"微循环"更难以监控，自上而下式监督管理的链条会更长，信息传递更慢，更易出现信息的变异与渗漏。这就更加需要使用监督制约机制下沉，在包括生产者、供应者和使用者等所有行为主体的这一微观层面自主式运行，有效运作。这一点不仅构成了混合产品实施非税补偿的约束要求或条件，也是相对于税收收入使用监督的独特之处。

第三节　案例：中国高速公路快速发展中的收费补偿政策

一、中国高速公路的快速发展

高速公路是国家交通现代化的标志，是需要高额投入、长期使用的公共产品。其一经规划和修建，将极大地影响国家的城市化布局、国土的整治和利用、区域规划和建设以及经济带的形成。其直接、间接与潜在的效益几乎囊括经济、社会、文化、国防等各个领域。

1988 年，沪嘉高速公路和被誉为"神州第一路"的沈大高速公路的通车拉开了中国高速公路大发展的序幕。回顾 30 多年的发展历程，中国的高速公路走过了 3 个发展阶段：

第一，起步阶段。从 1988 年到 1997 年的 10 年，相继建成了沈大、京津塘、成渝、济青、京石、沪宁、广深等一大批具有重要区域性影响的高速公路工程，突破了我国高速公路建设的多项重大技术"瓶颈"，积累了设计、施工、监理和运营等建设和管理全过程的经验。1992 年，"五纵七横"国道主干线规划开始实施，为中国高速公路持续、快速、健康发展奠定了坚实基础。

第二，高速发展阶段。1998 年，为应对亚洲金融危机，国家实施了积极财政政策，加快了基础设施建设步伐。交通行业按照国家的统一部署，加大了公路建设力度。从 1998 年至今，高速公路建设进入了发展高峰期，年均通车里程超过 4 000 千米，年均完成投资 1 400 亿元，这个速度在其他任何国家都是不可想象的。1999 年，全国高速公路里程突破1万千米。2000年,国道主干线京沈、京沪高速公路建成通车,在我国华北、东北、华东之间形成了一条快速、安全、畅通的公路运输大通道。2001年,近代史上就有“西南动脉”之称的西南公路出海通道经过10多年的艰苦建设实现了全线贯通,西部地区从此与大海不再遥远。到2002年底,我国高速公路通车里程一举达到2.5万千米。

第三,国家高速公路网络形成阶段。2004年,国家出台了《国家高速公路网计划》,提出规划目标:连接所有城镇人口超过20万的城市,形成高效运输网络。2008年,《公路水路交通结构调整指导意见》出台,提出要加快建设国家高速公路网,加快建设服务于沿海主要港口集装箱港区的高速公路。到2012年底,国家级干线公路通车里程17.3万千米,其中:普通国道10.5万千米,国家高速公路6.8万千米。2013年国家出台了《国家公路网规划(2013—2030年)》,重申“71118”布局,即由7条首都放射线、11条北南纵线、18条东西横线,以及地区环线、并行线、联络线等组成,约11.8万千米的国家高速公路网络。另规划远期展望线1.8万千米,主要位于西部地广人稀的地区。同时,在这一国家高速公路网规划的基础上,补充连接新增20万以上城镇人口城市、地级行政中心、重要港口和重要国际运输通道。最终形成由“普通国道+国家高速公路”两个层次共同组成的线网格局,普通国道提供普遍的、非收费的交通基本公共服务,国家高速公路提供高效、快捷的运输服务,形成空间布局合理、结构清晰、功能明确的国家公路网络。①

到2018年末,全国公路总里程达到484.65万千米,是1984年末的5.2倍。其中,高速公路里程规模居世界第一,年均增长25.8%。高速公路里程和车道里程分别达到14.26万千米和63.33万千米(见图2.1)。国家高速公路里程10.55万千米。②

从起步到高速公路通车1万千米,中国用了12年时间,从1万千米到突破2万千米,中国只用了3年时间。可以说,仅用30余年时间,中国高速公路的发展走过了许多发达国家近百年才实现的发展进程和发展水平,创造了世界瞩目的中国速度。今天,高速公路的速度和便利已经走进了平常百姓的生活,改变了人们的时空观念,改善了人们的生活方式。在高速公路建设取得喜人进展的同时,位于高速公路上的大型桥梁和长大隧道建设也取得突破性进展,中国桥梁和隧道建设技术水平已经跻身世界先进行列。除了高速公路建设材料、方式、应用的创新,高速公路的配套设施也在科技的推动下逐渐步入智能化。

① 引自交通运输部,国新办就《国家公路网规划(2013—2030年)》情况举行发布会,http://xxgk.mot.gov.cn/jigou/zcyjs/201807/t20180731_3052538.html。

② 引自交通运输部,2018年交通运输行业发展统计公报,http://xxgk.mot.gov.cn/jigou/zhghs/201904/t20190412_3186720.html。

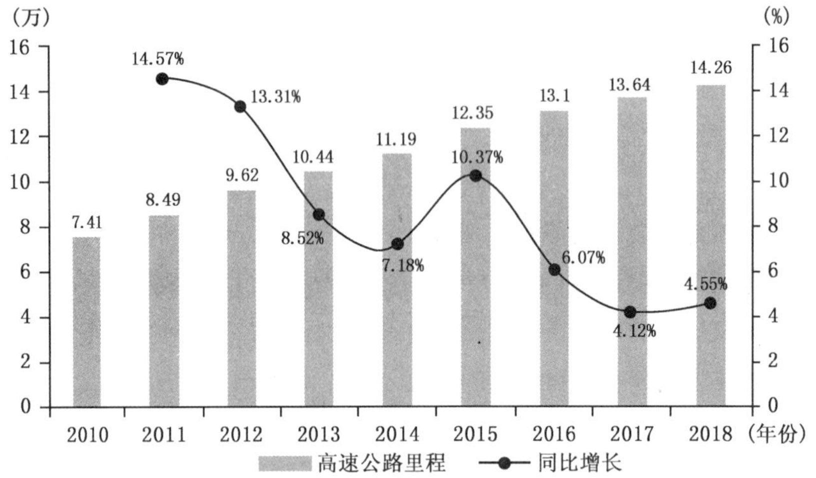

资料来源:根据交通运输部网站数据整理而得。

图 2.1 中国的高速公路里程数及增长率

二、"贷款修路、收费还贷"政策的成效

伴随中国高速公路的飞速发展的是一系列奠定中国现代交通事业发展的制度基石和重要里程碑。例如,我国第一条利用世界银行贷款修建的高速公路——京津唐高速公路,首次在公路建设中使用国际通用的"菲迪克条款",建立了具有中国特色的工程监理模式和项目法人制度。我国第一条中外合资建设的高速公路——广深高速公路,开创了公路使用外资建设的先河。还有一项影响深远的政策,我国第一条改扩建的高速公路——沈大高速公路,迈出了在高速公路使用"贷款修路、收费还贷"政策的第一步。①

"贷款修路、收费还贷"政策的诞生,是为了解决公路建设资金不足、发展滞后的问题。为破解公路基础设施严重落后对经济社会发展的瓶颈制约,1984 年 12 月,国务院第 54 次常务会议作出"贷款修路、收费还贷"的重大决定。"贷款修路、收费还贷"政策是指各级政府在财政性资金或企业资本金投入之外,利用银行贷款或社会集资建设公路(含桥梁、隧道),建成后收取合理的车辆通行费(以下简称"通行费"),偿还贷款或集资。此后,交通部和地方政府陆续出台了一系列规章制度,规范了收费公路的建设管理和经营权转让行为,明确规定二级以上公路(含二级,下同)可以贷款修路和设站

① 本小节内容若非特别注明,其数据资料和案例均摘引自《18 个省市收费公路建设运营管理情况审计调查结果(二〇〇八年二月二十七日公告)》,来源:审计署,中央政府门户网站,http://www.gov.cn/zwgk/2008-02/27/content_902834.htm。

收费,并按照经营性质将收费公路分为政府还贷公路(交通部门贷款建设的公路,还贷结束后停止收费)和经营性公路(企业投资建设的公路,收回投资成本并有合理回报)。2004 年 9 月,国务院颁布《收费公路管理条例》,进一步明确了收费公路政策。

这一政策打破了公路建设单纯依靠财政投资的机制束缚,形成了“国家投资、地方筹资、社会融资、利用外资”的多元化投融资格局,促进了我国公路基础设施建设和发展。

(一)加快了公路建设

“贷款修路、收费还贷”政策从 20 世纪 90 年代初开始广泛实施以来,推动中国公路基础设施建设实现了跨越式发展。据交通部统计,从 1984 年至 2005 年,中国高速公路里程从零基点增加到 4.1 万千米,跃居世界第二位。一二级公路里程由 1.9 万千米增加到 28.47 万千米。公路总里程由 93 万千米增加到 193 万千米,高速公路和一二级公路的里程占公路总里程的比重由 2%增加到 17%。同时,路网结构得到改善,公路技术等级得到提高。审计署 2008 年针对收费公路实施审计的 18 个省(市)中,95%的高速公路、65%的一级公路和 49%的二级公路是依靠实施这项政策建设的。

(二)推动了综合交通运输体系发展

公路基础设施特别是高速公路的快速发展,促进了公路客、货运量快速增长,也带动了港口、航空、水路运输业的发展。如湖北、广东、辽宁、河北、山东、江苏等省已形成以高速公路为骨架,以现代化机场、港口、场站为节点,以先进的通信体系为依托的现代化综合交通运输体系。据交通运输部统计,2018 年全国公路客运量和货运量分别为 136.72 亿人和 395.69 亿吨。①

(三)促进了地方经济发展,产生了良好社会效益

大量高等级公路的建设,提高了公路运输效率,方便了人民群众出行,改善了投资环境,促进了沿线地区资源开发,推进了社会、经济的全面发展。江苏、浙江、河南、湖北、山西等省建成覆盖全省的公路网和高速公路主干道,实现了省城到地(市)1.5 至 3 小时高速通达。江苏、广东、陕西、四川、黑龙江等省的高速公路走廊正逐步转变为“经济发展走廊”,明显缓解了公路交通对经济发展的制约。云南、吉林、重庆、安徽等省(市)由于公路条件改善,第三产业尤其是旅游业得到快速发展,增加了劳动力就业。

(四)降费增效持续推进

近年来,中国采取了多种有效措施,提升高速公路运输实载率和运输效率,降低物

① 引自交通运输部,2018 年交通运输行业发展统计公报,http://xxgk.mot.gov.cn/jigou/zhghs/201904/t20190412_3186720.html。

流成本。主要体现在五个方面①：一是自 2011 年起开展收费公路专项清理工作，全面取消了各类违规及不合理收费，降低了偏高的收费标准。② 二是逐步取消政府还贷二级公路收费。2009 年 2 月 17 日，国务院办公厅印发了《关于转发发展改革委交通运输部财政部逐步有序取消政府还贷二级公路收费实施方案的通知》(国办发〔2009〕10 号)。截至 2017 年，除新疆外，其他省份均已全部取消收费。三是鼓励各地结合政府财力状况，逐步回购经营性公路收费权，扩大免费公路范围。四是组织开展高速公路分时段、差异化收费。五是鼓励各地结合实际，对国际标准集装箱运输车辆实行通行费优惠，对货车和客车使用 ETC 非现金支付进行通行费优惠。2020 年 1 月 1 日起，货车收费从原有的计重收费改为按车轴数收费，以降低运输成本。

降费的同时还在增效。2020 年 1 月 1 日零时起，全国 29 个联网省份的 487 个高速公路省界收费站全部取消，提前完成了 2019 年《政府工作报告》提出的“两年内基本取消高速公路省界收费站”的目标任务。截至 2020 年初，全国建设完成了 24 588 套 ETC 门架系统，改造完成了 48 211 条 ETC 车道、11 401 套高速公路不停车称重检测系统；ETC 推广发行了 1.23 亿户，累计用户达到 2.04 亿；1.2 万名高速公路收费员得到了妥善安置，转岗到 ETC 推广发行客服、清分结算后台服务等岗位，实现了世界上规模最大的一体化运营的高速公路网。③

三、“贷款修路、收费还贷”政策的不足

(一)超前与重复建设问题突出

一些地方政府强调要加快公路发展，但财政投入少，主要依赖银行贷款建设大量收费公路，造成收费公路建设规模过大，超出了自身财力和资源承受能力，增加了社会运营成本，增大了偿债风险和资源风险。

第一，收费公路规模过大。除北京和上海外，“十五”期间 16 个省(市)收费公路规

---

① 引自《高速公路收费能降吗？交通运输部回应：不具备降费空间》，人民网—财经频道，2017 年 8 月 1 日，http://finance.people.com.cn/n1/2017/0801/c1004—29441744.html。

② 截至 2005 年底，各级地方政府已停止对归还了全部建设贷款的 4 124 千米收费公路和桥隧的通行收费，撤销了 653 个收费站。据交通运输部统计，自 2011 年启动专项清理至 2012 年年中，共计撤销和调整了 328 个存在间距不合理、间距过近等问题的收费站，停止收费的公路里程 3 706 千米。第二，有 182 个收费公路项目降低了通行费标准，其中上海、江苏、山东、湖南降低了所有高速公路以及桥隧的最低收费标准，北京、南京、南昌、武汉等地降低了机场高速公路通行费标准。第三，取消了 58 个收费期限届满、已经还清贷款与集资款以及里程规模不符合规定要求的收费公路项目。第四，规范了 158 个原经依法批准但收费年限累计总和超过《收费公路管理条例》规定最长期限的问题。第五，废止或修订了 7 个与国家现行行政法规存在不一致的地方性的规章和文件。引自《交通运输部 2012 年度第三次例行新闻发布会》，来源：交通运输部，国务院新闻办公室网站，2012 年 5 月 24 日，http://www.scio.gov.cn/xwFbh/gbwxwfbh/fbh/Document/1164488/1164488.htm。

③ 引自《全国 487 个高速公路省界收费站全部撤销》，《经济日报》，2020 年 1 月 2 日，http://www.xinhuanet.com/2020—01/02/c_1125413406.htm。

模增加较快,新增二级以上公路的67%为收费公路,总里程达6.35万千米。至2005年底,这16个省(市)二级以上公路总里程的54%是收费公路,其中云南省为92%,四川省为90%,黑龙江省为86%,重庆市为84%。条件稍好的二级以上公路几乎都是收费公路,不符合国家关于"公路发展应当坚持非收费公路为主,适当发展收费公路"的指导原则,这种状况实质是将政府提供公共产品的一部分责任转嫁给社会和公众。

第二,债务负担偏重。"十五"期间,浙江等10个省(市)收费公路投资完成额6 400亿元,其中投入的银行贷款等债务性资金高达4 700多亿元,占73%。如浙江省公路建设完成投资1 618亿元,其中银行贷款达1 400多亿元,占85%以上。黑龙江等5个省(市)260多条公路项目拖欠工程款87亿元,拖欠时间有的已达六七年。大量借债建设收费公路加重了建设方的债务负担,至2005年底,18个省(市)收费公路银行贷款余额高达8 000多亿元。仅仅过去十余年,收费公路债务余额增长迅速。据《2018年全国收费公路统计公报》数据显示,2018年末,全国收费公路债务余额56 913.6亿元,比上年末增加4 070.1亿元,增长7.7%。其中,年末银行贷款余额47 744.2亿元,年末其他债务余额9 169.5亿元,占比分别为83.9%和16.1%。[①]

第三,部分收费公路存在偿债风险。除国家主干公路的效益相对较好外,部分地方高速公路等项目的使用效率明显低于预期。如江苏省交通控股有限公司管理的17条高速公路中,8条的实际车流量平均为可研预测值的60%,其中南京至高淳高速公路车流量仅为可研预测值的9%。2005年,辽宁省锦朝、锦阜高速公路实际车流量分别为可研预测值的28%和18%;陕西省西安至宝鸡、勉县至宁强等8条高速公路的通行费收入仅为可研预测值的39%。由于资产利用率不高,加上债务负担重,导致许多项目还贷能力差,存在较大偿债风险。2001—2005年,吉林等8个省(市)因修路需偿还银行贷款本息1 090亿元,而同期收取的通行费扣除必需的管养费用后仅680亿元,缺口410亿元。如吉林省2005年政府还贷公路通行费收入扣除运营成本后只有5.88亿元,仅为当年应付贷款利息13.15亿元的45%,贷款本金无法偿还。为此,各地普遍采取了借新还旧的做法。山东省2003—2005年"借新还旧"76.36亿元,占归还贷款本息的30%。但5个省逾期不能偿还的仍有60余亿元,另有8个省的25.5亿元贷款被银行作为坏账剥离。2004年,建设银行四川省分行剥离用于公路建设的不良贷款12.33亿元。时至今日,收费公路的债务风险并没有得到明显改善,甚至有加剧的趋势。《2018年全国收费公路统计公报》数据显示,全年的收费公路收支缺口已经达到4 000余亿元。2018年度,全国收费公路通行费收入5 552.4亿元,比上年增

---

① 引自交通运输部,2018年交通运输行业发展统计公报,http://xxgk.mot.gov.cn/jigou/zhghs/201904/t20190412_3186720.html。

加 422.2 亿元，增长 8.2%；支出总额 9 621.8 亿元，比上年增加 465.1 亿元，增长 5.1%；通行费收支缺口 4 069.4 亿元，比上年增加 42.9 亿元，增长 1.1%。高达 9 600 亿元的支出总额中，偿还债务本金 5 066.7 亿元，偿还债务利息 2 647.9 亿元，养护支出 589.3 亿元，公路及附属设施改扩建工程支出 191.4 亿元，运营管理支出 707.2 亿元，税费支出 377.3 亿元，其他支出 41.9 亿元，占比分别为 52.7%、27.5%、6.1%、2.0%、7.3%、3.9%和 0.4%。可见，仅偿还债务本金和利息支出合计就占到年度支出总额的 80.2%，合计达到 7 714.6 亿元，是当年全国收费公路通行费收入总额 5 552.4 亿元的 1.39 倍。①

第四，大量土地资源被违规征用或闲置。审计调查浙江等 17 个省(市)667 个收费公路项目，共征用土地 272 万亩，其中违规审批、未经批准占用、以绿化及服务区建设等名义多征占和闲置土地达 96.2 万亩，占征用总量的 35%。至 2006 年 6 月底，浙江省在建和已完工的 26 个高速公路项目违规征用土地 7 156.99 公顷，其中 3 562.89 公顷未经国务院批准、3 594.10 公顷未向国务院申请用地审批。2004 年 4 月至 2006 年 4 月，安徽省建设沿江路、安景路等 5 条收费公路征地 5.7 万亩，至审计调查时，尚未取得国家批准土地使用许可。黑龙江省交通厅违规多征占和租赁土地 3 715 亩，是批准占地 75 亩的 49 倍，并将绥满公路一服务区建成具有游泳、滑雪等娱乐功能的“花果山庄”度假区。至 2005 年底，上海市公路管理处拥有存量土地 3 093 亩，其中闲置 2 415 亩。四川省成都市三环路等 6 个建设项目的拆迁安置用地中，有 4 388 亩被低价转让给房地产开发企业。部分省(市)在公路密度已超过 50 千米/百平方千米的情况下，仍大量建设收费公路，且多数项目未按照“占一补一”原则补偿占地数量，地方政府越权审批立项和征用土地。这种超越资源承受能力发展公路的做法，不利于地方经济可持续发展。

（二）高收费、乱收费现象存在

部分地方政府和交通部门违规设站收费、提高收费标准、延长收费期限等，给社会增加了较大的负担。一些地方政府和交通部门从自身利益出发，把收费公路作为融资平台，在公路上违规设站、提高收费标准、将政府还贷公路随意转为经营性公路等。一方面，经营企业从地方政府批准的高收费期限和收费标准上获取收益，用来再投资政府指定的其他项目及弥补财政经费等；另一方面，地方政府也从包括公路等各种投资活动、企业经营收益中获得税收收入等。这种做法影响了政策目标的实现和效果，加大了社会负担。

---

① 引自交通运输部，2018 年交通运输行业发展统计公报，http://xxgk.mot.gov.cn/jigou/zhghs/201904/t20190412_3186720.html。

第一,违规设站收费。辽宁、湖北等 16 个省(市)在 100 条(段)公路上违规设置收费站 158 个,至 2005 年底违规收取通行费 149 亿元。按地方政府核定收费期限和目前收费水平测算,这些收费站点还将收费 195 亿多元。一是公路项目建设中未使用银行贷款或使用了银行贷款但已归还,仍设有 66 个收费站;二是在国家明文规定禁止收费的三级公路上违规设置 30 个收费站;三是采取"一站多点"等办法,违规异地设置 41 个收费站点;四是公路未建先收或边建边收,违规设置 21 个收费站点。如全部由财政投资建设的沈阳过境绕城公路,1993—2005 年违规设站收费累计 12.29 亿元,在已核定的收费期内还将收费 28.9 亿元。河南省郑州黄河大桥总投资 1.78 亿元,其中银行贷款 7 100 万元,在 1996 年已用收费还清了全部银行贷款后,违规继续收费 14.5 亿元,在地方政府重新核定的收费期内还将收费 30 亿元。黑龙江省财政厅等部门以开发旅游资源为名,2001 年以来违规批准在 8 条通达旅游景区的三级公路上设置 11 个收费站,收费累计 3 113 万元。107 国道河北省定州唐河大桥在建设过程中未使用银行贷款,但 1996 年 9 月建成后开始设站收费,2002 年 6 月该桥向银行贷款 90 万元,至审计调查时累计违规收费 6 700 万元。四川省非封闭式收费公路上的 284 个收费站中,有 131 个间距不合规,其中 10 个收费站与其他站相距不到 10 千米。

第二,提高收费标准。浙江、安徽等 7 省(市)提高收费标准,多征收通行费 82 亿多元。一是安徽、江苏等省利用提高公路收费标准,违规将多收取的通行费设立专项建设资金 41.4 亿元,用于其他项目建设。1998 年 12 月以来,安徽省公路管理部门对所辖各收费公路收费标准予以"统一",使"统一"后的收费标准高于"统一"前的收费平均标准,将由此"增加"的收入违规作为农村公路项目等建设的资金来源。截至 2005 年底,通过这种做法在正常的收费之外筹集到建设资金 13.97 亿元。二是浙江、湖北等省为增加部分高速公路公司的经营业绩,通过违规批准提高收费标准等方式,多收费 40.9 亿元。经浙江省政府批准,该省高速公路各经营企业从 1995 年起,对在高速公路上通行的车辆加收"车次费",仅 2003—2005 年就从中多收 19.55 亿元。成都市、武汉市和南京市的机场高速公路收费标准分别比当地同等级公路高出 1.37 倍、1.1 倍和 0.42 倍,其中武汉市机场高速公路 2002 至 2005 年多收取通行费 1.15 亿元。

第三,延长收费期限。抽查山东、北京等 12 个省(市)35 条经营性公路,由于批准收费期限过长,获取的通行费收入高出投资成本数倍乃至 10 倍以上,成为"高价公路"。按地方政府核定的收费期限和 2005 年收费水平,将增加较大的社会负担。一是对较短期限内能还清贷款并有合理经营收益的收费公路,也批准按规定的最高收费年限 30 年收费;二是将收费多年、经营效益较好的公路"改头换面",违规重新批准和计算收费期限;三是将其他项目的债务并入收费公路,人为加大债务规模,违规延长收费期限。如投资 33.8 亿元的济南至青岛高速公路,经测算收回投资并有合理回报的收费年限为12.65年,但批准的收费年限为30年,按2005年收费水平测算,将增加社会负担275亿元。北京市首都机场高速公路总投资11.65亿元,其中银行贷款7.65亿元,在收费3年多后,北京市于1997年1月重新批准收费30年,至2005年底已收费32亿元,估算剩余收费期内还将收费90亿元。1999年,北京市将北京至石家庄高速公路北京段等3条已收费3至12年的政府还贷公路,划转给新设立的首都公路发展有限责任公司,使之变为经营性公路,并重新批准收费30年。其中,1987年开始收费的北京至石家庄高速公路北京段总的收费期限达到42年,按2005年收费水平测算,累计收费将达93亿元,为该公路建设时利用银行贷款的16倍。京津塘高速公路、北京京通快速路等项目也存在此类问题。至2005年底,湖北省将建设国道、省道、农村公路及其他项目所用129亿元银行贷款计入收费公路的债务,相应延长了收费公路的收费期限。广东省在核定47条政府还贷公路的收费期限时,将29亿元财政资金视为需通过收费偿还的"债务"。至2005年底,广东省经营性公路批准的收费期限大于30年的有28个,最长的为55年。

(三)征收管理不规范

一些地方政府和交通部门随意扩大通行费减免范围,导致"特权车""人情车"问题突出;少数收费公路管理部门机构臃肿,人员收入偏高,通行费收入主要用于人员经费开支。辽宁、山东、重庆等15省(市)交通部门违规向5.9万辆车发放"免费卡""公务卡""减缴证"等,造成"特权车""人情车"问题严重。仅2003—2005年,就违规减免一些政府机关、交通系统单位和个人应缴的通行费8.4亿元。至2005年底,辽宁省交通主管部门违反国家有关规定,以稽查、监督等名义,为各级政府、人大、政协等部门以及公路系统办理免费通行车9 926辆。山东省交通部门自定政策,对部分地方政府、党政机关和交通系统的车辆发放免费通行卡2 654张,造成2004年和2005年违规减免车辆通行费2 926万元。2006年4月,审计抽查广东省收费公路收费结算系统,发现有免费通行卡9 830张,据测算,2005年共免征通行费4 072万元。

此外,部分收费公路管理部门机构臃肿、人员收入过高问题突出。一些地方政府对收费公路管理机构编制、经费支出等未建立明确标准,有的监管失控,造成一些收费站点人员超编严重。如湖北省荆门市钟祥大桥管养所收费管理人员编制30人,实有144人;山西省运城市河津龙虎公路收费管理人员编制27人,实有156人。此外,也有一些收费公路管理人员收入过高。

(四)支出管理不健全

第一,通行费收入挪作他用。18个省(市)政府和交通部门将政府还贷公路应专项用于还贷的通行费收入291亿元,改用于其他公路和城市基础设施项目建设及偿还其他贷款、支出经费等。抽查江苏省5条收费还贷高速公路和55个普通公路收费站,至2005年底累计征收通行费174亿元,其中53.6亿元被挪用于其他项目建设等。连霍高速公路河南省境内路段、京珠高速公路新乡至郑州段,至2005年底累计收取通行费94.5亿元,其中25.5亿元被用于其他项目建设。2001—2005年,辽宁省自定政策,按全省通行费的5%至5.5%提取资金7.5亿元,用于交警经费、交通补助费、服装费等。1999—2005年,河北省交通厅及下属三家高速公路法人单位,从5条高速公路通行费中违规提取超收分成资金等6.48亿元,主要用于发放奖金、福利、建设职工住房和办公楼等。河北省财政厅等单位从通行费中违规列支高速公路巡警经费、政府调节基金、再就业基金等2.1亿元。至2005年底,山西省长治市赵店桥等3个收费站累计收取通行费4.09亿元,市、县两级政府从中挪用2.73亿元,用于弥补财政支出。政府还贷公路的通行费被大量截留挪用,造成还贷资金严重不足,一些应该停止收费的公路,因此继续收费,已多收费数十亿元。这种做法如不纠正,还将收费数百亿元,从而形成欠贷、收费、挪用、欠贷、再收费的恶性循环。至1999年9月底,成都至重庆高速公路重庆段通行费净收入(扣除运营成本)8.8亿元,完全可还清贷款本息6.65亿元而停止收费,但当地交通部门挪用、滞留其中4.6亿元,1999年以还贷为由违规批准该公路继续收费,目前已多收费26亿元,至收费到期前还将收费101亿元。

第二,部分收费公路经营权转让不规范。审计调查山东、江苏、浙江等10省(市)106个公路经营权转让项目发现,一是地方政府越权和违规审批经营权转让项目64个,占转让项目数的60%。如上海市沪杭高速公路等12条公路发生收费权转让18次,其中有12次未经有关部门审批。1996—2003年,安徽省有关单位未报经交通部批准,擅自将连霍公路等4条含有国家财政投资或国道主干线公路的经营权对外转让,并采取"化整为零"等方式违规审批。二是用银行贷款抵顶转让金。部分地方转让18个项目获取的243亿元资金中,有170亿元是受让方以被转让公路作质押取得银行贷款支付的,占70%。这不仅未达到吸引社会资金参与公路建设的目的,而且让一些单位以极低的风险代价控制了巨额公路国有资产,并从中获取巨额利益。至2005年底,浙江省转让杭州绕城高速公路等4个项目的收费权获得125.75亿元,其中86.6亿元是受让方以公路收费权作质押取得的银行贷款。2003年,一家民营企业以3.23亿元取得陕西省咸阳至永寿一级公路70%的收费权后,再以公路收费权作质押,向银行贷款2.94亿元置换其投资款,实际投资仅2 900万元。2005年6月,重庆成渝高速公路有限责任公司以其管理的成都至重庆高速公路(重庆段)收费权作质押向银行贷款10亿元,全部分给股东,用于收回投资本金。三是经营权转让程序不合规。一些项目招投标流于形式,不经评估或压低转让价格等对外转让,造成国有资产损失。如安徽省政府违规压低评估价格,低价转让合肥至巢湖至芜湖高速公路,两年半后又违规高价收回,共损失资金12.4亿元。江苏省2000年将京沪高速公路江苏段的部分股权(连带收费权)转让给一民营企业,在确定转让价格时仅考虑了公路建设成本,未按规定包含未来收益。四是少数地方领导利用职权违规插手公路经营权转让,一些单位和个人从中牟取私利,造成国有资产流失。如湖北省武汉至黄石高速公路对外转让时,由于少数领导插手,一名外商从中牟利14.5亿元。

第三,收费收入闲置和浪费。财政性资金投入经营性公路形成的国有股权收益及转让公路国有资产取得的转让收益中,有58亿元闲置或被挪用,没有用于公路再建设或偿还贷款,其中17.9亿元被挪用于建楼堂馆所、投资股票、发放奖金福利和对外投资等。如原隶属于交通部、后划转招商局的华建交通经济开发中心,至2006年9月底获取20条公路国有股权收益28亿元,但其中17.2亿元资金闲置。云南省昆明至玉溪公路建设时,该省交通厅以旧公路折价4.8亿元作为投资,截至2006年6月按投资比例应分得经营收益1.51亿元,但这些投资及收益均未在交通厅账面反映。吉林省投资建设的敦化至白石山等4条收费公路,截至2005年底取得通行费收入4.28亿元,全部被负责公路经营管理的两家非国有公司占有。此外,大量依托收费公路产生的服务设施收入、广告收入等不纳入统一核算,转至账外,或是成立内部职工参控股的经济实体经营管理。仅2003—2005年,就有6.1亿元被转到账外或经济实体,其中0.83亿元用于发放奖金、福利等。如河北省京石等高速公路公司1.2亿元的服务区和广告业务收入全部闲置在经营企业。截至2005年底,山西省大新等13条政府还贷公路的广告收入、服务区收入、通信管道租赁收入等共计1.09亿元,全部闲置在经营企业。

四、"贷款修路、收费还贷"政策的改革

(一)收费公路投资冲动的预算约束

超前建设、重复建设的直接原因是一些政府及部门没有理清公路建设与自身财力、资源承受能力、项目投资效益之间的关系,未能制定科学合理的公路发展规划。希望较快发展公路,但又不愿承担相应责任,把责任和负担推向社会,将"适当发展收费公路"的原则改为主要依靠这项政策发展公路,违背了"贷款修路、收费还贷"政策的初衷。

从深层次体制机制因素来看,需要有效遏制地方政府和交通部门收费公路建设投资的政绩冲动,并硬化相应的预算约束。建设高等级收费公路具有显著的投资拉动作用。以2018年为例,政府还贷公路累计建设投资总额44 870.5亿元,其中,高速公路40 626.2亿元,一级公路3 010.1亿元,二级公路306.9亿元,独立桥梁及隧道927.4亿元,占比分别为90.5%、6.7%、0.7%和2.1%。政府还贷公路累计建设投资总额中,累计资本金投入12 922.5亿元,资本金比例28.8%;累计债务性资金投入

31 948.0 亿元,债务性资金比例 71.2%。而在经营性公路中,累计建设投资总额 43 953.0 亿元,其中,高速公路 41 443.3 亿元,一级公路 860.3 亿元,二级公路 192.3 亿元,独立桥梁及隧道 1 457.1 亿元,占比分别为 94.3%、2.0%、0.4%和 3.3%。经营性公路累计建设投资总额中,累计资本金投入 14 122.2 亿元,资本金比例 32.1%;累计债务性资金投入 29 830.8 亿元,债务性资金比例 67.9%。① 仅 2018 年就高达近 7 万亿元的公路投资,说明其构成了经济增长、官员政绩表现、区域与城市名片及形象显示度的重要支柱。还有一组数据能够说明政府及交通部门在"贷款收费、收费还贷"政策驱动下的公路投资"饥渴"。2013 年《国家公路网规划(2013—2030 年)》出台时,规划设计到 2030 年形成约 11.8 万千米的国家高速公路网络,但 2018 年末,建成的国家高速公路里程数已经达到 10.55 万千米,很有可能提前十余年突破这一规划。此外,如同前文所述,审计署发布的审计报告也表明,相当多的高速公路建成后车流量明显低于预测水平,导致处于持续亏损状态。例如,来自新闻媒体的采访证实,2010 年左右的广东省已是全国 GDP 总量最大的省份,但此时全省的高速公路也只能维系在"三分之一盈利、三分之一保本、三分之一亏损"的局面。②

2030 年之前,中国还将建设大量高等级公路。为遏制收费公路的超前建设与重复建设,提升公共投资收益和项目绩效,需要完善相关法规和规划设计,统筹考虑当地财力状况、土地资源、偿债能力、社会负担和未来需求,制定更为科学和公开透明的公路收费听证、计划、审批、立项与公示等机制。此外,还应考虑从补偿机制角度硬化收费公路投资的预算约束,是否可以对"贷款修路、收费还贷"政策予以调整。即保留"贷款修路"的前提下,突破"非税即费"的思维。从国际范围来看,高速公路究竟是应以一般性税收、专项税收,还是以收费来补偿并没有普遍经验。目前世界范围内有两种模式:一种是收费,资金来自通行费。在亚洲,中国、日本和韩国均依靠收费公路政策建成了全国高速公路网络。意大利、法国和西班牙是欧盟典型的依靠收费公路政策建成高速公路的国家,另外,德国拥有高速公路 12 678 千米,针对 12 吨以上的大型卡车实行收费。另一种是征税,资金来自专项税收或一般税收。美国主要以财政投资、政府主导的模式建设公路基础设施网络,建设资金来源主要有三种,包括公路税收、发行债券和公路收费。公路税收是美国公路建设的主要资金来源,约占公路建设资金的 70%,其他两项分别占 20%和 10%左右。美国 1956 年通过的联邦资助公路法和公路税收法决定征收各种公路交通税(包括汽车燃油税、轮胎税、卡车购置税和重型车辆使

① 引自交通运输部,2018 年交通运输行业发展统计公报,http://xxgk.mot.gov.cn/jigou/zhghs/201904/t20190412_3186720.html。

② 引自中国中央电视台《经济半小时》,《315 在行动:降不下来的路桥费》,2012 年 3 月 24 日,http://tv.cntv.cn/video/C10329/93e82ab074064fc2a61590ed6b13ee8c。

用税），建立公路信托基金。鉴于美国公路网已经基本完善，目前公路信托基金 60% 以上都用于公路养护。[①] 这些都说明究竟是采用收费还是征税补偿，取决于一国自身的现实情况和政策目标下的现实选择。

因此，在当前中国的现实背景下，一种可能的组合思路是实施“贷款修路、税利还贷、收费调节”政策改革，明确将一般性税收收入、国有资本收益、沿线土地出让收入等作为补偿修路建设性成本的重要依据，同时，将收费的政策目标定位于维系高速公路保养维护、项目运营和高速公路使用调节为主，还贷为辅。这样，遏制收费公路的重复建设、超前建设问题，硬化预算约束，保证政策有效性目标的实现。坚持国家关于公路建设以“非收费公路为主，适当发展收费公路”的原则，控制收费公路规模，加大政府对公路建设的投入，降低社会成本，体现政府责任。

（二）收费公路通行费标准形成和定期调节机制

审计署的审计报告表明，一些地方在收费公路的经营管理上，过于注重自身利益，导致违规设站收费、随意延长收费期限、经营权转让不合理等问题屡禁不止。此外，法律法规不完善的问题也比较突出，与《收费公路管理条例》配套的法律法规至今尚未出台，这不仅使得该条例颁布前已建成的收费公路收费站设置过多过密、收费期限过长等问题一直未能有效解决，同时也造成高速公路收费定价畸高的局面，且存在结构性紊乱。

世界银行 2007 年的一份研究报告《中国的高速公路：联结人与市场以促进公平发展》（China's Expressways：Connecting People and Markets for Equitable Development）指出，中国高速公路的收费标准与许多发达国家的收费标准相当，甚至更高。例如，德国对卡车的平均收费约为每千米 0.15 美元。相比之下，中国重型货车的平均价格为 0.12—0.21 美元/千米。如果考虑到可支配收入，这一标准的实际水平更高。使用私家车行驶标准里程数所支付的通行费与汽车使用者人均收入的百分比来计算负担率，中国的高速公路负担率不仅高于阿根廷、马来西亚、哥伦比亚和墨西哥等发展中国家，甚至远高于美国、意大利、葡萄牙、西班牙、加拿大、澳大利亚、法国和日本等发达国家。而且，在中国的高速公路使用中，卡车占有的比例较高，反映出私人汽车拥有和使用相对较低，以及铁路和航空公司在长途客运方面的强大竞争和补充。而高收费无疑会对公路货运业和物流成本产生负面影响。

因此，需要科学确定经营性公路合理回报率，降低公路收费标准，减少收费站点，调整不合理的收费期限，切实规范政府还贷公路转为经营性公路的行为。特别是需要

---

① 引自中国公路网网站，高速公路收费能降吗？来源：人民网，http://www.chinahighway.com/news/2017/1127474.php。

在改革“贷款修路、收费还贷”政策的基础上,建立科学、透明的收费公路通行费标准形成机制,并建立相应的浮动标准,同时进一步细分不同类型汽车通行费,降低物流成本。

(三)完善使用管理和监督制度

需要在《收费公路管理条例》及配套规章修订工作中,重点突出收费公路信息公开和收支情况定期审计监测制度的建设,细化包括“统贷统还”等资金使用方面的实施制度。完善收费公路相关法律、法规和制度,规范收费公路的投资建设、运营管理和权益转让等行为。严格收费公路的运营管理,定期公开通行费收支和运营情况,接受社会监督。

本章小结

本章主要介绍了混合产品及其补偿理论。第一节首先分析了可获得性与个体效用化两个公共产品属性对混合产品效用水平的影响,推导出混合产品的最优供给条件是纯公共产品与私人品最优供给条件的组合。然后以混合产品理论为基础,进一步理论推导考虑拥挤、外溢性和俱乐部产品时混合产品最优供给条件,拓展了包括纯公共产品、外部性、拥挤和俱乐部产品等理论要素在内的混合产品一般性框架。进而从充分性角度讨论如何实现混合产品的供给优化,明确指出混合产品供给的三个目标,即效率、公平与有效,三者之间如何实现兼顾与协调则构成了优化供给中的核心问题。因此,既定要素和资源禀赋下,既需要注重经济效率,以实现产品与服务供给水平的最大化,最大限度满足更多个体的使用需求;同时也追求较低的管理成本和较好的政策可行性,在保证机会均等的基础性要求上,注重引入市场公平的理念要素。

基于以上理论分析,本章第二节重点阐述了混合产品通过非税收入形式进行补偿和筹资所具有的优势,存在的局限性以及如何进行相应的约束。政府提供的产品与服务往往具有鲜明的混合产品特征,这是政府选择非税收入作为补偿方式的依据。混合产品使用收费等非税补偿形式能够建立直接的成本收益关联,解决供给中的信息不对称和不充分,因而具有提升公共资源配置效率、改进公共资源使用效率和避免过度使用浪费的优势,但是非税补偿要求混合产品具有相对较低的排他成本,再加上混合产品本身费基较窄,征管成本较高,明显存在适用范围有限、筹集资金的能力不足,以及与支付能力公平原则相脱节的局限。所以在使用非税收入形式补偿混合产品供给时,需要建立公开透明的决策、科学的定价机制、规范的征收管理和完善的使用监督。

本章最后,以中国改革开放以来举世瞩目的高速公路发展成就和“贷款修路、收费还贷”政策为案例,总结了该政策在加速公路建设、推动交通体系发展和促进地方经济发展等方面的成就,指出仍然存在的一系列问题,为该政策的改革提供了一些可行的建议。

名词解释

1. 纯公共产品:是指每个人对这种产品的消费,都不会导致其他人对该产品消费的减少,是在消费过程中具有非竞争性和非排他性的产品。

2. 非排他性:称为消费上的非排斥性,是指一个人在消费这类产品时,无法排除他人也同时消费这类产品。

3. 非竞争性:是指一个使用者对该物品的消费并不减少它对其他使用者的供应,即增加消费者的边际成本为零。

4. 混合产品:也称为准公共产品,是指具有有限的非竞争性或有限的非排他性的公共产品,它介于纯公共产品和私人产品之间。

复习思考题

1. 怎么理解公共物品的非竞争性和非排他性?试举例说明。
2. 混合产品与纯公共产品的区别与联系是什么?试举例说明。
3. 混合产品供给最优化条件是什么?
4. 混合产品非税补偿具有哪有优势与局限?
5. 如何对混合产品非税补偿进行约束?

第三章　非税收入理论基础(二):外部性的矫正

第一节　外部性概念及其分类

一、外部性的概念

外部性的概念在经济学中虽然出现较晚,却十分重要,并且成为新古典经济学进行政府干预的重要理论依据。外部性归结起来有两类定义:一类是从外部性的产生主体角度来定义;另一类是从外部性的接受主体来定义。两类定义的差别在于考察的角度不同。前者如萨缪尔森和诺德豪斯(1999)的定义:“外部性是指那些生产或消费对其他团体强征了不可补偿的成本或给予了无须补偿的收益的情形。”又如布坎南(2001)的解释那样:“个人之经济抑或非经济行为会对其他人之境遇(situation)产生积极抑或消极之影响,并且该影响未通过任何明显的协议(agreement)得到补偿。”而第二种类型如同兰德尔(1989)所述,外部性是用来表示“当一个行动的某些效益或成本不在决策者的考虑范围内的时候所产生的一些低效率现象,也就是某些效益被给予,或某些成本被强加给没有参加这一决策的人”。

上述两种不同的定义,本质上是一致的,即外部性是某个经济主体对另一个经济主体产生一种外部影响,而这种外部影响又不能通过市场价格进行交易。大多数经济学文献是按照萨缪尔森的定义来理解的。

二、外部性的分类

根据外部性表现形式的不同,外部性可以从下列不同的角度进行分类(杨瑞龙,1995;沈满洪、何灵巧,2002):

(一)外部性的影响效果:外部经济与外部不经济

外部性可以分为外部经济(或称正外部经济效应、正外部性)和外部不经济(或称负外部经济效应、负外部性)。外部经济就是一些人的生产或消费使另一些人受益而又无法向后者收费的现象;而外部不经济就是一些人的生产或消费使另一些人受损而前者无法补偿后者的现象。例如，私人花园的美景给过路人带来美的享受，但他不必付费，这样，私人花园的主人就给过路人产生了外部经济效果了。又如，隔壁邻居音响的音量开得太大影响了当事人的休息，这时，隔壁邻居给当事人带来了外部不经济效果。

（二）外部性的产生领域：生产的外部性与消费的外部性

生产的外部性就是由生产活动所导致的外部性，而消费的外部性就是由消费行为所带来的外部性。以往经济理论重视的是生产领域的外部性问题。20 世纪 70 年代以后，关于外部性理论的研究范围扩展至消费领域。进一步进行细分，外部效应又可以分成以下类型：生产者对生产者的外部经济，如水果园园主与养蜂场场主的关系；生产者对消费者的外部经济，如花园式厂房对周围居民区居民的影响；消费者对生产者的外部经济，如居住环境的改善大大增加生产性投资；消费者对消费者的外部经济，如私人花园对过路人的影响；生产者对生产者的外部不经济，如上游的化工厂对下游渔场的污染；生产者对消费者的外部不经济，如建筑施工对夜间休息的居民的影响；消费者对生产者的外部不经济，如空调的噪声对隔壁牙医的看病带来的影响；消费者对消费者的外部不经济，如隔壁邻居放声高歌影响自己的休息。

（三）产生外部性的前提条件：竞争条件下的外部性与垄断条件下的外部性

鲍莫尔（1982）对竞争条件和垄断条件下的外部性做了考察。他举例道："当一个厂商扩大规模将会提高工业中一切厂商的运输效率时，这种扩大如果由一个厂商单独去做可能没有利益，但如果该工业为一个人所独占，那就仍然会获得利益"。这就是说，垄断条件会放大或者改变竞争条件下的外部经济（或外部不经济），乃至最终的经济行为。

（四）外部性的稳定性：稳定的外部性与不稳定的外部性

关于外部性理论的文献绝大多数发表的是稳定的外部性。所谓稳定的外部性是指可以明确相应的外部性程度和方向，人们可以通过各种协调方式，使这种外部性内部化。

1978 年，格林伍德与英吉纳发表了《不稳定的外部影响、责任规则与资源配置》一文，分析了不稳定的外部性。他们的分析表明：假定一个厂商对另一个厂商的影响是任意的，或者说是不确定的，那么，面临这一问题时的厂商就会产生风险。因此，厂商在考虑最优化问题时，就要把外部性的可能分担和自己的风险偏好都估计在内。于是，究竟采取协商方式来解决，还是采取合并方式来解决，依赖于厂商对于风险的预期。

（五）外部性的方向性：单向的外部性与交互的外部性

在 OECD 编写的《环境管理中的经济手段》（1996）一书中，提出了这一分类：单向的外部性是指一方对另一方所带来的外部经济或外部不经济。例如,化工厂从上游排放废水导致下游渔场的鱼产量减少,而下游的渔场既没有给上游的化工厂产生外部经济效果,也没有产生外部不经济效果,这时就称化工厂给渔场带来的是单向的外部性。现实中存在大量单向外部性。

交互的外部性是所有当事人都有权利接近某一资源并可以给彼此施加成本(通常发生在公有财产权下的资源上)。例如,所有国家都对生态环境造成了损害,彼此之间都有外部不经济效应。这就属于交互的外部性。交互的外部性的一个特例就是双向外部性。双向外部性是指两个经济主体彼此都存在外部性,主要的形式有三种:一是甲方和乙方相互之间的外部经济;二是甲方和乙方相互之间的外部不经济;三是甲方对乙方有外部经济效应而乙方对甲方有外部不经济效应,或者反之。

第二节　外部性的矫正

一、课征庇古税

(一)庇古税的内涵

在马歇尔等人的研究基础上,庇古(1920)在其名著《福利经济学》中进一步研究和完善了外部性问题。他提出了“内部不经济”和“外部不经济”的概念,并从社会资源最优配置的角度出发,应用边际分析方法,提出了边际社会净产值和边际私人净产值,最终形成了外部性理论。

庇古认为,在经济活动中,如果某厂商给其他厂商或整个社会造成不需要付出代价的损失,那就是外部不经济。这时,厂商的边际私人成本小于边际社会成本。当出现这种情况时,依靠市场是不能解决这种损害的,即所谓市场失灵,需要引入政府进行适当干预。既然在边际私人收益与边际社会收益、边际私人成本与边际社会成本相背离的情况下,依靠自由竞争是不可能达到社会福利最大的,于是就应由政府采取适当的经济政策来消除这种背离。

政府应采取的经济政策是:对边际私人成本小于边际社会成本的部门实施征税,即存在外部不经济效应时,向企业征税;对边际私人收益小于边际社会收益的部门实行奖励和津贴,即存在外部经济效应时,给企业补贴。其税收必须等于每单位产出或消费的边际外部成本,其补贴须等于每单位产出或消费的边际外部性收益,这样,通过调整产品或服务的边际私人成本和边际私人收益,以调节生产或消费,实现外部性的内部化。这种政策思路被称为“庇古税”。

(二)庇古税思路的局限

庇古理论也存在一些局限性,并影响了其在实践中的运用(沈满洪、何灵巧,2001)。

第一,庇古理论的前提是存在所谓的"社会福利函数",政府是公共利益的天然代表者,并能自觉按公共利益对产生外部性的经济活动进行干预。然而,公共决策存在很大的局限性。

第二,庇古税运用的前提是政府必须知道引起外部性和受它影响的所有个人的边际成本或收益,拥有与决定帕累托最优资源配置相关的所有信息,只有这样政府才能定出最优的税率和补贴。但是,现实中政府并不是万能的,它不可能拥有足够的信息,因此尽管理论上讲,庇古税是完美的,但信息的不对称和信息缺失,会使得庇古税的实际的执行效果与预期存在相当大的偏差。

第三,政府干预本身也是要花费成本的。如果政府干预的成本支出大于外部性所造成的损失,从经济效率角度看消除外部性就并不值当。

第四,和任何一项公共政策的决策与执行一样,运用庇古税过程中如何避免产生寻租活动和腐败等政府失灵,同样是一个严肃的命题。这些干扰无疑会导致资源的浪费和资源配置的扭曲。

二、明晰产权

(一)科斯定理

科斯认为,以庇古为代表的福利经济学对外部性问题的分析存在缺陷。这种缺陷表现为三个方面:

第一,福利经济学强调私人产品与社会产品之间的差异性,往往使人们将注意力集中在具体的制度缺陷分析上而强调市场失灵,并因此形成需要政府采取措施来消除市场缺陷的逻辑。实际上,这只是从外部性的表象上来考虑和解决问题,而没有从更广泛的角度来分析比较外部性所引起的市场价值变化,即没有从整个社会总产品或总效应的角度来解决问题。

第二,福利经济学是以理想世界作为前提,即假设政府知道帕累托最优配置的有关信息,因此可以算出受外部性影响的个人的边际成本和收益,实际上并非如此。所以,必须把分析问题的出发点定在实际情况下来分析不同的政策方案的效果,以此比较两种实际情况何种更好。

第三,福利经济学是以新古典经济学的思维来分析问题,所使用的也是新古典经济学的概念。其中一个重要的问题就是关于生产要素的概念。福利经济学认为人们交易、使用、占有的仅仅是物品本身,而不是从产权的角度来分析。由于人们占有和使用的是物品本身,当人们使用这些物品进行经济活动时,没有考虑到物品运作的约束条件,而把其使用看成是无限制的。这导致当运作中出现冲突时,自然就想到由政府来干预。

科斯解决外部性问题的思路,就是把外部性问题转变成产权问题,然后讨论什么样的财产权能达到效率。科斯认为,无法建立一个正确的外部性理论的根本原因在于对生产要素的定义。新古典经济学家通常将生产要素定义为企业家购买和使用的一件物品,而不是进行某些实际经济活动的权利。而科斯将生产要素看作权利,这样,行使一种导致外部性的权利的成本,正是这种行使这一权利使他人遭受的损失。外部性的产生并不是市场制度的必然结果,而是由于产权没有界定清晰,有效的产权可以降低甚至消除外部性,而且科斯将其进一步发挥成为所谓的科斯定理,即只要产权是明晰的,私人之间的契约同样可以解决外部性问题,实现资源的最优配置。

在这之前,传统的福利经济学解决这一问题的办法是采取向单方即造成外部损害方征税的方式。而科斯认为外部性问题可以从整个社会总效应上来考虑。在假定交易成本为零的条件下,通过对“走失的牛损坏邻近土地的谷物增长”的案例的分析,提出了自己解决外部性问题,即损害问题的主要论点:

其一,损害问题具有相互性。人们一般将该问题视为甲给乙造成了损害,因而所要解决的问题是如何制止甲。但要知道,避免对乙的损害将会使甲遭受损害,所以,实际上所要解决的真正问题是:是允许甲损害乙,还是允许乙损害甲?关键在于避免较严重的损害,即在设计和选择社会格局时,要以产出的社会最大化为出发点。

其二,通过市场自由交易可使权利得到重新安排而达到产出最大化。但市场交易的前提是权利的初始界定,即如果不存在这种界定,就不会存在权利转让和重新组合的市场交易。权利初始界定的含义是指“不是由谁做什么,而是谁有权做什么”,即重要的是权利界定本身,而不在于把权利界定给谁。正是在这一意义上,交易成本为零的市场交易总会达到资源配置的最优化。

利用市场机制解决外部性问题的作用不应低估。米德在他 1952 年发表的《竞争状态下的外部经济与不经济》一文中全面分析了在竞争条件下生产上的外部经济和外部不经济。米德所举的最重要的例子是关于苹果种植者和养蜂者的情况,这个例子已成为分析外部性时的经典问题。米德的“苹果与蜜蜂”的例子是这么说的,养蜂者的蜜蜂飞到隔壁的果园里采蜜而又不付任何费用会导致果树数量低于最优数量,而蜜蜂采蜜的同时也在传播花粉,所以果园主也没有向养蜂者支付蜜蜂传播花粉的服务费用。从社会最优化的角度讲,这两者都是市场失效的表现,所以需要政府既对养蜂者补贴也要对果园主补贴,以实现社会最优数量的蜜蜂和果树。然而,张五常通过实际调查发现美国的养蜂者与果园主之间并非像米德所说的那样,而是存在租赁合约的!在

《蜜蜂的神话》一文中，张五常在华盛顿州的“苹果之都”一带的调查惊人地发现，不仅养蜂者和果园主之间有花粉传播服务的合约和蜜蜂采蜜的细致的合约，而且价格厘定的精确不亚于市场上其他的物品。市场机制下，有关采蜜和授粉的定价与合约安排是有效率的，并非米德所认定的那样必定存在市场失灵。

科斯定理说明，解决外部性问题并非一定要由政府干预，而是可以通过市场交易来解决。政府的责任是保护产权、界定产权（沈满洪、何灵巧，2005）。目前日益恶化的生态环境问题很大程度上就是由于自然资源缺乏明确的产权归属所导致的“公地悲剧”，由于生态资源或自然资源的公共所有，每个经济个体都有激励去过度使用这些资源来谋取个人利益，而只承担部分成本。最终必然导致公共资源的使用过度、供给不足。这就是环境问题的根本原因之所在。如何解决这些问题，科斯定理给出了基本思路，即清晰界定产权，同时允许这些权利市场化，经济主体之间可以交易这些权利。如污染物排放中，建立排污权及其交易市场就是科斯理论的一个具体运用。在自然资源开采利用方面，清晰界定开采权，开放市场交易，从而有效避免滥开乱采。同样，技术知识也是一种具有较强外部性的资源，如果没有有效的知识产权及其保护，知识的市场化交易、知识的生产就会大大受到抑制。由于没有知识产权，社会的创新精神就不足，社会的进步、经济增长都会放慢。一个社会的技术进步、经济增长，也要求建立一个有效的知识产权制度。

（二）科斯定理的局限

当然，并非所有的外部性都可以通过市场产权制度来解决。这主要是因为科斯定理建立在较强的假设条件之上，现实中难以满足其苛刻的假设条件，因而其理论难以成为矫正外部性经济政策的基础理论（徐桂华、杨定华，2004）。

事实上，科斯定理包括两个命题，即不变性命题和效率命题。科斯的不变性命题指出，外部性的均衡水平与产权初始分配无关，但如果考虑收入分配效应的话，会发现产权的不同界定将会因补偿支付的方向不同而引起最终分配的差异，这时，不变性命题就不成立了。科斯的效率命题指出如果外部性可以在市场上进行交易，这一结果将是有效率的。但是，即使可以对外部性进行交易，市场的每一方通常只有一个或少数几个主体，并不满足竞争性假设，而没有竞争性，市场交易的效率就成问题了。为了避免这个问题，科斯定理可以被理解为是在对外部性的补偿问题进行两个主体间的讨价还价，并实现有效率的结果。但问题在于，讨价还价既可以是主体间的合作博弈也可以是非合作博弈。当看作合作博弈时，讨价还价的结果是有效率的。但如果是非合作博弈，那么，在完全信息条件下是有效率的。如果信息不完全，那么讨价还价实现有效率结果的可能性非常小。因而，现实世界中外部性谈判往往都是不完全信息条件下的非合作博弈。

具体到发展中国家,科斯理论的运用存在更多的局限性:第一,在市场化程度不高的经济中,科斯理论不能发挥作用。特别是发展中国家,在市场化改革过程中,有的还留有明显的计划经济痕迹,有的还处于过渡经济状态,与真正的市场经济相比差距较大。第二,自愿协商方式需要考虑交易费用问题。自愿协商是否可行,取决于交易费用的大小。如果交易费用高于社会净收益,那么,自愿协商就失去意义。第三,自愿协商成为可能的前提是产权是明确界定的。而事实上,像环境资源这样的公共物品产权往往难以界定或者界定成本很高,从而使得自愿协商失去前提。

(三)科斯定理适用性的理论解释

前文已经涉及这样一个问题,即为什么有些情形下科斯定理具有适用性,而又有些情形下科斯定理的使用不具备现实意义。或者说,科斯定理适用性的理论内涵是什么?对这一问题展开理论分析的是新制度经济学下的交易费用理论框架和合约理论。

张五常在1970年发表的《契约结构与非排他资源》一文中指出,只要资源稀缺就必定有竞争、有歧视、有产权以及相应的外部效应。私有产权并不像德姆塞茨所想的,是为了内部化所谓的外部效应而建立的社会契约关系。恰恰相反,一切私有产权都不是完全和绝对有效的,从而都在产权的边界处留下了一块公共区域,也就是某种外部效应。换句话说,德姆塞茨所说的那种外部效应只是交易费用的一种,另一种形式的交易费用是界定私有产权的费用,这种费用有时比外部效应引起的费用更为高昂(例如吸烟的外部效应与界定新鲜空气的私有产权的费用相比微不足道)。如果交易费用太高,就会出现下面的情况:第一,没有合约。这可能由没有合约权或者订约成本太高引起。第二,合约不完全。这可能由完善条款的成本太高引起。第三,合约条款不符合经济学中的利润最大化原理,即边际收益不等于边际成本。

因此,从交易费用角度审视外部性问题的实质可以归结为如下选择问题——节省界定产权的外生交易费用与节省因产权界定不清而引起的外部性之间的两难冲突问题。比如,当顾客在买橘子时,因为对橘子质量、数量测度的模糊,也会产生所谓外部性,但是为什么在市场均衡中,橘子交易中产权界定的模糊程度比空气污染中的产权界定模糊程度要低得多呢?这是因为界定对橘子的产权效率很高,而界定清洁空气的产权属谁,其效率要低得多。在理性权衡利弊后,人们一般将对橘子产权做精确界定,以减少与外部效果有关的内生交易费用,却有意保持消费清洁空气很高的内生交易费用,以节省界定清洁空气的很高的外生交易费用。社会采用私有产权还是保持公共区域,或采用其他方式的契约关系,取决于不同契约之间的交易费用比较。例如,一个在外地主由于信息成本而采用固定地租契约,一个本地地主如果非常熟悉农活则会采用固定工资契约,而在特定的自然环境下,地主和佃农都不愿独自承担过高风险时,则他们会采用分成租佃契约。

又如，在无法界定清洁空气的产权条件下，就不会有买卖清洁空气消费权（或排放污染权）的市场。如果政府能用其他办法强制执行买卖排放污染的权利，例如通过汽油消费税对排放的污染强迫付费（罚款），而且这种方法比人们自愿组织起来强迫买卖污染更有效的话，则政府可以起到组织市场买卖的作用。但是，完全禁止排放污染，显然没有考虑到增加生产和减少污染的两难冲突（Trade-off），而买卖污染的市场如果组织得当，能更有效地折中这种两难冲突。

可见，张五常基于交易费用理论框架和合约理论分析外部性的基本思想源于科斯，但他进一步发展了科斯的理论，用新古典经济学的思路解释外部性，认为外部性并非经济决策中的外生因素，而是将其内生化。即所谓外部性是由市场主体在市场决策中权衡界定产权的交易费用与产权清晰节约的交易费用之间的比较。这时必然存在一个由于交易费用而引起的效率损失，即只能实现次优结果，这具有深刻的经济学意义。同时，从政策比较与权衡的角度来看，这一理论也表明，明晰产权后的市场化交易行为及相应的效率得益，可能也需要政府予以塑造和界定产权作为前提和必要条件。

三、政府管制

（一）政府管制的缘由

经济学界普遍认同的传统观点是，政府管制是为了抑制市场的不完全性缺陷，以维护公众的利益，即在存在公共物品、外部性、自然垄断、不完全竞争、不确定性、信息不对称等市场失灵的行业中，为了纠正市场失灵的缺陷，保护社会公众利益，由政府对这些行业中的微观经济主体行为进行直接干预，从而达到保护社会公众利益的目的。这即是政府管制的“公共利益理论”。在该理论看来，在以上条件下，尤其是在存在自然垄断和外部性条件下，不受限制的竞争会使经济效率受到损害。自然垄断产业的根本问题在于配置效率和生产效率的矛盾，政府的价格和进入管制可以达到配置效率和生产效率的统一。因为进入管制只允许一家生产从而达到生产效率，而价格管制将价格限制在社会最优价格处，从而满足配置效率的要求。而当存在外部性这一市场失灵时，政府管制可以提高社会福利。

（二）政府管制的局限

针对“公共利益理论”，美国经济学家、诺贝尔经济学奖获得者施蒂格勒的一系列研究极大地拓展了这一认识。他对典型自然垄断特征的电力供给部门的管制效率进行了研究，发现政府对自然垄断产业的管制并没有降低收费标准，也没有解决价格歧视问题，对利润的提高也没有显著影响。他提出管制“商品”的需求—供给论，将管制视作由管制者所产生的一种“商品”，并提出管制是利益集团对管制“商品”的需求与管制者对管制“商品”供给之间的结合，目的是实现利益的再分配。政府官员通过提供管制“商品”可以获得选票,以实现留任的目的或是取得其他形式的回报,而被管制者则可通过游说或贿赂来左右政府的管制政策,以谋取自己的利益。

1971 年,施蒂格勒发表的《经济管制论》一文,进一步对政府管制的动机进行分析。他首先提出了两个分析的前提假设:第一个前提是政府的基本资源是强制力,各利益集团通过说服政府使用其强制力,来增加自己的福利;第二个前提是各个组织在选择效用最大化的行动过程中都是理性的。以这两个前提为基础,施蒂格勒提出了以下理论假说,即管制是响应利益集团最大化其收益的需要而产生的。一个利益集团可以通过说服政府实施有利于自己的管制政策,而把社会上其他成员的福利转移到自己的利益集团中来。他还明确指出,政府进行管制的公共利益动机只是一种理想主义观念,而真正目的是政治家对管制的“供给”与产业部门对管制的“需求”相结合,以谋求各自的利益,这才是政府管制的真正动机所在。正是根据施蒂格勒的研究,经济学家们逐渐认识到,政府管制并不一定有利于公众利益,而是有利于生产者,因为政府所采取的管制政策往往倾向于提高行业利润。事实上,一些经济学家通过对电力等自然垄断行业的实证研究证明,管制使生产者可以获得高于正常水平的利润。

以政府管制的“公共利益理论”为主的传统政府管制理论基本上是一种规范分析,经济学家只是单纯地将福利经济学的有关原理运用到管制分析中来,特别是针对外部性这一命题展开局部均衡分析。而对于管制的必要性,以及如何将一般静态均衡分析引入由于技术进步而不断变化的市场条件下的问题,没有进行深入的研究,进而忽视了“政府管制失灵”的问题。事实上,这一时期一些国家的政府管制出现了许多低效率现象,如制度僵化、腐败、管制成本过高、技术创新缓慢等。管制中出现的这些无效率现象,促使经济学家思考管制的动机和必要性问题,并对以保护公共利益为目的的传统管制理论提出疑问,同时开始对某些管制措施的有效性进行实证性分析和检验。许多经济学家通过大量实证研究发现,管制并不像传统管制理论认为的那样与外部经济或外部不经济正相关,也不是与垄断的市场结构正相关。尽管政府宣称管制是为了保护公众利益,制约企业的不正当获利行为。但事实上,保护公共利益只不过是表面现象,进行管制与是否有必要进行管制或管制的实际效果并不是一个问题。实证分析表明,管制的实际效果与政府所宣称的或传统的管制理论所认为的管制目标是不一致的。这一研究促使经济学家重新思考管制本身的必要性问题,并得出政府应放松管制或放弃管制的主张。

(三)管制的方式

根据管制对象和实施手段的不同,政府管制可分为经济性管制与社会性管制。

第一,经济性管制。是针对特定行业的管制,即“对某些产业的结构及其经济绩效的主要方面的直接的政府规定,比如进入控制、价格决定、服务条件及质量的规定,以及在合理条件下服务所有客户时应尽义务的规定”。早期的政府管制理论主要是经济性管制，集中考察对某些特殊产业，主要是公用事业（如电力、自来水和管道运输业、交通运输业、通讯业和金融业等）的价格和进入的控制上。对这些产业的管制一般与两个因素有关：一是自然垄断；二是信息不对称。在市场经济体制中，政府干预企业经济活动的方式主要有以下几种：第一，利用普通法、反托拉斯法经过法院间接干预企业经济活动；第二，利用宏观调控手段通过市场间接干预企业经济活动；第三，通过国有化直接干预企业经济活动；第四，通过管制机构直接干预微观经济主体活动。

第二，社会性管制。是基于对生产者和消费者健康和安全的考虑，制定一些规章制度对涉及环境保护、产品质量和生产安全等方面所实行的管制，以纠正经济活动所引发的各种副作用和外部影响。社会性管制产生的经济学根据是环境资产等的外部性和安全保证中的信息不对称性。根据科斯定理，若将有关环境的权利明晰化，通过当事者之间的交涉就可以实现最有效率的环境保护和利用。但如果当事人的交易成本过高，这种市场交易方式就不是一种有效率的解决办法，于是，政府管制就成为更有效率的选择。

四、案例：中国的烟草专卖体制与控烟

（一）吸烟的外部性社会成本

中国是全球最大的烟草生产国和消费国，中国吸烟人群已达到3.15亿。据统计，中国生产的香烟占全世界香烟总产量的40%，即全球每10包香烟中就有4包产自中国。生产出的香烟，出口数量不到10%，90%以上香烟都在国内消费。[①]

吸烟不仅严重危害吸烟者健康，而且通过二手烟产生巨大的外部性社会成本。二手烟（SHS，Second-hand Smoke）是被动吸烟、强迫吸烟或间接吸烟的别称，是指由卷烟或其他烟草产品燃烧端释放出的及由吸烟者呼出的烟草烟雾所形成的混合烟雾，即非自愿吸取其他吸烟者喷吐的烟雾的行为。除了3.15亿吸烟人群的健康受到直接损害，更可怕的是还有两倍于吸烟人群的个体遭受被动吸烟这一外部性损害。根据《2010全球成人烟草调查中国报告》（中国疾病预防控制中心，2011）测算，中国有7.4亿人遭受二手烟之害，受害者中15岁以下儿童有1.8亿人。调查显示，在中国，被动吸烟的主要受害者是妇女和儿童，尽管他们自己并不吸烟，但经常在家庭、公共场所遭受他人的二手烟。除此之外，职场、会场、休闲娱乐、体育文化公共区域等，也经常会成为二手烟泛滥的场所。

---

① 引自光明网，“落实健康中国战略，实施全面控烟计划”，http://yp.gmw.cn/2019－05/30/content_32879588.htm。

二手烟含有焦油、氨、尼古丁、悬浮微粒、PM2.5、钋-210 等超过 4 000 种有害化学物质及数十种致癌物质(WHO,World Health Organization,2007)。二手烟暴露所吸入的烟草烟雾与吸烟者吸入的主流烟雾相比,其化学成分及各成分浓度有所不同。一些对人体有严重危害的化学成分在二手烟中的含量甚至要高于主流烟雾,其中一氧化碳、烟碱和强致癌性的苯并芘、亚硝胺的含量分别为主流烟雾含量的 5 倍、3 倍、4 倍、50 倍。二手烟暴露会对人体健康造成严重损害,大量证据表明,二手烟造成诸多健康危害包括增加成年人罹患心血管疾病、癌症、呼吸道疾病概率,加重儿童哮喘程度,引发儿童肺炎、中耳炎等危害。① 需要关注的是,二手烟暴露没有安全水平,即使短时间少量接触,仍能导致心梗、哮喘发作等疾病。同时,二手烟没有安全线界定。吸入烟草烟雾即有害健康,二手烟虽然比直接吸入气道烟浓度要低,但也达到了致伤域值。而且,二手烟的有害成分可以长时间存在空气中和尘埃、物品表面,不易消散。这使得非吸烟者的暴露时间长,致害性长期存在。

国际范围内一直呼吁所有国家开展广泛合作,控制烟草的广泛流行,遏制二手烟传播。《世界卫生组织烟草控制框架公约》(World Health Organization Framework Convention on Tobacco Control,WHO FCTC)中明确提出,"每一缔约方应在国家法律规定的现有国家管辖范围内采取和实行,并在其他司法管辖权限内积极促进采取和实行有效的立法、实施、行政和/或其他措施,以防止在室内工作场所、公共交通工具、室内公共场所,适当时,包括其他公共场所接触烟草烟雾"②。中国是《烟草控制框架公约》(以下简称《公约》)第 77 个签约国,近年来积极推动无烟环境建设。中国在国民经济和社会发展第十三个五年规划纲要中明确提出"大力推进公共场所禁烟";颁布《"健康中国 2030"规划纲要》,明确要求全面推行控烟履约,实现到 2030 年 15 岁以上人群吸烟率降低到 20%的目标。2018 年,中国进行了政府机构改革,由卫生健康委牵头负责《公约》履约工作。2014 年 11 月 28 日,《北京市控制吸烟条例》由北京市第十四届人民代表常务委员会第十五次会议通过,于 2015 年 6 月 1 日起正式施行。北京控烟条例规定公共场所、工作场所室内环境、室外排队等场合禁止吸烟,违者将最高被罚 200 元。这是国内与世界卫生组织制定的《烟草控制框架公约》最为接轨的一部地方性法规。2017 年 3 月 1 日,修改后的《上海市公共场所控制吸烟条例》正式实施。当日起,上海的室内公共场所及部分室外区域、室内工作场所、公共交通工具内禁止吸烟。截至 2018 年 11 月,中国已有 19 个城市控烟地方性法规的城市,覆盖超过全国

---

① 引自新浪新闻,"史上最严控烟令靠法治,也靠人治",http://news.sina.com.cn/o/2015-06-04/172931914175.shtml。

② 引自全国人民代表大会,中国人大网,http://www.npc.gov.cn/wxzl/gongbao/2005-10/20/content_5343968.htm。

10%的人口。[1]

（二）中国的烟草专卖体制

改革开放以来，中国实行国家烟草专卖制度和“统一领导、垂直管理、专卖专营”的管理体制（以下简称“烟草专卖体制”）。这一体制的建立和形成经历以下三个阶段。[2]

第一步，建立专卖专营机构。1981年5月，国务院批转轻工业部关于实行烟草专营的报告，决定对烟草行业实行国家专营，成立中国烟草总公司，并授予一定的行政管理职能。经国务院批准，中国烟草总公司于1982年1月正式成立，随后国家逐步把供销合作总社主管的烟叶收购、轻工业部主管的卷烟生产和商业部主管的卷烟批发销售业务全部划归中国烟草总公司管理。1983年9月，国务院颁布《烟草专卖条例》，进一步提出要“对全国范围的烟草行业实行高度集中的统一管理，建立国家专卖制度”，明确规定“设立国家烟草专卖局，对烟草专卖进行全面的行政管理；设立中国烟草总公司，统一领导、全面经营管理烟草行业的产供销、人财物、内外贸业务”。1984年1月，国务院批准成立国家烟草专卖局，与中国烟草总公司一套机构、两块牌子。此后，全国省、地、县三级烟草专卖机构陆续组建，各地烟草企业逐步上划中央。到1986年末，烟草行业基本完成组建烟草专卖机构和上划烟草企业工作，初步实现国家烟草专卖局、中国烟草总公司对全国烟草行业产供销、人财物、内外贸业务的集中统一管理，确立了具有中国特色的专卖专营组织架构。

第二步，制订专卖法律法规。1991年6月，全国人大常委会通过《烟草专卖法》，明确规定“国家对烟草专卖品的生产、销售、进出口依法实行专卖管理”，并实行烟草专卖品生产和进出口法定许可证制度、烟草专卖品销售和经营主体法定许可证制度、烟草专卖品运输法定准运证制度。1997年7月，国务院颁布《烟草专卖法实施条例》，进一步明确“烟草专卖是指国家对烟草专卖品的生产、销售和进出口业务实行垄断经营、统一管理的制度。”1998年6月，《国务院办公厅关于印发国家烟草专卖局职能配置内设机构和人员编制规定的通知》（国办发〔1998〕94号），明确国家烟草专卖局为“主管全国烟草行业、实施烟草专卖制度的行政执法机构”，对全国烟草行业实行“统一领导、垂直管理、专卖专营”。此后，国家相继制订《烟草专卖许可证管理办法》《烟草专卖品准运证管理办法》《烟草专卖行政处罚程序规定》等，我国烟草专卖管理、生产经营也通过国家立法得以确立。

第三步，建立资产管理体制。2005年11月，国务院办公厅转发了发展改革委、财

---

① 引自“在《烟草控制框架公约》第八届缔约方大会，中国代表团说了什么？”，http://www.sohu.com/a/272565828_174772。

② 引自烟草市场网站，“烟草专卖体制的回顾与前瞻”，作者李保江，http://www.etmoc.com/look/Looklist? Id=39595。

政部、烟草专卖局《关于进一步理顺烟草行业资产管理体制深化烟草企业改革意见的通知》(国办发〔2005〕57号),明确提出由中国烟草总公司依法对所属工商企业的国有资产行使出资人权利,经营和管理国有资产,承担保值增值责任。根据国办发〔2005〕57号文件精神,烟草行业全面理顺了资产管理体制,在卷烟工业形成总公司、卷烟工业企业二级母子公司体制,在烟草商业形成总公司、省公司、地市级公司三级法人体制。2007年1月,财政部、发展改革委印发《中国烟草总公司章程》(财建〔2007〕2号),明确规定中国烟草总公司"依法对烟草专卖品的生产、销售和进出口业务实行专卖专营、统一管理",中国烟草总公司的出资人为国务院,总经理由国家烟草专卖局局长兼任。2008年7月,《国务院办公厅关于印发国家烟草专卖局主要职责内设机构和人员编制规定的通知》(国办发〔2008〕99号),明确规定国家烟草专卖局管理中国烟草总公司,并依法对所属企业的国有资产行使出资人权利,经营和管理国有资产,承担保值增值责任。经历上述三个阶段,烟草专卖体制在法律、组织、资产、人事等各个方面得到全方位确立和巩固。

(三)专卖体制与控烟

可以看出,中国的烟草专卖体制是一种非常严密的政府管制体系,政企与政资合一,实行覆盖采购、生产、批发、国内销售和进出口全产业链的高度垄断,构成一个哑铃状的产业布局。"哑铃"的一端是目前从事烟叶种植、卷烟加工与生产(主要集中在老少边穷地区)的2 000多万人口,另一端是数亿吸烟人口和两倍数量的被动吸烟人口,中间端则是包括国家烟草专卖局、中国烟草总公司、省公司、地市级公司三级法人在内,以中烟有限责任公司与各卷烟工业企业二级母子公司体制构成的生产经营体制。截至2018年,涉及94家烟厂(含生产点),约90个卷烟系列品牌。[①]

其管制方式既包括行政性管制,也包括立法和司法内容。在行政管制上,除了指令性计划生产与垄断销售,还包括特许经营(如零售和运输等环节的烟草专卖许可证和烟草专卖品准运证等)。按照"总量控制、产销协调、稍紧平衡"方针,禁止新建烟厂,卷烟生产实施指令性计划管理,卷烟工业企业不断重组集中。从1998年开始,通过"关、停、并、转",将原有185家烟厂(含生产点)整合到现有的94家烟厂(含生产点),卷烟品牌由1 000多个压缩到目前的90个,较为彻底地控制了盲目生产、无序生产、超计划生产等问题。[②] 此外,通过技术和经济政策,严格限制市场进入,防止外资品牌的冲击。烟草行业是一个规模庞大的行业,目前全球共有吸烟人口11亿,2017年烟

---

① 引自烟草市场网站,"烟草专卖体制的回顾与前瞻",作者李保江,http://www.etmoc.com/look/Looklist? Id=39595。

② 引自烟草市场网站,"烟草专卖体制的回顾与前瞻",作者李保江,http://www.etmoc.com/look/Looklist? Id=39595。

草市场销售总额约 8 000 亿美元。在国外烟草市场上，跨国烟草公司长期保持寡头垄断格局，2017 年，仅菲莫国际、英美烟草、日本烟草、帝国品牌四大跨国烟草公司，就占据了中国以外卷烟市场份额的 72%。俄罗斯、菲律宾、墨西哥等许多国家烟草市场，几乎完全被跨国公司所垄断。在国家烟草产业政策和国营贸易政策下，有效地控制和限制外资进入。目前，外国烟草品牌在国内市场的份额不到 1%，我国烟草企业已牢牢控制国内市场 99%以上。①

在立法方面，先后颁布实施《烟草专卖法》《烟草专卖法实施条例》《烟草专卖许可证管理办法》《烟草专卖品准运证管理办法》《烟草专卖行政处罚程序规定》等一系列法律法规，不仅从法律法规角度确立了烟草专卖体制，而且从采购、生产、批发与销售等角度建立了全链条覆盖的法律法规保障。

在执法方面，中国烟草专卖体制下的烟草部门建立了一支专卖执法队伍。目前，中国烟草行业有 6 万多名专卖执法人员，这些人员没有列入国家公务员编制。严格意义上说应该是政企合一体制下的国有企业职工，但按照法律法规规定承担专卖执法职能。这一专卖执法队伍与公安、海关等部门形成打假打私联合机制，每年投入巨大的人力、物力、财力，持续打击假冒伪劣、非法和走私卷烟。仅在 2017 年，中国就依法查处案值 5 万元以上假烟案件 5 980 起，查获假烟 28.4 万件，查获走私烟 12.7 万件，查获烟丝烟叶 1.5 万吨，收缴制假烟机 383 台，拘留 8 552 人，追究刑事责任 4 620 人。非法卷烟泛滥盛行一直是一个世界性难题。目前，中国以外国际市场非法卷烟占市场总量的比重超过 10%，一些发展中国家尤为严重。有关资料显示，目前非法卷烟比重马来西亚为 45%，菲律宾为 29%，南非为 23%，印度为 21%。即便一些法治化程度较高的发达国家，非法卷烟比重也很高，譬如加拿大为 19%，法国为 17%，英国为 10%，德国为 8%。目前，中国非法卷烟比重控制在 4%以内，不但远低于发展中国家，而且也低于发达国家。②

中国的烟草专卖体制下，政府获得了巨额财政收入。2015—2017 年，烟草行业上缴财政总额连续三年超过了 1 万亿元，占同期全国财政收入（一般公共预算收入）的 6.48%。在税收收入方面，2017 年，包括一般性税收和“寓禁（限）于税”的调节性税收在内的中国卷烟综合税负达 66.8%，高于世界平均水平。自 1982 年中国烟草总公司成立至 2017 年，烟草行业累计实现工商税利 11.1 万亿元，年均增长 14.9%，持续保持我国第一纳税大户的基本地位。在非税收入方面，烟草行业的贡献包括特许权使用

---

① 引自烟草市场网站，“烟草专卖体制的回顾与前瞻”，作者李保江，http://www.etmoc.com/look/Looklist? Id=39595。

② 引自烟草市场网站，“烟草专卖体制的回顾与前瞻”，作者李保江，http://www.etmoc.com/look/Looklist? Id=39595。

收入、国有企业经营收入和国有资本收益。2014 年开始中国烟草总公司也是国有资本收益上缴比例最高的一类企业,达到 25%。此外,2017 年烟草行业资产总额 21 144.6 亿元,所有者权益 17 542.6 亿元,分别是 2005 年的 3.8 倍和 4.9 倍,2005 年至今资产总额年均增长 11.7%,所有者权益年均增长 14.2%。[①]

目前,中国烟草专卖体制下实现的控烟成果之一是推进降焦减害。通过统一行业技术标准和市场标准,加强烟草制品技术开发,每支卷烟焦油量从 1982 年的 27.1 毫克下降到目前的 10.1 毫克,每箱卷烟烟叶消耗量从 1982 年的 57.1 千克下降到目前的 33.0 千克,卷烟其他有害成分含量也持续降低。[②] 同时,在卷烟包装警示、广告宣传等方面也在积极改进。但是,这一烟草专卖体制尚需进一步加强控烟,特别是消除吸烟的外部性社会成本的作用。未来,需要在这一体制中以社会公益目标为依据"完善"供给、抑制需求。

"完善"供给并非是指在卷烟生产与消费市场打破垄断,降低进入门槛,允许外资或者社会资本进入这一领域,进而通过市场竞争机制实现更高的市场供需规模、更为低廉的价格,以及更受吸烟者欢迎的卷烟口感、包装、工艺或品牌。

卷烟这一产品作为"有害品"本身不具有正当性,其甚至不如酒精饮品那样具有一个有益区间和最优门槛。卷烟的成瘾性非常高,在首次尝试吸烟的人类里,大概 3 个人中就会有 1 个上瘾,这样的成瘾性并不比可卡因和海洛因弱。同时,卷烟作为快速消费品,一旦成瘾后个体的需求具有长期性,难以消除且客观存在,当前中国又有如此庞大的消费人群。为此,需要在完全的放开与完全的禁止二者之间寻求一种微妙的平衡,持一种限制但又不绝对禁止的立场,目的是长期抑制烟草使用,同时尽最大可能遏制二手烟传播造成的外部性社会成本。与一般消费品市场竞争条件下的情形相似,世界范围内亦曾出现过国内市场放松管制之后烟草消费上升的情形。而在烟草专卖体制下,国家通过禁止新建烟厂、控制产能规模、严格计划管理、实施总量控制、管控流通渠道、加强市场监管等措施,具备了管控烟草企业生产经营和烟草市场的能力,这使得

---

① 引自烟草市场网站,"烟草专卖体制的回顾与前瞻",作者李保江,http://www.etmoc.com/look/Looklist? Id=39595。

② 引自烟草市场网站,"烟草专卖体制的回顾与前瞻",作者李保江,http://www.etmoc.com/look/Looklist? Id=39595。

烟草专卖体制构成实现社会公益目标的潜在必要条件。①

但是，这一专卖体制应该避免被财政收入最大化、企业利润最大化等畸形动机所俘获，并遏制专卖体制下容易滋生的腐败、寻租和信息不透明、不公开等棘手问题，并将加强控烟，特别是消除吸烟的外部性社会成本作为更重要的目标。

因此，除了积极采用世界范围内一系列推进控烟、遏制二手烟传播的成功经验之外，就中国烟草专卖体制而言，需要利用这一国家垄断和集中管制体制持续、长效推进控烟运动，包括调整“总量控制、产销协调、稍紧平衡”现有方针，进一步提高价格、削减供给，打击非法卷烟。实施更为严格的批发与零售限制，包括销售许可、销售方式与销售环境的限制等。同时，提高零售环节的卷烟价格，实施更大幅度“寓控于征”的税收调节，特别是大幅提高烟草企业国有资本收益上缴比例、范围等非税收入调节。增强烟草专卖体制下所形成的财政收入的专项使用特征，推动烟草专卖体制下的职能转型、机构设置与人员转岗。将国家专卖体制向国家控烟体制转型，将更多专卖体制下形成的财政收入用于控烟与禁烟的宣传、执法与监督、卷烟减害科学技术研究，以及与烟草使用相关的公共卫生与环境整治。同时，提高公共场所和室内吸烟的惩罚范围和标准，通过罚款这一非税收入形式提高吸烟的机会成本。

第三节 矫正外部性的非税收入政策选择

矫正外部性的非税收入政策主要体现在两方面：一是以专卖或特许经营等代表的政府管制和产权拍卖；二是体现庇古税思路的收费，例如为治理交通拥堵和污染而征收的拥堵费、停驻车阶梯收费制度等。

① 在中国现实背景下，烟草生产投入产出高、税利贡献大、回报见效快，各地都有发展烟草生产的强烈愿望。从历史经验来看，出现过各地争上烟草项目、扩大产能规模、积极推广烟叶种植和卷烟生产的现象。各种社会资本、境外资本也有进入烟草市场的强烈冲动，并且世界范围内也存在放松管制后国际寡头烟草企业大举进入本国市场，烟草消费反而日趋兴旺的情形。譬如，西班牙、法国是最早实行烟草专卖体制的国家，两国在实行专卖体制时期，都成立了既承担政府专卖职能、又承担企业专营职能的国家烟草专卖局，但在 20 世纪中期，两国相继实行专卖和专营分开，随后导致专卖体制瓦解，国内烟草市场迅速被跨国烟草公司控制。2017 年，西班牙、法国烟草市场超过 95%的份额均被四大跨国烟草公司占据。奥地利、意大利、土耳其、俄罗斯、波兰、摩洛哥等许多国家改变专卖专营体制后的情况也与西班牙、法国类似，目前 90%以上的市场份额已被跨国烟草公司占据。日本、韩国等取消专卖体制后，政府保留了许多限制外资进入的政策，但本地市场还是被跨国烟草公司逐步挤占，2017 年外国烟草公司占本地市场的份额日本达 39%、韩国达 40%。引自烟草市场网站，“烟草专卖体制的回顾与前瞻”，作者李保江，http://www.etmoc.com/look/Looklist? Id=39595。

一、矫正外部性非税收入政策的优势

(一)更加精准的矫正

相对于税收,使用非税收入矫正负外部性能够更加精准地指向负外部性的行为本身,而非笼统地潜在行为主体或对象。例如,同样是针对交通拥堵的治理,使用燃油税、运输服务销售税和拥堵费理论上都可以提升机动车使用成本,抑制机动车使用行为,进而起到减少交通拥堵的目的。但是,燃油税和运输服务销售税的靶向性相对较低,其并没有直接指向交通出行这一行为所产生的拥堵后果,而是通过燃油使用或运输服务这一载体来间接传导,最终的效果又会受到运输和燃油市场供需结构、厂商定价策略、产业链条、需求偏好特征等因素的干扰。

事实上,不同非税收入也存在指向性,或者说是专用性方面的差别。例如,城市普遍实行了由中心城区向外延伸的阶梯停驻车收费制度。另外,新加坡、中国上海等城市都实行了汽车牌照拍卖制度,并因此形成了巨额的产权拍卖收入。如果从矫正汽车使用行为的负外部性、治理交通拥堵的角度来看,上述两个政策与拥堵之间均缺乏直接的关联度。阶梯停驻车收费制度的实质是城市区域停驻车空间的有偿使用,并未直接指向出行产生的负外部性。而汽车牌照拍卖则定位于汽车的使用权利,而非这一权利的实际行使程度及其所造成的拥堵状况。以上海为例,牌照拍卖所对应的产权主要是优质路段(高架道路,即城市快速路)的通行权,同时,政府将汽车牌照拍卖筹得的资金投向高架道路、地铁和公共交通建设,为城市交通基础设施建设提供了一种非税筹资方式。对于沪籍汽车,其获得了享受城市中心区域优质公路交通的权利和便利。同时,对于非沪籍汽车,限行的主要范围一般集中于高架道路而非中心城区所有道路,限行的时段一般是除周六、周日、国定假日以外的上午和下午某一时段,而非全天。上述区别对待为个体提供了两种差别化的选择权利——免费的通行道路与更加优质的快速交通。通过这样一种偏好识别与使用者分组,起到分流交通的作用,间接缓解了城市拥堵。从这一点来看,上海汽车牌照拍卖制度更多是一个城市道路交通基础设施的非税筹资问题,其直接的落脚点并非在于矫正机动车使用的负外部性,治理城市拥堵。

相对而言,拥堵费更能实现精准、直接的矫正外部性。城市拥堵具有区域性、时间性和动态性特征,拥堵费是对那些出现在特定区域、特定时段内的特定车辆征收,其直接指向造成拥堵的行为本身,而非车辆及车辆所有者、燃油,也并非是道路通行权利等间接因素。正是基于这一精准的指向性,并通过收费来抑制车辆使用,使得拥堵费与缓解拥堵、减少排放的目的具有内在的一致性。

(二)更易实现经济效率

越能精准指向负外部性行为并精确计量负外部性程度,则越可能实现相应的经济效率。在这一点上,拥堵费这一非税收入具备更好的潜质,并有成功案例。

以拥堵费为例,从 2003 年 2 月开始,伦敦开始对进入市中心的车辆征收交通拥堵费。收拥堵费的区域面积很小,伦敦市政府开辟的收费区是伦敦最繁华的伦敦西区,面积约 8 平方英里,这也是传统意义上的“城里”。收费时间定为周一到周五上午 7 时至下午 6 时。在收费标准上,进入收费区当天或提前交纳为 5 英镑(2006 年起提高到 8 英镑),第 2 天交纳 10 英镑。优惠措施包括收费区内居民享受标准费用 1 折的优惠,即 0.8 英镑或者 1 英镑。免费范围包括残疾人和残疾人机构使用的长度小于 2 米宽度小于 1 米的小型车、电动车、出租车、公交车、使用替代燃油的摩托车等。惩罚措施包括,2 天内不交拥堵费者罚款 100 英镑,14 天之内交罚金减半到 50 英镑,28 天之后交,罚金增加到 150 英镑。采取拥堵费措施后,伦敦中心城区交通堵塞的情况大有好转。因为这项收费措施,每天进入伦敦中心区域的车辆减少将近 70 000 辆。[①]

尽管已经非常接近理论上矫正负外部性的拥堵费,但是,伦敦的拥堵费采用的是区域内的固定费率设计,由此导致一个理论缺陷在于缺乏对负外部性程度的科学计量并设计相应的收费负担。正如伦敦征收拥堵费的首倡者和推动者戴夫·维瑟院士所言:“我们本可以采用更加先进的新技术,但担心这会有拖延计划实施的风险(所以被搁置)。因此,我们的计划并不是很完善,比如说,我们不能在某些特别的时间和一些特别的路段根据交通拥堵的状况来更改收费。”[②]理论上,拥堵负外部性程度的计量过程中需要一种动态定价的算法。一个类似例子是优步(Uber)公司为改善交通拥堵和环境治理所采取的算法技术。以派单逻辑为例,Uber 核心算法是基于实时、动态的供需关系进行定价,并利用价格杠杆来优化区域内的供需关系。例如,演唱会结束后有大量的观众离场需要打车,在短时间内需求端产生海量并发,Uber 利用价格杠杆在短时间内将区域打车的价格按照当前的供需状况提高。供给缺口越大,则价格提高的程度越大。这一方面解决了乘客打车难的问题,另一方面又通过价格提升吸引了区域外的司机来增加区域供给。Uber 利用了动态定价的算法,依靠价格杠杆对区域内的供求关系产生了实时灵敏的调节,从而提升了整个交通网络的效率。[③] 如果将拥堵这一短时间内道路交通的并发状况,理解为实时的道路供需关系,那么负外部性计量思路与这种动态定价的算法具有一致性。事实上,近年来伦敦也在扩大收费区域的同时,积极引入更加先进的技术,对在不同时间、不同地点造成不同拥堵程度的不同车辆区

---

① 引自《伦敦进城收费的启示》,作者晓生,《交通工程》,2008 年第 1 期。

② 引自《伦敦征收“进城费”的来龙去脉——伦敦收取拥堵费的提出者戴夫·维瑟院士答本刊记者问》,《道路交通管理》,2007 年第 11 期。

③ 引自《近距离感受 Uber,一家算法技术驱动的互联网公司》,作者钱皓,2016 年 4 月 7 日,https://www.sohu.com/a/68077707_190053。

别收费,体现出了上述动态定价的算法思路。

(三)明确的受益公平性

使用拥堵费这样的非税收入矫正负外部性的另一个显著优点在于具有明确的受益公平性,例如,"谁污染、谁补偿"的思路就是体现这一原则的一种思路。相对而言,燃油税和运输服务销售税则缺乏这样的公平性。其让所有的相关主体来分担这一税收负担,而非造成拥堵的机动车辆。例如,对那些并没有在城市中心区域使用,并造成城市拥堵的车辆,或者是使用燃油的其他设备来说,无疑是受损者。

二、使用非税收入政策矫正外部性的局限

(一)政策前期投入较大,实施成本较高

为实现理论上的经济效率和政策目标,使用非税收入政策矫正外部性的过程中面临前期政策投入较大的困难。以伦敦收取拥堵费为例,在市区入口和付费区内安置了200多台精密的闭路电视摄像机,这些摄像机与录有汽车牌照档案的一套交通监控数据系统相连,负责核查在市中心行驶的车辆是否已交费。为了设置电子车牌,需要将车牌号码等信息存储在射频标签中,能够自动、非接触、不停车地完成车辆的识别和监控,并在车辆上安装接收和发射装置。总之,为收取交通拥堵费,需要应用物联网技术,建立智能交通管理系统,为交通拥堵费管理提供必要的信息化手段和工具,在确定拥堵路段、时段、记录车辆、计算拥堵费、收取等诸多环节投入大量资金。

实施成本较高也是征收拥堵费的一大障碍。按规定,收取的拥挤费须用于公共交通设施的改善。但是,由于运行管理费用居高不下,实际用于公交方面的十分有限。根据此项目运营商 Capita 公司的数据,2006 年的运营费用为 1.467 亿英镑,2007 年增加到 1.633 亿英镑。2003—2007 年 5 年间共收取拥堵费 8 亿英镑,实际投入公共交通设施的费用仅为 2 800 万英镑,主要用于公交车库、车站以及数字时刻表,还有很小一部分用于新修路面中行人和自行车设施。①

(二)价值量核算内容多,技术难度较大

使用非税收入矫正外部性的过程中,如果更为全面地考虑负外部性程度的计量,一个棘手难题是价值量核算的内容较多,边界模糊,且技术难度较大。考察驾车出行产生的负外部性,其表现形式上不仅体现为交通拥堵产生的时间价值成本,还包括诸如二氧化碳排放所产生的环境污染和对个体生命健康的危及,还有交通流量过大产生的交通事故概率和相应的医疗支出和财产损失。在表现程度上,又会受到天气与道路状况、机动车规格、排放标准、动力来源、个体驾驶习惯和安全意识等因素的影响。如

① 引自《伦敦进城收费的启示》,作者晓生,《交通工程》,2008 年第 1 期。

此多的价值量核算内容和影响因素的识别，造成显而易见的核算难度。这些都会阻碍矫正外部性的非税收入政策的普遍使用，或者削弱非税收入政策矫正负外部性的有效性。

（三）限制或禁止功能弱，政策有效性低

利用非税收入矫正外部性的思路仍定位于一种调节性政策，限制或禁止性功能相对较弱，且容易受到其他因素的干扰与冲击，这些都会制约政策目标的实现。伦敦2003年实施进城收费后，效果是比较明显的。每天进入市中心的小汽车减少20%～30%，行车速度由14km/h增加到17km/h，达到20年来最快，公交车速提高了25%。但是，近年来缓堵效果逐渐消退。到2007年，行车速度回落到15km/h。在运营费用居高不下的同时，收费效果却在逐渐消退。伦敦交通局认为，更多公交交通线路的开发和行人优先交通策略的实施，是引起交通恶化的重要原因。从2002年到2005年，路上红绿灯的数量增加了20%，而且它们都被设置成便于行人过街，从而增加了车辆的红灯等待时间。① 上述事实说明收取拥堵费作为一种调节手段的政策有效性并不稳定，缺乏长效。

与之相对的一个政策有效性的例子是“限号”这一政府管制措施。所谓“限号”其实就是一种机动车的尾号限行制度，是某些地区为了缓解交通压力和减少空气污染而采取的一种交通管制制度，即在特定的日期，限制特定尾号的车辆出现在特定区域内。这种制度在中国最先起源于2007年北京奥运会测试赛期间。当时实行的是单双号限行，就是尾号是单数的车辆只能在单数日期内出行，尾号是双数的车辆只能在双数日出行。这一制度在北京实施后，济南、兰州、成都等地也纷纷开始效仿，并且限行与限号的方式日渐丰富。各地实施限行制度时的法律依据是《中华人民共和国大气污染防治法》《中华人民共和国道路交通安全法》等法律法规，并经过了当地政府部门的批准。② 这一政策的实施因为其强制性减少道路上的汽车使用量，对缓解交通拥堵和治理雾霾等产生“立竿见影”的效果，政策有效性相对突出，且做到了损失的共同承担与结果上的公平对待，政策实施成本也较低。但是，也因为对机动车所有权人的物权侵犯，且没有相应的补偿而引发争议。同时，从效率角度来看也会因为其明显的资源配置扭曲和政府干预产生福利损失。

三、案例：汽车牌照拍卖与抽签政策的比较

基于Li（2018）的论文《运气比钱要好？北京、上海机动车牌照分配的福利分析》，

① 引自《伦敦进城收费的启示》，作者晓生，《交通工程》，2008年第1期。

② 参见《有车一族是被“限号”，还是被“限权”？》，恒都商业诉讼法律中心，作者靳伟伟，2019年6月1日，http://www.sohu.com/a/317997961_698899。

本小节对城市治理中为限制汽车数量常用的汽车牌照拍卖与抽签政策展开比较。

（一）拍卖与抽签政策

在分配公共资源方面，诸如拍卖之类的市场方法以及抽签之类的非市场方法都被广泛使用。在这其中，北京和上海的车牌分配机制分别采用了拍卖与抽签这两种方法。

上海作为中国最早对外开放并建立市场机制的地区之一，在车牌的分配上采用了拍卖的机制，其全称为上海市非营业性客车额度拍卖。非营业性客车额度（以下简称“客车额度”），是指通过拍卖方式取得，允许在本市中心城区通行的个人自用、单位公务的非营业性客车上牌指标，包括个人客车额度和单位客车额度。在竞买人资格上区分个人竞买人和单位竞买人。拍卖方式上，个人客车额度与单位客车额度分场、定期拍卖。个人客车额度拍卖采用无底价方式，单位客车额度拍卖采用有底价方式，底价为同月个人客车额度拍卖成交均价。拍卖通过网络、电话等进行。[①] 2020 年 1 月，个人非营业型客车额度投放数量为 8 612 个，投标人数为 131 948 人，平均成交价为 90 557 元，最低成交价为 90 500 元。当月单位非营业性客车额度投放数量 1 863，投标人数为 2 820，平均成交价为 108 220 元，最低成交价为 100 800 元。[②]

北京则采取“摇号＋轮候”的方式授予汽车牌照，在实践中这被称为小客车指标配置。机关、企业事业单位、社会团体及其他组织和个人需通过摇号、轮候等方式取得北京小客车配置指标。个人凭借一个可长期有效的编码，按照累计次数递增计算的中签率参加摇号。实际操作中，会根据个人参加摇号的累计次数设置阶梯中签率。累计参加摇号 6 次（含）以内未中签的，中签率为当期基准中签率；累计参加摇号 7 次至 12 次未中签的，中签率自动升为当期基准中签率的 2 倍；累计参加摇号 13 次至 18 次未中签的，中签率自动升为当期基准中签率的 3 倍，以此类推。[③] 2019 年第 6 期（2019 年 12 月）北京个人普通小客车指标申请个人共有 3 335 437 个有效编码，当期配置个人普通小客车指标 6 384 个，中签率为 0.036 5％，换算可得 2 740∶1！

（二）二者的理论差异

理论上，拍卖机制的好处是可以将稀缺的公共资源分配给那些最需要它的人，也就是支付意愿（Willingness to Pay，WTP）最高的那些消费者，因而一般认为是最有效

---

① 《上海市人民政府关于印发〈上海市非营业性客车额度拍卖管理规定〉的通知》（沪府发〔2016〕37 号），http://www.shanghai.gov.cn/nw2/nw2314/nw2319/nw10800/nw11407/nw39327/u26aw47837.html。

② 参见上海国际商品拍卖有限公司，“个人非营业性客车额度历年拍卖纪录”，http://www.alltobid.com/contents/16/71.html；“单位非营业性客车额度历年拍卖纪录”，http://www.alltobid.com/contents/17/85.html。

③ 《〈北京市小客车数量调控暂行规定〉实施细则（2017 年修订）》，https://www.bjhjyd.gov.cn/bszn/201819/1515465021612_1.html。

率的分配稀缺资源的方式。而抽签方式的好处是尽可能地保证了公共资源分配的公平性，但是在分配效率方面传统上认为并不能达到最有效的资源配置状态。

然而，如果这项针对公共资源使用的干预政策具有正的外部性（或者反过来说，这一公共资源的使用本身具有负的外部性），而且这种正的外部性是随着支付意愿而递增的话，那么抽签的方式反而可能会更加有效。这是因为，更多的汽车会导致更多的污染以及更拥堵的交通，同时，那些支付意愿更强的消费者，可能也会更多地驾驶汽车、买更高排量的汽车。因而，如果使用拍卖进行分配，那么得到车牌的是那些支付意愿更强的人，因而可能会有更多的汽车使用，导致更严重的污染和交通拥堵情况。而如果使用抽签机制，那么不管支付意愿高低，都有同等的概率获得车牌，因而那些支付意愿低、很少用车的消费者因为运气获得了车牌，可能可以减少汽车的使用，从而减少污染和拥堵。

图 3.1 表示不变外部性成本下抽签与拍卖的福利比较。图 3.1 中，外部性成本不随着支付意愿的增加而增加，$\underline{Q}$ 代表配额，那么图中三角形 BCD 面积代表由于配额导致的无谓损失（净福利损失，*Dead Weight Loss*，*DWL*）。在拍卖方式下，面积 $AB\underline{Q}O$ 是潜在可能的消费者剩余的最大值，但抽签方式下只能实现 $O\underline{Q}/OQ_1$，或者说是 $AB\underline{Q}$ 的面积，因而 $AB\underline{Q}$ 就是由于抽签而带来的无谓损失。这说明拍卖这一矫正负外部性的机制在理论上所具有的优越性。

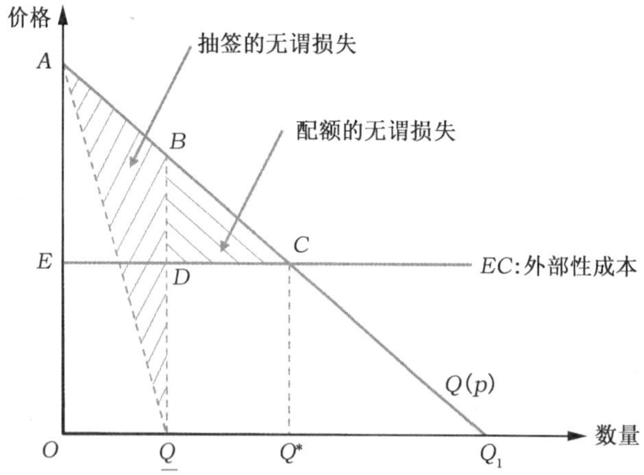

图 3.1　不变外部性成本下抽签与拍卖的福利比较

图 3.2 表示可变外部性成本条件下，抽签劣于拍卖的情形。图 3.2 中，EC 曲线代表递减的外部性成本曲线，表示支付意愿更强的消费者，可能也会更多的驾驶汽车、买更高排量的汽车，从而产生更高的负外部性。与图 3.1 相似，BCD 和 $AB\underline{Q}$ 分别表示配额和抽签带来的无谓损失，而潜在的外部性成本是 $EDFG$。由于抽签机制，外部

性成本只有 EFG,因而 EDF 就是减少产生的外部性成本。因此,图 3.2 中表示抽签的净福利损失是 $AB\underline{Q}-EDF$,从图形来看,其值为正。抽签方式下减少的外部性成本没有超过其错配资源所产生的福利损失,拍卖的效率表现仍优于抽签方式。

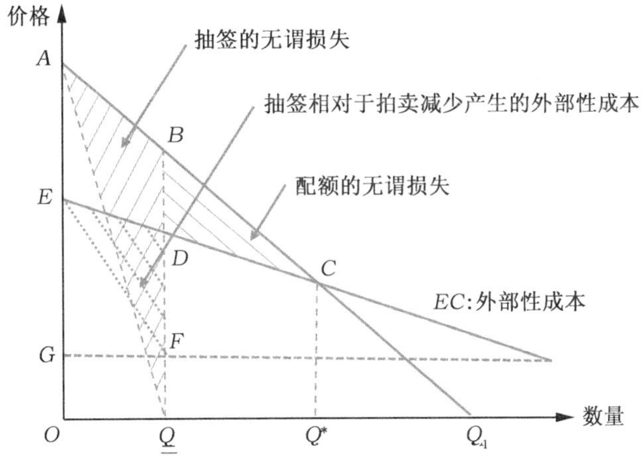

图 3.2　外部性成本下抽签劣于拍卖的情形

但是,可变外部性成本条件下也可能会产生另一种情形。图 3.3 是一种强烈外部性成本曲线的情形,即支付意愿更高的个体会产生急剧升高的外部性成本(即外部成本曲线 EC 更为陡峭)。为简化图形,假设在配额 $\underline{Q}$ 点上外部成本与需求曲线重合。此时,抽签方式减少产生的外部性成本是 $EB\underline{Q}Q_3$,其超过了抽签的无谓损失 $AB\underline{Q}$。这是由于私人收益最高的个体产生的社会成本最大,而拍卖将将配额进行了一种低效率的配置。

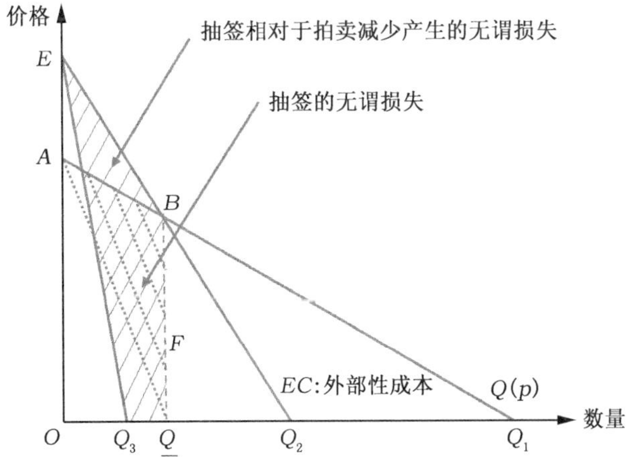

图 3.3　外部性成本下抽签优于拍卖的情形

可知，随着外部性成本 EC 曲线和需求曲线 $Q(p)$ 的不同形态，无谓损失和减少的外部性成本的大小是难以确定的，因而很难说存在外部性因素下的抽签机制一定比拍卖要差。如果考虑外部性的话，拍卖机制和抽签机制各有千秋，如果没有定量的证据支撑，很难说孰优孰劣。

（三）考虑外部性成本的影响测算

为此，Li(2018)使用 BLP 理论框架（Berry、Levinsohn 和 Pakes，1995；1999），并使用双重差分分析思路（DID，Difference-in-Difference）对消费者的需求进行了测算与模拟。作者选取了四座城市：北京、上海、天津、南京，其中天津和南京与北京、上海地理位置靠近，但是没有对牌照进行限制，从而可以为识别北京、上海政策的影响提供对照城市。

北京于 2010 年 12 月份开始宣布车牌抽签，从 2011 年 1 月开始执行，2011—2013 年每个月大概放出 20 000 个牌照，2013 年之后，每年放出大概 150 000 个牌照。而上海实际上从 1986 年就开始施行牌照的拍卖了，2008 年到 2012 年间开始在线拍卖。在这个拍卖中，竞标者首先在第一个小时之内根据接受的最低出价进行报价，在接下来的半小时之内，可以有两次机会更新自己的报价，但是只能在现在能够接受的最低报价上下浮动 300 元。因此上海牌照拍卖的价格是以一个较为稳定的趋势在上升。

作者首先测算了消费者的需求函数，并构建了反事实，即如果没有车牌的限制，北京、上海究竟会卖出多少汽车呢？根据市场规模、二手车使用许可和随机抽签的分析等模型参数的不同估计，表 3.1 给出了五种情景下的相应结果。答案是非常惊人的，牌照基本上控制了一半的买车需求。比如北京 2011 年实际上卖出 33 万辆左右，而如果没有牌照限制，情景一中这个数字可能会陡然升至 83 万辆左右。

表 3.1　　**北京与上海的汽车销售影响的模拟结果**　　单位：辆

年份	实际销售	模拟结果				
		情景一	情景二	情景三	情景四	情景五
北京						
2011	334 308	833 431	612 655	843 796	848 434	830 453
2012	520 442	1 274 954	940 851	1 289 578	1 297 333	1 269 863
上海						
2008	165 298	373 569	319 957	356 631	385 944	369 692
2009	208 570	482 096	413 194	461 496	498 211	478 276
2010	264 232	662 500	567 299	635 184	684 922	659 805
2011	277 119	744 558	629 219	715 686	769 095	739 892
2012	295 407	869 915	723 721	830 736	897 528	865 674

资料来源：引自 Li(2018)，《运气比钱要好？北京、上海机动车牌照分配的福利分析》。

福利分析表明,如果按照两个城市给出的牌照配额,且如果两个城市都进行拍卖的话,那么实际上北京的拍卖价格甚至比上海要高2万。尽管上海的人均收入平均比北京更高,但是其对汽车的支付意愿更低,作者认为,这可能反映了上海的公共交通比北京更好,因而抑制了上海的买车需求。

在考虑了外部性的情况下,作者做了进一步的福利分析。根据作者的计算,如果北京实行拍卖,那么2012年的拍卖价格大概应该在75 890元左右,总的消费者剩余有375亿元,配额下的拍卖机制只实现了11.5%的消费者剩余,意味着332亿元的消费者剩余变成了无谓损失。如果考虑外部性(污染、拥堵、交通事故、二氧化碳排放等),根据作者的测算,拍卖牌照可以实现46亿元的净社会福利(总剩余减去外部性成本),而如果施行抽签,那么净社会福利大约为−256亿元,意味着损失了256亿元的社会福利。两者相比,拍卖机制比抽签高出约300亿元的社会福利。

模拟分析表明,如果北京使用拍卖机制,那么2012年北京市政府会有大约197亿元的拍卖收入(与之相比同一时期交通方面的投入为170亿元),如果像上海一样,将这些拍卖收入投入到公共交通(地铁、公交)中,那么交通情况可以得到更有效的治理。比如上海将拍卖收入投入到公共交通中,使得上海拥有比北京更长的地铁网络,因而上海对于车辆的需求(支付意愿)较低,这也减少了排放、拥堵等情况。因此,根据作者的分析,北京的抽签政策是效率非常低的分配公共资源的方式,造成了大量的社会福利损失。

本章小结

本章主要通过对外部性理论及矫正外部性方式的介绍,分析了矫正外部性非税收入存在的理论依据及必然性。本章第一节至第二节首先从外部性产生的主体和外部性接受主体两种定义方式对外部性的概念进行了梳理,说明了两种定义方式的一致性。进一步从外部性影响效果、产生领域、前提条件、稳定性以及方向性等角度对外部性进行了分类介绍,明确了外部性产生的原因及表现形式。随后阐述了课征庇古税、明晰产权、政府管制等三种矫正外部性的思路,明确指出外部性矫正政策的多样性,并相应分析了各自的适用条件及局限性。与此相对应,矫正性非税收入主要包括庇古式收费、产权出让收入或政府特许经营收入,分别对应课征庇古税、运用科斯定理明晰产权和政府管制三种理论思维。在以中国的烟草专卖体制为案例的介绍中,指出现有体制和非税收入政策在矫正吸烟产生的巨大负外部性社会成本方面的功能尚发挥不足,应强化这一领域非税收入与矫正负外部性二者之间的内在联系与功能整合。

本章第三节结合国内外矫正交通拥堵外部性的“拥堵费”等非税政策,并与燃油税等税收政策对比分析,说明了虽然不同矫正外部性的非税收入政策在指向性或者专用性方面有差异,但整体体系上具有更加精准的矫正、更易实现经济效率和明确的受益公平性等优势,但同时也存在实施成本较高、价值量核算内容较多,以及限制或禁止功能较弱,政策有效性相对较低的局限。最后,在北京汽车牌照抽签制度与上海汽车牌照拍卖制度的比较分析案例中，借助现有理论研究成果对这两项制度的影响及福利状况进行介绍。

名词解释

1. 外部性：从外部性的产生主体角度来定义，外部性是指那些生产或消费对其他团体强征了不可补偿的成本或给予了无须补偿的收益的情形；从外部性的接受主体来定义，当一个行动的某些效益或成本不在决策者的考虑范围内的时候所产生的一些低效率现象。

2. 外部不经济：是指由于消费或者其他人和厂商的产出所引起的一个人或厂商无法补偿的成本。

3. 科斯定理：是指在某些条件下，经济的外部性或者说非效率可以通过当事人的谈判而得到纠正，从而达到社会效益最大化。

4. 政府管制：是指政府为达到一定的目的，凭借其法定的权利对社会经济主体的经济活动所施加的某种限制和约束，以弥补市场失灵，确保微观经济的有序运行，实现社会福利的最大化。

复习思考题

1. 什么是外部性？外部性的分类有哪些？
2. 课征庇古税、明晰产权、政府管制三种矫正外部性的方法，各自适用的条件及局限是什么？
3. 矫正外部性非税收入政策的优势是什么？试举例加以说明。
4. 矫正外部性非税收入政策的局限是什么？试举例加以说明。

第四章　非税收入理论基础(三):国有资产收入的形成

第一节　国有资产收入形成依据与形式

一、国有资产与国有资产收入

国有资产有广义和狭义之分。广义的国有资产是指根据法律的有关规定,由国家拥有的财产,主要包括经营性资产、非经营性资产和资源性资产。经营性国有资产,是指由企业占有、使用的,以市场配置为主,用于生产经营的资产,也称企业国有资产。经营性国有资产能够直接为社会创造使用价值和价值以及为实现这些价值服务。非经营性国有资产是指由国家机关、国有事业单位和社会团体等组织使用管理,以实现行政的、社会的服务职能为目的,依法确认为国家所有的各类资产,具有非营利性,也可称行政事业性资产。资源性资产是指国家依法拥有的土地、森林、河流、矿藏等。狭义的国有资产,是指国家作为出资者在企业中依法拥有的资本及其权益,即经营性国有资产①。本教程所涉及的国有资产是指广义上的国有资产,重点介绍经营性国有资产和资源性资产。

国有资产产权构成了国有资产收入的形成依据。其中,产权是指法定主体对财产所拥有的各项权能的总和,或指一定经济主体依法对财产的所有、使用、处分并获取相应收益的权利。在这一定义中,权能是指实现资产产权各项权利的能力。相应的,产权制度是以产权为依托,对财产关系进行合理有效组合和调节的制度安排。具体表现为以特定的生产资料所有制为基础,对财产占有、支配、使用、收益和处置过程中所形成的各类产权主体的地位、行为权利、责任、相互关系等加以规范的法律制度(谷树忠,

---

① 关于《中华人民共和国国有资产法(草案)》的说明:http://www.npc.gov.cn/wxzl/gongbao/2008-12/25/content_1467455.htm。

2019)。产权制度的作用在于赋予产权主体占有的合法性，明晰产权主体及其关系，激励产权主体高效率利用和有效保护资产(张富刚、李凯，2018)。

国有资产公有，全民或集体共享国有资产的福利，同时这一福利接受全民或集体的监督，这是我国国有资产产权制度的根本特征。相应的，国家作为法律规定的国有资产产权主体之一，依法对国有资产这一产权客体，行使包括所有权、使用权、处分权和收(受)益权在内的一系列产权权利，其中最核心的是收(受)益权。而国有资产收入正是上述产权权利的体现，是国家凭借对国有资产的所有权，从国有资产的产权行使中，包括经营、投资、运营、出租、出让、转让、分配等行为中获得的经济利益。

本书界定的国有资产收入与国有资产经营收益是两个有所区别的概念。在财政理论界对国有资产经营收益的认识，比较有代表性的观点是谢秋涵(1997)和罗福根(1997)的观点，他们认为国有资产经营收益是指国有企业在一定时期内利用国有资产从事生产经营活动所新创造的，并且已经实现，可在各利益主体之间进行分配的全部价值。国有资产经营收益是国有企业为满足社会各方需要所创造价值的一部分，是国有资产收入的基础之一；而国有资产收入不仅包括国家以所有者身份从国有资产经营收益中取得的份额，也包括其他类型国有资产，例如自然资源资产中获得的收益。对国有资产经营收益的不同认识必然带来对国有资产收入的认识不同。

二、国有资产收入形式

(一)国有资本收益

国有资本收益是政府非税收入的重要组成部分。目前，中国的国有资本收益是指国家以所有者身份依法取得的国有资本投资收益①，具体包括：第一，应交利润，即国有独资企业按规定应当上交国家的利润；第二，国有股股利、股息，即国有控股、参股企业国有股权(股份)获得的股利、股息收入；第三，国有产权转让收入，即转让国有产权、股权(股份)获得的收入；第四，企业清算收入，即国有独资企业清算收入(扣除清算费用)，国有控股、参股企业国有股权(股份)分享的公司清算收入(扣除清算费用)；第五，其他国有资本收益。

(二)国有资源有偿使用收入

一般意义上，国有资源有偿使用收入是指开发利用国有资源取得的收益和依法出让、出租国有资源探矿权、采矿权、经营权、使用权等取得的收入。国有资源有偿使用收入的内涵非常丰富。例如，湖南省作为较早出台国有资源有偿使用收入管理办法的

---

① 引自《财政部关于印发〈中央企业国有资本收益收取管理办法〉的通知》(财资〔2016〕32号)。

省份,其对国有资源有偿使用收入界定包括[①]:第一,国有土地、江河湖泊、水资源、地热使用权出让、出租等有偿使用收入;第二,探矿权、采矿权使用费和价款收入;第三,世界自然文化遗产、重点文物保护单位和政府投资建设风景名胜区的门票收入及有偿使用收入;第四,政府举办的广播电视机构占用国家无线电频率资源取得的广告收入;第五,政府投资建设公共设施的开发权、使用权、冠名权、广告权、特许经营权有偿使用取得的收入;第六,政府投资建设的道路、公共场地设置停车泊位取得的收入;第七,利用政府信誉和政府拥有的信息、技术等资源取得的收入;第八,利用其他国有资源取得的收入。

又如,国有土地使用权出让收入就是中国当前一种重要的国有资源有偿使用收入。根据《土地管理法》《国务院关于加强土地调控有关问题的通知》(国发〔2006〕31号)以及《国务院办公厅关于规范国有土地使用权出让收支管理的通知》(国办发〔2006〕100号)等有关规定,国有土地使用权出让收入(以下简称"土地出让收入")是指政府以出让等方式配置国有土地使用权取得的全部土地价款。具体包括:以招标、拍卖、挂牌和协议方式出让国有土地使用权所取得的总成交价款(不含代收代缴的税费);转让划拨国有土地使用权或依法利用原划拨土地进行经营性建设应当补缴的土地价款;处置抵押划拨国有土地使用权应当补缴的土地价款;转让房改房、经济适用住房按照规定应当补缴的土地价款;改变出让国有土地使用权土地用途、容积率等土地使用条件应当补缴的土地价款,以及其他和国有土地使用权出让或变更有关的收入等。

此外,国土资源管理部门依法出租国有土地向承租者收取的土地租金收入;出租划拨土地上的房屋应当上缴的土地收益;土地使用者以划拨方式取得国有土地使用权,依法向市、县人民政府缴纳的土地补偿费、安置补助费、地上附着物和青苗补偿费、拆迁补偿费等费用(不含征地管理费),一并纳入土地出让收入管理。[②]

(三)国有资产有偿使用收入

除了国有资本收益、国有资源有偿使用收入,国有资产收入还包括以非经营性国有资产有偿使用收入为代表的国有资产有偿使用收入。

非经营性国有资产是指用于行政、事业和公益服务方面的资产,主要是指行政事业单位为完成国家行政任务和开展业务活动所占有、使用的,依法确认为国家所有、能以货币计量的各种经济资源的总称(国务院国资委"非经营性国有资产监督管理研究"课题组,2005)。其主要包括国家机关、人民团体、科教文卫、体育、军队、警察等公共部

---

① 引自《湖南省国有资源有偿使用收入办理办法》(省人民政府令第254号)。

② 引自《国有土地使用权收支管理办法》(财综〔2006〕68号)。

门服务的国有资产，即行政事业单位所拥有的国有资产。它是各级政府行使国家权力、管理国家事务、提供公共产品和公共服务的物质基础和保障，在政府部门履行各项职能中发挥着不可或缺的重要作用。

目前，国有资产有偿使用收入是指行政事业单位和党政团体使用或处置非经营性国有资产时取得的收益，包括将其占有使用的固定资产、流动资产、无形资产，通过处置、租赁、对外合作、对外服务、对外投资和担保等形式取得的收入。

第二节 国有资本收益的影响机制

一、委托代理链条和法人治理结构

法人治理结构是指在所有权和经营权相分离的委托—代理链条下，为实现企业利益的最大化，在所有者和代理人之间形成的一种契约关系和制度结构。回顾自 1979 年以来国有企业 40 多年的改革历程，不管是最初的“放权让利”“承包经营”，还是建立现代企业制度、国有资本战略重组、组建国有资本投资公司和国有资本运营公司等，都是从克服传统国有企业的制度缺陷来深化改革和提升效率。随着实践的深入，人们认识到国有企业改革的主要难点在于产权不清晰。为了有效克服这种制度意义上的缺陷，国有企业改革的目标是在克服“政资不分”“政企不分”等问题的基础上，建立现代企业制度，不断完善企业的法人治理结构。

国有企业委托代理链条和法人治理结构的改革不仅构成理解中国国有企业改革的主线，也决定了国有资本收益所具有的表现形式和阶段性特征。具体而言，早期的企业“税利不分”时代，企业上缴收入构成了国有资本收益和财政收入的核心内容之一；在现代企业制度初创时期，随着“抓大放小”“三年脱困”，及“国企改制”改革的推进，产生了较多的国有产权转让收入与企业清算收入；而国有企业税后分利框架的建立，以及占据国有资本经营预算收入绝对比重的国有独资企业上交国家利润收入，则标志国有资本收益提取制度的建立与完善。目前，伴随着国企改革的进一步推进，可以预见国有资本投资和运营公司体制下将会产生较多的国有股股利、股息、国有股份（股权）转让收入。可见，国有资本收益的表现形式和阶段性特征均是中国国有企业改革和完善法人治理结构进程中的产物。

从影响国有资本收益的机制层面因素来看，上述这一进程可以划分为实施国有企业战略收缩（至 2003 年），以及 2003 年至目前所体现的“管资产、管人、管事”向“管资本”治理结构转型两个阶段。

(一)国有企业的战略收缩

这里的战略收缩是指 20 世纪 90 年代中后期掀起的国有企业民营化这一波浪潮。1997 年 9 月,中共十五大和十五届一中全会提出:用三年左右的时间,通过改革、改组、改造和加强管理,使大多数国有大中型亏损企业摆脱困境,力争到 2000 年底大多数国有大中型骨干企业初步建立现代企业制度。在这一过程中,"抓大"成为基本思路——在一些重要行业或关键领域组建一批大型企业集团。"三年脱困"这数年间,先后组建了中国石油天然气集团公司、中国石油化工集团公司、上海宝钢集团公司、十大军工集团公司,对中国电信进行了重组;组建了铁路、民航、有色金属(铝业)等行业的一些集团公司。[①] "抓大"的同时也在"放小",采取改组、联合、兼并、租赁、承包经营和股份合作制、出售等形式,放开搞活国有小企业。虽无精确数据,但一些调查研究估算,仅 1998—2002 年期间产权制度改革和企业身份置换的"改制潮"下,全国就有上百万家国有、集体中小企业改制退出,实现民营化。改制退出集中在电冰箱、洗衣机等家电、纺织、日化等竞争性行业和服务业。这从根本上改变了国有经济的布局结构,国有经济的战线大大收缩。[②]

为什么国有企业要战略收缩?一个广为接受的观点是"问题倒逼改革"。国有企业战略收缩的原因在于国有企业效率。在理解国有企业效率时,以产权经济学和企业理论为支撑的"委托—代理"和法人治理结构问题提供了有益视角。这一类研究使用西方经济学中经典的企业理论分析框架,将"委托—代理"的思路作为问题分析的切入点,以完善的西方现代企业制度作为参照物,对于中国的国有企业问题展开讨论。借助蒋星(2006)的总结思路,相关理论可概述如下:

第一,委托—代理链条中的信息传递。这是国有企业在运行过程中所存在着根本的制度意义上的缺陷。企业在理论上的所有者是全民;全民委托国家,政府代表国家行使所有者的职能;再往下,中央政府委托地方政府,或是各级政府委托各级主管部门对企业直接进行出资人意义上的监督、管理;最后,由各级政府部门指派的经营者对企业进行管理和经营。过长的委托—代理链条导致信息不对称和信息传递问题。在如此之长的一个"委托—代理"链条中,涉及多个不同的利益主体(即便同是政府,中央政府和地方政府的目标函数很可能不同,各分管部门之间的目标函数也可能完全不一样),在信息传递过程中,渗漏、流失和扭曲的现象在所难免。代理链条过长必然导致代理人对上负责对下不负责,这种自上而下、自下而上的不对称使国企制度运行成本

① 引自《国有企业改革与脱困三年目标基本实现》,国务院新闻办,2001 年 1 月 9 日,http://www.scio.gov.cn/xwfbh/xwbfbh/wqfbh/2001/0109/Document/327763/327763.htm。

② 引自《国企改革四十年,沧桑巨变砥砺前行》,经济日报－中国经济网,2018 年 12 月 24 日,http://www.ce.cn/xwzx/gnsz/gdxw/201812/24/t20181224_31100680.shtml。

极高,从根本上侵蚀了国有企业作为一个经济主体的效率基础(石磊,1997;蒋星,2006)。

第二,所有者缺位。这一"委托—代理"链条中还存在"所有者缺位"问题。从经济学原理可以知道,若财产所有人是自然人(或者自然人的具体组合),在将财产投资出去委托给企业经营时,他会出于自身利益的最大化考虑,与代理人谈判,形成一份约束条件下最优的合约,并监督合约的执行。在这种情况下,就会形成整个委托—代理链条的约束机制。此时的有关权利的界定是清晰的。这一约束机制的形成,是以财产所有人追求自身利益最大化为前提条件的。

根据我国的法律规定,国有资产属于国家(全体人民)。由于所有权不能细分到每个具体的个人,同时也无法让每个人都参与国有资产的管理,所以由政府代表全体人民对国有资产进行管理。由于国有企业数量众多,政府只有通过层层代理进行管理,从而形成多环节、多层次的委托—代理链条,国有企业是这个链条的末端。在这种条件下,在整个委托—代理链条上活动着的自然人全是代理人,这条委托—代理链条最初始端的自然人仍然是代理人,而不是所有人。也就是说,在这条委托—代理链条上,始终没有自然人形态的所有人。由于所有者的虚化,委托和代理之间的谈判就演变为一种代理人之间的谈判,这样所形成的合约必然是有利于代理人自身利益的最大化,而非资产所有者的利益最大化。这样形成的权利界定必然是不清晰的,因为产权是否清晰是以最初委托人(资产所有人)的利益角度来看的。仅由代理人组成的委托—代理链条,很难产生一种完整意义上的约束机制,甚至会发生以"合谋机制"代替"约束机制"(马庆国、胡隆基,2003)。

第三,剩余索取权递减。关于国有企业委托代理关系的基本形式和特点,张维迎(1995)使用剩余索取权(Residual Claim)来定义企业的所有权,并把国有企业的委托代理关系描述为这样一种结构:"公有经济中委托人—代理人关系的典型特征是两大等级体系。第一等级体系是通过从剩余索取人(委托人)到中央委员会的授权链(Delegation Chain of Power)而形成的,它的委托人—代理人方向是向上的(由下至上)。第二等级体系是通过从中央委员会到企业内部成员的授权链而形成的,它的委托人—代理人方向是向下的(由上至下)。"在这两个等级体系中,"除了两类特殊的局中人(剩余索取人和企业内部成员),每个局中人均扮演着双重角色:他既是委托人的代理人,又是代理人的委托人"。可称剩余索取人为初始委托人(Original Principals),称企业的内部成员为最终代理人(Ultimate Agents)。上游代理人(Up-stream Agent)和下游代理人(Down-stream Agent)则分别用来指有关代理人之前和之后的代理人。其中,初始委托人的数量代表共同体的规模,最终代理人的数量(同时代表企业的数量)代表经济的规模。

在此经济体系中,所有剩余均由代理人逐级传递给作为剩余索取人的初始委托人,归初始委托人所有。并且,“只有初始委托人有监督代理人的自我积极性,所有代理人(直至最终代理人)为初始委托人服务的积极性只能来源于监督”。在此假定基础上,在第一等级体系中,“当共同体扩大时,每个委托人分享到的份额减少,同时等级体系膨胀的结果使监督成本提高,因此最优监督积极性下降,代理人受监督下的工作积极性也下降”。由此,初始委托人的监督积极性和最终代理人受监督下的工作努力都随共同体规模的扩大而递减。同时,在第二等级体系中,每个下游代理人的积极性一般总是小于其上游代理人的积极性,因此,随着经济规模的扩大所带来的委托代理环节的增加,最终代理人的工作积极性必然不断下降。导致最终代理人受监督下的工作努力随经济规模的扩大而递减。上述两个结论可概括为一个结论:“一个庞大共同体的公有经济不可能有效运行。”

第四,预算软约束。转型经济学所关注的“预算软约束”是科尔奈在分析社会主义经济时所提出的一个概念,它描述的是社会主义经济中一个普遍存在的现象,即政府不能承诺不去解救亏损的国有企业,这些解救措施包括财政补贴、贷款支持等。预算软约束会带来很多问题,比如企业经理的道德风险、银行呆坏账、财政风险等。

对于预算软约束的形成原因,传统的转型经济学认为预算软约束的缘由是社会主义政府的“父爱主义”(Paternalism),政府主导了企业的融资,特别是再融资的过程,这会导致预算软约束。除此之外,林毅夫等人的研究(林毅夫、刘培林,2001;林毅夫、李志赟,2004)表明,不仅仅是国有企业的制度,政策性负担也是造成国有企业预算软约束的原因,而减少企业的政策性负担,强化企业作为一个独立的经济主体参与市场竞争,同样是一个必不可少的效率前提。

上述不同理论为理解国有企业的战略收缩提供了依据。国有企业经营绩效不断恶化,政府在收入减少的同时,对企业的补贴却越来越大,甚至是难以为继。进而,这种由于效率低下导致的收入减少反过来又会进一步驱动国企改革。Cao、Qian 和 Weingast(1999)认为政府实施民营化是因为面临着变硬的预算约束。王红领、李稻葵和雷鸣鼎(2001)则通过 1980—1999 年的企业数据库进行实证分析,发现停止对亏损国有企业的补贴,或出售国有资产增加财政收入在预测民营化或破产清算的决策时则非常重要。因此,不仅是因为两步“利改税”和建立工商税制、扩大企业的自主经营权(如放权让利)减少了传统的政府从国有企业所能得到的非税收入,同时也是因为国企效率和经营绩效低下迫使实施国有企业产权改革,实施战略收缩。无疑,这一时期的国有企业非税收入变动——无论是转让国有产权和企业清算收入,还是在放弃国有产权之后财政负担的减轻,都是上述影响的直接体现。

（二）“管资产、管人、管事”向“管资本”迈进

“管资产、管人、管事”是对2003年设立国有资产监督管理委员会（以下简称“国资委”）时的职责归纳。2003年全国人大第十届委员会一次会议通过的国务院机构改革方案中，第一条就是设立“国有资产监督管理委员会”。“将国家经贸委的指导国有企业改革和管理的职能，中央企业工委的职能，以及财政部有关国有资产管理的部分职能等整合起来，设立国资委。国务院授权国资委代表国家履行出资人职责。”国资委的主要职责是：“根据授权，依照《中华人民共和国公司法》等法律和行政法规履行出资人职责，指导推进国有企业改革和重组；代表国家向部分大型企业派出监事会；通过法定程序对企业负责人进行任免、考核并根据其经营业绩进行奖惩；通过统计、稽核对所管国有资产的保值增值情况进行监管；拟订国有资产管理的法律、行政法规和制定规章制度，依法对地方国有资产进行指导和监督。”①

2003年前，国有资本出资人功能缺失，“管资产、管人、管事”的权力分散于组织部门和不同的政府部门，2003年的改革结束了国有资产多头管理、无人负责的局面。此后，《企业国有资产法》《企业国有资产监督管理条例》以及与之相配套的一系列法规规章的出台，使国资监管有法可依、有章可循。中国国有企业改革进入由出资人依法推进的新阶段。这是一套从无到有的制度设计和建设。管人、管事、管资产相结合，从清产核资入手，国有资产的管理体制开始着手建立。以经营业绩考核为抓手，建立和完善业绩考核、重大责任追究等机制，层层落实国有资产经营责任制，结束国有企业领导人有任期无考核的历史。以董事会建设为着力点，完善公司治理结构的改革，使国有大企业的公司治理开始由“一把手负责制”逐步转向董事会决策、经理层执行、监事会监督的公司法人治理结构。形成覆盖全国的国有产权交易监控平台，建立企业国有资产经营管理重点环节的监督体系，加强产权流转监督，规范国有企业改制和国有产权转让。建立并逐步完善国有资本经营预算制度，落实国有资本出资人收益权。主辅分离，辅业改制，分离国有企业办社会职能。推进中央企业公司制股份制改革，推动央企主营业务整体上市。通过企业重组进一步推进国有资本向关系国家安全和国民经济命脉的重要行业和关键领域集中，形成了一批具有自主知识产权和知名品牌、国际竞争力较强的优势企业。

在“管资产、管人、管事”体制下，国有企业的经营效益有明显提升。数据显示，2002—2012年10年间，全国国有企业年营业收入年均增长20.9%，净利润年均增长

---

① 引自《国务院机构改革方案今天亮相 王忠禹介绍内容》，中新网，2003年3月6日，http://www.chinanews.com/n/2003-03-06/26/279372.html。

19%,上缴税金年均增长 20.6%。[1] 但这一体制下也产生了一些问题,典型如垄断、投资过热、过度涉足竞争性领域、政府保护主义、政企不分和政资不分现象,国资监管的越位、缺位、错位仍大量存在。

2013 年党的十八届三中全会通过了《中共中央关于全面深化改革若干重大问题的决定》,把国企改革列为重点改革之一,提出混合所有制经济是基本经济制度的重要实现形式,并强调要以管资本为主加强国有资产监管。《决定》指出,"完善资产管理体制,以管资本为主加强国有资产监管,改革国有资本授权经营体制,组建若干国有资本运营公司,支持有条件的国有企业改组为国有资本投资公司"。这就要求"以管资本为主"完善国资监管方式,重塑有效的企业运营架构,促进国有企业进一步转化机制;同时,加快国有经济布局结构,提高资源配置效率。

上述要求在 2015 年 9 月党中央、国务院颁布的《关于深化国有企业改革的指导意见》(以下简称《指导意见》)中得到了进一步体现。针对国有资产监管工作存在越位、缺位、错位等问题,按照以管企业为主向以管资本为主转变的要求,《指导意见》提出:"一是以管资本为主推进国有资产监管机构职能转变,准确把握依法履行出资人职责的定位,重点管好国有资本布局、规范资本运作、提高资本回报、维护资本安全,建立监管权力清单和责任清单。二是以管资本为主改革国有资本授权经营体制,改组组建国有资本投资、运营公司。三是以管资本为主推动国有资本合理流动优化配置,清理退出一批、重组整合一批、创新发展一批国有企业。四是以管资本为主推进经营性国有资产集中统一监管,建立覆盖全部国有企业、分级管理的国有资本经营预算制度。"

(三)国有资本收益的发展

可以预见,从"管资产、管人、管事"向"管资本为主"这一新型委托代理框架转变的进程中,国有资本收益的进一步发展存在以下几方面的机制因素。

第一,混合所有制企业法人治理结构。国有资产监管机构职能转变是为了摆脱"管资产、管人、管事"体制下政企不分、政资不分的束缚,充分发挥公司法和市场经济原则下董事会这一法人治理结构的功效。为此,《指导意见》要求积极引入各类投资者实现股权多元化,鼓励非国有资本投资主体通过出资入股、收购股权、认购可转债、股权置换等多种方式,参与国有企业改革,鼓励国有资本以多种方式入股非国有企业。同时,大力推动国有企业改制上市,创造条件实现集团公司整体上市。针对一些国有企业董事会形同虚设、"一把手"说了算等问题,完善治理结构的重点是推进董事会建设,建立健全权责对等、运转协调、有效制衡的决策执行监督机制。切实落实和维护董

---

① 引自《国企改革四十年,沧桑巨变砥砺前行》,经济日报—中国经济网,2018 年 12 月 24 日,http://www.ce.cn/xwzx/gnsz/gdxw/201812/24/t20181224_31100680.shtml。

事会职权,法无授权任何政府部门和机构不得干预,并加强董事会内部的制衡约束。

转变监管机构职能和充分发挥市场经济原则下董事会的功效,其目的是通过混合所有制经济这一载体,促进国有企业转换经营机制,放大国有资本功能,提高国有资本配置和运行效率,实现各种所有制资本取长补短、相互促进、共同发展。2013 年至 2017 年,民营资本通过各种方式参与中央企业混合所有制改革,投资金额超过 1.1 万亿元,省级国有企业引入非公有资本也超过 5 000 亿元。中央企业"压减"减少的 11 650 户法人中,超过 2 000 户的控股权转让给了非国有资本。同期,国有企业积极投资入股非国有企业,其中省级国有企业投资参股非公有企业金额超过 6 000 亿元。[①]因此,新时期下混合所有制企业的法人治理结构最终如何确立,其绩效与表现究竟怎样,将会通过企业效率这一机理直接决定国有资本经营效益,并最终从根本上影响可实现的国有资本收益。

第二,国有资本投资和运营机制。2015 年国务院发布的《国务院关于改革和完善国有资产管理体制的若干意见》(国发〔2015〕63 号)(以下简称"2015 年《意见》")提出国有资本投资公司和运营公司的运营模式。通过开展投资融资、产业培育、资本整合,推动产业集聚和转型升级,优化国有资本布局结构;通过股权运作、价值管理、有序进退,促进国有资本合理流动,实现保值增值。这一点在《国务院关于推进国有资本投资、运营公司改革试点的实施意见》(国发〔2018〕23 号)中得到了进一步明确。"通过改组组建国有资本投资、运营公司,构建国有资本投资、运营主体,改革国有资本授权经营体制,完善国有资产管理体制,实现国有资本所有权与企业经营权分离,实行国有资本市场化运作。发挥国有资本投资、运营公司平台作用,促进国有资本合理流动,优化国有资本投向,向重点行业、关键领域和优势企业集中,推动国有经济布局优化和结构调整,提高国有资本配置和运营效率,更好服务国家战略需要。"[②]从经营行为来看,国有资本投资公司以产业资本投资为主,主要是投资实业,以投资融资和项目建设为主。投资实业拥有股权,对持有资产进行经营和管理;而国有资本运营公司主要运营资本,营运的对象是持有的国有资本(股本),包括国有企业的产权和公司制企业中国有股权。从经营目标来看,国有资本投资公司提高国有资产的流动性,通过投资行为获得国有资本的保值增值;而国有资本运营的目的包括扩大国有资本规模和提高国有资本的流动性,并实现国有资本的保值增值。

2014 年,国资委首次在国家开发投资公司、中粮集团两家央企试点开展国有资本投资公司建设。2017 年新增神华、宝武、中国五矿、招商局、中交、保利 6 家央企扩大

---

① 引自《国企改革四十年,沧桑巨变砥砺前行》,经济日报一中国经济网,2018 年 12 月 24 日,http://www.ce.cn/xwzx/gnsz/gdxw/201812/24/t20181224_31100680.shtml。

② 引自《国务院推进国有资本投资、运营公司改革试点的实施意见》(国发〔2018〕23 号)。

试点,运营公司试点在诚通集团、中国国新两家开展,合计试点企业已达10家。2018年12月18日,国务院国资委印发通知,明确11家中央企业成为第三批国有资本投资公司试点企业。其中包括航空工业集团、国家电投、国机集团、中铝集团、中国远洋海运、通用技术集团、华润集团、中国建材、新兴际华集团、中广核、南光集团。至2018年底,中央企业中的国有资本投资运营公司试点已达21家。这意味着,目前国资委监管的央企中,已有约1/5的央企将转变为国有资本投资和运营公司。与此同时,上海、重庆、山西、广东等地组建国有资本投资、运营公司122家。[①]

至此,“国资委—国有资本投资、运营公司—混合所有制企业和国有独资企业”的三层架构已初见雏形。通过政资分离实现政企分开,国资委保留规则制定以及监管两项职能,各类国有资本运营公司或者投资公司承担出资人的职能。避免或减少国资委对国有企业日常经营管理的直接介入。企业更加自主,更趋于市场化。这一体系不仅有望通过改善国有企业效率提升国有资本收益率,同时,国有资本收益还可能会产生结构性变化,国有股股利、股息和转让国有股权(股份)这一类型的国有资本收益可能会有长足发展。

第三,国有企业的战略布局。2015年《意见》提出,根据国有资本的战略定位和发展目标,结合不同国有企业在经济社会发展中的作用、现状和发展需要,将国有企业分为商业类和公益类,并实行分类改革、分类发展、分类监管、分类定责、分类考核,推动国有企业同市场经济深入融合,促进国有企业经济效益和社会效益有机统一。商业类国有企业按照市场化要求实行商业化运作,以增强国有经济活力、放大国有资本功能、实现国有资产保值增值为主要目标。公益类国有企业以保障民生、服务社会、提供公共产品和服务为主要目标。

截至2018年11月,中央企业先后完成20组38家集团重组,央企数量已由2003年的189家减至96家,全国国有企业公司制改制面达到94%。国有资本有进有退,进一步向重要行业和关键领域集中。至2018年底,中央企业超过80%资产集中在石油石化、电力、军工、通信、运输、矿业、冶金和机械等重要行业。[②] 在国有企业的战略布局调整与分类管理体制下,商业类和公益类国有企业所承担的主要目标不同,企业环境和市场条件差别巨大,修补“市场缺陷”、实现特定供给以及维护国家利益的政策性目标也不尽相同。按照市场经济国家经验,对为数不多的国企,往往是每一家企业都设立专门的法案,经过立法程序,说明这家企业设定的依据,以及怎样利用垄断权和

---

① 引自《国有资本投资运营公司试点改革提速》,作者杨烨,《经济参考报》,http://ccnews.people.com.cn/n1/2019/0313/c141677-30973306.html。

② 引自《国企改革四十年,沧桑巨变砥砺前行》,经济日报-中国经济网,2018年12月24日,http://www.ce.cn/xwzx/gnsz/gdxw/201812/24/t20181224_31100680.shtml。

特许权，并向国库按照什么条件和要求上交资本收益。可见，国有企业战略布局和分类管理体制将会是决定新时期下国有资本收益的另一核心机制。

第四，国有资本经营预算管理制度和国有资本收益收取政策。这一因素构成最为直接的影响机制。2015年《意见》要求建立健全国有资本收益管理制度。未来，财政部门会同国有资产监管机构等部门建立覆盖全部国有企业、分级管理的国有资本经营预算管理制度，根据国家宏观调控和国有资本布局结构调整要求，提出国有资本收益上交比例建议，报国务院批准后执行。在改组组建国有资本投资、运营公司以及实施国有企业重组过程中，国家根据需要将部分国有股权划转社会保障基金管理机构持有，分红和转让收益用于弥补养老等社会保障资金缺口。可见，在经营性国有资产集中统一监管和覆盖全部国有企业的要求下，国有资本收益收取的范围将会更为广泛。同时，更为科学的国有资本收益收取标准和收取时间等要素的确立与完善，都将会极大促进国有资本收益进一步发展。

二、所有制结构

（一）所有制结构的内生变化

还有一种文献以中国经济转型和体制转轨的动态过程为对象，关注所有制结构调整的内生机制，考察非国有部门的成长对国有部门改革乃至整个经济转型的影响，这为理解国有资本收益提供了一种宏观的、动态的视野。代表性论文有：田国强（1996），樊纲（2000），平新乔（2000），刘小玄（2003），陈钊（2003），张军、罗长远和冯俊（2003），邓宏图（2004）等。

动态地看，体制转轨的表现是非国有经济比重的不断提高和经济所有制结构的转变。樊纲（2000）展示了在体制转轨的动态调整过程中，非国有部门所扮演的角色及其对国有部门改革的影响。樊纲（2000）提出的核心思想是，中国的“渐进式改革”是在暂时不触动旧体制的情况下，先发展“新体制”，然后随着经济结构的改变，逐步改革旧体制。这个所谓的新体制，就是一个以市场为导向的非国有经济。传统体制外的非国有部门的成长，具有比国有部门要高的效率，在这一前提下，下列这一动态模型表明所有制结构的变化：

$$J_t=\frac{S_0(1+g^s)^t}{N_0(1+g^n)^t}=J_0\frac{(1+g^s)^t}{(1+g^n)^t}\xrightarrow[t]{}\downarrow \qquad (4-1)$$

其中，S_0 和 N_0 分别表示在 t 时间点上国有部门和非国有部门的经济总量，J_t 表示在 t 时间点上国有部门对非国有部门的比重，其中 J_0 是指改革之前的这一比值。g^s 和 g^n 分别表示国有部门和非国有部门的增长率。由于满足 $g^s<g^n$，一个必然的结果就是随着时间的推移，即随 t 的推移，国有部门在经济中的比重将越来越低，直至

趋向于一个比较小的均衡值。

非国有经济的发展不仅支撑着经济的增长和市场体制的形成,而且也是由于它创造出使国有经济得以改革的更有利的条件。随着非国有部门的成长及其在国民经济中所占比重的增加,一方面,在体制转型的过程中,经济增长的速度能够保持在一个较高的水平上;另一方面,非国有部门的成长也为国有部门的改革创造了条件。具体表现在以下几个方面:

第一,非国有经济的发展,逐步形成了对国有企业的竞争压力。原有的垄断被打破,垄断利润消失,导致一些国有企业财务状况恶化、亏损加剧,使得国有企业体制上的弱点进一步充分暴露出来。市场竞争压力的加大、旧体制"难以为继"的危机感的形成,是迫使国有企业走向改革的重要外部条件。

第二,非国有经济的发展,支撑了经济的增长,提供了一定的收入增长和"经济剩余"。这使得政府有可能以某种方式利用这部分收入增量来对在国有部门改革中受到损害的利益集团进行一定的补偿,这可以减少改革可能带来的痛苦,从而使改革的阻力减小。

第三,非国有经济的发展,为转移一部分国有职工提供了就业机会。当国有企业状态进一步恶化的时候,或当社会保障体制改革有所进步的时候,一些国有企业职工往往会主动地离开国有企业,另一些职工则更容易接受"下岗"。

第四,非国有经济的发展,形成了既具有资本实力、又具备管理知识的新型企业与企业家,通过收购、兼并等较为平和、较为自然的方式改革国有企业成为可能。非国有经济的发展、人们收入的提高,也在事实上为企业资本重组提供了资金与资本的条件(人们开始"有钱买资本")。

第五,非国有经济的发展,为国有体制的改革,提供了国内的"体制示范"。同在一个经济大环境中,非国有企业能办到的事国有企业办不到,使改革的必然性更加明显。

以上所有这些条件中,发挥基础作用的是竞争及对潜在冲突的利益协调与补偿。基于樊纲(2000)这一研究思路,一系列研究可以相互串联、互为支撑。如田国强(1996)将国有部门的优势定义为处理好政府关系并从其处获得资源的能力,而非国有部门的优势则被定义为企业家的市场机会捕捉和经营管理能力。基于市场完善程度和分散化决策程度,可以确定企业产权的最优安排。在这一内生的所有制结构框架下,经济自主化及市场体系完善的不同程度将决定所有制最优安排的不同选择。如果经济自主化和市场体系完善的程度非常低下(即经济环境非常不规范),则国有部门将比非国有部门更有效;如果经济自由和市场体系完善的程度逐渐向规范的市场经济靠拢,则包括乡镇集体企业、私营企业等非国有企业的产权安排将变得更为有效。事实上,田国强(1996)的结论为樊纲(2000)的研究提供了逻辑前提,即一个完善的市场体系，或者说规范的市场化进程，是非国有部门在转型过程中效率提高的基础和保障。此外，国家融资方式的改变（张春霖，1997）、国有企业目标函数的差异（平新乔，2000）、行业内国有企业和非国有企业的成本差异以及市场结构的变动（张军等，2003）、国有企业隐性失业规模及其排放（陈钊，2003）、国有部门和非国有部门的生产率竞赛及地方政府的意识形态偏好（邓宏图，2004）等，都会内生影响国有与非国有经济的比重 J_t 值，构成了体制转轨和所有制结构变化过程中的机制因素。

（二）所有制结构影响下的国有资本收益

国有与非国有经济之间的动态变化为理解国有资本收益的变动提供了一个宏观层面的视角。非国有经济的发展，特别是民营经济发展至今已构成我国经济结构中不可或缺的力量。数据显示，民营企业对我国 GDP 贡献率高达 60％以上，提供了 80％的城镇就业岗位，吸纳了 70％以上的农村转移劳动力，新增就业 90％在民营企业，来自民营企业的税收占比超过 50％。[①] 这预示，所有制结构的变化对国有资本收益的宏观结构性影响表现为两方面：一是非国有经济的发展会通过本身的经济表现和税收贡献直接影响政府收入规模与结构，这会使得国有资本收益的结构性占比发生变化；二是通过它与国有经济之间的良性互动，创造出使国有经济得以改革的更有利的条件。不管是 20 世纪开始的市场化改革和国有企业体制转轨，还是当前正大力推进的混合所有制改革，以及非国有资本在国资有退有进、调整战略布局中的深度参与，都预示着这样的一个趋势：一个得到充分发展的民营经济不仅不会危及国有经济，反而会使得各种所有制资本取长补短、相互促进、共同发展，这种良性互动无疑会间接促进各类型国有资本收益。

三、财政体制

改革开放以来，仅 20 世纪 80 年代就有三次较大的财政体制改革，其实质均是以不同的形式实行财政包干制，即地方政府经由谈判向上级政府上交一个固定比例或额度的收入后，可以保留剩余的款项，同时，中央政府不断将支出责任下放给地方政府。地方自行平衡收支，原则上多收入即可多支出。可见，财政改革与同时期一系列经济改革中所体现的“放权让利”原则是相似的。放权调动了地方政府的积极性，初步确立了一个地方政府具有“财政自主权限”、真正意义上的财政分权体制，带动了一个新的竞争体系的形成。“分灶吃饭”后地方政府获得了前所未有的收支权限以及自主安排经济发展的权利，中国经济焕发出巨大的生机与活力。

---

① 引自《民营企业在国民经济中的地位和作用》，中央统战部网站，2017 年 5 月 3 日，http://www.zytzb.gov.cn/tzb2010/S1818/201705/5b671e39e3e544e28a694520dd38e9dc.shtml。

但是,由于这一时期财政分权体制机制的不健全,无法规避地方政府将预算内的财政资源转移到预算外或制度外渠道,或通过税收减免的方式"藏富于企",进而通过集资或者摊派的方式予以支取。因此,伴随 20 世纪 80 年代中期城市经济体制改革的全面铺开,中央政府在放权给地方政府和下放国营企业管理权后,"企业收入"作为由国营企事业单位以上缴利润等形式形成的预算收入,出现了急剧下降;同时,此时地方政府的"企业收入",相对于真实水平却可能存在明显的低报。

随后,两步"利改税"改革调整了国家与企业分配关系,初步建立了工商税制。1994 年,在进一步完善税制的基础上,中央开始全面推行分税制改革。这次改革具有里程碑式的意义,给中央与地方财政关系奠定了一个基本稳定的制度框架。随后,国营(有)企业随"三年脱困"、现代企业制度改革而发生巨大变化,并在完善委托代理链条和法人治理结构、所有制结构调整等改革中一路前行。同时,分税制改革后财政收入向中央的快速集中,地方政府的自有收入与支出责任出现了较为严重的不相匹配,使得地方政府面临越来越大的财政压力,这又助推了另一种国有资产收入——以国有土地使用权出让收入为代表的土地财政收入的膨胀(详细内容可参见本章第三节),其深远影响一直延续至今。"企业收入"这一曾在相当长时间内和税收收入并列为两大主要来源的国家财政收入①,随着财政分权体制的构建与完善,逐步退出了历史舞台。

第三节　国有资源有偿使用收入的影响机制:以土地出让收入为例

一、国有土地使用权出让制度

(一)国有土地使用权出让方式

新中国成立后很长一段时间内,中国的土地使用制度是无偿、无限期、无流动的行政划拨使用制度。改革开放后,在城镇国有土地使用制度方面进行了一系列改革。1988 年 4 月 12 日,七届人大一次会议通过的宪法修正案规定"土地的使用权可以依照法律的规定转让",从而为土地使用权转让提供了法律依据。随后,《土地管理法》《城镇国有土地使用权出让和转让暂行条例》《城市房地产管理法》进一步确立了土地使用权出让制度。通过一系列法律规定的制定实施,到 20 世纪 90 年代初,我国对城镇土地使用制度完成了改革,建立起土地有偿、有限期,可依法进行土地交易的有偿使

① 企业收入占国家财政收入的比重,1959—1978 年大部分年份超过 50%,1960 年时甚至达 63.9%。引自何盛明等.财经大辞典[M].北京:中国财政经济出版社,1990。

用制度。这种制度理顺了产权关系，使土地的资产特性得到体现，也体现了国家作为土地所有者对土地的所有权。

土地“招、拍、挂”制度是国家土地使用权出让的招标、拍卖、挂牌制度的简称，具体是指国家在土地出让或者买卖程序中的“招标”“拍卖”“挂牌”交易的政策或规定。该方式作为我国经营性用地出让的指定方式，对规范土地市场、提高政府对城市土地的管理水平、促进房地产市场的有序发展等方面都有着重要意义。土地交易的公开投标、拍卖和挂牌的共性是其交易的公开性，但其具体操作又有其差异性，针对不同性质的土地交易要采取不同的交易方式。根据《招标拍卖挂牌出让国有建设用地使用权规定》(国土资源部令第 39 号)，土地出让方式包括如下：

第一，招标出让。招标出让国有土地使用权，是指市、县人民政府土地行政主管部门发布招标公告，邀请特定或者不特定的公民、法人和其他组织参加国有土地使用权投标，根据投标结果确定土地使用者的行为。

在招标出让中，土地主管部门要根据出让土地的具体情况编制招标文件，并实施投标的登记，投标人在登记时必须缴纳投标保证金，并提交营业执照的副本，法人代表人证明等文件。投标人在按照招标文件的要求编制标书后，在规定的时间内将标书密封投入指定标箱。经由专家组成的评标委员会按照评标标准对企业提交的投标文件进行评审后，在规定的时间地点开标。在中标人确定后，招标人应向中标人发出《中标通知书》，中标人则在《中标通知书》约定的时间，按照招标文件与土地管理部门签订《国有土地使用权出让合同》。公开招标的投标单位不能少于 3 家，如果少于 3 家则招标人应当停止开标。在公开招标中投标企业投标的价格是重要的评标因素，但评标委员会为了防止土地开发的后续资金无法到位，出现土地闲置浪费现象，开发商的从业经验和实力也是评标委员们重点关注的要点。

第二，拍卖出让。拍卖出让国有土地使用权，是指市、县人民政府土地行政主管部门发布拍卖公告，由竞买人在指定时间、地点进行公开竞价，根据出价结果确定土地使用者的行为。

土地的主管部门根据被拍卖土地的特征编制拍卖文件，竞买人在竞买申请截止日期前提出竞买申请，交纳不少于拍卖文件规定的保证金，并同样提交法定代表人证明书等资信证明。竞买人通过审查后，得到印有编号的竞买标志牌，拍卖会在拍卖公告规定的时间、地点进行。参加的竞买人同样不能少于三人，否则应终止拍卖。在拍卖中最终的成交价格必须高于拍卖方所制定的底价，否则也需终止拍卖。拍卖成交后，竞得人按照《拍卖成交书》规定的时间和土地管理部门签订《国有土地使用权出让合同》。土地拍卖中最重要的原则是“价高者得”，与其他形式的拍卖原理相同。

第三，挂牌出让。挂牌出让国有土地使用权，是指市、县人民政府土地行政主管部门发布挂牌公告,按公告规定的期限将拟出让宗地的交易条件在指定的土地交易场所挂牌公布,接受竞买人的报价申请并更新挂牌价格,根据挂牌期限截止时的出价结果确定土地使用者的行为。

政府土地主管部门编制挂牌文件,竞买人在规定日期前提出竞买申请,按规定交纳保证金、提交法定代表人证明书等资信证明后提交竞买申请书。在挂牌文件规定的挂牌起始日期,挂牌人应该将挂牌宗地的位置、面积、用途、使用年限、规划要求、起始价、增价规则、增价幅度等内容,在土地交易市场挂牌公布,符合条件的竞买人应按照文件的要求填写竞买报价单,在挂牌期限内竞买人可多次报价。如果在挂牌期限内只有一个竞买人,且报价不低于挂牌底价,并符合其他交易条件的,挂牌成交;在挂牌期限内有两个或两个以上竞买人报价的,报价最高者为竞得人;报价相同的,先提交报价单者为竞得人。但报价低于底价者除外,在挂牌期限内无应价者或者竞买人的报价均低于底价或均不符合其他交易条件的,挂牌不成交。挂牌交易的挂牌期限不得少于10个工作日。

竞买人确定后.挂牌人应当向竞买人发出《挂牌成交确认书》。竞得人应该根据《挂牌成交确认书》所约定的时间与市国土房管局签订《国有土地使用权出让合同》。挂牌同样遵循"价高者得"的原则.不同之处在于不是现场报价.由于挂牌是以书面的形式报价,所引发的关注程度及曝光不如招标与拍卖。

(二)土地出让制度的变革

招标挂牌拍卖土地出让制度并非一蹴而就,而是在一段时间内普遍实行的协议出让基础上变革而来的。20世纪末至21世纪初,协议出让中普遍存在低价出让甚至零地价出让,擅自减免土地使用权出让金,领导干部干预土地出让,个人审批和暗箱操作,供地信息不披露,供地结果不公开等问题。[①] 为此,中央政府对国有土地使用权出让制度进行了重大改革。2002年颁布的《招标拍卖挂牌国有土地使用权规定》(国土资源部11号令)规定商业、旅游、娱乐、商品住宅四类经营性用地和同一土地有两个或两个以上意向用地者的,应当通过招标、拍卖、挂牌方式出让。

2003年,国土资源部颁布《协议出让国有土地使用权规定》,第一次对协议出让的范围进行了明确界定,即出让国有土地使用权,除依照法律、法规的规定应当采用招标、拍卖或者挂牌方式外,方可采取协议方式。根据这一规定,商业、旅游、娱乐和商品住宅等四类经营性用地,不得以协议方式出让。同一块地有两个以上意向用地者的,也不得以协议方式出让。此外,明确了协议出让最低价的确定标准:协议出让最低价

---

① 夏珺,让协议出让在阳光下运行——部政策法规司负责人就部21号令答记者问,人民网论坛,http://www.people.com.cn/GB/shizheng/1027/1934681.html。

不得低于新增建设用地的土地有偿使用费、征地拆迁补偿费用以及按照国家规定应当缴纳的有关税费之和；有基准地价的地区，协议出让最低价不得低于出让地块所在级别基准地价的70%。

2004年，针对一些开发区规避经营性土地招挂拍的现象，国土资源部下发了《关于清理各类园区用地加强土地供应调控的紧急通知》等文件。2004年国土资源部对全国开发区进行一轮治理整顿，开发区数量从6 015个减少到2 053个，规划面积从3.54万平方千米压缩到1.37万平方千米。[①] 同年，国土资源部、监察部联合下发了71号文《关于继续开展经营性土地使用权招标拍卖挂牌出让情况执法监察工作的通知》，要求各省市在8月31日之前将历史遗漏问题加以界定并处理完毕。2004年8月31日之后，不得再以历史遗留问题为由采取协议方式出让经营性国有土地使用权，即“8.31大限”。

2004年还修订了1999年颁布实施的《划拨用地目录》[②]，拓宽了适用出让供应的用地范围。石油、天然气、煤炭、教育、卫生、民航、铁路、交通、水利、电力等10个行业的项目用地进行了修订，对供地项目进行细化分类，按用地功能、性质把上述行业中属于经营用地及其他应推向市场的用地剥离出来，一律不再纳入划拨目录；同时，增补国家机关、邮政、通信、城市基础设施、公益事业等行业的项目用地划拨目录。

2006年《关于发布实施〈全国工业用地出让最低价标准〉的通知》（国土资发〔2006〕307号）出台后，首次在全国范围内按照土地等级，统一制订并公布各地工业用地出让最低价标准。工业用地出让最低价标准不得低于土地取得成本、土地前期开发成本和按规定收取的相关费用之和。工业用地必须采用招标拍卖挂牌方式出让，其出让价格不得低于公布的最低价标准。低于最低价标准出让土地，或以各种形式给予补贴或返还的，属非法低价出让国有土地使用权的行为，要依法追究有关人员的法律责任。2006年还建立了工业用地出让最低价标准统一公示制度。[③]

（三）其他配套制度

围绕地方政府土地供应出让制度，存在一系列上下游的配套制度，涉及规划、计划与用地考核等方面。在用地规划与计划方面，包括土地利用总体规划与土地利用年度计划。土地利用总体规划分为国家、省、市、县、乡五级，下级规划必须符合上级规划要求。规划的核心内容是指标加分区。用地指标包括各类建设用地规模、建设占用耕

---

① 杨遴杰，不能以“特殊性”破坏供地政策，《中国国土资源报》，http://www.mlr.gov.cn/xwdt/xwpl/201207/t20120717_1121937.htm。

② 国土资源部网站，划拨供地项目目录修订，http://www.mlr.gov.cn/xwdt/jrxw/200406/t20040625_573590.htm。

③ 参见《国务院关于加强土地调控有关问题的通知》（国发〔2006〕31号）。

地、土地开发复垦等;分区是在用地指标的约束下对每个地块的用途加以明确,划定用途管制区。而土地利用年度计划是地方政府以本地土地利用总体规划为基本依据,综合考虑本地规划管控、固定资产投资、节约集约用地、人口转移等因素。

2004 年修订的《土地利用年度计划管理办法》(国土资源部第 26 号令)中,确定须经审批的年度计划指标包括:(1)农用地转用计划指标;(2)土地开发整理计划指标;(3)耕地保有量计划指标。这一时期的土地年度计划指标体系存在一个空白,即除农用地之外的未利用地。变更调查统计数据表明,2005 年新增建设用地 427.4 万亩,其中占用耕地 208.1 万亩,占用未利用地 219.3 万亩;"十五"期间,全国共新增建设用地 3 285 万亩,建设占用耕地 1 641 万亩,占用未利用地 1 644 万亩。[①] 也就是说,这一时期的新增建设用地有一半都来自未利用地,地方政府通过政策空白以绕开中央政府用地指标审批的迹象非常明显。对此,2006 年第二次修订的《土地利用年度计划管理办法》(国土资源部第 37 号令)做了重大调整。规定土地利用年度计划指标包括:(1)新增建设用地计划指标。包括新增建设用地总量和新增建设用地占用农用地及耕地指标。(2)土地开发整理计划指标。(3)耕地保有量计划指标。修改后的计划指标体系增设了新增建设用地计划指标,包括新增建设用地总量和新增建设占用农用地及耕地指标。而新增建设用地量则明确包含建设占用农用地和未利用地在内。2016 年第三次修订的《土地利用年度计划管理办法》中,则进一步将近年兴起的城镇和农村建设用地的"增减挂钩"一并纳入年度计划审批范围。[②] 上述事实说明,与土地出让制度渐进变化直至发生质变的同一时期,用地计划指标体系作为一种指令性约束,也逐步实现对地方政府新增建设用地渠道的全口径式覆盖,地方政府土地出让受到的源头上的控制。

在用地考核方面,针对地方政府前一年用地计划落实情况的核减制度、建设用地占用耕地需"占补平衡"及城镇和农村建设用地"增减挂钩"的要求,针对土地"批而未供"和项目"批而未建"等供地率、开工率不足的年度考核和问责等[③],都是试图对地方政府用地行为进行有效约束。特别是在 2009 年,国土资源部、国家发展和改革委员会、国家统计局联合发布了《单位 GDP 和固定资产投资规模增长的新增建设用地消耗考核办法》(国土资发〔2009〕12 号)。办法中明确规定,考核结果作为"干部主管部门对省级人民政府领导干部进行综合考核评价的依据",同时还要求各省区参照此办法"制定本(区、市)的单位 GDP 和固定资产投资规模增长的新增建设用地消耗考核办法"[④]。

---

① 计划指标,既管农用地,也管未利用地——部规划司负责人谈《通知》中土地利用计划管理的新变化,中央人民政府网站,http://www.gov.cn/zwhd/2006—09/20/content_393275.htm。

② 参见《土地利用年度计划管理办法》(国土资源部第 66 号令)。

③ 参见《土地利用年度计划执行情况考核办法》(国土资发〔2008〕55 号)。

④ 参见国土资源部、国家发展和改革委员会、国家统计局联合发布的《单位 GDP 和固定资产投资规模增长的新增建设用地消耗考核办法》(国土资发〔2009〕12 号)。

二、锦标赛模式下的政府行为

（一）央地间用地体制

现行央地用地体制始建于20世纪末。1999年颁布的《土地利用年度计划管理办法》（国土资源部第2号令）中确立了央地之间的用地权力配置。土地年度利用计划的审批权完全收归国土资源部，地方政府具有建议权和下达区域内指标的分配使用权。具体流程是：县级以上政府按照国土资源部的统一部署和控制指标，提出本地下一年度的土地利用计划建议，经同级人民政府审查后，报上一级人民政府土地行政主管部门，并在当年11月20日前报国土资源部。国土资源部在各地土地利用年度计划建议的基础上，综合平衡，编制土地利用年度计划，报国务院批准后下达。县级以上地方政府土地行政主管部门将下达的农用地转用计划指标、耕地保有量指标和土地开发整理计划指标逐级分解，拟定实施方案，经同级人民政府批准后下达。

基于土地规划与用地计划，用地审批的主要内容是建设项目预审和农用地转用审批。建设项目用地实行分级预审，凡审批、核准、备案的建设项目需对其涉及的土地利用事项进行审查，涉及项目选址、项目的供地条件、用地指标、占用耕地补充方案、征地补偿和复垦资金安排等。而农用地（包括耕地）转用审批涉及土地用途、建设用地控制指标等。

用地审批权的上收和权力向土地行政管理部门的集中需要以干部管理体制和人事制度改革作为保障。2004年4月，国务院下发了《关于做好国土资源管理体制改革有关问题的通知》（国发〔2004〕12号），中组部下发了《关于调整省以下国土资源主管部门干部管理体制的通知》（组通字〔2004〕22号），明确了国土资源部门行政管理体制、土地利用总体规划编制审批管理体制、执法监察职能、领导干部管理体制等方面问题。在这一要求下，各省分别出台类似规定，加强了土地行政管理部门的垂直控制。例如，江苏省政府和江苏省委组织部分别下发《关于省级以下国土资源管理体制改革的实施意见》（苏政发〔2004〕82号）和《关于调整国土资源主管部门干部管理体制的通知》（苏组通〔2004〕53号）。规定市、县（市）国土资源局党政正、副职和党组成员、纪检组长由上一级主管部门任免。县（市）国土资源局党政正职的任免，需事先征得厅党组同意。国土资源执法监察人员和国土资源所人员，依照公务员制度进行管理。

总之，20世纪末至2009年这十余年间是现行用地体制逐步推进和完善的阶段。伴随用地体制的建立与各项制度的推行（请参见本节第一部分），土地利用的计划执行力度越来越大，指令性越来越强，形成了一个高度集权型的用地管控体系。中央政府已深度介入地方政府用地的各个领域和环节，这可能会通过用地计划、出让约束和用地考核深度影响地方政府的用地行为和财政决策。

其间,省级政府逐渐具有土地管理与土地经营的双重功能。省级政府需要对辖区土地管理"负总责"[①],这一方面明确了相应的责任和义务,另一方面也是土地管理权力的授予。相对于其他层级的地方政府,现行体制下省级政府具有相对重要的用地权力,具体表现为用地规划和指标的建议权、实施权和部分审批权。2007 年开始,在土地利用总体规划确定的城市建设用地范围内,依法由国务院分批次审批的农用地转用和土地征收,调整为每年由省级人民政府汇总后一次申报,经国土资源部审核,报国务院批准后由省级人民政府具体组织实施,实施方案报国土资源部备案。2020 年 3 月,国务院印发了《关于授权和委托用地审批权的决定》,将国务院可以授权永久基本农田以外的农用地转为建设用地审批事项授权各省、自治区、直辖市人民政府批准。按照《土地管理法》第四十四条第三款规定,对国务院批准土地利用总体规划的城市在建设用地规模范围内,按土地利用年度计划分批次将永久基本农田以外的农用地转为建设用地的,国务院授权各省、自治区、直辖市人民政府批准;按照土地管理法第四十四条第四款规定,对在土地利用总体规划确定的城市和村庄、集镇建设用地规模范围外,将永久基本农田以外的农用地转为建设用地的,国务院授权各省、自治区、直辖市人民政府批准。[②]

(二)中央政府的规则

业已建立的用地体制和各种用地管控制度的实施,使得地方政府用地涉及的核心权力(人事权、规划权、审批权和调控权)实现了集中控制,重构了政府间权力关系。不仅如此,针对科层组织运作的另一基础——责任关系也实现了重构,地方政府的责任体系愈加明确和重要。中央政府加强土地管理和对地方政府用地的管控,其直接原因在于中央政府目标函数的多维度。中央政府除了关注经济发展还有其特定的目标设定,例如粮食安全和耕地保护、土地集约利用、环境保护等,而这些目标在地方政府层面并非占有突出重要地位。相反,分税制改革以来,地方政府逐步在土地出让—经济增长—城市建设之间形成滚动增长的循环链条,以土地、财政、金融"三位一体"为主要特征的土地财政和土地金融愈演愈烈(周飞舟,2010;孙秀林、周飞舟,2013 等)。"有土斯有财",在既有发展模式下,土地成为发展的核心要素,地方政府迫切需要更多的用地指标和土地储备。地方政府土地出让的过程中,产生一系列中央政府认为需要加以调整与管控的地方政府用地行为,甚至还包括诸如用地领域官员腐败、土地征收补偿不足和失地农民引发的社会问题等。正是基于这一前提,中央政府积极推进用地体制和各项用地制度的建立与完善。

---

① 《国务院关于加强土地调控有关问题的通知》(国发〔2006〕31 号)规定方各级人民政府主要负责人应对本行政区域内耕地保有量和基本农田保护面积、土地利用总体规划和年度计划执行情况负总责。

② 引自人民网论坛,"国务院印发决定:赋予省级政府更大用地自主权",2020－03－13,http://jx.people.com.cn/GB/n2/2020/0313/c186330－33873079.html。

在这一过程中，可以观察到中央政府在不同情形下设立的两种规则类型。一是“明确告诉地方政府不能做什么”的禁止型和限制型规则。禁止型规则典型如反腐治理，以及土地出让制度变革中强制从协议出让向招标挂牌拍卖的竞价出让方式的变革（请见本节第一部分）。而限制型约束一个典型例子是耕地转用为建设用地中的“占补平衡政策”。1999年新的《土地管理法》中明确提出“实行占用耕地补偿制度”。国土资源部也于同年实行“建设用地占一补一”制度，明确提出“耕地占补平衡”概念，即建设占用多少耕地，就要补充多少数量和质量相当的耕地。① 2006年之后，“占补平衡”的考核日趋严格，从原先按区域汇总考核是否平衡，开始按照项目考核，占用耕地的建设用地项目与补充耕地的土地开发整理项目是否平衡转变，并单独考核。2008年之后，非农占用耕地全面实行“先补后占”，即新增建设项目用地在审批前，必须先将足额耕地资源储备进行补充②。随着政策的收紧，各地特别是经济发达地区耕地后备资源逐年减少，补充耕地的能力受到严重限制。因此，占用耕地较多而耕地后备资源较少的经济发达地区，普遍开始向占用耕地较少而耕地后备资源较多的经济落后地区购买耕地占补平衡指标。尽管这可以提升土地利用效率、提高土地生产力（邵挺等，2011），但国土资源部仍于2009年发文禁止，规定只可在本省级行政区域内进行调剂。③ 显然，中央政府的考虑并非单纯是土地生产力和经济发展，而是担忧发达地区在不断向欠发达地区购买占补平衡指标的过程中，最终损减的还是耕地总量和耕地质量。

无疑，耕地占补平衡政策是对地方政府将农地转为建设用地行为的一种限制与约束，需要再次指出的是，限制与约束的并不是农地转为建设用地行为本身，而是转用过程中地方政府跨省异地购买指标的“创新”行为对总体耕地数量和质量产生的威胁。对于这一点，城乡建设用地增减挂钩政策的诞生与推广可以提供反证。2004年，在地方政府强烈的用地需求下，国务院发布28号文明确了“增减挂钩”政策，即“鼓励农村建设用地整理，城镇建设用地增加要与农村建设用地减少相挂钩”④。2006年在天津等五个省市进行挂钩试点，设立挂钩项目183个，周转指标7.38万亩。⑤ 2008年国土资源部的管理办法进一步明确：“依据土地利用总体规划，将若干拟整理复垦为耕地的农村建设用地地块（即拆旧地块）和拟用于城镇建设的地块（即建新地块）等面积共同组成建新拆旧项目区（以下简称项目区），通过建新拆旧和土地整理复垦等措施，在保证项目区内各类土地面积平衡的基础上，最终实现增加耕地有效面积，提高耕地质量，

① 参见《国土资源部关于切实做好耕地占补平衡工作的通知》（国土资发〔1999〕39号）。

② 参见《关于进一步加强土地整理复耕开发工作的通知》（国土资发〔2008〕176号）。

③ 参见《关于加强占补平衡补充耕地质量建设与管理的通知》（国土资发〔2009〕168号）。

④ 参见《关于深化改革严格土地管理的决定》（国发〔2004〕28号）。

⑤ 参见《关于天津等五省市城镇建设用地增加与农村建设用地减少相挂钩第一批试点的批复》（国土资函〔2006〕269号）。

节约集约利用建设用地,城乡用地布局更合理的目标。”[①]到 2013 年,增减挂钩政策已在全国 29 个省区普及推广。增减挂钩政策的设计要点为(谭明智,2014):(1)目前农村集体建设用地使用存在严重浪费问题,农民宅基地存在很大的“挖潜”空间;(2)通过对农村集体建设用地进行拆旧复垦,耕地增加,农民住进了新房,同时城市建设也获得了相应土地指标,一举多得;(3)项目封闭运行,要求拆旧区与建新区一一对应,可有效防止大拆大建等无序行为。随着时间的推移,增减挂钩政策已经从解决地方用地紧缺的“项目型”政策,逐渐成为地方用地指标的重要来源。2016 年《土地利用年度计划》第三次修订时,增减挂钩指标已经成为一种新的单列的建设用地指标类型。这种“资本下乡、农民上楼”的现象,因其不危及耕地数量和质量,并能助推城镇化(虽然是政府主导的)的特征而受到肯定(周飞舟,2017)。上述两个案例的对比,说明了央地之间的目标函数存在不一致性,同时也说明现行用地体制下,面对地方政府的“用地饥渴”和层出不穷的“创新”,中央政府也具备在事中或者事后进行调整与管控的格局及能力。

与禁止和限制性规则不一样的是,中央政府还会尝试实行一种明确告知结果的激励型规则。典型如 2009 年开始的投资用地考核改革。这种与单位投资“挂钩”的用地考核导向固然是有促进地方政府集约用地,保护耕地资源的基本考虑,但也是为了配合同时期转变经济增长方式、推进经济转型升级的改革。从这次改革的牵头部门不仅包括原国土资源部,也包括国家发改委和国家统计局就能看出端倪。经历 2008 年经济危机的冲击和“四万亿元”刺激计划的应急管理之后,一系列旨在实现转型升级的改革自 2009 年开始逐步推行,典型如发展战略性新兴产业、产业和劳动力区域双转移、中西部地区承接东部产业转移等。与此同时,一些极具特色的地方政府改革思路和宣传口号也陆续出台,典型如“腾笼换鸟”“亩均(税收、增加值和劳动生产率)论英雄”“凤凰涅槃”等,反映各级地方政府也在积极、深度参与这一进程。

不同于拓宽土地竞价出让范围和工业用地最低出让价格约束是为了遏制恶性的土地引资竞争;不同于核减用地计划以“挤出”地方政府用地需求泡沫;也不同于“占补平衡”或“增减挂钩”政策是为了避免建设用地过度耗减耕地资源,此次改革的“任务规则”明确为每单位建设用地创造的投资和 GDP。这一改革的治理内涵在于,从单纯经济属性的用地责任,延伸至内嵌于锦标赛体制的官员考核与晋升压力;从被动的、过程控制的禁止或限制型规则,向主动的、结果导向的激励型规则转化。

(三)地方政府的反应

2010 年开始,单位 GDP 和投资增长所消耗用地的考核结果已明确作为干部主管部门对省级人民政府领导干部进行综合考核评价的依据,考核办法中的计算公式明

---

① 参见《城乡建设用地增减挂钩试点管理办法》(国土资发〔2008〕138 号文)。

晰、量化程度高。这不仅是用地体制下省级政府土地管理"负总责"的直接体现,也是首次明确将考核结果与省级政府领导干部评价相挂钩。对省级政府领导干部的考核压力在"负总责"要求和"下管一级"行政体制下会分解传递给省内各城市,这使得省区内可能会产生投资集约用地的政治激励。

对照投资集约用地考核指标的设计,地方政府需要重视土地投资质量,具体而言是指单位用地面积上的经济指标。在用地约束和新型用地考核目标的锦标竞争推动下,地方政府需要更加重视指标中的"分子"——投资规模,特别是投资规模大(即投资强度大)、资本密集程度高的工业企业与项目。在同时期转变经济增长方式、推进经济转型升级的大背景下,投资对象具有鲜明的政策导向。例如,2010 年启动的培育和发展战略性新兴产业,[①]集中在节能环保、新一代信息技术、生物、高端装备制造、新能源、新材料、新能源汽车这 7 大产业。地方政府除了和国有企业展开互利合作(赵文哲和杨继东,2015),也积极关注符合产业政策目标的民营企业、高科技企业和海外人才。[②] 面对低价出让土地趋受限的情形,地方政府不断创新竞争手段,开始向更具政策弹性空间的政策手段转变。这一时期,诸如资金配额、电价补贴、低息贷款、排污许可、上市通道、股权激励、产业引导基金和天使投资等纷纷登场。在地方政府和银行大力扶持下,符合政策导向的产业和企业大幅扩张增容。[③]

这种投资集约用地考核导向可能还会作用于考核指标的"分母"——建设用地面积,促使地方政府"腾笼换鸟",主动淘汰或转移辖区内的企业。2010 年后,在优化沿海地区产业结构,向土地、人力及政策更有优势的中西部转移这一过程中,华北、华中、华东和西南地区建立十多个承接沿海产业转移的国家级示范区,实施劳动力与产业的

---

① 参见《国务院关于加快培育和发展战略性新兴产业的决定》(国发〔2010〕32 号)。

② 媒体报道,当地政府试图不断复制一个又一个"无锡尚德"。针对海外人才和高科技项目,江苏提出 5 年内引进 100 个海外领军创业人才计划。作为地级市的无锡也曾推出旨在 5 年内引进 30 名领军型海外留学归国创业人才的"530"计划,并在北美举行"530"计划推介会。

③ 曾经的光伏产业著名企业无锡尚德破产案是财政竞争研究中经常提及的一个典型案例。无锡尚德并非是初创企业,而是成立于 2001 年的一家民企,创始人为海外归国人才。在发展战略新兴产业的大背景下,地方政府与该企业展开进一步紧密合作。新闻报道披露,2011 年无锡市提出了"五年内再造一个尚德"的目标,并专门给无锡尚德提供数百亩土地,让其可以再造一个 5 万人的工厂。2012 年,无锡新区还与该公司共同投资建设了尚德光伏产业基地,计划在 2015 年实现 1 000 亿元光伏产品的销售额。详见《光伏教父退位:地方政府过猛助推绑架企业和企业家》,《中国新闻周刊》,2013 年第 11 期,记者李妍。

区域双转移,极大促进了中西部承接地的投资和 GDP 增长。① 与此同时,中西部省份也得到更充裕的土地供应指标,表现为中西部的建设用地审批面积占比逐渐提高(陆铭等,2015)。而东部沿海地区则将"腾笼"得到的节余建设用地指标用于培育和发展新兴产业和企业,积极贯彻"亩均论英雄"思路。② 显然,这种长距离、跨区域的企业和产业转移扩散离不开用地考核施加的政治激励。

随着时间的推移,用地锦标竞争内容还在不断丰富和拓展。具体表现为两个方面:一是没有局限在新增建设用地指标,开始向存量建设用地拓展。2013 年,上海率先实施存量建设用地"减量化",要求区县新增建设用地指标必须与减量化挂钩,将低效工业用地和零散宅基地收储,以优化作为"分母"的总量建设用地。另一则是指标中"分子"的内涵更加丰富和全面。从单位用地面积上的投资规模,开始向产值、税收收入、增加值等内容拓展。2014 年,浙江省政府向全省推广"亩均论英雄"改革,2018 年又颁布《关于深化"亩产论英雄"改革的指导意见》,全面考核规模以上工业企业亩均税收、亩均增加值、全员劳动生产率等。需要说明的是,上述这些变化均是地方政府主动实施的政策举措。竞争内容的"加码",以及"腾笼""亩均"等概念的推广与普及,说明锦标赛格局下地方政府围绕既定目标会主动实施"创新",符合中国改革中的地区间示范与学习特征和政策"试点—推广"进程(Xu,2011)。

三、财政分权体制的影响

(一)分权体制下的财政机制

目前,从财政收入角度来看,地方政府土地出让的财政激励被概括为以下两种机制(张莉等,2013;赵文哲、杨继东,2015):(1)以地生租。地方政府通过出让土地获得相应的土地出让金以弥补财政缺口。不仅如此,作为以地生租的延伸,地方政府通过土地出让,获得了房地产业及其上下游产业,如建筑安装业、生产和生活服务业的税收

---

① 例如,仅 2011 年前 11 个月,华中地区的皖江城市带引进外省投资项目 2 884 个,其中来自江、浙、沪三地的项目 2 661 个,外商投资项目 142 个;投资项目实际到位资金 2 703 亿元,同比增长 61%,占安徽省全省比重 70.3%;实现规模以上工业增加值达到 4 268.5 亿元,增长 21.5%,占该省 67.2%。而 2011 年前三季度,第二个获批产业转移示范区的广西桂东地区四市工业总产值达 2 136 亿元,同比增长 335.2%,规模以上工业增加值 608.5 亿元,同比增长 21.3%。参见《皖江示范区成招商金字招牌 省外投资同比增长 61%》,中国经济网,2012—01—27,http://finance.ce.cn/rolling/201201/27/t20120127_16709394.shtml。《中部第三个国家级承接产业转移示范区落户荆州》,《21 世纪经济报道》,2012—01—23,记着聂春林、郑升。

② 浙江率先提出"亩均论英雄"思路。浙江省绍兴市柯桥区是浙江"亩均论英雄"改革的先进区。柯桥区近年腾退土地面积 7 000 亩,仅 2018 年上半年就关闭 46 家规模以上企业,工业总产值和利润却持续实现增长。每米印染布的附加值提高 15%以上,行业税收同比增长 10%。引自新华社《新华每日电讯》头版,《世界纺织之都:践行高质量发展走出转型困境》,2019—02—12,记者何玲玲等。这种亩均思路被不断推广,2019 年成立的中国(上海)自由贸易试验区临港新片区,在规划目标中要将产出从 700 多万元/亩提高到 1 500 万元/亩。引自中国经济网 2019 年 8 月 20 日电,《上海自贸区临港新片区揭牌》,记者沈则瑾。

贡献，包括增值税（营业税）、城镇土地使用税、土地增值税、耕地占用税、契税、房产税等，进而产生了以房生税。（2）引资生税。地方政府通过土地出让，吸引工业资本和工业企业流入，促进本地区经济增长，从而增加本地区税基。

“以地生租”和“引资生税”两种财政机制的表现可总结为如下：工业用地出让涉及经济增长和政绩表现，竞次格局下的土地出让价格逐底使得工业用地出让的财政收益较为有限，商业服务业用地和住宅用地出让才是土地财政的主要支柱。换言之，针对商业服务业和住宅用地的以地生租及以房生税是地方政府土地财政收入中的核心要素，这在理论和实践中得到了充分讨论和广泛认可。

引资生税的局限来自政治与经济两方面。陶然等（2009）区际竞次观点认为地方政府对制造业投资者以协议方式低价出让土地有损于当期财政收入，但却能创造较稳定的未来收入流（既包括直接增加的增值税，也包括制造业对服务业外溢效应带来的营业税乃至商、住用地出让金），从而弥补土地出让的财政损失。正如陶然等（2009）已经指出的，制造业对本地的溢出效应要到 2—3 年后才显现出来，而中国省级主要官员的任职时间大约是 3—4 年（徐现祥等，2007）。罗必良、李尚蒲（2014）认为，预期不足使得地方政府通过廉价出让土地“招商引资”以创造未来收入流缺乏足够的说服力。同时，一些研究从政治激励下的投资冲动角度对这一看法提供了间接证据。张莉、王贤彬和徐现祥（2011）利用 1999—2005 年省级面板数据的实证研究发现，地方政府官员热衷于出让土地是源于土地引资，而非财政缺口，李郇、洪国志和黄亮雄（2013）认为，一定时期内预算内财政缺口导致的财政压力能部分解释土地财政增长，但并不能解释土地财政增长的全部。范子英（2015）的研究也持同样的观点，其认为投资冲动而非财政压力是土地财政的根源。因此，理论界倾向于将引资的目标认为是投资本身，而非生税。

针对投资规模的追逐还产生投资质量方面的竞次。杨其静等（2014）的研究表明，有限任期下的地方领导最关心的是与工业项目相关的固定资产投资所直接推动的经济增长，而不是这些工业项目在未来正式运营的效益；与之相适应，他们首要关心的是土地引资的规模而不是质量。工业用地出让中，除了扩大土地征用和出让规模、降低出让价格的竞次之外，还存在降低引资质量的竞次行为。其结果是在稀缺的土地上投资形成了工艺落后、装备简陋、产业发展前景暗淡且具有重复建设性质的产能。

除了工业领域，在商服和住宅用地领域也普遍存在引资行为。王媛和杨光亮（2016）的研究发现，2003—2008 年间挂牌出让相对于拍卖出让导致了显著的价格低估，那些地产经营能力更强的企业通过挂牌方式获得了更高的地价补贴。商住用地出让，事实上也存在通过操控出让方式等进行补贴的策略型财政竞争以引入特定企业和资本，实现投资和 GDP 增长。

针对引资观点,雷潇雨、龚六堂(2014)在这一逻辑链条中补充了以地生租机制的作用。他们认为,土地作为政府吸引企业的主要手段之一,低价出让工业用地会大幅减少地方财政收入。此时,商住用地的出让为地方政府提供了一个"两全之策":政府通过低价出让工业用地促进工业发展和就业增长,工人数的增加进一步推动城市总人口扩张,城市居民的住房需求和商服业水平随之提高,刺激了商住地价上涨,政府从商住用地出让中获得大量出让金,反过来又给地方政府提供了更大的财政空间来继续降低地价招商引资,最终形成了地区经济和财政收入双双增长的局面。

(二)财政机制的相对表现

分别考察禁止或限制型规则与激励型规则下的财政机制表现。综观中央政府的种种土地出让制度,可归结为确立工业用地出让最低价格和强制招标挂牌拍卖出让(以下简称强制竞价出让)范围两方面。工业土地出让最低价格约束限制了恶性引资竞争。2006 年公布的工业用地出让最低价标准划分为 60 元/平方米至 840 元/平方米的 15 个等别,并详细规定了全国市县和市辖区所适应的等别。从实际情况来看,这一标准远高于原先一些省区自行编订的工业用地出让最低价标准。以东部发达地区广东省江门市为例,国家新标准是广东省原标准的 3 倍左右。[①] 现实中,相对较高的国家标准使得这一出让最低价很快成为实际执行中的成交基准价。[②] 最低出让价格约束及成交公示制度一方面抬高了土地引资成本,限制了地方政府的低价土地引资行为;另一方面,最低价格约束及成交公示制度为地方政府的土地引资竞争插入了一个实际价格约束,其明晰了土地引资竞争的地区间底线。除此之外,反腐这一禁止型约束又为财政机制的作用提供基础保障作用。在建立这套用地体制并实施一系列土地出让制度的同时,中央政府掀起了用地领域的反腐败治理。梁若冰(2009)发现这一时期土地违法的变动很大程度上内生于中央政府的政策变革。由于土地出让腐败的表现是显著更低的出让价格和相对更多的土地出让数量(Chen 和 Kung,2019),反腐治理下的用地严查会硬化土地出让约束,包括工业、商服和住宅用地不允许肆意采用协议(低价)出让,而是要采用竞价(高价)出让方式,以及限制工业用地最低出让价格。这些因素都会造成土地出让价格的上升与土地出让数量的下降。因此,如果说以分税制下土地出让是地方政府一贯的追求,那么中央政府反腐败和土地出让制度的建立实施,对这种追求发挥了反向的限制作用。

"堵截"的同时也在"疏通"。以 2009 年投资用地考核为代表的激励型规则下,财政机制同样具有重要的影响。现有研究已发现分权体制下的地方政府行为并非一成

① 广东省江门市国土资源工作简报(2006 年第 48 期),http://gtj.jiangmen.gov.cn/wsgk/p/023.htm。

② 2006 年中央政府出台的标准远远超出地方政府的原有标准,以至于在 2009 年应对经济危机时,不得不进行了下调,详见《国土资源部关于调整工业用地出让最低价标准实施政策的通知》(国土资发〔2009〕56 号)。

不变，而是围绕既定目标不断发生转型。如果政策工具受到限制，地区会改变竞争策略并变换竞争工具（李永友、沈坤荣，2008），特别是在中央政府实施某种集中控制后更是如此（谢贞发和范子英，2015）。尽管土地指标仍是投资项目的重要配套条件之一，但经 21 世纪初那一轮土地领域的集中整治，以及 2002—2006 年多种土地出让约束制度的建立实施，肆意低价出让、“暗箱操作”等违法违规出让被查处的风险在 2005 年后已有明显增强（梁若冰，2009），低价甚至零价出让土地以吸引投资的竞争策略受到明显遏制。此外，Chen 和 Kung（2019）发现近期土地出让腐败惩处对象已经触及省级及以上主要领导干部。反腐治理和土地出让约束都限制了针对引资的土地恶性竞争。工业企业税收贡献沦为地方政府投资规模偏好和土地引资竞争中的“牺牲对象”或者说是政策工具这一特征开始淡化。

相反，工业企业税收贡献可能向用地锦标赛和新型投资竞争下的产物和诱因转变。反腐或者约束土地出让是针对地方政府“不能干什么”的禁止型规则，并非明确“应该干什么”的激励型规则，2009 年投资用地考核则明确指出了方向。用地考核一方面从源头上对单纯追求规模增长，甚至牺牲投资质量的行为进行调控，强化单位用地投资规模目标，另一方面，投资质量的改善，具体而言是指户均工业企业投资规模的变化，又可能产生更高的户均工业企业税利。单位投资用地与户均工业企业投资规模净值二者之间的联系在于，其一，地方政府更可能会借助企业或项目来优化建设用地布局，企业或项目构成优化建设用地过程中的“抓手”，更能贴切反映地方政府用地行为。同时，作为一个存量概念，工业企业户数可以综合反映地方政府同时“腾笼”和“培育”企业或项目的最终结果。其二，固定资产净值变量剔除了折旧的影响，不仅表明企业投资规模大小，也反映投资的新旧程度。没有局限在究竟是针对特定产业和企业的“增容”，还是针对初创企业的“引资”，其也是一个反映最终结果的存量概念，体现了用地考核的结果导向。其三，工业企业投资净值不仅与工业产值、工业企业规模等变量具有高度关联，同时与投资生税表现具有密切联系。这样，符合政策导向、政府培育目标，以及各区域比较优势的工业企业在政府扶持下形成的工业投资不仅能够满足单位用地投资规模考核目标，而且，以间接税为主体的税制结构下，投资扩张和投资质量的改善有望产生显著的投资生税效应。

已有研究对上述观点进行了检验（汪冲，2019）。反腐查处推动了强制竞价出让改革，增强了土地出让约束。对于那些低价出让土地，受强制竞价出让影响更大的城市而言，这提高了单位租金水平，并进一步减少了土地出让规模。但同样还是这一批城市，2009 年改革又产生新型用地激励。改革通过省内城市之间的用地锦标竞争和户均工业企业税利示范效应，促使各地积极培育提高企业投资规模，甚至主动腾退辖内工业企业。更高的辖内户均工业企业固定资产净值规模，既能满足单位用地投资规模考核目标,又间接提高了从工业经济获得的财政收益,而单纯扩大投资总规模和工业企业数量的冲动得到了一定遏制,一定程度上矫正了工业企业引资质量的竞次。值得注意的是,面对2009年单位用地投资规模考核改革所推动的新型投资偏好及用地激励,用地查处仍起到了反向调节和抑制影响。这表明反腐查处所形成的禁止型约束、单位用地投资规模考核这一结果导向型政治激励,与财政收益三者相结合,对城市土地出让产生重要影响。因此,改革的内在逻辑在于,地方政府在省内用地锦标竞争中形成了新型投资偏好,同时这一投资偏好又能够产生显著的工业财政收益。此时,改革的内在机制已不再局限于单纯的政治激励,而是包含政治激励和财政激励双重因素,二者的结合意味着更为广泛的影响。如果不考虑相应的财政激励,会低估改革产生的影响范围和渠道。

(三)土地财政下的政府行为

针对地方政府土地出让的行为逻辑和土地出让收入的形成与发展,目前学术界共识存在以下两种理论。一种理论是政治激励。在晋升锦标赛体制下,地方官员出于发展辖区经济的强烈追求而大量出让土地(曹广中等,2007;陶然等,2009;张莉等,2011;杨继东、杨其静,2016)。另一种是财政激励。地方政府倾向于通过高额土地出让金减轻分税制后地方财政压力(周飞舟,2010)。卢洪友等(2011)在考察了土地出让金对财政缺口,以及土地租税收入对于地方公共服务供给的影响之后,认为地方政府出让土地实际上是财政分权后的一种“无奈之举”。孙秀林和周飞舟(2013)则认为,分税制集中财权使地方政府逐渐走向了以土地利用、开发和出让为主的发展模式,从而形成了土地财政。分税制下的土地财政兴起某种意义上是1994年分税制财政体制改革的意外后果。现有研究大多认为,这两种激励共同作用塑造了地方政府的土地出让行为。例如,王贤彬等(2014)构建的一般均衡模型表明,在政治集权和经济分权的体制下,地方政府官员为了追逐政治晋升与经济收益,会利用土地处置权,在垄断的土地市场上策略性设定土地出让价格与土地出让规模。可见,土地出让金收入的膨胀与土地财政的诞生固化本身就是中国当前政府治理中的政治激励与财政分权体制共同作用下形成与发展的。

由此,围绕土地出让收入的政府治理也需要从政治激励与经济利益相耦合的角度入手。目前来看,纵向垂直控制(包括用地领域的反腐败治理和针对地方政府建设用地的管控)和横向锦标赛体制相结合,已对地方政府行为产生影响。由于土地这一稀缺资源和要素对于中国经济社会发展具有重大影响,牵涉面极广。而且,历经近十年时间建立成型的这一套用地管控制度已是“枝繁叶茂”,治理技术手段日趋严密和繁复。同时,区别于其他领域,现有一整套用地体制、国土开发利用制度、土地行政管理及监测预报督察等制度的建立实施,以及卫星遥感等科技手段的广泛应用,使得央地围绕用地的信息不对称程度相对较低。这意味着中央政府的用地管控在央地之间的用地治理中理应承担更为重要的角色与功能。

另一方面，需要对现有体制机制进行改革，作对相应的激励。匹配国家治理体系转型需要财税体制进行重大改革（高培勇，2014）。从政治激励和经济利益结合角度来塑造央地之间的用地治理结构，需要发掘能够实现政治激励和经济利益相耦合的任务规则及其核心变量，引导地方政府参与用地治理。以单位用地投资规模作为核心变量的2009年改革也产生诸多负面影响，典型如助长新型引资竞争和过度产能、部分城市工业经济绩效下降等。改革也并未实质触及"租税替代"局面[①]，地方政府经营土地产生的城市"空心化"弊端及风险仍在累积。

一个设想是，能否将人亦作为用地考核中的变量，并据此设计央地用地治理中的任务规则？特别是将城市常住人口及包括就业、社会保障等基本公共服务在内的人口城市化水平作为用地考核规则。同时，在土地出让收入中建立与规则相适配的财政收益机制，实现地方政府和城市居民之间的利益共享和成本分担。而且，由于存在链条过长和信息传递成本，仅仅依靠由上至下的监督和管控模式是不够的，需要完善土地开发利用的基层课责和监督制约机制。这样，明晰且科学的任务规则和变量设计、与之相适配的地方财政收益机制，以及完善的课责和监督制约机制三者相结合，塑造和引导地方政府行为，提升相应的治理绩效。只有在上述机制层面得以塑造与确立，才能防控由土地财政引发的一系列潜在风险，土地出让金这一当前中国体量最大的非税收入才能担当起其在中国工业化和城市化进程中的应有之义。

本章小结

本章主要介绍了国有资产收入形成的依据和影响机制，并对国有资本收益和国有资源有偿使用收入进行了重点分析。明确了国有资产产权是国有资产收入形成的依据，而国有资产收入则是国有产权权利的体现，是国家凭借对国有资产的所有权，从国有资产的产权行使中，包括经营、投资、运营、出租、出让、转让、分配等行为中获得的经济利益。

国有资本收益方面，从委托代理链条和法人治理结构、所有制结构及财政体制等三个层面对国有资本收益的影响因素进行分析。通过总结中国企业改革历程，结合现有产权理论研究，说明了国

① 从土地财政的既成事实出发，一些研究研究了房地产业的租税对工业经济的挤压，即"租税替代"局面。黄少安等（2012）明确提出了"租税替代"理论，研究表明地方政府来自房地产的租金收入越高，则来自其他行业的税收收入越低。在利用1998—2008年工业企业调查数据展开的实证检验中，发现住房价格上涨将导致工业企业税收（增值税、所得税、主营业务税金及附加）和企业利润的全面下降。付敏杰等（2017）针对工业化和城市化进程中的财税体制展开了研究。发现地方政府土地经营导致的工业税收替代效应，并从城市化刚性成本（转移性支出、基础设施维护、财政供养人口、发展科技与改善环境等）、工业税基削弱与服务业税收增长的不确定性，以及偏离了真实税收基础的财政幻觉这三个方面发掘了租税替代的作用机制。

有资本收益的表现形式和阶段性特征均是中国国有企业改革和完善法人治理结构进程中的产物，是由国有企业委托代理链条和法人治理结构所决定的，并从国有企业收缩和“管资产、管人、管事”向“管资本”治理结构转型两个阶段对这一进程进行了介绍。并明确“管资产、管人、管事”向“管资本为主”这一新型委托代理框架转变的进程中，国有资本收益进一步发展的影响机制包括混合所有制企业法人治理结构及绩效、国有资本投资和运营机制、国有企业战略布局，以及国有资本经营预算管理制度和国有资本收益收取政策等。同时，从国有与非国有经济之间的动态变化的宏观视角分析，非国有经济的发展，特别是民营经济发展至今已构成我国经济结构中不可或缺的力量。财政体制改革的推进，助推了以国有土地使用权出让收入为代表的土地财政收入的膨胀。

本章随后部分以我国国有土地使用权出让制度为例，对国有资源有偿使用收入的影响机制展开分析。从锦标赛模式下的政府行为角度分析，中央政府建立用地规则，通过用地计划、出让约束和用地考核影响地方政府的用地行为和财政决策，地方政府基于综合考核做出反应。通过将政治激励与经济利益结合的方式来塑造央地之间的用地治理结构，引导地方政府参与用地治理。从财政分权体制角度看，地方政府土地出让的财政激励包括“以地生租”和“引资生税”两种财政机制，导致商业服务业用地和住宅用地出让才是土地出让的主要形式。中国当前政府治理中的政治激励与财政分权体制共同作用导致土地出让金收入的膨胀与土地财政的诞生固化。

名词解释

1. 国有资产收入：是指国家凭借其所拥有的资产取得的非税收入，其来源主要包括从经营性国有资产取得的国有资产经营收入，从非经营性国有资产、资源性国有资产取得的转让、使用等收入。

2. 国有资产产权：是指国家依法对其拥有的资产占有使用收益和处分的权利，包括国有资产的原始产权和法人产权。

3. 法人治理结构：是指在所有权和经营权相分离的委托—代理链条下，为实现企业利益的最大化，在所有者和代理人之间形成的一种契约关系和制度结构。

4. 剩余索取权：剩余索取权是一项索取剩余(总收益减去合约报酬)的权力，也就是对资本剩余的索取。简单地说是对利润的索取，即经营者分享利润。

复习思考题

1. 国有资产收入形成的依据与形式是什么?
2. 国有资产收入与国有资产经营收益是否相同?
3. 国有资本收益形式有哪些?
4. 什么是招标、拍卖、挂牌出让国有土地使用权?
5. 国有企业委托—代理链条和法人治理结构对国有资本影响的机制是怎样的?

第五章　非税收入征收对象

第一节　行政收费对象及设立

一、行政收费的对象

（一）行政收费概念

行政收费是指行政机关或法律、法规授权的特定组织，依据职权向国家行政服务受益人或授予国家资源和资金的使用权，为补偿其特别的行政支出，而向与特别支出存在特定关系的受益方（行政相对人）收取相应对价的一种具体行政行为（陈凯、赵肖筠，2003；党凌云，2007；万一兵，2011）。行政收费是一种普遍存在于各个国家的政府行政行为，结合本国情况，每个国家对行政收费亦有其各自的界定。如，美国的使用者付费（User Fees）中的大多是行政服务收费，即指政府根据所提供的服务或者资源向使用者收取的费用，体现的是公民所支付的费用和公民所获得的服务或资源之间的直接对应关系。英国的政府收费则是强调从政府受益的组织或个人，或者在某种程度上弥补其强加给社会的成本，政府从而向其收取的费用（支玉强，2011）；德国则将行政收费视为一种行政法上金钱给付义务，指缴费义务人因享受公共设施和公共服务而向政府缴纳的使用费（史莉莉，2012）。

一般意义上，行政收费的原则包括：

第一，受益人付费原则。行政收费制度的核心就是“受益人付费原则”。该原则要求“谁受益，谁付费”，实质上体现的是受益者与未受益者之间的公平性。如美国的使用者付费，按照受益人付费原则确定收费标准，有助于资源得到最有效配置（苏苗罕，2013）。

第二，法定原则。行政收费项目的设定，征收标准等必须依照法律规定。如英国中央政府的收费需要通过国会根据法律制定收费项目和标准，或由部门依据法律赋予收费权制定（唐峻，2015）。我国《价格法》第四十七条规定，国家行政机关的收费，应当依法进行，收费的具体管理办法由国务院另行制定。

第三，支付能力匹配原则。行政收费以相对受益人受益为前提，其收费标准不能高于相对受益人的承受能力，并对相对收益人提供受益的救济途径（胡建淼、江利红，2015）。

第四，效率原则。行政收费通过有偿使用有限的公共资源，最终目标是实现资源的有效配置，提高资源使用效率。

（二）行政收费的对象

通过不同国家行政收费概念的比较，不难发现，行政收费的对象主要分成两大类：第一类，政府为特定受益人所提供的特定的职能行为或者行政服务。受益人（行政相对人）需要对政府做出的具体职务行为或者其他行政服务对等给付以补偿其特别的行政支出。比如，美国行政收费中涉及监管性质活动收费，即监管费，例如食品检验费、移民费、核能行业监管费等；英国政府部门向公民和企业实施特定行政管理所收取的工本费和手续费，如护照费、商标登记费和企业登记费等；德国为弥补相应的行政行为支出而收取的行政成本费用等。第二类，为特定使用者带来特别收益的自然资源、公共设施等公共资源。例如美国涉及商业活动的公园休闲费用、联邦土地使用费等；英国政府部门对公共设施或准公共产品的使用者收取的使用费，如高等教育、学前教育、医疗、高速公路通行费等；德国对于公共设施投入补偿而向受益者或可能受益者收取的受益费，如污水排放管道费等。

二、我国行政收费对象

我国一般将行政收费称为行政事业性收费，根据《行政事业性收费标准管理办法》（发改价格规〔2018〕988 号），我国行政收费包括行政管理类收费、资源补偿性收费、鉴定类收费、考试类收费和培训类收费 5 种，并且针对这五种收费类型确定了具体的收费标准。根据收费项目的性质及目的，结合 2017 年财政部公布的《全国性及中央部门和单位行政事业性收费目录清单》及部分地方政府公布的《政事业性收费目录清单》，我国行政收费的对象有以下几种类型：

（一）以政府提供的公共服务或产品为对象

政府为特定相对人提供的行政服务或行使管理职能而收取的费用，其主要目的是为补偿行政支出或弥补行政成本。根据政府服务是否具有管理的性质，又可将政府服务性收费分成行政管理类收费和事业性收费。行政管理类收费是指行政机关在实施行政许可、行政确认等履行行政管理职能时而设定的收费，主要包括以下几个方面：①证件性收费，如外交部门收取的签证费、认证费，公安部门收取的公民出入境证件费、外国人签证费，自然资源部门收取的不动产登记费等，这一类收费主要是为了证明单位或个人身份或者行为的合法性；②裁定性收费，如诉讼费、仲裁费等对某些存在争议的行为进行调解或裁定的收费;③资格鉴定费,如医疗事故鉴定费、职工劳动能力鉴定费、卫生许可收费、商标注册费、机动车年审费等;④交易行为管理费,如对经济主体的市场交易活动进行管理和控制而收取的,如市场管理费、银行业管理费、保险业管理费等。事业性收费主要是指不具有管理性质而具有服务性质的收费,比如卫生健康部门的预防接种服务费、相关部门的考试考务费、培训费、教育部门收费等。

(二)以自然资源或公共资源为对象

资源补偿性收费政府需要对有限的自然资源、社会公共资源的开发、利用的行为进行限制与引导,因而设定资源补偿类收费。如水土保持补偿费、水资源费、耕地开垦费、探矿权、采矿权使用费及价款收入、滩涂有偿使用费、临时使用绿地补偿费、土地闲置费、电信网码号资源占用费等。这类收费除了作为对自然资源、公共资源等的开发利用的补偿外,还可以通过增加资源使用的成本,进而影响使用者的决策,起到促进资源节约利用,提高资源使用效率的作用。

(三)以相对人的负外部行为为对象

矫正性收费是通过经济手段提高某些行为的机会成本,以达到约束或制止某种行为的目的。如社会抚养费、超计划加价水费、超限车辆多倍惩罚性通行费、海洋废弃物倾倒费、城镇垃圾处理费等。

三、我国行政收费对象的设立

(一)设立行政收费对象的理论依据

本书在第 2 章至第 4 章对非税收入理论依据从混合产品、外部性及国有产权等方面做了详细的阐述,行政收费作为非税收入的重要组成部分,其收费对象适用依据亦是非税收入理论依据的具体体现。以本书第 2 至第 4 章的理论依据为基础,结合我国行政收费的特点,其收费对象理论依据主要有以下几点(李铠铓、肖子策,2004;江利红,2007;徐丹,2009):

第一,混合物品理论。混合产品是处于公共物品和私人物品中间的产品或服务,兼有私人物品和纯公共物品的性质,在消费上具有有限的非排他性或非竞用性。对于混合产品,采用政府征税的方式或者依靠市场定价的方式来提供产品,会存在各自的缺陷。如果采用政府收税的方式来免费提供,一方面未考虑公民需求的个性要求,有失公平,另一方面也会造成公共资源的浪费或过度使用。如果采用市场定价方式来提供,由于正的外部性及“搭便车”心理等原因,又会导致混合产品的供给水平低于社会最优效率水平。因此,通过向混合产品的使用者收取相应的费用,可以避免出现过度浪费的现象,提高资源利用效率,同时也体现了“谁受益,谁付费”的原则,公平合理。行政收费项目的确定,主要依据这种服务是不是具有“准公共产品”的特性,如基础设施、特殊医疗服务、高等教育、容易发生拥挤的高速公路等，其特点是具有竞争占有性，有可能造成“拥挤”的现象，其供给成本往往通过收费来补偿，而行政机关收取的费用是“准公共产品”的价格，特定受益者缴费就相当于支付该价格向政府购买“准公共产品”。

第二，行政特别支出补偿理论。政府机关或法律授权的组织在履行其职能时，必然会产生特定的行政支出，行政成本的补偿方式主要通过税收和行政收费。行政成本的支出按照其受益范围的大小，可分为一般支出和特别支出（江利红，2005）。根据公平原则，为全体公民的公共利益而支出的一般支出应该通过税收即全民性收入得到补偿，如国防、外交活动等。而为特定受益人利益而形成的特定支出应该由特定受益人的财产来补偿，如签证费、认证费等。如果为特定人受益而支出的特定行政成本通过税收来补偿，则违反了受益者与未受益者之间的公平原则，因此，特别支出应当通过行政收费来补偿，即“特别支出由特别收入来满足”。行政相对人因享受特定服务其利益或者效用会一定程度的增加，政府根据行政相对人获得的收益或者为提供服务而支出的成本来确定收费的标准，向受益人收取费用，作为一种补偿，即“受益者负担”。这一理论主要适用于政府行政管理类收费，如证照性收费、鉴定服务费等，这类费用主要是补偿政府特定行政支出。

第三，国有资源产权确权理论。公共资源在我国属于国家所有，由于其公共属性，必须由国家进行合理配置，并交由相关社会主体占有、使用和经营。在所有权与使用权、处分权等产权相分离的状态下，需要依据法律规定，由国家来凭借强制权力确立产权，这一过程中就会产生一系列相关的行政、司法和法律服务，以及相应的服务收费问题。只有清晰地界定与确立相应产权，才能建立与发挥产权市场的作用，才能最大效用地使用自然资源、公共设施等公共资源，避免资源的浪费与破坏，保障国有资源产权价值的实现。国有资源产权确权理论主要适用于政府收取资源类（主要是自然资源）行政收费的领域，如土地、水资源、矿产、林地、滩涂等有偿使用领域。特别需要说明的是，从理论依据来看，这类收费对象的设立依据是按照行政、司法和法律职权或管理职能，提供确权类服务所收取的费用，其本质上仍属于服务收费。虽然也涉及国有资源这一对象，但在收入形式上区别于依据公共设施或自然资源的所有权和占有权，通过出让产权形成的权利金收入。

第四，负外部效应矫正理论。外部性效应，是指部分生产者或消费者的行为会增加或减少对其他生产者或消费者的福利，市场定价并不能将这种外部性导致的变化表现出来。混合物品理论为一部分具有正外部性的产品或服务通过行政收费来达到优化配置提供了理论依据。对于存在负外部性的产品或服务，被负外部性效应影响的企业及个人，由于产权不清等原因，向产生效应的企业进行索赔存在一定的困难，如果没有办法得到矫正，便会增加产生负外部性效应的企业从事负外部性生产的动力，损害社会利益，造成市场秩序混乱。对产生负外部性企业的行为或者产品进行征税或者实施行政收费能够缓解负外部效应。如前文所提到的，用税收的方式解决某些外部性缺乏针对性，并有失公平。在现实工作中，如果征税实施效果不佳，甚至无法实施，就可采用征收惩罚性收费，增加生产经营企业负外部性活动的成本，矫正其负外部行为。负外部性理论主要应用于矫正性收费，如土地闲置费、超限车辆多倍惩罚性通行费、海洋废弃物倾倒费、城镇垃圾处理费等。

（二）我国设立的行政收费对象分析

20 世纪 80 年代，我国进入了改革开放的新时期，陆续进行了一系列经济、政治体制改革。伴随放权让利改革的实施，财政支出需求却日趋扩大，我国的收费不断膨胀。大量的预算外资金（主要是收费和基金），导致中央调控整个市场经济的能力也下降，造成资金配置低效和浪费。从 1998 年开始，国家大力清理乱收费，加快推进“费改税”，强化收费设立和使用管理，如 2001 年，车辆购置税取代车辆购置附加费，2003 年全面推进农村税费改革，2009 年 1 月起在全国范围内实施燃油税费改革，取消公路养路费、航道养护费、公路运输管理费、公路客货运附加费、水路运输管理费、水运客货运附加费等六项收费和政府还贷二级公路收费。2014 年，中央公布了《财税体制改革总体方案》，拉开了财税体制改革的序幕，建立收费目录清单制度，进一步推进“费改税”，清理规范收费项目。2017 年年底的全国财政工作会议指出：“实施大规模减税降费，过去五年取消、免征、停征和减征 1 368 项政府性基金和行政事业性收费，涉及减收金额 3 690 亿元”。[①] 从目前来看，这并不意味着政府收费清理已经接近尾声，“乱收费”的问题依然存在。

“乱收费”现象的“乱”主要表现为收费对象设定上的混乱，这是行政收费不合理的根本原因，其决定了收费项目本身是否具有合理性和正当性。而收费对象设定上的混乱则表明缺乏理论依据的支撑，并且也与长期以来我国立法中税费不分的概念有关，使得收费对象不仅繁多，且与税收在某些项目上存在重复征收的现象。

行政收费与税收都是属于政府机关的行政征收行为，都是政府通过行使职权将相对人的财产转移至政府的手段，为政府取得收入。但二者也有根本性的区别。行政收费的前提是由特定受益人，政府为其提供了特定的服务或者是公共资源，因而其交费与受益直接对应，即个别受益。税收虽然也是“取之于民，用之于民”，但其“取”与“用”之间并没有直接对应关系，属于普遍受益。所以，对于政府特定行为支出，应该由行政

---

① 《全国财政工作会议在京召开》，中国政府网，http://www.gov.cn/xinwen/2017－12/29/content_5251370.htm。

收费来补偿，而对于无法确定特定受益对象，或者受益对象广泛的行政成本，就需要通过税收来补偿。有些行政收费项目需要进行“费改税”。比如，2018 年 1 月 1 日起，我国首部“绿色税法”——《中华人民共和国环境保护税法》开始实施，对大气污染物、水污染物、固体废物和噪声四类污染物，过去由环保部门征收排污费，现在改为由税务部门征收环保税。环境资源具有公共性，环境污染行为具有负的外部性，排污费用来矫正负外部性，属于矫正负外部性和惩戒作用的行政收费。“费改税”的实施，以及征管主体的改变，无疑会进一步强化矫正性和惩戒性的作用，与之类似的还有水资费改革等。

又如我国目前已经取消的首次申领居民身份证的工本费。居民身份证属于公共资源，不会因为一部分人的消费（申请居民身份证）而有任何减少，无法将不付出代价的公民（无证）排除出消费者之列，因此属于纯公共产品。另外，居民身份证功能上属于行政管理手段，拥有一张身份证是公民行使公民权利时必须履行的义务，按照“谁受益谁付费”的原则，应该由公共部门通过公共财政预算也即是税收来支付其成本（王小梅，2008）。由此可见，取消首次申领居民身份证等证件工本费，是必然的。费与税区分的关键就在于“可归因于个人”以及这种“归因”是否具有可预见性，如果行政机关针对特定人提供了服务或公共资源而产生了不可预见的支出，则该支出就应该由特定受益人承担，如果行政机关事先可以预见，比如针对残疾人、老年人、儿童的特殊服务所增加的成本，就应当由行政机关承担（王锴，2019）。

与行政收费对象过多、范围过大相反的一个极端，即许多地方开始实行行政服务“零收费”。如广东省佛山市南海区自 2003 年率先在国内县级政府中实现行政事业“零收费”，2014 年福田区推出了行政服务“零收费”改革，停收、免收或由区财政代缴行政服务收费等等。但“零收费”不代表就是合理的，其本质违背了行政收费对象适用依据，即行政特别支出补偿理论。如果行政支出实行“零收费”，就意味着为特定受益人所支出的行政成本由税收来补偿，而税收无论是否受益相对人都需要缴纳，未受益者无缘无故“买单”，有失公平。因此，应当收费而没有收费是对未受益者财产权的侵犯，“零收费”违反了行政收费公平原则，行政“零收费”某种意义上也是一种“乱收费”（江利红，2005）。

因此，规范政府行政收费行为，避免“乱收费”现象，行政收费项目设立机关需要依据收费对象适用的基本理论，按照一定的标准界定行政收费范围。第一，按照受益者是否特定，受益是否直接，程度是否明显作为行政收费对象的前提条件（王珂，2010）。因而为了弥补财政收入不足而设立的行政收费项目，必须予以取消。第二，能否提高公共设施、自然资源的使用效率作为行政收费的目的。第三，以排他费用、征收成本为标准。行政收费要求排他成本不应过高，否则，行政收费的征收成本将高于收益。对于排他性不高的准公共产品，行政收费需要很高的排他成本，其行政支出应运用税收来补偿（江利红，2012）。

第二节　政府性基金征收对象及设立

一、政府性基金的征收对象

（一）政府性基金概述

基于受益负担理论，政府性基金属于广义上的一种区别于行政收费的政府性收费（赵强，2009）。国外有关政府性基金的研究源于对"特别公课"或专项税收的探讨。"特别公课"最早出现于德国，作为一种区别于传统财政工具的具有特定目的的课征手段。按照德国学者Kirichhof的观点，特别公课之所以特殊，在于其征收不在宪法预算内，根据宪法无法对其来源进行分类，在财政宪法内收入分配体系中特别公课为"异类"，与规费、受益费或税相区别（葛克昌，2004）。也有学者将政府性基金定义为经由立法机关的预算安排专门用于特定服务的某些特定税收收入（布坎南，1963）。

我国的政府性基金概念源自《国务院关于加强预算外资金管理的决定》（国发〔1996〕29号）以及《财政部关于制发政府性基金预算管理办法的通知》（财预字〔1996〕435号）等文件，许多学者认为政府性基金是各级政府及其所属部门凭借政治权力依法、中央政策文件向公民、法人和其他组织无偿征收的专项用于特定公共事业发展与公共基础设施建设的财政资金（黄国辉等，2008；朱柏铭，2012；张果，2014）。

现代各国和地区均有类似我国政府性基金，或者冠以"基金"名称，实施基金式管理的收入。比如美国联邦基金主要由普通基金（General Funds）、特别基金（Special Funds）、公共事业循环基金（Public Enterprise Revolving Funds）、经理基金（Management Funds）等构成。美国州及地方政府层级基金有三种：政府基金（Governmental funds）、所有权基金（Proprietary Funds）和信托基金（Fiduciary funds）。私有基金主要指市政公用事业收入资金，信托基金是指政府持有但属于政府以外的个人或实体的资源，一个典型的例子是公共雇员养老金计划的信托基金。政府基金则负责其他一切事务，如警察、消防、社会服务、卫生等基本服务，政府基金有五种类型：普通基金（General Fund）、特别收入基金（Special Revenue Fund）、债务基金（Debt Service Fund）、基本建设基金（Capital Projects Funds）和永久基金（Permanent Funds）等。[①]

① 参见美国会计准则委员会（GASB）：https://www.gasb.org/cs/ContentServer?cid=1176156735732&d=&pagename=GASB%2FGASBContent_C%2FUsersArticlePage。

美国联邦政府的特别基金和地方政府的特别收入基金相当于我国的政府性基金。但美国政府基金在内涵和范围上要大于我国政府性基金，基金式管理的特征也更加鲜明和突出。

（二）政府性基金征收对象

根据政府性基金来源，政府性基金的征收对象主要有以下几种：

第一，以某类行为或服务为征收对象，如美国所有权基金分类下的企业性基金，以政府向公众提供的服务或劳务为征收对象，通过使用者付费来获得补偿，将这些费用记入企业性基金（陈光明，1992）；又如加拿大航空旅客安全费，以旅客购买的航空服务为征收对象（冯俏彬，2015）。

第二，以某些特殊领域的商品或货物为征收对象，如我国的高等级公路车辆通行附加费，以销售的油品为征收对象；哥斯达黎加的森林基金，则主要来源于化石能源的销售税（武靖州，2018）。

第三，以私人财产或占用的公共资源为征收对象，如我国的国家电影事业发展专项资金，以电影票房收入为征收对象；森林植被恢复费则是以占用的植被为征收对象等。

二、我国政府性基金的征收对象

（一）我国政府性基金界定

财政部《政府性基金管理暂行办法》（财综〔2010〕80 号）指出政府性基金是“各级人民政府及其所属部门根据法律、行政法规和中共中央、国务院文件规定，为支持特定公共基础设施建设和公共事业发展，向公民、法人和其他组织无偿征收的具有专项用途的财政资金”。刘剑文和熊伟（2009）从征收主体、征收客体及征收依据等方面对政府性基金进行了定义：“政府性基金是各级政府及其所属部门基于支持某些特定的社会公共事业发展之目的而凭借公权力依法向公民、法人和其他组织无偿征收的具有专项用途的财政资金。”我国学者对于政府性基金的研究主要有两种口径，大部分学者主要采用狭义的口径，以政府出台的《全国政府性基金目录》为研究对象（熊伟，2012；程行云，2013；田开友，2015 等）。也有一部分学者在讨论相关问题的时候，并不局限于《全国政府性基金目录》中的内容，以全国政府性基金预算项目为依据，把政府性基金理解为纳入政府性基金预算管理的资金（朱柏铭，2012）。

我国政府性基金主要有以下两个特点：

第一，政府性基金在作用上具有特殊目的性，也因此决定了其使用上的专款专用性。整体上政府性基金收入旨在支持基础设施建设或者特定事业。比如：民航发展基金的设立是为了民航事业的发展；城市基础设施配套费是为了筹集城市市政公用基础设施建设资金所收取的费用。

第二，政府性基金一般不直接与被征收主体发生管理或服务关系，是政府凭借政治权力强制性无偿征收的。但因政府性基金的缴纳义务与负担理由间存有特殊法律关联，且需专用于特定经济社会政策目的所指向的用途，从而对负担群体形成一种特别的利益（杨志伟、马国仁，2016）。铁路建设基金由铁路运输企业在核收铁路货物运费时一并核收，主要用于国家计划内的大中型铁路建设项目以及与建设有关的支出，资金的收取与支出并不与货物运输人及货物的服务或管理挂钩，但缴纳人可以从基金最终使用效果中获益。

（二）我国政府性基金分类

目前，我国政府性基金按照资金管理方式不同，可以分为中央政府性基金、地方政府性基金和中央地方共享基金三种类型。其中，中央政府性基金收入缴入中央国库，地方政府性基金收入缴入地方国库，中央地方共享基金缴入中央和地方国库。根据财政部关于印发《2020 年政府收支分类科目》的通知中政府性基金的收支分类的规定，我国目前各类政府性基金分类如表 5.1 所示。

表 5.1　　我国政府性基金的分类

政府性基金	政府性基金分类
中央政府性基金	中央农网还贷资金、铁路建设基金、民航发展基金、旅游发展基金、大中型水库移民后期扶持基金、中央大中型水库库区基金、三峡水库库区基金、中央特别国债经营基金、中央特别国债经营基金财务基金、中央重大水利工程建设基金、核电站乏燃料处理处置基金、可再生能源电价附加、船舶油污损害赔偿基金、废弃电器电子产品处理基金、福利彩票与体育彩票发行机构业务费用
地方政府性基金	地方农网还贷资金、海南省高等级公路车辆通行附加费、地方大中型水库库区基金、小型水库移民扶助基金、地方重大水利工程建设基金、车辆通行费、福利彩票与体育彩票销售机构业务费用、彩票市场调控资金
中央地方共享基金	港口建设费、国家电影事业发展专项资金、国有土地收益基金、农业土地开发资金、国有土地使用权出让收入、福利彩票与体育彩票公益金、城市基础设施配套费、污水处理费、彩票兑奖周转金、福利彩票与体育彩票发行销售风险基金

资料来源：财政部，《2020 年政府收支分类科目》。

杨志伟、马国仁（2016）根据政府性基金的性质和用途不同，认为我国目前的政府性基金可以分为重大工程特别征收类、基础设施建设类、资源环境类、公有财产和附加税类四类政府性基金。其中，重大工程特别征收类政府性基金主要用于特定的重大水利、电力工程建设，如国家重大水利工程建设基金、大中型水库库区基金、三峡水库库区基金等。基础设施建设类政府性基金主要用于民航、铁路、港口等基础设施建设，如铁路建设基金、民航发展基金、港口建设费等。资源环境类政府性基金征收主要用对自然资源的开发与利用以及环境保护，新增建设用地土地有偿使用费、森林植被恢复费、核电站乏燃料处置处理基金等；其他部门基金及税费附加类，如文化建设事业费、地方教育附加、国家电影事业发展专项资金等。

（三）我国政府性基金征收对象

政府性基金的征收对象主要分布于商贸、文教、社保、农业、国土、建设等部门，另外还有其他部门基金及税费附加收入等。通过以上对我国政府性基金项目进行分类，可以将我国政府性基金的征收对象大致分为以下几类：第一，以营业收入或政府收入为征收或提取对象，即具有附加税性质基金，如文化建设事业费以娱乐业、广告业销售额为征收对象，教育附加的征收对象为增值税和消费税的税额；第二，以货物或者商品或占用的自然资源为征收对象，如废弃电器电子产品处理基金的征收对象是电器电子产品，可再生能源电价附加、农网还贷资金、国家重大水利工程建设基金以及核电站乏燃料处理处置基金是以销售或使用的电为征收对象，港口建设费、铁路建设基金等是对港口或铁路货物进行征收，森林植被恢复费以占用、征用或者临时占用的林地为征收对象，按占用面积进行征收；第三，以购买的服务为征收对象，如民航发展基金以旅客购买的航空服务为征收对象，按次进行征收。根据政府2017年公布的《全国政府性基金目录清单》里的政府性基金项目及各项政府性基金的征收法律法规，我国政府性基金具体征收对象及征收标准整理如表5.2所示。

表5.2　　全国政府性基金征收对象及标准

基金名称	具体征收对象	征收标准
铁路建设基金	铁路货物	3.3分/吨
港口建设费	为经对外开放口岸港口辖区范围内所有码头、浮筒、锚地、水域装卸（含过驳）的货物	国内出口货物每重量吨（或换算吨）4元；国外进出口货物每重量吨（或换算吨）5.6元；国内出口集装箱和内支线集装箱20英尺每箱32元，40英尺每箱48元；国外进出口集装箱20英尺每箱64元，40英尺每箱96元
船舶油污损害赔偿基金	持久性油类物质	0.3元/吨
废弃电器电子产品处理基金	电器电子产品	销售量×征收标准(因产品而异)
森林植被恢复费	占用、征用或者临时占用林地	用材林林地、经济林林地、薪炭林林地、苗圃地，每平方米收取6元；未成林造林地，每平方米收取4元；防护林和特种用途林林地，每平方米收取8元；国家重点防护林和特种用途林地，每平方米收取10元；疏林地、灌木林地，每平方米收取3元；宜林地、采伐迹地、火烧迹地，每平方米收取2元

续表

基金名称	具体征收对象	征收标准
高等级公路车辆通行附加费(海南)	销售的油品	汽油:1.05元/升;柴油:220元/吨·月
中央水库移民扶持基金 地方水库移民扶持基金	销售的电	全部销售电量×征收标准(厘/千瓦时) 征收标准因地而异
可再生能源发展基金	销售的电	8厘/每千瓦
核电站乏燃料处理处置基金	实际上网销售的电	0.026元/千瓦时
农网还贷资金	社会用电	2分钱/每度
城市基础设施配套费	供热、供气、供水配套设施	每平方米×征收标准 征收标准因地而异
民航发展基金	购买的国际、国内航班服务	(1)乘坐国内航班的旅客每人次50元; (2)乘坐国际和地区航班出境的旅客每人次90元(含旅游发展基金20元)
旅游发展基金	购买的国际和地区航班出境服务	每次每位旅客20元
文化事业建设费	销售的广告服务	费率为3%
国家电影事业发展专项资金	销售的县及县以上城市电影院电影产品	费率为5%
教育费附加	涉税(如增值税、消费税)商品、劳务与服务等	费率为3%
地方教育附加	涉税(如增值税、消费税)商品、劳务与服务等	费率为3%
水利建设基金	涉税(如车辆购置税)、涉费(收费、附加等)的商品、服务	中央水利建设基金的来源:从中央有关部门收取的政府性基金(收费、附加)中提取3%; 地方水利建设基金的来源:从地方收取的政府性基金(收费、附加)中提取3%,有重点防洪任务的城市要从征收的城市维护建设税中划出不少于15%的资金
残疾人就业保障金	劳动要素支付	根据未达到规定比例的差额人数与上年度职工平均工资计算

资料来源:根据2018年《全国政府性基金目录清单》和相关法规文件整理而得。

三、我国政府性基金征收对象的确立

(一)政府性基金与税收、行政收费的区别

第一,政府性基金与税收的区别。政府性基金与税收一样,都是国家通过行政权力无偿取得收入,都是财政的主要收入来源,但税收是面向一般性公众而征收,没有特定的用途,政府可以在社会的监督下根据公民的需要灵活地使用税收收入。而政府性

基金征收目的主要是为了支持公共基础设施建设和公共事业发展，向特定的自然人群体或组织征收的一种费用。比如森林植被恢复费的预缴义务人是勘查、开采矿藏和修建道路、水利、电力、通信等各项建设工程需要占用、征用或者临时占用林地的用地单位，基金专款用于被破坏的森林植被之恢复。① 二者强制程度也不同。税收具有强制性的特点，其强制性一般依据法律法规。政府性基金的强制力度远远不及税收。政府性基金的征管依据一般都是一些行政法规，其征收并没有出台专门的法律法规来予以强制。另外，政府性基金较税收具有更强的政策性。

第二，政府性基金与行政收费的区别。行政事业性收费的前提是，征收机构为特定对象提供了具体的公共服务，收取费用是为了合理补偿管理或服务成本，体现的是类似于市场交易中的自愿原则，受益关系直接且比较明显。而政府基金是政府凭借行政权力强制征收，其项目的设立与使用都是基于公共利益，大多数政府性基金项目一般不与被征收主体发生直接管理或服务关系，与被征收主体之间不存在直接的受益关系，即"无偿性"。抑或是存在一种潜在的受益关系，"正是因为征收和使用了基金，在基金所指定的群体范围内，缴费义务人可以获得更好的发展机会，或者缴费义务人才得以免除自己的公法义务，或者对所造成的对公共利益的损害，可以不用亲自去治理或弥补"(熊伟，2012)。虽然对于每一个公共事业使用者来说，受益程度与其所支付的基金负担并没有直接的联系，但作为一个特定群体来说，其负担与受益总是"近似接近受益原则"(岳红举，2019)。由于政府基金的"无偿性"，因而其征收需要政府强制的行政权力给予保障。

(二)设立政府性基金征收对象的依据

政府性基金往往不是服务于基本公共服务和一般公共开支，而是着眼于满足特定公共基础设施或者公共服务的资金需求，这类公共基础设施或服务多为混合产品，具有有限的非排他性或非竞争性。政府作为国家职能机构，就需要履行其职能为公民提供必要性的混合产品。如果混合产品的成本由全体公民来公共分担，有失公平性，将会损害没有消费这类产品的公民的财产权利，因而需要向混合产品特定受益人或潜在受益者征收必要的费用用来弥补政府提供这类产品或服务的成本支出。不论是征收主体的范围还是资金用途，这类政府基金项目的设立都具有合理性。这类政府性基金，是因为向特定单位与个人提供了特定的设施而征收(朱柏铭，2012)。如民航发展基金是针对在中国境内乘坐航班的旅客，以及在中国境内从事客货运输业务的航空运输企业和公务飞行的通用航空企业征收的，专项用于民航基础设施建设、节能减排、支持通用航空等发展建设；车辆通行费就是对过路的机动车征收，专项用于归还新建改

---

① 参见《森林植被恢复费管理办法》(财综〔2002〕73号)。

扩建高等级公路、市区高架路、桥梁、隧道等建设项目的贷款。类似的还有港口建设费、旅游发展基金、城市基础设施配套、森林植被恢复费等。这类政府性基金主要是对准公共品和政府服务提供的成本补偿。

与行政收费相比，某些政府性基金项目具有明显的"强制性"和"无偿性"。这类政府性基金与被征收者之间不存在直接的受益关系，被征收者并不会直接得到相应的收益，即付出与收益不直接对等。这类政府性基金征收对象或为企业销售收入或者是企业销售的商品，或者附加于企业缴纳的税款。如文化建设费收入、国家电影事业发展专项资金、教育费附加、地方教育费附加、水利建设基金、中央水库移民扶持基金、地方水库移民扶持基金、核电站乏燃料处理处置基金等。这类政府性基金具有"准税收"的性质。

根据国有资源产权使用理论，为了最大效用地使用自然资源等公共资源，避免资源的浪费与破坏，国家凭借资产所有权以所有者的身份对国有资源进行征收管理，类似于市场上的商品交易活动，以收费等方式来界定公共资源的产权，这类政府性基金具有"租"的性质，主要是基于我国土地归国家所有，土地所有权转让或出租形成的收入。如土地出让金就是国家凭借土地所有权借以实现的方式，实质是地租（冯俏彬，2015）。

（三）我国设立的政府性基金征收对象分析

近年来，党中央、国务院高度重视政府性基金管理问题，着重审查各地方、各部门乱设基金项目的现象，同时也为切实减轻企业负担，促进实体经济发展，逐渐出台了一系列取消、停征、调整部分政府性基金有关政策。虽然取得了一定的成效，但政府性基金总体上项目仍过多，一些基金项目的设立不符合理论依据，与市场经济客观发展和政府职能转变要求相悖，并且征收缺乏法律依据。

第一，内部关系混乱，基金与税、基金与费交叉混合，功能定位不清。虽然从理论上可以比较明确地将政府性基金的概念与税收、行政收费区分开来，但是在实践中，由于政府性基金的产生有其特定的历史原因和时间原因，目前仍然存在部分基金项目与税费难以划分的情况。"准税收"类基金多涉及公共领域，基金的征收与使用具有税收的性质。比如教育费附加，作为教育专项资金，纳入预算管理，但教育作为全民性事业，每个个体都有接受教育的权利，所以需要由一般性的公共收入，即由税收来弥补成本。并且，"凡缴纳消费税、增值税、营业税的单位和个人，除按照《国务院关于筹措农村学校办学经费的通知》（国发〔1984〕174 号）的规定，缴纳农村教育事业费附加的单位外，都应当依照本规定缴纳教育费附加"[①]，教育费附加征收主体广泛，且被征收主

① 《国务院关于修改〈征收教育费附加的暂行规定〉的决定》，中华人民共和国国务院令第 448 号。

体与征收机关之间不存在直接的受益关系。所以可以取消教育费附加或者开征独立的教育税(温娇秀,2018)。类似的还有农网还贷基金、文化建设费等都是公共财政应该承担支出责任的领域,不该以基金的形式单独征收。也有部分政府性基金项目性质与使用费类似,受益关系直接明显。如车辆通行费、高等级公路车辆通行附加费(海南)等,具有明确的直接受益者,即高速公路等公共资源的使用者,并且被征收者与政府之间基于自愿交易的原则,征收目的是为了弥补政府提供公共资源或服务的成本。政府基金项目之间也存在重复交叉的现象。如已经取消的城市公用事业附加与城市基础设施配套费在征收对象与征收目的上就存在重复的现象,于 2017 年 4 月 1 日起被取消。目前水利建设相关的基金项目有国家重大水利工程建设基金、水利建设基金、大中型水库库区建设基金、三峡水库库区基金等,都是以附加电费的形式征收,资金用途十分相似,设立重复交叉。

第二,政府性基金缺乏法律依据与支撑。征收政府性基金是将被征收人的私人财产转为国有的过程,即使基金设立目的及资金使用对被征收者可能有着潜在的受益关系,"但这些都不足以冲淡或抹杀政府征用私人财产的本质。正因为关系到公民、法人和其他组织的财产权,政府性基金的立项和审批必须十分慎重,贯彻和落实法律保留原则"(熊伟,2012),因而其征收必须有法律或全国人大及其常委会明确授权。根据财政部 2018 年所公布的全国政府性基金目录,21 个政府性基金项目中依据法律、行政法规设立只有 9 个,见表 5.3。剩下的是国务院、财政部等出台的规章和规范性文件所设立的。如文化事业建设费,是根据《国务院关于进一步完善文化经济政策的若干规定》(国发〔1996〕37 号)等规范性文件制定。更有甚者,内蒙古、贵州、云南、甘肃、新疆等省(区)未经国务院或财政部批准自行对煤炭开征价格调节基金和地方经济发展费(陈遥根、毕晨飞,2015),还有诸如"引松基金"、车用天然气调价收入资金、大工业用户燃气燃油加工费等。[①]

表 5.3　　　　依据法律、行政法规设立的全国政府性基金

基金名称	设立依据
教育费附加	《教育法》第 57 条
可再生能源发展基金	《可再生能源法》第 24 条
港口建设费	《港口法》第 20 条
国家电影事业发展专项资金	《电影管理条例》第 48 条
地方教育费附加	《教育法》第 57 条

① 《政府性基金如何清理规范——财政部副部长史耀斌就有关热点问题答记者问》,经济日报,2016－02－02,http://www.gov.cn/zhengce/2016－01/30/content_5037445.htm。

续表

基金名称	设立依据
油污损害赔偿基金	《海洋环境保护法》第 66 条
残疾人就业保障金	《残疾人就业条例》第 9 条
废弃电器电子产品处理基金	《废弃电器电子产品回收处理管理条例》第 7 条

资料来源:根据财政部《全国政府性基金目录清单》和相关法律法规整理而得。

缺乏严谨的立法讨论和法定程序,使得民意对政府性基金的参与及认同不足。政府性基金在设定权限上脱离了最高国家权力机关的约束,相当程度排斥了公众的参与,这就使得政府性基金失去民意支持,降低了政府公信力(陈融,2013)。以机场管理建设费为例,它在 1992 年首次设立,先后在 2002 年、2006 年、2007 年和 2010 年四次延期,再到 2012 年 4 月由财政部宣布为民航发展基金,整个过程都是由财政部和中国民航局在主导,其间没有受到人民代表大会的约束,也没有给予公众发表意见的机会。近三十年来,人们对这种财政负担的质疑从未停止。

第三节　国有资产收入取得对象及确立

一、国有资本收益收取对象

(一)我国目前的国有资本收益收取对象

国有资本收益是指国家以所有者身份从国家出资企业依法取得的国有资本收益,主要是指经营性国有资产运行产生的收益(华国庆,2012)。包括应交利润,国有股股利,企业国有产权(股权)出售、拍卖、转让收益,企业清算收入和依法由国有资本享有的其他收益等,其征收对象是由企业占有、使用的,以保值增值为目的经营性的国有资产。根据国有资产的存在形态,经营性国有资产可分为固定资产、流动资产、无形资产、已经投入企业开发使用的国有资源及其相关权利和企业拥有有价证券以及由企业出资形成的权力等金融性资产。文章中所用的概念就是狭义的概念,也就是指经营性国有资产。

随着经济的发展,国家的政治职能和社会职能日益扩大,国家通过国有资本投资等形式参与社会生产及国民收入的分配,其目的是为了满足国家履行政治职能和社会职能的需要。以国家为主体,凭借国家主权所拥有的国有资本所有权(生产资料所有权),将国有资本和企业劳动力等生产资料结合起来,进行社会物质资料的再生产,并以利润、股息红利等形式参与政府投资企业生产的社会产品和国民收入的分配与再分配,是国有资本运营的基本理论。国家主权具有经济性,国家通过国有资本的运营活动，优化国民经济结构，促进生产力的发展。

我国目前的国有资本收益对象的界定总体较为全面。按照《中央企业国有资本收益收取管理办法》的规定，其将国有资本收益界定为“国家以所有者身份依法取得的国有资本投资收益”，在随后的界定中，具体解释为以下几种：第一，国有独资企业上缴利润；第二，国有股股利、股息；第三，国有产权转让收入；第四，企业清算收入；第五，其他国有资本收益。从目前来看，国有资本收益取得对象的界定上仍有一些问题尚待进一步明确。

（二）国家股与国有法人股的股利、股息收入的区分

曲卫斌、周燕(2009)认为应该在界定“国有股的股利、股息收入”这一对象时应更为严谨和前瞻。按照《股份有限公司国有股管理暂行办法》(国资企发〔1994〕84 号)规定，“国家股是指有权代表国家投资的机构或部门向股份公司出资形成或依法定程序取得的股份。在股份公司股权登记上记名为该机构或部门持有的股份。国有法人股是指具有法人资格的国有企业、事业及其他单位以其依法占用的法人资产向独立于自己的股份公司出资形成或依法定程序取得的股份。在股份公司股权登记上记名为该国有企业或事业及其他单位持有的股份。国家股和国有法人股统称为国有股权。”在上述两类划分下，应当明确是指国家股的股利和股息收入，而不能笼统规定为国有股的股利、股息收入。这是因为国有法人股的股利和股息收入应计入持有该股份的国有企业和单位的投资收益，这一投资收益尽管按照出资结构最终可能也会通过上缴利润或者其他形式形成国有资本收益。但是从产权主体来看，这一投资收益不应直接归属为国家，而是持有这一国有法人股的国有企业和单位。

这一问题在当前大力推进混合所有制改革，以及组建国有资本运营和投资公司的改革趋势下会显得更为突出。2015 年党中央、国务院颁布的《关于深化国有企业改革的指导意见》要求积极引入各类投资者实现股权多元化，鼓励非国有资本投资主体通过出资入股、收购股权、认购可转债、股权置换等多种方式，参与国有企业改革，鼓励国有资本以多种方式入股非国有企业。同时，还在积极试点国有资本投资、运营公司。上述改革意味着未来将会产生更多的国有法人股，以及国有法人股的股息和股利，因此，在收取对象上明确区分国家股和国有法人股的股息和股利收入的必要性也日益突出，为了规范产权主体，确有必要明确为“国家股的股利、股息收入”。

（三）国有产权转让收入、企业清算收入与投资收益之间的区分

国有产权转让收入、企业清算收入是否体现“国家以所有者身份依法取得的国有资本投资收益”也值得关注(曲卫斌、周燕，2009)。上述两种收入属于一种资本的变现收入，而非基于投资行为而获得的利益，并认为收取对象上如此界定的原因可能在于突出规范对国有资本经营预算收入的收取管理。这说明在国有资本收益的收取对象

上，需要拓宽“以所有者身份依法取得的国有资本投资收益”的界定，全面考虑国家以所有者身份依法行使的投资、转让、处分等行为产生的收益，而不仅仅是局限在投资收益这一范畴。

二、国有资源有偿使用收入取得对象

（一）确立取得对象的依据

现代产权理论基本观点认为，产权不是单一的权力，而是权力的组合，包括了所有权、使用权、占有权、经营权、支配权等等。在我国，公共资源如土地、草原、矿产、河流、海洋渔场、能源、电磁波谱等为国家所有。为了实现资源的优化配置，需要按照一定的程序，采用拍卖、竞标、出让等方式将某些权力转让给一些企业、社会团体或个人，并获得收益以体现国家的资源性资产的所有权。资源有偿使用制度可以很好地界定国有资源产权，即通过国有资源使用有偿征收制度来确定国有资源产权的归属。不仅可以规范明晰国有资源产权，优化资源配置，避免浪费，而且为国家在保护和再生国有资源方面取得充足的经费保障。

由国家作为资源所有者在经济上的权益的体现，其取得对象主要是自然资源或公共资源。因此，在一些国家，比如美国，国有资源有偿使用收入也称为“权利金”，属于政府非税收入的重要来源（王晓琳，2008）。目前，中国国有资源有偿使用收入的征收对象界定中，大多是指向社会提供特定公共服务、准公共服务、经营服务以及出租、出让、抵押、出租作价出资（入股）使用权的各种形态的自然资源、公共资源等国有资源资产。基于上述对象所取得的收入，包括土地出让金收入，新增建设用地土地有偿使用费，海域使用金，探矿权和采矿权使用费及价款收入，场地和矿区使用费收入，出租汽车经营权、公共交通线路经营权、汽车号牌使用权等有偿出让取得的收入，政府举办的广播电视机构占用国家无线电频率资源取得的广告收入，以及利用其他国有资源取得的收入。①

（二）现有收入取得对象的遗漏与错位

第一，遗漏表现在大量自然资源资产尚未成为收入取得对象。2015 年发布的《生态文明体制改革总体方案》中②，明确指出要“推动所有权和使用权相分离，明确占有、使用、收益、处分等权利归属关系和权责，适度扩大使用权的出让、转让、出租、抵押、担保、入股等权能”，在此基础上，“整合分散的全民所有自然资源资产所有者职责，组建对全民所有的矿藏、水流、森林、山岭、草原、荒地、海域、滩涂等各类自然资源统一行使

---

① 财政部，《关于加强政府非税收入管理的通知》（财综〔2004〕53 号）。

② 中央政府门户网站，《中共中央 国务院印发〈生态文明体制改革总体方案〉》，2015－09－21，http://www.gov.cn/guowuyuan/2015－09/21/content_2936327.htm。

所有权的机构，负责全民所有自然资源的出让等”，同时，“全面建立覆盖各类全民所有自然资源资产的有偿出让制度，严禁无偿或低价出让”。

从这一要求出发，可以发现现实中尚存大量的国有资源没有作为收入取得对象，而且，现实中这些自然资源大多存在资产底数不清、所有者不到位、权责不明晰、权益不落实的问题，导致产权纠纷多发、资源保护乏力、开发利用粗放、生态退化严重。河道砂石就其中一个典型例子。伴随工业化城市化的快速进程和基础设施建设的旺盛需求，河道砂石的价格一路上涨。一段时期以来，河道内滥采、乱挖砂石导致的毁滩踏岸、河势恶化不仅影响了河道防洪和航运安全，而且还滋生省、市边界河段采砂石纠纷。无证采砂、夜间采挖、可采区超量、超时限、超范围等违法采砂行为屡见不鲜，甚至涉及河道砂石的黑恶犯罪也时有发生。为此，近年来中国政府一直在加强河道砂石资源管理和砂石开采、运输、交易等行为的规制。其中，砂石资源资产产权实施竞争性有偿出让也应该作为一个重要的调节手段。目前，一些地方已经进行了有益尝试。例如，重庆市、湖南省等地都先后针对砂石资源开采实行竞争性有偿出让。其中，《重庆市河道砂石资源开采权拍卖管理办法（试行）》（渝府发〔2006〕154 号）规定对河道砂石资源实行开采权拍卖；《湖南省河道砂石资源开采权出让收入管理办法》（湘财综〔2018〕5 号）则规定，通过招标、拍卖和挂牌等公开出让方式取得河道砂石资源开采权的单位和个人，应当全额缴纳河道砂石资源开采权出让收入。总体来看，目前的自然资源资产所有权主体不明晰，资源清单不明朗，权能界定不清晰，使得国有资源有偿使用收入取得对象存在较大遗漏。

第二，错位是指部分资源有偿使用收入取得对象与行政收费对象相混淆。部分国有资源的有偿使用价格被以行政收费的形式代替，缺乏市场定价机制。如我国的森林资源，林地使用费、森林资源补偿费的本质是资源使用者使用国有森林资源的对价，应当作为森林资源价格却被纳入行政收费。并且林地使用费、森林资源补偿费是基于成本收取的使用费用或者成本补偿费用，仅仅是一种使用许可，并未充分考虑林地、森林资源等资源性资产的产权收益属性，缺少招标、拍卖等市场公平竞争机制，低估了资源性资产的收益。同时资源价格和行政收费定性不清也可能导致同一资源重复征收，如可能在国有森林资源经营权的转让过程中，在收取资源价款的同时又征收了林地使用费。

这种错位又会造成资源配置扭曲和国有资产收入的流失。我国《行政许可法》第 12、第 53 条规定：“有限资源开发利用、公共资源配置以及直接关系公共利益的特定行业的市场准入等，需要赋予特定权利的事项”，“应当通过招标、拍卖等公平竞争的方式做出决定”。我国资源性资产配置方式多是实行有偿使用制度，对资源定价时仅考虑资源勘探、开发和维护等成本，并未考虑资源性资产作为资本的属性，有偿使用市场化程度较低。国家作为资源性资产的所有者,其资源产权使用价格低于资源产权应有的市场价格,扭曲了资源性资产作为产品的价格,造成资源产权市场扭曲和资源浪费(胡建,2009),同时,也制约了国家对资源开发及保护所需的财力,造成了国有资产收入的流失。

应当明确,国有资源领域也需要行政收费,但是这一领域的行政收费所对应的是国有资源领域中所涉及的行政、法律和司法服务,诸如产权确立、服务、规制、认证、监督、检查、执法、司法审查等行为及相应收费活动,这一类收费所依赖的是前文所述的行政收费原则和行政收费对象的确立依据。而国有资源有偿使用收入则体现的是一种资产产权的收益,应该凸显市场价值,而非局限于行政服务成本。同样以河道砂石资源为例,尽管重庆、湖南等地均通过拍卖、挂牌和招标方式获得出让收入,但是江西仍将河道砂石资源开采权视为一种行政事业性收费而非一种资产产权,其规定河道砂石资源费收费标准为:[①]在赣江南昌市段以下和鄱阳湖采砂按每吨 0.8 元计收;在其他河道采砂按每吨 0.6 元计收。这一定额征收的行政收费并不能真正反映河道砂石资源开采权的市场价值,同时也会因其征收的累退性产生资源配置扭曲。

(三)拓展收入取得对象

2019 年 4 月,中共中央办公厅、国务院办公厅发布《关于统筹推进自然资源资产产权制度改革的指导意见》[②],该指导意见明确自然资源资产产权主体,以解决自然资源资产产权主体规定不明确、自然资源资产所有者主体不到位、所有者权益不落实、因产权主体不清造成“公地悲剧”、收益分配机制不合理等问题。

从该意见可看出,自然资源产权制度的核心前提是明确自然资源资产产权主体。该意见已经明确,会推进相关法律修改,明确国务院授权国务院自然资源主管部门具体代表统一行使全民所有自然资源资产所有者职责。同时,建立国务院自然资源主管部门行使全民所有自然资源资产所有权的资源清单和管理体制;建立委托省级和市(地)级政府代理行使自然资源资产所有权的资源清单和监督管理制度。换言之,中央政府自然资源行政管理部门和各级地方政府将会分别受托,分层行使国有资源资产所有者职责,这就要求分清全民所有中央政府直接行使所有权、全民所有地方政府行使所有权的资源清单和空间范围。按照《生态文明体制改革总体方案》的要求,中央政府主要对石油天然气、贵重稀有矿产资源、重点国有林区、大江大河大湖和跨境河流、生态功能重要的湿地草原、海域滩涂、珍稀野生动植物种和部分国家公园等直接行使所

---

① 引自江西省水利厅网站,河道砂石资源费和河砂开采权出让费公示,http://www.jxsl.gov.cn/zwgk/xzsyxsh/2008/b145a8711c58968a825c47fb43a413aa.html。

② 参见新华社,《中共中央办公厅 国务院办公厅印发〈关于统筹推进自然资源资产产权制度改革的指导意见〉的通知》,2019－04－14,http://www.gov.cn/zhengce/2019－04/14/content_5382818.htm。

有权。以此空间范围类推，各级地方政府理应对辖区内的各类型自然资源行使产权主体职责。

可见，在落实产权主体和产权权能，制定资源清单和权利清单的基础上，通过建立产权出让平台和各类型自然资源有偿出让方法，资源资产有偿使用收入的取得对象将会有很大的拓展。目前来看，一些重点领域将有可能加快列入资源有偿使用收入取得对象，包括以建设用地地上、地表和地下为对象，分别设立使用权，促进空间合理开发利用；矿产资源及相应的探矿权采矿权；海域使用权立体分层设权，并明确相应的出让、转让、抵押、出租作价出资（入股）等权能；无居民海岛产权以及无居民海岛使用权转让、出租等权能；水域滩涂养殖权利体系以及流转和抵押权能等。

三、国有资产有偿使用收入取得对象

“国有资产有偿使用收入”中的“国有资产”实质是非经营性国有资产（唐峻，2015）。国有资产有偿使用收入是指行政事业单位和党政团体使用或处置非经营性国有资产时取得的收益，包括将其占有使用的固定资产、流动资产、无形资产，通过处置、租赁、对外合作、对外服务、对外投资和担保等形式取得的收入。国有资产有偿使用收入取得对象是非经营性的国有资产，即由国家的职能部门占有使用的以履行行政职能或提供公共服务为目的非营利性的国有资产，比如气象、国土资源、医疗卫生等部门大量仪器设备等。

目前，在明确国有资产有偿使用收入取得对象的基础上，正在逐步规范收入取得，一些地方已经做出了有益探索，先后形成了广西壮族自治区的“南宁模式”、广东省佛山市南海区的“南海模式”等。从改革的内容来看，“南宁模式”的突破程度最大。根据规定①，南宁市行政单位不得以任何形式将占有、使用的国有资产举办经济实体、对外投资、对外担保，也不得以无偿方式出借给行政事业单位之外的法人或其他组织使用，同时，事业单位举办经济实体、对外投资、出租出借超过一定限额也需经过财政部门会同其他部门审批。学校、幼儿园、医院等以公益为目的的事业单位和社会团体不得以教育设施、医疗卫生设施和其他社会公益设施等国有资产对外担保。

与此同时，南宁市成立了全国第一家专门营运行政事业单位国有资产的公司——威宁资产经营有限责任公司（简称“威宁公司”），统一管理、统一营运市级行政事业单位的所有国有资产。威宁公司是由南宁市国资委授权的投资主体、经营主体和责任主体，代表市政府对授权范围内的国有资产行使出资人的权利并承担有限责任。其接收

---

① 参见南宁市财政局网站，《南宁市财政局关于印发市本级行政事业单位国有资产使用和处置管理暂行办法的通知》（南财国资〔2015〕206 号），2015 — 12 — 25，http://nncz.nanning.gov.cn/zwgk/zdgkwj/W020180914653682404787.doc。

的资产包括本级党和国家机关、法人团体、事业单位所占有、使用的房屋、土地、铺面等国有资产产权、股权。接管的对象包括各部门、各单位占有、使用国有资产开办的宾馆、培训中心、印刷厂以及举办的劳动服务公司、咨询服务中心、工贸公司、经营网点、内部商店、合资或合作企业等各种经济实体（宋潇，2006）。在此基础上，行政事业单位与威宁公司建立租赁关系，威宁公司根据国资委规定的优惠租金标准向各租用单位收取租金；威宁公司作为市场化法人实体，依法经营并缴纳税收，统一向财政部门上缴国有资产收入、土地转让出租收益和企业利润等。

可见，"南宁模式"区别于目前普遍的行政事业单位国有资产分级授权管理模式，改变了行政事业单位国有资产的"多头管理"的格局。行政事业单位非经营性固定资产的管理不再集中于本级机关事务管理局，不再由各职能部门分别对本系统占有、使用的非经营性国有资产进行专项管理，不再直接由财政部门授权事业单位经营管理。这一模式比较接近于当前正在实施的国有资本运营公司和投资公司体制，有助实现国有资产建设、投资、使用、补偿的良性循环和滚动发展，规范了非经营性国有资产收入的取得。

第四节　其他非税收入取得对象

根据《政府非税收入管理办法》（财税〔2016〕33号）的规定，除了行政收费、政府性基金、国有资产收入之外，我国目前其他各类型非税收入还包括：彩票公益金收入、特许经营收入、罚没收入、中央银行收入、以政府名义接受的捐赠收入、主管部门集中收入、政府收入的利息收入、其他非税收入等。其中，中央银行收入指中央银行在实施货币政策时所获得的各项收入，包括业务收入、利息收入和其他收入等。以政府名义接受的捐赠收入是以各级政府、国家机关、实行公务员管理的事业单位、代行政府职能的社会团体以及其他组织名义接受的非定向捐赠货币收入。主管部门集中收入是指国家机关、实行公务员管理的事业单位、代行政府职能的社会团体以及其他组织集中的所属事业单位收入。政府收入的利息收入是国库和财政专户中的财政资金，按照中国人民银行规定计息产生的利息收入。这些非税收入的取得对象均较为明确，本节重点对彩票公益金、特许经营收入、罚没收入的取得对象进行介绍。

一、现有的彩票公益金取得对象

彩票，是指为公益事业发展而特许发行、依法销售、自愿购买并按照特定规则获得中奖机会的凭证。彩票公益金收入是从彩票发行收入中按规定比例提取的专项用于支持社会福利事业的资金。彩票公益金收入体现了一种特许使用权收入。彩票公益金取得对象是国家特许的彩票机构发行、销售彩票产生的净收益，即剔除返奖和发行费用之后的收益。

目前，我国采用了比例限定的方式规定按照彩票销售额计提彩票奖金、彩票发行费、彩票公益金的具体比例。《国务院关于进一步规范彩票管理的通知》规定①，返奖比例不得低于50%，发行费用比例不得高于15%，彩票公益金比例不得低于35%。其中，销售额受到年度彩票发行规模的影响，由国务院对年度彩票发行规模实行额度管理。民政部、国家体育总局发行彩票要向财政部提出额度申请，财政部审核汇总后报国务院，经国务院批准后由财政部将发行额度分别下达给民政部和国家体育总局，由民政部和国家体育总局据此制定具体分配方案并组织实施。年度执行中，财政部可根据彩票市场情况，会同民政部、国家体育总局提出调整彩票发行额度的意见，报请国务院批准后执行。

按发行彩票的种类，彩票公益金取得对象可进一步划分为福利彩票和体育彩票两类，分别由民政部中国福利彩票中心和国家体育总局中国体育彩票中心负责发行，相应的彩票公益金划分为福利彩票公益金和体育彩票公益金。其中，福利彩票公益金是指经国务院批准，从中国福利彩票销售额中按规定比例提取的主要用于发展社会福利事业的资金。体育彩票公益金是指经国务院批准，从中国体育彩票销售额中按规定比例提取的主要用于发展体育事业的资金。

上述彩票公益金收入按所属的预算级次划分，可分为中央彩票公益金和地方彩票公益金。彩票公益金在中央与地方之间分配，由各省、自治区、直辖市彩票机构（以下简称省级彩票机构）分别上缴中央财政和省级财政。上缴中央财政的彩票公益金，用于补充全国社会保障基金、社会福利事业、体育事业和国务院批准的其他社会公益事业；财政部每年按国务院批准的比例核定用于补充全国社会保障基金的彩票公益金规模，列入全国社会保障基金理事会运营管理的全国社会保障基金预算。上缴省级财政的彩票公益金，将福利彩票和体育彩票分开核算，按彩票发行目的，由省级人民政府财政部门会同民政、体育部门研究确定分配。

二、特许经营收入对象

特许经营是公共部门对公用事业进行管理的一种方式。按照《基础设施和公用事业特许经营管理办法》的规定，是指通过竞争的方式向私营部门颁发特许协议，授予其一定的特许经营权，约定在一定特定时期检范围内由私营部门开采为国家所有的自然

---

① 参见《国务院关于进一步规范彩票管理的通知》（国发〔2001〕35号）。

资源，或者承建由政府监管的公共基础设施项目。特许经营可以分成两类：政府特许经营和商业特许经营。本文所指的特许经营是指政府特许经营。

特许经营形成了特许经营收入。其指国家依法特许企业、组织或个人垄断经营某种产品或服务而获得的收入。政府通过市场机制或法定程序将在一定时间或范围的某项公共产品或服务的经营权力，通过合同协议或其他方式转让给经营者。按照《政府非税收入管理办法》，特许经营收入的征收主管部门规定为各级财政部门，由财政部门直接征收或者由财政部门委托的部门和单位征收。其批准设立依据国务院和省级人民政府及其财政部门的规定进行。特许经营收入的缴纳依照《办法》规定应当全部上缴国库，通过国库单一账户体系收缴、存储、退付、清算及核算。特许经营收入被纳入非税收入，从根本上保证了在基础设施和公用事业领域的特许经营活动的公益性，同时为参与特许经营的社会资本提供了有预算保证的经营收益性。

特许经营收入对象主要体现在公共事业和公共资源，包括各类型无形资产。早在2004年财政部颁布的《财政部关于加强政府非税收入管理的通知》中已有探讨，包括“世界文化遗产保护范围内实行特许经营项目的有偿出让收入和世界文化遗产的门票收入”“要积极探索城市基础设施开发权、使用权、冠名权、广告权、特许经营权等无形资产有效管理方式，通过进行社会招标和公开拍卖，广泛吸收社会资金参与经营，盘活城市现有基础设施存量资产，有关招标、拍卖收入全额上缴同级国库，增加政府非税收入”。私营部门在获得特许经营权后，按照要求建设及经营基础设施，提供公共服务承担有关设施的修建，并可以利用特许经营权从用户方面获得回收成本，获得收益。

另一方面，自然资源也是特许经营收入取得对象的重要领域。根据《行政许可法》的相关规定，在有限自然资源开发利用、公共资源配置，以及直接关系公共利益的特定行业的市场准入等领域，政府可以根据实际需要，通过法定程序赋予特定的私营部门以特定权利，使其有资格进入这些领域从事相关法律行为。因此也可以得出特许经营权的征收对象主要是有限自然资源、公共资源或特殊公共事务等。

伴随政府治理和公共管理水平的提高，特许经营领域的非税收入取得对象有望进一步拓展。新公共管理理论将市场机制引入公共管理领域，强调政府并不是唯一的管理主体，公共基础设施建设及公共服务不一定非得由政府承担，政府可以与社会其他组织相互配合，通过竞争实现管理的低成本和高效率（高青莲、贾海薇，2010）。政府进行公共治理的内涵随着时代的发展与变化而被不断赋予了新的内容，现代政府管理越来越强调推进国家与社会成员之间的关系，转变政府职能，在一些治理领域充分发挥市场作用，扩大公共服务市场开放，更多运用协商、合作等治理方式，让政府担任公共服务的监督者，由民间资本进行公共设施的具体建设、经营和管理的做法，这就是通常所谓的“公私伙伴关系”，由政府部门（Public）、私营部门（Private）和伙伴关系（Partnership)三词构成,即目前流行于我国的PPP模式。特许经营是市场经济条件下政府职能转换的必然产物,特许经营适用的范围也就是其征收对象需要引进市场机制的公共基础设施建设及公共服务区域。在国家发改委于2016年发布的《传统基础设施领域实施政府和社会资本合作项目工作导则》指出"政府和社会资本合作模式主要包括特许经营和政府购买服务两类"。我国实际上已经明确肯定了政府特许经营(Concession)是公私合作模式(PPP)的一种类型。

三、罚没收入对象

罚没收入是指国家行政机关、司法机关和法律授权的机构,依照国家法律、法规,对公民、法人和其他组织实施处罚取得的罚没款和没收物品的变价收入。罚没收入的征收对象是企业、社会团体或个人违反法律法规或行政规定的行为。罚没收入主要包括罚金、罚款或没收品变价收入,以及各部门、各单位追回的赃款和赃物变价收入等。

我国目前的罚没收入征收对象是企业、社会团体或个人等违反法律法规或行政规定行为。与税收相比,罚没收入更加具有强制性和"无偿性",因为罚没收入具有不固定性以及一次性的特征,不能成为政府稳定的收入来源。按照不同的罚没收入分类方式,可以进行多种形式的分类:

第一,按罚没形式分类,罚没收入可分为罚款、罚金、没收财产、没收赃款赃物和追回赃款赃物等种类。

第二,按罚没收入存在形态分类,罚没收入主要有货币、有价证券和实物等。货币,包括执法人员执罚时收取的人民币、外汇和变价出售物资的现金收入。有价证券,如国库券、股票等。实物是指执法机关直接没收违法者的财产、物品和追回违法者盗骗他人的赃物及收取罚款时违法者无现金支付能力而抵付罚款的物品。

第三,按罚没收入执法部门分类,罚没收入主要有政法罚没收入、行政执法机关罚没收入和其他国民经济管理部门罚没收入。政法罚没收入是指公安机关、检察机关和审判机关的罚没收入。行政执法机关罚没收入是指以财政拨款为主要经费来源、履行国家监督管理职能的行政部门收取的罚没收入,如工商、海关等部门的罚没收入。其他国民经济管理部门罚没收入包括交通、劳动安全、保监会、证监会等部门的罚没收入。

第四,按管理级次分类罚没收入有中央罚没收入和地方罚没收入两大部分。中央罚没收入是指由海关、外汇、铁道等执法部门在系统内逐级集中到中央级执法机关后直接上解中央财政的罚没收入。中央级罚没收入之外的均为地方罚没收入,具体可分为省级、市级、县级和乡镇罚没收入。

从经济学角度定义,罚没收入所对应的违法违规行为都是会造成负外部性影响的行为。根据外部性理论,外部性可以分为外部经济(正外部性)和外部不经济(负外部性）。外部经济就是一些人的行为会使另一些人受益而又无法向后者收费的现象；外部不经济就是一些人的行为会使另一些人受损而前者无法补偿后者的现象。企业、社会团体或个人等违反法律法规或行政规定行为就是一种负外部性行为。由于很多负外部性行为的产权很难界定，负外部性造成的损失的范围和大小也很难确定，导致受外部效应影响的主体很难因受害而向生产负外部效应者索赔，如果得不到及时纠正，会进一步激励负外部性产生者继续进行负外部性行为，使负外部效应进一步加剧，造成社会福利的损失，市场机制失灵，政府需要纠正负外部效应。因此，“罚没收入即政府依据公共权力为了社会整体利益而对少数个人或单位严重负外部效应的经济性惩戒，是政府在社会经济管理职能中取得的一项副产品”（赵忠良，2008）。

本章小结

本章结合混合产品理论、外部性理论等，对比其他国家，对我国当前行政事业收费、政府性基金、国有资产收入和其他非税收入的征收对象，从征收对象的内容及设立原则，到设立理论及现实依据进行了系统详细的阐述。首先，在行政收费事业性收费中，根据收费的目的，将我国行政收费对象分为三类，并给予其设立的理论依据。随着我国“费改税”政策一步步地推进，“乱收费”问题依然存在。因而在当前“正税清费”总体思路下，应进一步明确征收对象设立的理论及现实依据，避免“税费不分”，重复征收的现象。但同时也要避免行政事业“零收费”这一违反了行政收费公平原则的相反极端。

政府性基金的概念最初来源于“特别功课”，根据国际上其他国家的做法，其征收对象大致可以分为三类。无论基于哪种分类方式，都需要考虑政府性基金特殊的性质，明确政府性基金与税收、行政收费在设立依据与资金需求等方面的本质区别，从而着力解决内部关系混乱，基金与税、基金与费交叉混合，功能定位不清的问题。另外，政府性基金在设定权上应受到最高国家权力机关的约束，并引入公众的参与，因而还需完善政府性基金的法律依据与支撑，建立立法讨论和法定程序。

本章第三节将国有资产收入分为国有资本收益、国有资源有偿使用收入以及国有资产有偿使用收入，分别对其收取对象及特性进行了介绍。在国有资本收益收取对象上，明确区分国家股和国有法人股的股息和股利收入，规范产权主体。同时，拓宽“以所有者身份依法取得的国有资本投资收益”的界定，全面考虑国家以所有者身份依法行使的投资、转让、处分等行为产生的收益，而不仅仅是局限在投资收益这一范畴。国有资源有偿使用收入的取得对象主要是自然资源或者公共资源，是国家作为资源所有者经济权益的体现。但由于自然资源经济价值衡量的复杂性，现实中尚存大量的国有资源没有作为收入取得对象，导致产权纠纷多发、生态退化严重等问题。同时，部分资源有偿使用收入取得对象与行政收费对象相混淆，造成资源配置扭曲和国有资产收入的流失。基于上述问题，应推进相关法律修改，落实产权主体和产权权能，制定资源清单和权利清单的基础上，拓展国有资源资产有偿使用收入的取得对象。在国有资产有偿使用方面，在明确国有资产有偿使用收入取得对象的基础上，推广“南宁模式”，改变国有资产“多头管理”的格局，向当前正在实施的国有资本运营公司和投资公司体制靠拢，规范非经营性国有资产收入的取得。

名词解释

1. 特别公课：与政府性基金相当的财政收入在德国和中国台湾地区称为特别公课。台湾学者辜仲明将特别公课总结为：特别公课不仅是为了实现政府的财政目的，而是为了追求特定的经济或社会目的，其收入不能用于一般性的国家任务。

2. 政府性基金：是各级政府及其所属部门基于支持某些特定的社会公共事业发展之目的而凭借公权力依法向公民、法人和其他组织无偿征收的具有专项用途的财政资金。

3. 国有资本收益：指国家以所有者身份从国家出资企业依法取得的国有资本收益，主要是指经营性国有资产运行产生的收益，从狭义上来说，也就是指经营性国有资产。

4. 国有资本运营：是指国有资本出资人和其投资设立的企业，运用国有资本，维护国有的权益，实现国有资本保值增值。

5. 特许经营：是公共部门对公用事业进行管理的一种方式，是指通过竞争的方式向私营部门颁发特许协议，授予其一定的特许经营权，约定在一定特定时期范围内由私营部门开采为国家所有的自然资源，或者承建由政府监管的公共基础设施项目。

复习思考题

1. 什么是国有资本收益？其收取对象有哪些？
2. 如何加强和规范国有资产有偿使用收入管理？
3. 如何区分国家股与国有法人股的股利、股息收入？
4. 确定国有资源有偿使用收入取得对象的依据是什么？
5. 在规范国有资产有偿使用收入取得的进程中，“南宁模式”有哪些突破？

第六章　非税收入征收标准

第一节　收费标准

一、制定收费标准的原则

无论采用何种收费标准确定方法，收费标准在制定的过程中需要遵循一定的原则。亚当·斯密于 1776 年在其《国富论》中提出了著名的税收四项原则，即平等原则、确定原则、便利原则和经济原则。政府收费与税收同是政府为满足公共职能而取得的收入，大部分政府收费具有与税收相似的特点，因而上述税收四原则也基本适用于不同类型的政府收费。结合政府收费直接补偿性及特定受益性等特点，因而在具体内容及其表达上，也会有所不同(刘树杰，2009)。

(一)成本受益兼顾原则

成本受益兼顾原则要求在制定收费标准时既要考虑执收单位提供特定公共服务或资源所花费的人力、物力、财力等成本，同时也应考虑缴费者的受益程度。收费标准应当与提供某种特定公共服务或资源所必要的各种耗费、支出相一致，达到弥补成本的目的；同时，对于缴费人来说，收费标准也意味着一种“负担”，同一收费对象的“负担量”与“受益量”需要相当。也就是在收费与收益之间形成一种均衡，而“均衡之于行政，实质是一个利益衡量的过程，要求行政得衡量各种利益之间是否成比例”(周佑勇，2005)。科学、合理地制定收费标准，要以缴费者的受益程度为依据，同时达到弥补公共服务或维护资源的目的。比如排污费，随着环境的不断破坏，政府治理环境污染的边际成本不断增大，因而排污费的收费标准也要不断提高。

(二)非营利性原则

政府收费的非营利性来源于政府提供公共服务或产品的公共性。政府机关、事业单位等非企业组织是收费的主体，其收费的目的主要是为了补偿向特定相对人提供公共服务和实施公共管理过程中产生的成本，而不是为了从中获得最大的利益。如国家发展改革委、财政部下发的《行政事业性收费标准管理暂行办法》规定，考试类收费的收费标准要按照组织考试的成本审核；培训类收费要参考进行培训的实际成本；其他类别的收费标准，根据管理或者服务需要，按照成本补偿和非营利原则审核。

（三）供求平衡原则

政府收费是政府提供的公共服务或产品的价格，或者说政府收费是一种政府定价，因而也必须考虑收费对市场供求关系的影响及由此而导致的市场效率的变动。收费标准制定的过程实质上是政府定价的过程，但政府定价与市场定价不同，政府定价不像市场定价可随着供给、需求力量对比的变化而随时调整达到供求平衡，政府定价是集中决策的结果，加之受规范性原则的制约而不宜频繁变动，因而如价格定得不合理，必然会出现供求失衡，也就是市场"效率"损失。政府收费标准过低，则会造成公共服务或产品不同程度上供不应求，从而造成资源浪费、市场供给意愿不强，"走后门"及各种"寻租"现象的发生。所以，政府机构收费也必须考虑市场竞争机制，进行市场调研，考虑服务或产品的供求弹性，进行边际成本与收益分析（刘树杰，2009）。这些类似于税收中的"经济"原则。

（四）确定性原则

与税收的确定原则相同，不同收费对象的收费标准必须有明确依据，政府机关、执收单位等不得随意变更。每种收费对象，其收费标准应当有确切的计算公式及推导路径，杜绝"拍脑袋""量情而定"的做法。每种收费标准适用的单价及计费单位也应当确定。一旦每种征收对象对应的收费标准确定下来，便不能随意变更。如果需要变更，必须要有法律依据，并进行询证和公示，另外缴费的凭据也应统一规范。

二、收费标准的确立思路：以公路收费为例

尽管确立政府收费标准时均有一些普遍原则和共同经验，但是具体到政府收费项目时，仍是需要在上述普遍原则和共同经验的基础上，根据政府非税收入的取得依据和相应政策目标，建立政府收费项目的框架与因素。下面以收费公路的收费标准为例，具体介绍公路收费征收标准的确立（毕星、翁洁雄、胡元枢，2005）。

（一）制定公路收费标准的前提依据

制定公路收费标准时要考虑如下前提：一是考虑投资者利益。我国收费公路投资主体及渠道呈现出多元化，包括政府投资、国内银行贷款、国际金融组织贷款、外商直接的投资等。考虑投资者的基本利益，要求在公路使用期限内（或者还贷期内）收回公路建设成本，还清贷款本息及支付国家必要的各项税金，同时公路收费收入还要能够维持管理、养护、经营道路及沿线服务区而开支的人工成本、固定资产折旧等运营成本和养护成本。收费标准过低，使得公路的使用价值与服务价格背离，直接影响公路建设投资的回收，导致不能按期偿还贷款本息以及实现部分建设资金的回收，影响公路

建设的可持续发展。

二是考虑道路使用者利益。使用者选择收费公路通行，是因为按照公路收费标准缴纳一定通行费后，仍然会有一定的经济效益，比如节约时间成本、汽车折旧成本等。如果收费标准过高，增大了道路使用者的行驶费用，将会超出一般用户的经济承受力，使得道路使用者无利可图，相应的其他通行方式的机会成本降低，使用者将会放弃使用收费公路，交通量的流失，收费公路通行能力得不到充分利用。

（二）制定公路收费标准的计算因素

确定公路收费标准时考虑的因素包括：

第一，贷款额、贷款年限、贷款利息和还款方式。收费公路等大型建设工程，贷款一般为长期低息贷款，如世界银行对我国公路项目的贷款年限一般为 20 年左右。考虑货币的时间价值和通货膨胀等因素，并结合还贷方式，就能准确计算出需还款的总额和还款年限内每年还款数。这将成为收费公路定价的基础和限定条件。

第二，收费交通量。收费交通量是指确定的收费标准下实际发生的交通量。收费标准与收费交通量之间一般存在反比例关系。在制定收费标准时，需要根据收费公路潜在使用区域的经济发展趋势和交通状况，客观合理的分析趋势交通量、诱增交通量和转移交通量等，实现更精准地预测收费公路的交通量。预测交通量的大小直接决定了单位分担成本的多少，也就是收费标准的大小。

第三，运营成本和养护成本。营运成本涉及收费公路的管理、经营道路及沿线服务区而开支的人工成本、固定资产折旧、经营开发费用及其他费用等；养护成本包括维持收费公路畅通而支付的各类费用，包括日常小修保养维护费、绿化养护费及大、中修维护费。一般来说，收费公路的桥梁和隧道的建设成本高于普通路段，养护成本也高于普通路面。营运成本和养护成本可以按全国收费公路平均成本核算。

第四，收费期限。从理论上讲，当原始投资额一定时，收费期限越长，收费标准也就越低，反之亦然。目前《收费公路管理条例》规定，政府还贷公路的收费期限，最长不得超过 15 年，国家确定的中西部省、自治区、直辖市的政府还贷公路收费期限，最长不得超过 20 年；经营性公路的收费期限，最长不得超过 25 年，国家确定的中西部省、自治区、直辖市的经营性公路收费期限，最长不得超过 30 年。

第五，公路沿线地区的区域经济发展水平。公路沿线区域发展水平决定了收费公路使用者的经济能力水平、人均汽车使用量、经济交易总量等。正如人们所理解的，在相对不发达的地区，收费公路的收费标准自然应该比发达地区的要低。区域经济发展水平越高，人均收入、人均汽车使用量和交通需求量就越高，由此可以制定相对较高的公路收费标准。

第六，其他交通方式的收费标准。当前，各种交通方式之间的竞争越来越激烈，收费公路的定价一定要考虑到铁路、水运、航空等其他交通方式的收费标准。要从公路使用者的角度去衡量收费公路的快速、方便等优势是否与其收费相适应。尽可能使收取的公路通行费不成为其吸引交通量的阻碍。

（三）确立具体的公路收费标准

收费公路的收费收入是由各车型交通流量、行车里程和各车型收费标准（费率）三个因素决定的，其关系式如下：

每车次收费额＝每千米收费路段基本费率×该车型计费系数×计费里程

具体操作时的思路如下：

第一，将收费对象车辆分型。根据目前公路通道现状交通量中车型结构，按照车重、轮数、大小等标准折算对路面的损耗，按照速度大小计算对公路的占用时间，综合这两种因素将车辆分为小、中、大、特种共4种车型。实际收费时，可考虑在收费站设立监测设施，及时根据车辆的车重、轮数、大小、最高时速等参量确定其车型。

第二，确定费率。参考各种车型对公路的损耗程度和行驶速度确定其收费比例，即费率。确定费率时要考虑到费率的高低直接影响到收费公路的交通量。在确定收费费率时，要考虑到交通量的"弹性"。如果费率过高，收费公路使用者缴费的成本高于运输节约的成本，使得道路使用者没有经济收益，从而使一部分使用者将会放弃使用收费公路，转移到其他可替代的道路或其他运输方式上去，交通量降低，收费公路通行能力"闲置"，经济效益下降；费率降低，使用收费公路的成本低，交通量增加，能够提高公路经济收益。费率与使用量之间呈反比关系，因而在确定收费率时，要考虑交通量的"弹性"的变化，对收费公路的财务收益和经济效益影响。由于确定费率时可以分别设计几种收费比例，则得到几种收费方案，以供参考。

第三，评价收费方案。初步制定了收费方案之后，要对它们进行全面的评价，以选择最合理、经济的方案。评价时要从政府、投资者和使用者三个角度来评价。从政府角度考虑，主要评价费率的社会效益，如不同费率下的交通需求量、所创造的税收、环境改善情况、增加的就业人数、减少的拥挤状况、降低的交通事故率、由于节省行驶时间而创造的经济效益以及公路沿线由于公路带来的经济增长等。从投资者角度考虑，主要评价费率的财务经济效益，选定如下指标：财务净现值、财务内部收益率、投资收益率、投资回收期、不确定性分析。分别在不同费率下进行计算和分析，选择最优方案。从使用者角度考虑，则评价费率占使用者因使用此公路而获得的收益的比例，使用者考虑的主要是使用收费公路获得的直接经济效益，计算费率与使用者使用该公路经济效益的增加值的比例，以70％为上限。

三、收费标准的确定方法

如何根据非税收入征收对象的属性，确定其对应的征收标准是政府非税收入征管工作的关键步骤。非税收入征收标准解决的是征多少的问题，直接影响被征收者的非税收负担。由于政府非税收入取得依据不同，因而各类政府非税收入标准的确定方法也不相同。政府是否采用收费的方式来弥补提供公共服务或者产品的成本主要有两个判断依据：一是政府提供的公共服务或者产品是否能够明确地区分直接或间接受益对象，对于无法确定受益对象或者具有较强外溢性的公共服务或者产品，则需要通过税收的方式来补偿；二是政府提供的公共服务或产品的成本是否已经通过税收方式来补偿或者部分补偿了成本，对于已经补偿过的，则不应该再收费或者只能通过收费进行部分补偿。

根据各类收费标准的不同形成方式和特点，大体上可以分为成本法和收益法，以及比费法、综合法和高峰负荷法五种收费标准确定方法。

（一）成本法

成本法，是指按照政府提供行政服务或产品所需要的成本来确定收费标准，是成本补偿性收费最基本的方法。理论上，成本法有三种方式，即按边际成本、平均成本和利润最大化来确定收费标准。第一，按边际成本确定收费标准，使得当某一产品的价格与其边际成本相等时，此时将实现帕累托最佳配置。从理论角度来看，按边际成本为公共服务或者产品定价是确定收费标准最理想的方式。第二，按平均成本确定收费标准。根据微观经济学生产者理论，当边际成本小于平均成本时，企业将会出现亏损的现象。同理，按照边际成本确定公共服务或产品的收费标准政府也可能出现亏损。采用平均成本确定收费的标准，可以在政府保持收支平衡的情况下，使经济福利最大化。第三，按利润最大化确定收费标准。在自然垄断行业，如果单位追求的是利润最大化，而且可以自行确定收费标准，通常采用利润最大化标准确定法来确定公共服务或产品的收费标准。

实践中的难点在于如何界定政府服务成本，特别是对行政服务而言更是如此。很多时候，行政服务成本只考虑了直接成本，而忽略了其他成本。比如《行政事业性收费标准管理办法》第 15 条第 1 款规定，各种证件、牌照、簿卡等证收费标准按照证照印制、发放的直接成本，即印制费用、运输费用、仓储费用及合理损耗等成本进行审核。但是没有考虑间接成本，如管理成本、人员成本等。也就是说，当前我国行政服务成本核算中的全面性尚有待提高。从国外经验来看，为了科学计量政府服务成本，并确定相应的收费标准，需要建立相应的基础条件和制度。一是建立政府成本会计准则，以明确成本计量的依据和合规性，实施财务报告。二是需要较高水平的信息化管理系统，比如工作人员的工时报告系统，以此为归集和分摊间接成本提供技术支撑。三是具有较高水平的行政部门绩效管理框架，以此作为衡量个体绩效计划与绩效指标的依据，进而确定相应的责任部门和责任主体，以此为归集和分摊间接成本提供管理支撑。四是要建立完善的法律法规和政府内部控制规范，以持续监督成本核算进程和结果。[①]

此外，对于一些需求主体众多、产品需求量较大，需求较为稳定，市场化程度较高的政府产品与服务，例如政府兴建的电力、煤气、自来水等公共事业和企业，一个常见的运用成本法的思路是采用计量经济学模型来定量评估其平均成本和边际成本。这是由于这些行业的供应主体相对较少，且具有自然垄断特征。此外，成本的计量经济学分析中可以纳入高峰负荷的定价思路，实施差别定价，即按照需求的季节、月份、时区的高峰和非高峰的不同，有系统地制定不同的收费标准，以平衡需求状况。也可以结合其他公共目标实施定价管制，改进整个社会资源配置效率，或者是实现其他政策目标。

（二）收益法

如果行政服务成本较难测度，一个备用思路是采用收益法来确定征收对象的收费标准。收益法是基于征收对象的经济收益，按照一定的比例计算的收费标准。按照收益法计算收费标准，需要解决两个问题。一是经济收益指标的选取。在选取经济收益指标时，要考虑指标的可获得性，应选择较简单明了的指标作为征收的依据，便于被征收者和执收工作人员理解和掌握，利于征管工作的进行。二是经济收益指标的选取与公共服务或产品成本费用要有直接或间接的相关性。一般来说，受益人缴费的数额不能超过其所获得的利益，个别受益的缴费一般采取从获益中按比例征收的方式。

利用收益法确定收费标准需要谨慎，这是因为，如果一个收费项目需要基于潜在的收益来确定相应的征收标准时，那规范的产权出让这一非税收入取得形式及竞争性取得的价值标准可能比收费形式和直接界定收费标准更为可取。这在一些征收特许规费、需要使用许可的使用规费和受益费项目中表现得更为明显。

例如，《渔业资源增殖保护费征收使用办法》[②]规定，渔业资源费分为海洋渔业资源费和内陆水域渔业资源费两种。海洋渔业资源费年征收金额，由沿海省级人民政府渔业行政主管部门或者海区渔政监督管理机构，在其批准发放捕捞许可证的渔船前3年采捕水产品的平均年总产值（不含专项采捕经济价值较高的渔业资源品种产值）1％至3％的幅度内确定。专项采捕经济价值较高的渔业资源品种，渔业资源费年征收金

① 关于上述内容的完整介绍，可以参见本书第七章、第八章的内容。

② 参见国务院，国务院公报2011年第1期，http://www.gov.cn/gongbao/content/2011/content_1860826.htm。

额，由省级人民政府渔业行政主管部门或者海区渔政监督管理机构，在其批准发放捕捞许可证的渔船前 3 年采捕该品种的平均年总产值 3%至 5%的幅度内确定。同时，该办法还规定，渔业资源费的具体征收标准，由省级人民政府渔业行政主管部门或者海区渔政监督管理机构负责制定。各地根据这一精神，又制定了非常详细的征收标准。例如，《广东省渔业资源增殖保护费征收使用暂行办法（2018 年修正本）》就规定①，在前三年平均产值的基础上，"围网和刺钓作业机动渔船、机动拖网作业渔船以 199 匹马力为基数，按主机马力分档次超额递减计征：199 匹马力以下部分按 2%计征；200 匹马力至 399 匹马力部分的单拖作业按 1%计征，双拖作业按 0.5%计征；400 匹至 599 匹马力部分的单拖作业按 0.5%计征，双拖作业按 0.25%计征；600 匹马力以上部分的单拖作业按 0.25%计征，双拖作业按 0.125%计征。围网和刺钓作业非机动渔船按 1%计征"。此外，在拖虾渔船、拖蚬作业、捕捞经济价值较高的苗种的、经批准捕捞对虾亲体和各种鱼、贝类亲体的，以及经批准采捕珍稀水生动植物的、游钓作业的，又各自规定了不同的征收标准。

一个显而易见的难点在于，这一整套征收标准的制定是否科学？这一比例如果太高，就会遏制渔业资源开发利用和渔业经济的发展；比例如果太低，又失去了基于收益来确定相应征收标准的意义。无法顾及这一公共资源的价值或者其稀缺性、未来的可持续发展因素以及利用公共资源所造成的负面影响，比如对生态的恢复和治理成本等问题。事实上，正如 2015 年《生态文明体制改革总体方案》和 2019 年《关于统筹推进自然资源资产产权制度改革的指导意见》所述，确定收益征收标准应该是在明晰产权，如海域使用权立体分层设权的前提下，落实产权主体和产权权能，制定资源清单和权利清单等，进而建立产权出让平台，实施渔业资源权利的竞争性出让，才可能真正建立相应的收益法标准。

（三）其他方法

还有其他一些常见的政府收费标准的确定方法。例如比费法，也可以称为参照系法，实质上是选择与需要制定收费标准的项目类似的一种或多种收费项目，比照已经确定的相关项目的收费标准，综合考虑有关影响因素来确定收费标准的方法。采用比费法制定收费标准，需要存在着一种或多种具有可比性和相似关系的收费项目，且这些项目具有明确的收费标准。因为项目之间征收对象或者收费的依据具有可比性和相似性。参照已知的收费标准，再根据收费项目自身的特点制定相应的参照系数，就可以简便地计算出收费标准。

综合法，也可称为归总法，其主要思路是综合考虑有关影响因素将一系列具有连

---

① 参见广东省人民政府，政策法规库，http://www.gd.gov.cn/zwgk/zcfgk/content/post_2531588.html。

续性和单独性的收费归并在一起来确定总的收费标准的方法。综合法是将多项可以相对独立和分解的收费项目综合起来，核定的一揽子收费标准。各收费项目之间存在独立性，可分别缴费，也可归总收费。汇总收费可以避免多环节、多重缴费，抑止分解收费，避免搭车收费和延伸收费。

总体而言，上述方法同样面临成本法和收益法中的基础问题，即需要准确地界定政府行政服务成本，以及权衡选择更为适宜的非税收入形式和收入取得方式来界定相应的标准。在解决上述基础问题之后，上述方法同样构成了政府非税收入征收（或取得）标准的有益选择。

第二节　矫正性非税收入征收标准

矫正性征收标准本质上是使生产“负外部效应”者承担其活动的真实成本，利用利益机制约束其产生的“负外部效应”，由此产生矫正性非税收入（孙文基，2010）。解决负外部性的主要方式包括政府管制和矫正性收费。政府通过矫正性收费，使负外部性产生者外部成本内在化，即政府收费通过影响生产成本的途径影响负外部性产生者的生产决策，修正社会成本与微观成本的差距。

一、确立矫正性征收标准的原则

确立矫正性征收的基本原则是对带有负的外部效应的物品或服务收取相当于其外部边际成本大小的费用，以此将收费物品或服务的私人边际成本提高到同社会边际成本相一致的水平，实现负的外部效应的内在化，使负外部性服务或产品产量达到市场最优化。对于负外部性行为，政府也可以采用法律或规章强制性地禁止或调节。

与法律强制性禁止相比，收费是通过经济手段间接地规范人们的行为，其目的实现依靠大幅度地提高人们行为的机会成本，因而收费方式是一种迫使人们因代价巨大而减少负外部行为的手段，收费本身并不是目的。矫正性非税收入征收标准是否合理主要在于其在制止不符合公共利益行为的效果，或者说是这类收费是否真正实现了制止不符合公共利益行为的目的。收费标准过低，无法影响外部性产生者的生产决策，因而起不到矫正的作用，所以在收费标准上要以负外部性行为带来的社会损失为收费的最低下限。但如果收费过高，也会偏离最优的均衡。因而对于行政收费类矫正性非税收入，应实行“过罚相当”的原则。

二、矫正性征收标准的确立：以排污费改环保税为例

在我国非税收入征收历史中，排污收费制度就是典型的矫正性非税收入。排污收费制度是指政府部门按照排放污染造成的环境外部损失征收、实现排污单位环境外部成本内部化的途径和手段。排污收费制度是控制污染的一项重要环境政策，是运用经济手段要求污染者承担污染对社会损害的责任，把外部不经济内在化，用以促进污染者积极治理污染。自 1979 年《环境保护法》确立这项制度以来，我国排污收费制度经历了 30 多年的发展历程。除了我国，国际上也有很多国家实行了这一制度。例如，德国于 1904 年在污染严重的鲁尔重工业区最先实行排污收费制度。1976 年 9 月德意志联邦共和国制定世界上第一部征收排污费的法律——《向水源排放废水征税法》。除了德国之外，国际上实行排污收费制度的国家还有法国、日本、捷克斯洛伐克、匈牙利等国（王鹏，2013）。

2018 年 1 月 1 日我国开始征收环境保护税，排污费制度已被取代。相对于 2003 年修订的排污费政策，这次改革又发生了很多变化。例如，在征收主体上，由环保部门征收管理排污费改为税务机关征收管理，环保部门依法监测管理企业排污，并确定了“企业申报、税务征收、环保协同、信息共享”的征管模式；在收入归属上，由中央和地方分成改为地方收入；在减免设计上，增设了一档减排税收减免，等等。同时，环境保护税相对于排污费在征收标准方面也有明显提升。

（一）水污染物征收标准

在排污费制度下，污水排污费按排污者排放污染物的种类、数量以污染当量计征[①]，即以污染物的排放量除以该污染物的污染当量值计算得到这一污染当量数。每一污染当量征收标准为 0.7 元。对每一排放口征收污水排污费的污染物种类数，以污染当量数从多到少的顺序，最多不超过 3 项。污水排污费计算方法为：污水排污费收费额＝0.7 元×前 3 项污染物的污染当量数总和。如果超过国家或地方规定的污染物排放标准的，需加倍征收超标排污费。而在环境保护税的计税依据中，每一排放口的应税水污染物，区分第一类水污染物和其他类水污染物，按照污染当量数从大到小排序，对第一类水污染物按照前五项征收环境保护税，对其他类水污染物按照前三项征收环境保护税。在扩大征收水污染物污染当量计算范围的同时，征收标准提升至 1.4 元～14 元/污染当量。

（二）大气（废气）污染物征收标准

排污费制度下设立的名称是废气排污费，是指对向大气排放污染物的，按照排放

---

① 污染当量是指根据污染物或者污染排放活动对环境的有害程度以及处理的技术经济性，衡量不同污染物对环境污染的综合性指标或者计量单位。同一介质相同污染当量的不同污染物，其污染程度基本相当。

污染物的种类、数量计征废气排污费。其同样按照污染物排放量折合的污染当量数确定应税废气污染物，即以污染物的排放量除以该污染物的污染当量值计算得到这一污染当量数。对每一排放口征收废气排污费的污染物种类数，以污染当量数从多到少的顺序，最多不超过3项。大气污染物排污费计算方法为：废气排污费征收额＝0.6元×前3项污染物的污染当量数总和。对难以监测的烟尘，可按林格曼黑度征收排污费。每吨燃料的征收标准为：1级1元、2级3元、3级5元、4级10元、5级20元。在环境保护税制度中，每一排放口或者没有排放口的应税大气污染物，同样按照污染当量数从大到小排序，对前三项污染物征收环境保护税。应税大气污染物的征收标准提升为1.2元～14元/污染当量。

（三）固体废物征收标准

排污费制度固定，对没有建成工业固体废物贮存、处置设施或场所，或者工业固体废物贮存、处置设施或场所不符合环境保护标准的，按照排放污染物的种类、数量计征固体废物排污费。在固体废物及危险废物排污费征收标准方面规定：对无专用贮存或处置设施和专用贮存或处置设施达不到环境保护标准（即无防渗漏、防扬散、防流失设施）排放的工业固体废物，一次性征收固体废物排污费。每吨固体废物的征收标准为：冶炼渣25元、粉煤灰30元、炉渣25元、煤矸石5元、尾矿15元、其他渣（含半固态、液态废物）25元。对以填埋方式处置危险废物不符合国务院环境保护行政主管部门规定的，按照危险废物的种类、数量计征危险废物排污费。危险废物排污费征收标准为每次每吨1 000元。环境保护税中，应税固体废物的应纳税额为固体废物排放量乘以具体适用税额，相应的征收标准维持原有水平未变。

（四）超标噪声征收标准

排污费政策中，对环境噪声污染超过国家环境噪声排放标准，且干扰他人正常生活、工作和学习的，按照噪声的超标分贝数计征噪声超标排污费。征收标准按照超标分贝数从1至16及16以上分为16档，按照350元/月～8 800元/月不等的16档标准征收。在环境保护税中，这一分级征收标准做了一定简化，应税噪声按照超标1～3分贝、超标4～6分贝、超标7～9分贝、超标10～12分贝、超标13～15分贝，以及超标16分贝以上，规定了350元/月～11 200元/月6档征收标准。

（五）小结

可以看出，环境保护税相对于排污费，其征收对象和范围暂没有大的变化，但是征收标准则有明显的提高，特别是在大气污染物和水污染物方面更是如此。不仅如此，征收标准方面还体现适度授权的特征，具有一定的灵活性。《环境保护税法》规定："应税大气污染物和水污染物的具体适用税额的确定和调整，由省、自治区、直辖市人民政府统筹考虑本地区环境承载能力、污染物排放现状和经济社会生态发展目标要求，在本法所附《环境保护税税目税额表》规定的税额幅度内提出，报同级人民代表大会常务委员会决定，并报全国人民代表大会常务委员会和国务院备案。”同时，由税务部门作为环境保护税征收主体，并构建新的征管模式，使得征收标准的提高不仅有利于提高纳税人环保意识和遵从度，强化企业治污减排的责任。同时，通过优化征管职责架构并结合税务机构的征管优势，还有利于解决排污费制度存在的执法刚性不足和地方政府干预问题，从征收标准方面促进地方政府的权责对等，最终从经济行为调节和政府治理角度共同促进经济结构调整、发展方式转变和绿色经济发展。

同时，应注意到环境保护税目前的征收标准界定离理想的矫正型标准上有一定差距。这是因为从矫正性非税收入征收标准的确定依据来看，这一标准至少应达到负外部性行为带来的社会损失，由此，矫正性非税收入收费标准的关键是需要计算出负外部性行为给社会造成损失的大小。这不仅提出了较高的技术和信息要求，同时也要求采用与之相适应的矫正性标准的确定方法。

三、矫正性征收标准确定方法

目前，有代表性的矫正性标准制定方法主要有市场价值法、机会成本法、恢复和防护费用法和影子工程法（王清剑，2004；施祖麟、徐润华，2007）。

（一）市场价值法

市场价值法又称生产率法，是指通过计算因为外部性引起的产量和利润的变化来计量负外部性造成的经济损失。这种方法是把外部不经济（如环境）看作是生产要素，外部不经济往往导致生产率和生产成本的变化，从而导致产量和利润的变化，而产量和利润是可以用市场价格来计算的，其公式为：

$$L=\sum_{i=1}^{n}P_i\times\Delta R_i$$

式中：L——外部不经济造成产品损失的价值；

P_i——第 i 种产品市场价格；

R_i——第 i 种产品由于外部不经济（如污染或生态破坏）减少的产量。

例如，某地工厂向大气中排放 SO_2 气体，导致 SO_2 浓度超过对农作物影响的阈值，引起附近作物减产。假设此农作物每年亩产为 Q，共有 T 亩作物受到影响，由于 SO_2 污染使农作物减产百分比为∂，该农作物价格为 P，则大气 SO_2 超标每年引起的农作物损失 L 为：$L=\partial\times P\times Q\times T$。则对于 SO_2 排放引起的负外部性向排污者收取的矫正性标准要以 L 为基数。

（二）机会成本法

机会成本的概念是新古典经济学派提出的，是指在其他条件相同时，把一定的资源用于某种用途时所放弃的另一用途的效益。机会成本法是指在无市场价格的情况下，资源使用的成本可以用所牺牲的替代用途的收入来估算。例如，保护国家公园，禁止砍伐树木的价值，不是直接用保护资源的收益来测量，而是使用为了保护资源而牺牲的最大的替代选择的价值去测量；保护土地，是用为保护土地资源而放弃的最大的效益来测量其价值。任何一种自然资源的利用都存在相互排斥的备选方案，为了做出最有效的经济选择，必须设计多种方案，未选中的方案能带来的最大收益就是被选方案的机会成本。造成资源损失的机会成本的计算公式为：

$$L=\sum_{i=1}^{n}S_i \times W_i$$

式中：L——资源损失机会成本的价值；

S_i——第 i 种资源的单位机会成本；

W_i——第 i 种资源损失的数量。

采用机会成本法来衡量一种资源的价值的前提条件是这种资源的使用存在机会成本，也就是这种资源需要满足两条基本属性：第一，该资源在某一时间或空间具有稀缺性，这是前提条件，如果资源充分能够满足每一种用途，也就不需要应用机会成本，甚至不需要进行校正；第二，资源必须有多种用途，如果资源只有一种用途，而且时间上不具备储存调节性（如径流式电站的来水），“机会”就无从谈起。

（三）恢复和防护费用法

恢复和防护费用法采取补偿的方法对环境进行估价，也即以个人在自愿基础上为消除或减少环境恶化的有害影响而承担的防护费用作为环境产品和服务的潜在价值。防护费用是指人们为了减少和消除环境污染或生态恶化的影响而支付的费用。比如为了防止噪音的污染而安装各种隔音设备；为了得到安全卫生的饮用水，而购买安装净水设备等。这种方法主要用于确定环境保护收费。环境污染已经发生，要恢复原来的状况，必须要耗费人力、物力、财力。同时，要保护环境不被污染也是要花费的。这种方法就是从这个角度来计征排污费用的，其公式为：

$$L=\sum_{i=1}^{n}C_i$$

式中：L——保护或恢复前的状况的污染损失；

C_i——第 i 项的保护或恢复费用。

恢复和防护费用法是依据人们的行为进行估价，相对于其他估价方法更为直接。但是此方法运用的前提是：①个人可以获取足够的信息以便正确地估计环境变化的危害。②个人采取的防护行为不受诸如贫穷或市场不完善等因素的制约。然而，实际使用时会因多种行为动机和环境目标等因素导致环境价值过高或过低的补偿，进而使估价结果产生偏差；另外，恢复和防护费用法所考察的仅是环境资源的使用价值，对环境资源的非使用价值无法做出合理的评估。

（四）影子工程法

影子工程法又称替代工程法，是一种工程替代的方法，即对于某个不能直接估计出损失费用的项目，假设存在某个工程与其具有类似的环境功能或者效果，以该工程建造成本替代待评估项目的经济损失，也就是当某一环境被污染（或破坏）后，人工建造一个工程来代替原来的环境物品的功能，然后用建造该新工程的费用来估计环境污染（或破坏）造成的经济损失。该方法主要常用于环境的经济价值难以直接估算时的环境估价，本质上是恢复和防护费用法的一种特殊形式。其计算公式为：

$$L=f(C_1,C_2,C_3,\cdots,C_n)$$

式中，L 表示需要评估的项目或者环境资源的价值；$C_1,C_2,C_3,\cdots,C_n$ 表示替代工程中各项目的建设费用。

以计算矿山经济损失为例（初兆娴、韩泽治，2010），企业经营采矿会对生态环境造成两方面的损失：一是生态资源的经济损失；二是生态系统的功能性损失。生态资源的经济损失可以采用市场价格法进行计算，功能损失可用影子工程法计算。功能损失涉及森林涵养水损失、水土流失损失、土壤侵蚀损失、树木放氧量的减少损失等。以其中森林涵养水为例，假设采矿影响森林面积为 S（单位为 hm^2），森林涵养水源的能力为 Q（单位为 t/hm^2），储存每吨水的成本按照水库工程蓄水的单位成本计算，定价为 P（单位为元/m^3），服务期限为 N 年，森林土壤涵养损失 C_1 为：$C_1=S\times Q\times P\times N$。同理可以算出水土流失损失 C_2、土壤侵蚀损失 C_3、树木放氧量的减少损失 C_4。最后可得出生态功能损失 L 为：$L=C_1+C_2+C_3+C_4$。

第三节　国有资产收入收取标准

一、国有资本收益收取标准

（一）国有资本收益收取标准的进展

中国国有资本收益的诞生与发展与中国国有企业改革进程密切相关。1978 年前，我国国有企业分配采用统收统支的模式。1978—1983 年，试行国有企业基金制度和利润留成制度。1983—1986 年，推行税改利，包括“税利并存”和“以税代利”两阶段。1987—1993 年，推行多种形式的上缴利润承包责任制，并在少数地方进行税利分流的试点。1993 年以来，逐步建立现代企业制度，国有企业分配的核心内容是“税利分流、税后还贷、税后分利”。1994 年财税体制改革中，所有企业不论大小，不论行政级别，在税法面前一律平等，履行相应的国地税纳税义务。1994年体制改革使得国有企业的承包得以终止，全国进入了规范的依法纳税的制度框架。依法纳税引出的逻辑自然就是税制分流，即掌握运用国有资产的国有企业按照产权规范向国家上缴利润。

从20世纪90年代末到2003年，为了解决国有企业效益不高、能力不强、体制不健全的问题，国家对国有企业进行了一轮全方位改革，采取了兼并重组、下岗分流、债转股等措施，提高企业盈利能力，推动现代企业经营管理制度的建设。在国企脱困期间，作为一种过渡性的妥协和让步，国企税后利润予以留下用于扩大再生产。打破这一局面的是石油特别收益金。根据国务院开征石油特别收益金的决定(国发〔2006〕13号)，2006年3月25日，《财政部》关于印发〈石油特别收益金征收管理办法〉的通知》(财企〔2006〕72号)，自2006年3月26日起执行。这一石油特别收益金是对石油开采企业销售国产原油因价格超过一定水平所获得的超额收入按比例征收(5级超额累进从价定率计征，按月计算、按季缴纳)的收益金，属于中央财政非税收入，纳入中央预算管理。紧随其后，在《中华人民共和国预算法》《国务院关于试行国有资本经营预算的意见》(国发〔2007〕26号)的要求下，财政部和国资委联合印发《中央企业国有资本收益收取管理暂行办法》(财企〔2007〕309号)，明确建立国有资本收益收取制度，确定了国有资本收益收取比例，并以2007年作为试点。2008年，中央国有资本经营预算中，对国有资本覆盖下的100多家大型国企，要求按照5%或10%对国库上缴利润。

近年来，这一收取的企业范围和收取比例都在不断提高。按照《财政部关于扩大中央国有资本经营预算实施范围有关事项的通知》(财企〔2012〕3号)和《财政部关于进一步提高中央企业国有资本收益收取比例的通知》(财企〔2014〕59号)等规定，纳入中央国有资本经营预算实施范围的中央企业税后利润(净利润扣除年初未弥补亏损和法定公积金)的收取比例分为以下五类：

第一类为烟草企业，收取比例25%；

第二类为石油石化、电力、电信、煤炭等资源型企业，收取比例20%；

第三类为钢铁、运输、电子、贸易、施工等一般竞争型企业，收取比例15%；

第四类为军工企业、转制科研院所、中国邮政集团公司、中国铁路总公司、中央文化企业、中央部门所属企业，收取比例10%；

第五类为政策性企业，包括中国储备粮总公司、中国储备棉总公司，免交当年应交利润。

十八届五中全会公报提出，建立覆盖全部国有企业、分级管理的国有资本经营预算管理制度，提高国有资本收益上缴公共财政比例，2020年提高到30%，更多用于保障和改善民生，更大程度上实现全民共享。

除了不断提高的国有企业上缴利润的收取比例，其他国有资本收益的收取均采用据实收取。根据《中央企业国有资本收益收取管理暂行办法》规定，国有股股利、股息，在股东会或者股东大会（没有设立股东会或者股东大会的为董事会）表决日后30个工作日内，由国有控股、参股企业据实申报，并附送股东会、股东大会的决议文件；国有产权转让收入，在签订产权转让合同后30个工作日内，由中央企业或者国资委授权的机构据实申报，并附送产权转让合同和资产评估报告；企业清算收入，在清算组或者管理人编制剩余财产分配方案后30个工作日内，由清算组或者管理人据实申报，并附送企业清算报告和中国注册会计师出具的审计报告；其他国有资本收益，在收益确定后30个工作日内，由有关单位申报，并附送有关经济事项发生和金额确认的资料。各地出台的国有资本收益收取标准也基本都是参照了中央政府的这一政策内容。

（二）现有国有资本收益收取标准存在的问题

现有国有资本收益收取标准存在的问题包括两方面：一是收取标准仍然偏低。二是在收取标准偏低的同时，直接用于保障民生，体现全民共享的支出比重仍然较低。

财政部《关于2019年中央国有资本经营预算的说明》显示①，2019年中央国有资本经营预算编制范围包括国资委监管企业96户、国资委所属企业31户，教育部所属企业387户，工业和信息化部所属企业85户，文化和旅游部所属企业12户，卫生健康委所属企业6户，体育总局所属企业44户，中国国际贸易促进委员会所属企业29户，财政部代表国务院履行出资人职责的中央文化企业118户和中国烟草总公司、中国邮政集团公司、中国铁路总公司等，以及新疆生产建设兵团所属国有企业，等等。

2019年中央国有资本经营收入预算数为1 638.11亿元，比上年执行数增加312.80亿元，增长23.6%。具体包括以下几部分：第一，利润收入1 379.42亿元，增加169.56亿元，增长14%。其中，第一类企业410亿元，增加4.62亿元，增长1.1%，占中央企业（不含新疆生产建设兵团所属企业，下同）税后利润收取额的29.8%；第二类企业530.45亿元，增加121亿元，增长29.6%，占中央企业税后利润收取额的38.6%；第三类企业330.97亿元，增加43.61亿元，增长15.2%，占中央企业税后利润收取额的24.1%；第四类企业103.37亿元，减少0.73亿元，下降0.7%，占中央企业税后利润收取额的7.5%。另外，新疆生产建设兵团所属企业利润收入4.63亿元，增加1.06亿元，增长29.7%。第二，股利、股息收入257.84亿元，增加145.94亿元，增长130.4%。主要是财政部作为股东，从已实施股份制改造的中央金融企业获取的分红。第三，其他国有资本经营预算收入0.85亿元，增加0.44亿元。

2019年中央国有资本经营支出预算数为1 644.05亿元，分为中央本级国有资本

---

① 财政部网站，《关于2019年中央国有资本经营预算的说明》，http://yss.mof.gov.cn/2019zyczys/201904/t20190401_3210008.htm。

经营支出、中央对地方国有资本经营预算转移支付和中央国有资本经营预算调出资金三部分。其中,中央本级国有资本经营支出预算数为 1 135.97 亿元,增加 111.12 亿元,增长 10.8%。具体情况如下:第一,国有股减持补充社保基金支出 0.25 亿元,为上年国有股减持收入结转资金安排的支出。解决历史遗留问题及改革成本支出 411.49 亿元,增加 18.3 亿元,增长 4.7%。主要包括厂办大集体改革支出、"三供一业"分离移交补助支出、化解过剩产能及特困企业专项治理人员安置支出、离休干部医药费补助支出等。第二,国有企业资本金注入 386.67 亿元,增加 62.02 亿元,增长 19.1%。其中,国有经济结构调整支出 288.20 亿元,用于中央文化企业产业升级与发展等;公益性设施投资支出 6.5 亿元,用于首都新机场建设;前瞻性战略性产业发展支出 87 亿元,用于支持前瞻性战略性产业发展及提升关键领域自主创新能力;生态环境保护支出 4 亿元,用于污染防治。其他国有企业资本金注入 0.97 亿元。国有企业政策性补贴 82.07 亿元。第三,金融企业国有资本经营预算支出 250 亿元。主要用于支持金融企业补充资本,提升金融服务实体经济的能力。第四,其他国有资本经营预算支出 5.49 亿元。另外两部分中,中央对地方国有资本经营预算转移支付预算数为 118 亿元,增加 31.12 亿元,增长 35.8%,用于中央下放企业"三供一业"分离移交、厂办大集体改革补助等。2019 年中央国有资本经营预算调出资金 389.77 亿元,增加 68.23 亿元,增长 21.2%。调入一般公共预算用于保障和改善民生。

可以看出,2019 年中央政府收取的国有资本收益,主要投放用于支持国有企业和国有资本。调入一般公共预算用于保障和改善民生支出为 389.77 亿元,占当年国有资本经营预算支出比重仅为 23.71%。事实上,这一比重还是近年来在将更多国有资本收益用于保障民生,实现国有资本收益全民共享下逐步取得的成果,在此之前的比重更低。2016 年,中央政府国有资本经营预算调出资金 246 亿元,增加 16 亿元,增长 7%,这一资金是调入一般公共预算用于保障和改善民生。同时,国有股减持补充社保基金支出 12.47 亿元。调入一般公共预算和补充社保基金这两项合计为 258.47 亿元,占当年国有资本经营预算支出比重仅为 14.38%。①

上述情况并非个案。上海市 2018 年预算执行情况报告显示②,市级国有资本经营支出 97.1 亿元,完成调整预算的 99.3%,增长 27.4%。加上调出资金 25.9 亿元,支出总量为 123 亿元。其中,资本性支出 88.3 亿元,主要用于支持市属国有企业技术

---

① 财政部网站,《关于 2016 年中央国有资本经营预算的说明》,http://yss.mof.gov.cn/2016czys/201603/t20160325_1924187.htm。

② 上海市财政局,《关于上海市 2018 年预算执行情况和 2019 年预算的报告》,2019 年 1 月 27 日在上海市第十五届人民代表大会第二次会议通过,http://www.czj.sh.gov.cn/zys_8908/zt/rmzt/ysbgjd_9264/2019nysbgjd/ysbg/201902/t20190201_179674.html。

创新,参与国家会展中心、虹桥商务区、浦东机场三期扩建以及长期租赁住房等重点项目建设,支持上市公司纾困基金组建等方面;费用性支出 8.2 亿元,主要用于支持国有企业创新发展、解决国有企业改革历史遗留问题等方面;其他支出 26.5 亿元,主要用于补充本市社会保险基金和国资监管等方面。市级国有资本经营预算执行当年结余 9.8 亿元,结转下年使用。上述支出中,与民生直接相关的支出主要体现在支持长期租赁住房和补充本市社会保险基金,这两项的比重总体来看仍然不高,现有的国有资本经营预算支出主要仍是用于国有资本发展和国有企业扶持。

(三)建立国有资本收益的需求性收取标准

根据公共预算的实际需求"反推"国有资本收益收取标准的做法并不陌生。新加坡宪法规定,政府每年可从储备的投资回报中,提取最高达 50%的金额,纳入政府收入预算,以支付财政开支。考虑其是以实际的公共支出需求为前提,"反推"国有资本收益的实际提取额度,故可以归纳为"需求性标准"。

目前,中国国有资本经营预算支出的重心仍是围绕国有企业自身展开。例如,财政部《关于 2016 中央国有资本经营预算的说明》就明确指出,"按照《中共中央关于全面深化改革若干重大问题的决定》和《国务院关于改革和完善国有资产管理体制的若干意见》(国发〔2015〕63 号)要求,2016 年中央国有资本经营预算除继续加大调入一般公共预算用于保障和改善民生支出力度外,优先用于解决国有企业历史遗留问题"。在《关于 2019 年中央国有资本经营预算的说明》中,"优先用于解决国有企业历史遗留问题"一词的表述已经变成"重点解决国有企业历史遗留问题",虽然正在淡化"国有企业历史遗留问题",但是目前的国有资本经营预算始终没有明确将保障和改善民生支出作为核心的内容。

当前,国有资产管理体制改革已明确要求,在改组组建国有资本投资、运营公司以及实施国有企业重组过程中,国家根据需要将部分国有股权划转社会保障基金管理机构持有,分红和转让收益用于弥补养老等社会保障资金缺口。为了加快推进改革,充分体现全民共享,可在国有资本收益收取标准,特别是在国有独资企业上缴的利润中注入更多的专项支出属性,即从公共卫生、基础医疗、基础教育和社会保障等领域的支出需求出发,设立收取国有资本收益的专项收取标准。例如,特定比例的国有企业上缴利润,以及国有产权收入、企业清算收入和国有股息股利,直接调入社会保险基金预算,或者是明确指出调入公共卫生和基本医疗、基础教育、再就业、环境治理与保护等具体的民生支出领域,而不是笼统的一般公共预算,以此来硬化预算约束,加快实现全民共享目标。

二、其他国有资产收入取得标准

（一）竞争性取得方式与市场价值标准

其他国有资产收入，包括国有资源有偿使用收入和行政事业单位非经营性资产的经营性收入，其收取标准的确立思路应该是基于竞争性取得方式所形成的市场价值标准。例如，国有建设用地使用权有偿出让收入，其采用的是招标、挂牌、拍卖竞争性取得方式为主，反映了国有资源收益取得标准应以市场价值和市场供需关系为基础。

（二）附加限制条件的竞争性取得方式

为了满足特定公共目标或者满足宏观调控需要，一种常见的方式是附加限制条件的竞争性取得方式，即在附加一些调控目的或者限制条件的基础上，通过竞价产生相应标准。例如，为了控制房地产市场价格，建设用地土地使用权有偿出让中的"单限双竞""双限双竞"。所谓"单限双竞"是指国有建设用地土地使用权国有有偿出让中"限成交房价、竞成交地价和住房面积"，即限定未来新房销售价格的基础上，按照成交地价竞标。竞买人最高报价未超过最高限制地价时，按价高者得的原则确定竞得人和成交价。当竞买人报价达到最高限制地价时，由竞地价转为竞无偿移交的"只租不售"人才住房面积，住宅总建筑面积不变，按移交人才住房面积最多者得的原则确定竞得人。[①]

所谓"双限双竞"，是指国有建设用地土地使用权有偿出让中，在"限套型、限房价"的基础上"竞地价、竞房价"，选择满足条件的房地产开发企业。即在"单限双竞"的基础上，进一步要求项目用地内可销售的住宅套内建筑面积在 90 平方米以下的普通住房的建筑面积和套数占比不低于可销售商品住房总建筑面积和总套数的 70%[②]，以此来保证中低价位、中小套型普通商品住房土地供应国。

（三）对附加限制条件的规制

附加条件和限制能够较好地贯彻特定公共目标和实现宏观调控，例如贯彻"房住不炒"、控制房地产市场交易价格等，但同时也需要重视对附加条件和限制的规制。这是因为，若没有严密的监控与监督制约，附加的条件和限制容易被操纵，进而产生寻租和腐败行为。同样以国有建设用地使用权出让为例，招标方式多用于具有社会或公益目标的特殊用地，各地使用比例普遍很低，而挂牌与拍卖均被视为"市场化"出让方式，但其实二者存在一定的差异。拍卖采取了价高者得的集中竞价模式，而挂牌方式相当

---

① 参见深圳晚报，《采用"单限双竞"方式！光明区即将出让两宗居住用地》，2018－10－31，http://dy.163.com/v2/article/detail/DVFONPKT05149PH8.html。

② 参见中央政府门户网站，《国务院办公厅转发建设部等部门〈关于调整住房供应结构稳定住房价格意见〉的通知》（国办发〔2006〕37 号），http://www.gov.cn/ztzl/2006－06/30/content_323678.htm。

于两阶段拍卖，在程序设计方面给政府干预留有空间。挂牌作为一种两阶段拍卖：第一阶段为半公开式的顺序报价，若第一阶段截止时仍有竞价行为，则转为第二阶段的公开集中拍卖。相比之下，按有关规定，土地拍卖的组织条件是需有大于三个符合资质的竞拍者，否则视为地块流拍，这给上述干预过程带来困难，而挂牌则不存在这种限制（王媛，2016）。

一些研究发现，地方政府对出让过程的干预集中体现在对竞价人的资质等方面的要求，这些特设的资质"门槛"能够将其他潜在的竞争者排除到竞价过程之外，保证了地块的定向供应。这导致地方政府偏好挂牌出让，从而产生明显的成交价格低估（王媛，2016）。特别是在工业用地出让领域更是如此，以此达到定向出让、招商引资的目的（陶然等，2007、2009；张莉等，2011；杨其静等，2014）。此外，这种对竞争性取得方式的违法违规干预行为还不可避免地产生了腐败与寻租问题（Cai，2013；张莉等，2013）。上述情形说明，针对国有资产收入的竞争性取得方式附加限制条件时，需要进行有效规制。

第四节　其他非税收入征收标准

其他非税收入，例如彩票公益金收入、中央银行收入、以政府名义接受的捐赠收入、主管部门集中收入、政府收入的利息收入等，由于其各自的收入特征所致，与征收（取得）标准概念的关联较弱，其本质上均是对应相关要求据实收取。而特许经营收入在形成依据上既具有政府规制与矫正负外部性的考虑，又具有特定产权出让的特征，涉及特定商品与服务的生产权、供应权、经营权、交易权、使用权等，因此，与确立国有资产收入收取标准相似，确立其收取标准同样需要基于竞争性取得方式所形成的市场价值为基础。

需要说明的是罚没收入标准的确立。罚没收入标准的确立不仅局限于负外部效应本身，还具有惩戒性质。这导致确立标准时所考虑的原则内涵会更为丰富。对于罚没类矫正性非税收入，首先要根据违法违规后果确定罚款额基数。罚款的基数要涉及守法成本、概率化的危害后果、违法收益和行政成本 4 个因素，把这些因素作为设定罚款基数的参考变量（程雨燕，2008）。例如，行政罚款通常应当至少收缴因为违法而产生的主要经济利益，也就是说确定行政罚款基数的重要依据是违法所得。又如，为救助违规进山的"驴友"发生的救助成本，需要包括出动的救助人员的劳动报酬、所消耗的后勤补给以及救助设备的损耗等。充分发挥行政罚款的矫正性作用即确保实现让违法者不愿重复违法行为的效果，并且，让那些本来可能违法的人因为担心罚款的损失而打消违法企图，还需要在罚款基数的基础上进行调整即确定罚款系数。根据不同违法行为的危害性确定行政罚款倍数，与确定的罚款基数相乘后得出行政罚款标准（马楠，2007）。在确定倍数过程中，应采取层级限制的立法技术，即由法律、行政法规规定行政罚款的倍数幅度，如1～3倍、1～5倍等，再由规章和地方性法规在法律、行政法规限定的倍数幅度内根据行业特点和地方的具体情况确定罚款倍数。

本章小结

本章主要介绍了非税收入征收标准确定的原则及方法，并辅以案例对具体标准确立的思路及方法的运用加以说明。本章第一节首先结合非税收入自身的特点，以税收四项原则为参照，引出了制定收费标准的原则，然后以公路收费为例，从公路标准制定的前提依据、影响因素及具体计算等三个部分对收费标准确立的思路进行了介绍。并根据各类收费标准的不同形成方式和特点，对收费标准中的常用方法，如成本法和收益法，以及比费法、综合法和高峰负荷法等，从方法原理、适用对象及使用思路等方面加以阐述。

在第二节矫正性非税收入征收标准中，对我国排污费改环境保护税中水污染物、大气污染物、固体废物以及超标噪声等征收标准确的确定进行了介绍。不难看出，矫正性非税收入征收标准至少要达到负外部性行为带来的社会损失，因而如何选择适当的标准确定方法从而准确量化负外部性行为给社会造成损失是矫正性非税收入收费标准制定的关键。目前，有代表性的矫正性标准制定方法主要有市场价值法、机会成本法、恢复和防护费用法和影子工程法。

在国有资本收益收取标准这一节，以我国国有企业改革为载体，梳理了我国国有资本收益收取标准的进展历程，进而指出现有国有资本收益在收取标准及使用方向上存在的两个问题：一是收取标准仍然偏低；二是偏重于发展国有资本和解决国有企业历史遗留问题，直接用于保障民生，体现全民共享的支出比重仍然较低，并通过对2019年中央国有资本经营支出预算及2018年上海预算执行报告对上述问题进行了分析验证。因而，提出以实际的公共支出需求为前提，“反推”国有资本收益的实际提取额度，建立需求性收取标准。对于国有资源有偿使用收入和行政事业单位非经营性资产的经营性收入，其收取标准的确立思路应该是基于竞争性取得方式所形成的市场价值标准，同时，对附加限制条件的竞争性取得方式，则应进行有效规制。对于其他非税收入主要采取据实收取的方式制定收取标准，但对罚没收入除了对负外部效应的考虑，还需基于惩戒性的目的采取加成方式制定收取标准。

名词解释

1. 特定受益对象：是指享受政府特定服务的受益人，区别于一般受益对象，特定受益对象更具体、更明确。

2. 负外部效应：指一个人的行为或企业的行为影响了其他人或企业，使之支付了额外的成本费用，但后者又无法获得相应补偿的现象。

3. 机会成本：在面临多方案择一决策时，未被选中的方案所带来的最大收益就是被选方案的机会成本。

4. 需求性标准：以实际的公共支出需求为前提，“反推”国有资本收益的实际提取额度。

复习思考题

1. 收费标准确定的原则是什么？
2. 确定收费标准、矫正性征收标准、国有资本收取标准的方法分别有哪些？
3. 矫正性征收标准确定的关键是什么？
4. 现有国有资本收益收取标准存在哪些问题？
5. 针对国有资产收入的竞争性取得方式附加限制条件时，怎样进行有效规制？

第七章　非税收入征收管理

第一节　非税收入的征收权力及其组成

一、非税收入征收权力的来源

非税收入征收权力是指由宪法和法律赋予政府非税收入设立、取消及减免、收入保全和违规处罚等权力的总称。在现代民主社会,一切权力的占有与行使都必须以合法性为基础和前提。非税收入权力作为国家财政权的核心内容,其合法性不但直接影响着国家政治权力和政治制度的合法性,而且也直接影响着国家财政制度的合法性和财政职能的实现。财政机关、税务机关、政府部门及事业单位等代表国家行使非税收入征收权力。非税收入征收权是国家财政权力的重要组成部分。与税收收入一样,非税收入也是公民的金钱给付义务,人民通过公开程序参与磋商,表达意见,赋予政府征收非税收入的权力,因此非税收入征收权源自公民的许可(何宇霏、华国庆,2015),合法性是这一许可的表现形式。只有在理论上具备正当性,在实际运作中贯穿民主并以法律化加以落实,非税收入才能获得人民的支持,取得实质的合法性。

国家对于非税收入管理有着严格的规制,尤其是具有清晰的法律授权。《政府非税收入管理办法》(财税〔2016〕33 号)规定,设立和征收非税收入,应当依据法律、法规的规定或者按相关管理权限予以批准。例如,行政事业性收费按照国务院和省、自治区、直辖市(以下简称省级)人民政府及其财政、价格主管部门的规定设立和征收;政府性基金按照国务院和财政部的规定设立和征收;国有资源有偿使用收入、特许经营收入按照国务院和省级人民政府及其财政部门的规定设立和征收等。任何部门和单位不得违反规定设立非税收入项目或者设定非税收入的征收对象、范围、标准和期限。

二、征收权力的构成

从构成要素来看,征收权力包括非税收入项目的设立权、减免权、解释权、收入处置权、收入保全制度、强制执行权等。

（一）非税收入项目的设立权

非税收入设立权是非税收入征收权的核心权力，是指国家根据公共服务需要和宏观经济状况等基本国情向特定收费对象有偿征收一定比例货币的决策权，是征收非税收入的起点。确定某一收费项目，意味着将收费项目所涉及的某些单位或个人作为非税收入征收对象，将其一部分财产转移至国家所有。项目设立权导致一种新的征收项目的产生，取消权是对某一已经存在的旧项目的终止。在我国中央和省两级政府拥有非税收入项目的立项审批权和标准制定权。地方非税收入项目的审批权主要集中在财政部门和物价部门，重要的收费项目还需要报省政府批准。

例如，财政部制定的《政府非税收入管理办法》（财税〔2016〕33 号）明确规定了非税收入征收的范围和设立征收的权限，如表 7.1 所示。不难看出，目前中国非税收入项目的设立权力基本集中在政府层面，并具有较为普遍的政府向部门的授权行为及多头管理特征。这与发达国家设定非税收入项目时严格遵循法律程序和立法审议，从源头上控制非税收入征收权力的实践尚有差距。

表 7.1　　中国非税收入设立权归属

序　号	非税收入类型	设立权限归属
1	行政事业性收费	国务院和省级人民政府及其财政、价格主管部门
2	政府性基金	国务院和财政部
3	国有资源有偿使用收入	国务院和省级人民政府及其财政部门
4	特许经营收入	
5	国有资产有偿使用、国有资本收益	拥有产权的人民政府及其财政部门
6	彩票公益金	国务院和财政部
7	中央银行收入	相关法律法规
8	罚没收入	法律、法规和规章
9	主管部门集中收入	同级人民政府及其财政部门
10	以政府名义接受的捐赠收入	
11	政府收入的利息收入	
12	其他非税收入	

（二）取消、停征、减征与免征权

与项目设立权相对应，非税收入取消权是指是否取消某一项目收费的决定权，但非税收入项目仍然存在。区别于取消权，减免权是指对非税收入项目收费标准根据实际需要减除一部或者是免除。取消、停征、减征、免征非税收入，应当按照设立和征收非税收入的管理权限予以批准，不许越权批准。

例如，为切实减轻企业和个人负担，促进实体经济发展，财政部联合国家发展改革委员会联合发布了《财政部 发展改革委关于清理规范一批行政事业性收费有关政策的通知》(财税〔2017〕20 号)，决定自 2017 年 4 月 1 日起，取消或停征 41 项中央设立的行政事业性收费，如环境监测服务费、房屋转让手续费等收费。2018 年，财政部联合国家发改委发布了《财政部 国家发展改革委关于停征免征和调整部分行政事业性收费有关政策的通知》(财税〔2018〕37 号)，停征了首次申领居民身份证的工本费、专利登记费、公告印刷费等政府收费;《财政部 国家发展改革委关于减免部分行政事业性收费有关政策的通知》对不动产登记费进行了减免，提高了专利收费减缴标准。

(三)解释权

解释权是对非税收入法规的政策目标、政策期限、适用范围及其他相关内容进行补充与解释的权力。一般地说，哪级政府或者部门颁布的法规，哪级政府或者部门就享有解释权。如财政部对《政府非税收入管理办法》及联合其他部门发布的通知等具有解释权，省级政府对省级非税收入地方性法规或条例具有解释权。

(四)收入处置权

收入处置权，是指全部上缴国库非税收入收缴实行国库集中收缴制度，还是用于抵减公共服务成本，最终将净成本在政府预算支出中加以反映，是否允许通过某些特定财政账户予以归集等。

(五)收入保全制度

非税收入保全制度是指为了维持政府非税收入秩序，确保相关缴费义务人正常缴费，以使非税收入得以保全而制定的各项制度。非税收入保全制度具体表现为各类保全措施的实行，如责令限期缴纳税款、责令其提供担保、冻结相当的存款和扣押、查封相当的财产。

(六)强制执行权

非税收入强制执行措施，是指缴费义务人未按照规定的期限缴纳应缴费用，由征收机关责令限期缴纳，逾期仍未缴纳的，经相关部门批准，征收机关可以书面通知其开户银行或者其他金融机构，从其存款中直接扣缴或者扣押、查封、拍卖缴费义务财产，以拍卖或者变卖所得抵缴应缴费用。

三、征收权力的配置

征收权力是一系列非税收入征管基本权力的总称，各项基本权力之间相互联系又相互制约。完整的征收权力环节行使涉及政府审议(含部门发起和部门间会商)、成本(收益)调查、建立服务标准和绩效衡量指标、项目听证、独立咨询、公示、立法批准、申报收缴、评估、稽查监督、仲裁或诉讼等。而征收权力的分解与配置涉及纵向的中央与地方政府之间；横向的立法、行政与司法之间；以及政府内部，包括监管部门、行业主管部门、执收执罚部门、专业委员会等机构组织之间这三个维度。从行使征收权力的一般规律来看，规范的非税收入征收权力配置应具有以下几方面的特征。

（一）央地征收权力的清晰法律规范

纵向的中央与地方政府之间的征税权力配置是设立权的首要环节。例如在我国，税的设立权完全在中央，征收权部分在地方，营改增后地方政府征税得到的财政收入变得更少，主要依靠中央政府的转移支付；对于非税收入，地方的设立权是在中央政府所规定的权利范围内，地方政府具有该范围内的征收权，且非税收入大部分归属地方政府，也因此我国非税收入资金实施“收支两条线”的管理方式。财政支出权利的设定是由中央政府所决定的，而具体到细节需要如何支配则是由地方政府负责。我国《非税收入管理办法》明确了非税收入征收权力在国家各部门之间的配置，如行政事业性收费按照国务院和省、自治区、直辖市（以下统称省级）人民政府及其财政、价格主管部门的规定设立和征收；政府性基金按照国务院和财政部的规定设立和征收等。

国外案例

美国联邦《宪法》规定，任何筹集财政收入的提案只有众议院才能提出，各州也制定《宪法》，对联邦《宪法》赋予本级的政府非税收入立法进行明确。由此形成了各级政府鲜明的非税收入范围。美国联邦的非税收入包括投资收益和收费，投资收益主要是美联储的储备收益和政府特别投资账户收益，收费包括使用费、规费、受益税、损害税，项目繁多。据美国政府课责局（GAO）统计，联邦政府机构的使用费、规费项目超过 3 600 项（王清剑等，2014）。州级政府非税收入项目主要有交通许可收费、高等教育收费、公立医院收费、利息收入、彩票收入等。地方政府主要就市政服务收费。

与美国相似，加拿大政府非税收入立法层次也基本上集中在联邦和州（省）两级。加拿大联邦《宪法》规定任何收费都必须由众议院批准，授权省级政府对所有权、营业执照等实行收费；各省主要根据联邦和省的法规征收相关收费。更低层级的地方政府的收费必须由省级法令授权，各有关城市经市议会批准，确定各城市的收费范围和征收标准。加拿大联邦非税收入包括投资收益、使用费、规费、销售收入、其他杂项收入等。省级政府就其拥有的国有企业获得资产收益，就其提供的服务和管理收费，收费项目有机动车驾驶执照费、酒类制造和销售许可费、博彩专营收入等。地方政府主要就其提供的市政服务项目，如固体垃圾处理、供水、废水处理、过路过桥（通行）、城市建设等收费（王清剑等，2014）。

澳大利亚政府的收费审批权集中在联邦和州两级。收费机构若要设立新的收费项目，必须按照该机构的隶属关系，向联邦政府国库部或州政府国库部提出申请。属于中央政府机构的收费，经联邦政府国库部审核报总理内阁讨论通过后，再报国会审议，并以联邦法律形式颁布实施；属于州或地方政府机构的收费，经州政府国库部门审核报州议会审议通过后，以州法律的形式颁布实施。

（二）立法机构的决定性与先导性作用

立法机构是制定、修改和废除法律的国家机关。中国的立法机关是全国人民代表大会及其常务委员会。就广义的“法”而言，立法机关的范围也相应扩大。如国务院可以制定行政法规，省、自治区、直辖市的人民代表大会及其常务委员会可以制定地方性法规，民族自治地方的人民代表大会可以制订自治法规等。根据《非税收入管理办法》（财税〔2016〕33号），从广义“法”的层面，我国非税收入立法机构主要有国务院和省、自治区、直辖市人民政府及其财政、价格主管部门等。

立法机构对非税收入是否征收、征收多少发挥决定性作用，任何其他部门和单位不得违反规定设立非税收入项目或者设定非税收入的征收对象、范围、标准和期限。例如，政府性基金、彩票公益金等，其设立和征收需要由国务院和财政部来决定，其他部门则没有权限制定。除了决定非税收设立和征收，对于取消、停征、减征、免征或者缓征非税收入，以及调整非税收入的征收对象、范围、标准和期限，也需要按照设立和征收非税收入的管理权限予以批准，不许越权批准。另外，《非税收入管理办法》（财税〔2016〕33号）同时也规定，

执收单位应当按照程序公示非税收入征收依据和具体征收事项，包括项目、对象、范围、标准、期限和方式等，鼓励公众积极参与非税收入监督管理，发挥程序上的先导性作用。如《黑龙江省政府非税收入管理条例》要求省人民政府财政部门应当制定政府非税收入项目目录，通过政府网站、公共媒体等便于公众知晓的方式公开，提高政府非税收入管理工作透明度，依法保障社会公众知情权、参与权和监督权。

国外案例

从国外经验来看，立法不仅对是否征收、征收多少发挥决定性作用，而且这一作用的发挥具有程序上的先导性特征。

以美国为例，每项政府非税收入的项目和标准、控制与开征，都要通过议会或选民投票决定，并对是否要民主投票、谁来投票和多少投票通过才能有效做出具体规定。每项政府非税收入都要在相关利益人及其代言人——议员们进行辩论的基础上经过相应的立法程序设立（黎学东、陈慧，2007）。项目设置过程均公开透明，

充分听取服务对象以及利益相关人的意见建议。美国联邦法律规定，联邦机构设立收费，必须遵循《行政管理程序法案》规定，进行公示，给公众评论的机会。公示必须解释收费的目的，说明收费的法律授权来源，确定收费项目的特殊利益范围，收费标准所基于的所有成本和市场价格。若选择立法程序来设置收费时，还需要通过立法辩论。上述原则体现在不同层级政府，如加利福尼亚《州宪法》明确规定，收费项目要得到议会批准，使用费要以立法多数原则通过；对于明显超过成本的规费，要求按照特别税收对待，需要州议会超过2/3的投票通过；对财产的收费，需要听证会大多数支持，并且得到财产所有者过半数赞同或者州议会2/3投票支持。而在洛杉矶郡，一般收费项目仅需要郡管理委员会5位委员过半数同意就可设立或者提高标准；但超过成本的规费以及对财产收费要按照《州宪法》规定执行，需要郡议会2/3的同意(王清剑等，2014)。

加拿大国会可通过特别立法，如交通部法案，设立收费项目，或者依据国会通过《财务管理法案》的授权由总督或部门设置收费项目。2004年国会通过《使用费法案》，加强国会对收费的监管，要求设置收费项目、提高收费标准和延长收费期限必须通过立法程序。

（三）行政、司法对征收权力的限制

就政府内部的行政机构而言，征收权力也始终保持在一种部门间的良性互动与监督制约之中。尽管征缴甚至使用都可能比较集中于某些特定政府部门，但行政控制仍对征收权力产生重要影响。正如本书在非税收入监督管理章节重点阐述的内容，非税收入监督体系包含自主监督体系与自动监督体系，其中自动监督体系是一种“自动稳定器”，是国家在治理的过程中，政府权力依据分权与制衡的原则在政府不同部门之间进行配置，形成相互制约的职能部门以及自动监督制约的机制，非税收入征收权力“自动”限制。

从横向来看，非税收入征收权力需要在立法、行政与司法三者之间进行分解与配置。除了行政机构内部的制约，司法部门则通过司法审查对征收权力实施最终的制约。司法监督是国家司法机关依据宪法和有关法律对国家行政机关所实施的监督，则属于自主监督。司法监督部门依据法律法规保障，明确收入稽查与监督职权，充分行使监督权，对非收入从设立到征收再到使用的各个环节进行强有力的监督，从而形成对征收权力的外部约束，限制权力部门滥用权力，监督效果较好，但司法监督约束力的形成，需要具有法律法规保障、职责明确、机构合理及具备行使监督职责所需素质的人员。行政监督与司法监督从内部与外部两个层面对非税收入征收权力。在美国、加拿大等普通法系国家，法院可以根据利益关系人申请对行政行为进行合法性审查，法院的判例对审理类似案件时有约束力。如果公众和组织对收费项目有异议，均可以向法院提出诉讼，通过司法程序对收费的合理性进行裁决。法院的判决作为判例对政府有约束作用。

国外案例

以美国为例，行政管理与预算局(Office of Management and Budget，OMB)扮演了重要角色(汤姆金，2009)。作为独立于财政部，直接向总统负责的机构，其职责包括：第一，协助总统准备年度预算并提交国会；第二，提出立法建议；第三，监督总统创议的实施，旨在提高行政机构的行政和财务管理水平；第四，拨付或者“分配”预算专款给各部门和机构。管理与预算办公室全部由职业公务员构成，不管总统的党派性质如何变化，他们一般保持稳定，因此他们能够利用自己长期的知识积累以及参与联邦政府活动及项目的经验，为总统提出独立建议和帮助。管理与预算办公室通过评估和限制政府提供服务的成本，对收费部门施加强有力的约束。其对收费部门施加约束的方式主要是发布公告，公告内容涉及以下几方面(朱小川，2015)：其一，提供了“特定利益”的判断标准，并将其作为收费部门收取费用的前提；其二，明确了成本计算的考虑因素，并让收费部门予以遵守；其三，规定收费部门必须就收费情况向管理与预算办公室提供年度报告；其四，要求收费部门每两年进行一次费用审评，并提出费用调整的建议。

除了OMB，行政权力的制约还包括美国财政部，美国财政部主要通过预算和国库管理实施监督。美国财政部的主要任务是编制收入预算和负责国库资金拨付管理工作。财政部每年根据经济发展预测及历史数据变动，结合未来经济政策编制收入预算草案，供OMB参考；同时负责组织收入、拨付支出等具体事务。此外，国民经济委员会与经济建议委员会也会发挥重要的监督制约作用。其中，国民经济委员会的主要职责是为总统提供国民经济政策，制定经济政策和预测。经济建议委员会主要是向总统建议税收政策和需要财政投入的重点领域。上述两个委员会对总统预算政策的制定与调整有着重大影响。这必然会牵涉到与非税收入相关的领域，如教育、医疗和社会保障的重要政策制定，由此间接影响到具体非税收入项目的征收。

第二节 非税收入设立权的行使

一、非税收入设立权的行使要求

(一)项目设立的标准化程序

一个普遍经验是,项目设立需要经历标准化程序。以湖南省非税收入中的行政事业性收费为例,行政事业性收费项目设立的依据是《湖南省行政事业性收费管理条例》,其审批依据主要有全国人大及常务委员会颁布的法律,国务院制定的行政法规,国务院物价、财政部门制定的规章,省人大及常务委员会颁布的地方性法规,省人民政府制定的规章等。行政事业性收费项目设立的程序主要包括以下四步:

第一,提出申请。如果是中央在湖南单位申请设立收费项目,统一归由中央主管部门的财务机构负责提出,并以部(委、办)级公文形式报财政部、国家发展改革委;省级单位申请设立收费项目,统一由省级主管部门财务机构负责提出,并以(局、委、办)级公文形式报省财政厅、省物价局;省级以下单位申请设立收费项目,应以市(州)级人民政府公文形式报省财政厅、省物价局。

第二,准备申请报告及材料,申请设立收费项目的文件应当包括:收费项目名称、收费理由、收费目的、收费对象、收费范围、收费标准、收费单位、收费方式、执收期限、解缴方式、预计金额,以及收费单位性质、人员、经费来源状况和财务管理制度等;提交有关法律、行政法规、地方性法规依据,没有以上依据的,提供详细的收费理由。

第三,申请报告及资料审查,对申请文件的形式及其包括的内容分进行初步审查,确定是否受理;收费申请文件受理后,对收费项目是否符合法律、行政法规或地方性法规规定等内容进行审查,对申请设立收费项目的情况进行调查,广泛征求意见,如缴费人的意见;自受理之日起,应在60个工作日内做出审批或者审核收费项目的书面决定。

第四,审批收费项目的书面决定。审批或者审核收费项目的书面决定,以公文形式发布。内容包括:审批收费项目的依据、收费单位、收费项目名称、收费对象,收费范围、收费环节、收费方式、收费期限、收费票据、资金管理、收费方式、监督检查等;对不予批准的收费项目,说明理由;对于应报省人民政府或财政部、国家发展改革委审批的收费项目,省财政厅、省物价局应及时将审核同意设立收费项目的书面决定报省人民政府审核或审批。

项目设立的标准化程序,使得收费政策制定更加严谨可靠,避免成为某些部门敛财的手段，同时也能够保证公众与社会知情权与参与权，广泛听取社会意见，提高非税收入征管工作的公平与效率。

国外案例

美国法律规定，制定收费政策需遵循标准化程序，确保公众与社会的知情权和参与权。各级政府在设立新的收费项目或修订收费标准之前，必须在本区域范围内通知缴费人进行咨商。如向收费人说明为什么要实施收费、收费标准如何控制，对现有的相关收费以及收费设立的环境进行分析，对收费可能产生的正反两个方面的影响进行评估；设立答辩程序，阐明对缴费人提出意见和建议的吸收程度及其原因。政府未履行这些程序，或者未经协商和达成一致意见的，不能实施收费（殷大卫，2009）。

加拿大《收费法案》规定，设立收费要遵循以下程序：举行一次审议会，为利益相关者提供提意见建议的机会；对收费项目影响因素进行全面评估；确定服务的所有成本，并确定收费要覆盖的成本范围；建立服务标准和绩效衡量指标，并与其他国家进行对比；需要时，建立一个独立的咨询委员会处理对收费项目的异议；向国会提交有关收费的议案供国会审议。省和地方政府也遵循类似公开听证、公示、立法的过程。

（二）设立及调整中的多元利益主体参与

设立及调整过程中需要有相关利益主体，包括利益关系人及诸如咨询委员会这样的第三方组织的实质参与。所谓利益关系人参与是指政府部门在做出调整收费水平决定之前，将收费调整计划提前通知以使用者为代表的利益关系人，并通过相关程序让利益关系人参与费用调整的过程中（朱小川，2015）。非税收入项目设立及调整过程中，应该为利益关系人的参与提供机会。提供参与机会的途径包括两种：一种途径是政府部门在诸如财政部、物价局、非税收入管理局等上将设立的收费项目或者调整的收费项目信息进行公开。另一种途径是政府与利益关系人共同成立第三方协商机构，机构成员由各利益相关方代表组成，第三方协商机构代表利益相关群体与政府进行谈判，参与收费项目的设立与调整。

国外案例

美国《联邦行政程序法》规定:“当收费部门有权通过制定规章的方式调整费用时,其应当收集大量的关于近期项目成本、远期项目成本以及费用收取情况的信息,并在《联邦登记》的通告中公之于众。”此外,收费部门要求利益关系人对拟议规章进行评论,从而为利益关系人参与费用调整过程提供机会。美国《处方药使用者付费法案》(the Prescription Drug User Fee Act,PDUFA)规定美国食品药品管理局与利益关系人(包括消费者代表、患者代表、医疗服务提供组织代表以及药品和生物制剂企业代表)进行合作,为食品药品管理局的处方药评审制定出绩效目标。另外,政府部门设定咨询委员会(Advisor Commmittee),该咨询委员会的成员包括政府部门的代表、费用缴纳者的代表以及其他利益关系人的代表。例如,与移民检查费用相关的法律规定,司法部部长应当设定一个咨询委员会(其成员由受到设立及调整潜在影响的主体所组成),该咨询委员会可以就检查服务的绩效以及费用水平,向政府部门提供建议。同时,成立与运作咨询委员会的实践中也有成熟做法。这些实践包括:(1)从公众那里获得委员会成员的提名;(2)利用明确界定的程序去收集并审评与委员会潜在成员相关的信息,如潜在的利益冲突信息、观点信息;(3)通过一个有组织的面试预先考察(Prescreen)未来的委员会成员。

(三)设立后的持续评估与改进

对于设立后的收费项目,仍然需要定期公开披露,持续评估,不断改进征缴技术,降低非税收入征收管理成本,提高征收效率。比如,福建省财政厅,专门成立非税收入政务公开专栏,每年公开披露非税收入项目目录,对项目名称、执收单位、政策文件、收费标准、收费方式、收费期间等信息,采用网页、媒体、公众号等方式进行定期公开,便于公众查阅。同时,为提高征缴管理工作效率,按照“群众少跑腿,数据多跑路”原则,一方面依规将银联、支付宝和微信支付和银联纳入代收机构范围,新增现场扫码、在线支付等多种电子化缴款渠道,助力企业和群众到政府办事,像“网购”一样方便;另一方面与其他政府部门进行业务系统对接,服务各部门“互联网+政务服务”改革。[①]

① 资料来源:福建省财政厅:http://czt.fujian.gov.cn/ztzl/fssrgkxm/。

国外案例

美国联邦法律规定，联邦收费机构每两年要对收费项目重新评估一次，以保证收费政策能随成本和市场价值的变化而调整。联邦机构对收费政策的评估需在财务办公室年度报告中披露，保证项目征收符合内部控制和审计标准要求。美国审计署也不断加大对收费部门收费的审计力度，监督其绩效，促使其加强征管。加拿大《收费法案》规定，收费机构每年均应该在部门绩效报告中披露所有收费项目、收费金额，以及相关服务的成本、绩效情况，如果收费项目达不到应有的绩效标准，应该降低收费标准。部门收费服务必须每5年评估一次。评估的目的是识别和确认收费的不适当之处，以求能改进。对没有收费的服务也需要评估，目的在于保证不收取费用的决定还能站得住脚。在机构不能达到服务标准或者改变服务标准时，需要额外的评估（王清剑等，2014）。

二、非税收入的法定授权设立

当前，中国正积极推进税收法定。党的十八届三中全会《决定》提出“落实税收法定原则”，2015年3月15日，“税收法定原则”正式载入《中华人民共和国立法法》。在全面依法治国和全面落实税收法定原则的指导下，中国税收立法和法治建设显现出强劲的发展态势（刘剑文，2017）。与税收法定和法治化一样，非税收入法定和法治化也具有重要的现实意义，但是，目前中国非税收入的法定与法治化建设仍相对滞后。正如本章开头部分所言，中国当前非税收入征收的法定程度相对较低，权力配置相对封闭，行使不透明、不公开，立法机构、公众与社会组织的权力行使不够充分。而且，中国当前非税收入的设立权集中在政府，向部门转移授权的情形非常普遍，且存在多头部门授权问题，缺乏有效监督与制约。可见，非税收入征收权的法定和法治是核心内容，而非税收入项目的设立及调整权，特别是设立的法律授权问题，又是非税收入征收权的核心表现。结合国内外经验和中国现实需求，应当以非税收入项目的设立及调整权的法定，特别是授权设立的法定为核心环节，推进中国财税法治建设，加快建成现代财政制度。

从国外经验来看，以使用费为代表的非税收入征管中，同样具有很高的法定与法治化水平。这种法定与法治化不仅体现在清晰、规范的征收权力分解与配置、行使征收权力的标准化程序、设立及调整中的多元利益主体参与，以及设立后的持续评估与改进方面，重点是非税收入授权设立的内容与形式，以及立法与行政之间的权力配置及优化调整。

通过立法严格界定收费活动可以提高对政府部门的控制，但这样做也会降低机构根据需求变化重新分配资源的灵活性，并可能增加行政成本。也就是说，法定授权越具体明确，对执行机构的约束性就会越强，但另一方面，也可能存在僵化与机械的弊端。事实上，授权的具体明确与机构的效率与灵活性之间存在一定的冲突与矛盾，对此，授权设立过程中必然会考虑到相应的矛盾权衡与优化调整问题。由此引发的一个问题是如何在立法控制和机构灵活性之间达到理想平衡。例如，严格界定收费活动可以提高立法机构对资金的控制。然而，这样做也会降低政府部门根据需求变化重新分配资源的灵活性，并可能增加行政成本。在美国政府课责局（GAO）的研究报告《联邦使用费：费用设计选项和管理收入不稳定的意义》（GAO，2013）中[1]，提出了包括收费设定、使用和审查方式等六种因素在内的法定授权设立的核心问题（见表 7.1）。

表 7.1　　授权决策中的关键要素

	关键的设计要素	增加机构灵活性的选项	增加国会控制的选项
收费设定	费率由谁确定？	由规制机构决定	法定
使用	国会是否设置可以收费的触发条件？	抵销性征收权限	抵消性收入权限，政府收入权限
	征收的有效期是多久？	无	限定期限
	这些收入可以用于什么目的？	宽泛的用途	明确的用途
	国会将在多大程度上限制可以使用的收入规模？	无限制	在法律中设置限制
审查方式	有哪些类型的报告和审查要求？	基本要求，如 CFO 法案两年一次的收费评估	附加要求

资料来源：引自 GAO(2013)：《联邦使用费：使用费设计选项和管理收入不稳定的意义》。

第一，费率由谁确定？立法中是否规定具体的金额、费率或其他要求，如免除、减免和上限的规定。立法授权行政机关根据行政程序法制定收费程序及收费标准，或者，立法机构可在法规中直接规定收费金额或费率。

第二，立法是否设置收费的触发条件。按照美国国会拨款的不同情形，使用费征收可以分为三种类型：抵消性征收（offsetting collections）、抵消性收入（offsetting receipts）和政府收入（governmental receipts）。法律规定，抵消性征收可记入支出账户，无须进一步立法。但年度的拨款法案可限制机构在某一财政年度可收取的总金额。抵消性收入和政府收入依法须计入收入总额。其中，政府收入能否在不增加拨款的情况下使用，取决于具体的立法授权。而抵消性收入在没有额外拨款的情况下，不得被

① GAO，Federal User Fees：Fee Design Options and Implications for Managing Revenue Instability，https://www.gao.gov/products/GAO－13－820。

使用。可见，按照国会拨款的不同情形，抵消性征收更加赋权给机构，而后两者则更为严格，更加突出国会的控制。

第三，立法是否规定征收的有效期。按照有效期的不同，国会规定了机构在新的责任下的费用收取期限。不确定的责任时间周期下，会采用无时间限制征收，相应收取的费用也作为无时间限制的拨款，通常用诸如“在耗尽之前一直保持可得”(to remain available until expended)这样的模糊语言来表示。而限定期限则是指在某一个(财政)年度或者跨年度的限定时间周期内。

第四，立法中是否核定使用目的。国会对制定征收用途方面也存在授权的差异。国会可以特别广泛的定义使用，例如，授权将收费用于“所有经授权的活动和运行”(all authorized activities and operations)，也可以狭义的界定特定征收的拥堵，授权将收费用于特定、有限的活动。

第五，立法中是否限制使用规模。按照对收费的使用限制的不同，国会规定了机构在某一财政年度内可以使用的收费水平。国会可以授权该机构花掉其征收的所有资金，而不考虑规模或限定时间，同时也可以在机构的年度拨款法案中限定收费的一个具体金额。通常，国会规定限额，并为超过限额的征收处理提供具体的指导。

第六，立法中是否附加报告和审查要求。立法还会决定政府部门必须满足什么样的要求，以达到预期的监督水平。也就是说，立法中可以要求相应的审查和报告要求。例如，根据《首席财务官法》(CFO Act，Chief Financial Officers Act of 1990)，机构必须每两年审查一次其费用。除非规定了特定收费项目适用的其他要求，所有适用CFO法案的24个机构均须满足这一基本要求。同时，国会也可以设计很多附加要求，例如提出报告要求，以及要求经过咨询委员会商讨。这些附加要求可在授权立法或拨款中明确提出。

总体而言，非税收入项目的设立授权可以采用一种类似于“项目管理”的思路，在“效率、公平、收入充足、低行政成本”这一总体要求下①，每一法案中的授权须根据拟

---

① GAO(2008)在其报告《联邦使用费：设计指南》(Federal User Fees：A Design Guide)中，提出了使用费的设计依据。“效率：通过要求可识别的受益人支付服务成本，使用费可以同时约束需求并揭示服务对受益人的价值。如果从服务中受益的人不承担服务的全部社会成本，他们可能会寻求让政府提供超出经济效率水平的服务。使用费还可以通过提高对公共服务成本的认识，从而激励采取措施降低成本，达到提高生产效率的目的。公平：公平是指每个人都支付其公平份额，但公平份额的定义可以有多个方面，……根据受益人支付原则，服务的受益人支付他们从中受益的服务的费用。在支付能力原则下，那些更有能力承担费用负担的人应该比那些支付能力较弱的人支付更多的服务费用。收入充足率：收入充足率是指收取的费用能够占据预期成本的多大份额。它包含实际征收相对于规划随时间变化的程度。就我们(指GAO——作者注)的工作而言，收入充足率还包括收入稳定的概念，收入稳定一般是指经济活动的短期波动和其他因素对收费水平的影响程度。行政负担：这是管理收费的成本，包括征收和执行费用，以及遵从负担(施加在收费支付者身上的行政成本)。”引自GAO(2008)：https：//www.gao.gov/products/GAO－08－386SP。

解决问题的现实与目标，分别设立不同授权形式和内容，因案而异。同时，通过政府课责局(GAO)或其他立法及行政部门，积极通过行政与立法之间的互动以反馈相应问题，并积极寻求解决方案。在这一动态的正反馈过程中以求得立法控制与机构赋权的平衡，既保证设立授权内容的具体和明确，以此作为国会监督和司法审查的依据，同时又增强机构的资源配置和使用效率。

三、法定授权设立的方式

在非税收入征收法定的要求下，关于非税收入项目的设立产生了两种不同的法律授权方式，一是宽口授权，另一则是专法授权。两种授权方式可以独立采用，也可以结合使用。世界上大部分国家采用的是宽口授权与专法授权相结合的方式授权设立非税收入项目，如中国、加拿大、美国等。

(一)宽口授权

宽口授权是指在法定要求下，相关法律、法规对政府部门关于非税收入项目设立进行了宽泛的授权，即允许政府部门通过制定政府规章向受益人收取费用，并将收取的费用用于弥补其提供特定产品或者特定服务的成本。事实上，宽口授权给予政府非税收入项目设立更大的自由选择权，政府部门可以灵活结合自身机构特点，如经费来源、人员专业性、硬件设施等影响非税收入征收工作的因素，制定非税收入项目，确定非税收入标准、期限、收费方式等基本信息。

我国《政府非税收入管理办法》(财税〔2016〕33号)对各类非税收入项目设定进行宽口授权，允许被授权部门按照规定设立非税收入项目和征收管理，或按管理权限审批设立下级非税收入项目。如行政事业性收费项目的设立与征收授权给国务院和省、自治区、直辖市人民政府及其财政、价格主管部门，收费标准实行中央和省两级审批制度。国务院和省、自治区、直辖市人民政府的价格、财政部门按照规定权限审批收费标准，对于成本差异较大的全国或者区域(跨省、自治区、直辖市)范围内实施的收费标准，国务院价格、财政部门可以授权省级政府价格、财政部门审批。

国外案例

宽口授权的典型例子是美国国会1952年颁布的《独立办公室拨款法案》(IOOA, Independent Offices Appropriations Act)和1985年的《统一预算协调法案》(COBRA, The Consolidated Omnibus Budget Reconciliation)及其一系列修正案。《独立办公室拨款法案》对政府部门进行了宽泛的授权,即允许政府部门通过制定政府规章向受益人收取费用,并将收取的费用用于弥补其提供特定产品或者特定服务的成本。同时,还规定了政府部门在设定"使用者付费"时应当考虑的因素,包括给政府部门带来的直接成本与间接成本,给接受者带来的价值,所服务的公共政策或者利益以及其他相关因素。《独立办公室拨款法案》的突破在于,在实施宽口授权的基础上,明确要求与公共服务成本和利益相挂钩,并实现机构的收支平衡。

《统一预算协调法案》及其一系列修正案则不仅对诸多政府部门进行授权,而且授权内容上既包括设立新的收费项目,也包括对已有收费项目的调整。授权的对象较为宽泛,包括交通部、商业部、农业部、国家海关、海岸警卫队、联邦能源管理委员会、核能规制委员会、联邦通信委员会、国家海洋和大气管理局、国家标准局、国家税务局、国家公园管理局、联邦应急管理局、旅行与旅游管理局、环保署、专利与商标办公室等。相对于《独立办公室拨款法案》中关于直接、间接成本、服务价值和公共政策利益等的多方面兼顾,《统一预算协调法案》使得行政机关可免于去证明产品或者服务给特定人带来了特定利益,也免于在可确认的受益人之间分配成本。这减少了收费制度的实施难度和实施成本。不仅如此,授权也非常具体和明确。例如《统一预算协调法案》规定,核能规制委员会可以向获许可者收取费用,费用总额约占该委员会在任一财政年度运转成本的三分之一。

(二)专法授权

专法授权是指非税收入项目设立有专门的法律予以规定,通过一部法律授予某一政府部门关于某一特定领域服务与产品的供给而收取费用的权力。专法授权同样需要满足授权具体明确的要求,即确立该收费的征收权力、指明该收费的收取标准、使用方式及管理。专法授权相比于宽口授权,非税收入项目征收具有明确的法律依据,一方面有利于非税收入征收部门开展管理工作,提高工作效率;另一方面,专法授权以法律的形式对非税收入征收部门进行权力约束。如我国《彩票公益金管理办法》(财综〔2012〕15号)规定,彩票公益金由各省、自治区、直辖市彩票销售机构根据国务院批准的彩票公益金分配政策和财政部批准的提取比例,按照每月彩票销售额据实结算后分别上缴中央财政和省级财政,专项用于社会福利、体育等社会公益事业。

国外案例

如美国《国家航空航天管理局法案》(National Aeronautics and Space Administration)授予美国航空航天管理局向使用航天飞机发送私人卫星的公司收取费用的权力,以弥补部分发射成本。《水资源开发法案》(Water Resources Development Act)授予美国海关(U. S. Customs and Border Protection)以及陆兵工程兵部队(U. S. Army Corps of Engineers)针对船客以及商业货物收取港湾维护费(Harbor Maintain Fee)的权力。又如,《水土保持法案》(The Land and Water Conservation Act)规定,内政部可以就野营地以及进入国家公园的车辆收取日常费用;《美国谷物标准法案》(United States Grain Standards Act)规定,农业部可以向谷物企业收回检查服务以及称重服务的成本;《农业检疫检查费用法案》(The Agriculture Quarantine Inspection Act)规定,农业部有权设定并收取费用,以收回其提供农业检疫检查服务的成本。

以药品监管领域为例证,美国在1992年制定了《处方药使用者付费法案》(The Prescription Drug User Fee Act,PDUFA),并且每五年更新一次该法案。该法案给美国食品药品管理局(FDA,Food and Drug Administration)增加了一项收费收入,即由制药者支付的"使用者付费",包括申请审评费、设施费以及产品费。上述费用只能用来补充,而不是替代财政拨款,并且只能用于药品评审。

可见,不管采用何种授权设立方式,一个基本原则是立法机构将设立权力授予政府部门或者独立机构时,必须制定具体和明确的授权内容,这样做的目的在于确保受权机构的基本政策符合国会所做出的决定,并在必要时可对行政行为进行司法审查。

第三节　非税收入征缴的激励约束

一、征管机构和缴款义务人的激励约束

(一)激励约束概念及必要性

激励约束机制是现代组织行为理论、公共事务治理理论中的主流观点及路径之一。激励机制指管理者依据法律法规、规章制度等,运用物质奖励或者精神启发等手段对管理对象的行为进行鼓励和引导,以使其行为朝着管理者所引导的方向、设定的目标持续发展的机制;约束机制是指管理者采用通报、处罚等方式对管理对象的行为进行限制和束缚,以制约其行为的机制(梁磊,2012)。在很多情况下,一项制度、方案、措施同时具有激励和约束两种作用,因此激励机制与约束机制常常统称为激励约束

机制。

政府非税收入管理采取激励约束机制是由我国非税收入的特点决定的。首先，我国非税收入征收项目多，范围广，并且征管机构层级较多，内部结构复杂；征收事务内容涉及范围大，缴费义务人层次不齐，很难形成统一指标的考核方案，激励与约束的灵活性就显得十分重要(冯辉，2014)。其次，约束与激励机制是政府解决委托代理关系中信息不对称问题的有效手段。政府委托行政机关等收费主体征收非税收入，但由于两者之间信息不对称，政府无法充分了解执收单位是否为了自身利益而出现应收不收、少收、免收或缓收等逆向行为等逆向选择的问题(钟平、顾健耀，2005)。最后，财政激励约束机制有利于增强政府的公信力(姜爱华、刘家豪，2017)。

(二)对征管机构的激励约束

政府非税收入作为财政收入重要组成部分，其征收管理工作的激励约束是财政管理工作的一部分。为充分发挥中央和地方两个积极性，国务院会同财政部等中央部门根据日常督察和国务院大督查的情况，对各级政府采取相应措施予以激励支持，如《国务院办公厅关于对真抓实干成效明显地方加大激励支持力度的通知》(国办发〔2016〕82 号)、《国务院办公厅关于对真抓实干成效明显地方进一步加大激励支持力度的通知》(国办发〔2018〕117 号)等。财政部印发《地方财政管理工作考核与激励办法》(财预〔2020〕3 号)指出，考核内容主要是地方财政管理工作完成情况，具体包括财政预算执行、盘活财政存量资金、国库库款管理、推进财政资金统筹使用、预算公开等 5 个方面。利用督查收回的财政存量资金、年度预算中单独安排的资金等渠道，对 10 个拟奖励省分配奖励资金，奖励资金切块下达到省，再由省级财政部门将奖励资金分配到本省推荐的典型市、县。奖励资金额度原则上按每个市不低于 2 000 万元、每个县不低于 1 000 万元把握，并适当体现向中、西部倾斜。各地方政府也会根据本地区财政管理特点制定相应的考核机制，奖励对落实有关重大政策措施真抓实干、取得明显成效的地方。

具体到非税收入，浙江省湖州市则是对征缴中的执收机构实施激励的一个典型例子。湖州市在 2005 年出台了《湖州市财政局关于实施非税收入管理绩效考核的通知》，[①]其中明确规定，按照“完成收入目标计奖、可用收入保障支出、超收收入专项奖

① 参见《湖州市财政局关于实施非税收入管理绩效考核的通知》(湖财综〔2005〕136 号)，http://czj.huzhou.gov.cn/xxgk/tzgg/20080430/i267446.html。

励”的办法。从 2005 年起，法定执收单位的部门预算一经批复下达[①]，即按核定的单位非税收入征收计划数、非税收入可用收入数确定任务目标，进行考核。其中完成收入目标的，经非税收入管理绩效考核，给予单位一定的奖励。可在非税收入可用收入中，通过节支按最高人均（按在职人员年平均人数）1 000 元的奖励基数，列支按奖励系数计算的奖金。而对于超收收入，规定可以调增部门预算，同时还可以发放奖励。其规定的超收奖励的计算公式为：

超收奖励数＝超收奖励基数×考核奖励系数（无差错的绩效考核单位奖励系数为 1）

超收奖励基数＝（超收收入数—调增部门预算支出数）×10％（按在职人员年平均人数最高不超过人均 2 000 元）

对征收机构的约束主要来自三个方面：一是法律法规的约束。为规范约束征收机构的行为，中央政府也制定了多项法律法规，如国务院发布的《财政违法行为处罚处分条例》《中华人民共和国行政处罚法》《中华人民共和国行政监察法》《中华人民共和国行政许可法》《违反行政事业性收费和罚没收入收支两条线管理规定行政处分暂行规定》《中华人民共和国税收征收管理法》《中华人民共和国预算法》等，以及地方政府制定的各项部门规章等，都对征管机构的行违规、违法行为做出了相应的处罚措施。二是社会监督和舆论约束。社会公众的参与，以及社会公众舆论在很大程度上约束着征收机构非税收入行为。三是财政管理约束。仍以湖州市在 2005 年开始实施的绩效考核为例。其中的考核奖励系数采用了倒减系数的方法，在无差错系数为 1 的前提下，根据下列情况进行扣减。具体包括[②]：

第一，收费票据的使用和管理。主要考核绩考单位是否按财政部门核定的收费项目、票据执收各项非税收入，并按要求及时办理票据和资金结报。经核查，如有违规事项，扣减系数 0.2。

第二，“收支两条线”规定的执行。主要考核绩考单位的预算外资金是否按规定严格票款分离制度，资金是否及时足额上缴财政专户；罚没收入是否实行“罚缴分离”制度，资金是否及时足额上缴财政；预算外资金收入是否违规通过往来款进出财政专户。

① 这里的单位是指法定执收单位，而非财政局建立的政府非税收入的专职征管机构。根据湖州市非税收入管理办法规定，法律、法规和规章已经明确了执收单位的政府非税收入项目，由法定执收单位征收或收取；法定执收单位根据法律、法规和规章的规定委托有关单位征收或收取的，应当与受托方签订正式委托协议，并将委托协议送市财政部门备案。参见《湖州市人民政府关于印发湖州市市级政府非税收入管理暂行办法的通知》（湖政发〔2005〕80 号），http://czj.huzhou.gov.cn/xxgk/tzgg/20080430/i267446.html。该法规已于 2017 年废止。参见《湖州市人民政府关于公布行政规范性文件清理结果的通知》（湖政发〔2017〕33 号），http://www.huzhou.gov.cn/xxgk/gfxwj/baql/20190805/i2289627.html。

② 引自《湖州市财政局关于实施非税收入管理绩效考核的通知》（湖财综〔2005〕136 号），http://czj.huzhou.gov.cn/xxgk/tzgg/20080430/i267446.html。

经核查,如有违规事项,扣减系数0.2。

第三,银行结算账户管理。主要考核绩考单位是否按规定办理银行结算账户的开设、变更手续,按规定使用银行账户。经核查,如有违规事项,除按规定处理外,扣减系数0.1。

第四,执收、执罚行为的规范。主要考核绩考单位的执收行为是否符合“六条标准”规范,按规定的项目、范围、标准和程序执收;并按规定办理《收费许可证》,亮证执收;执罚行为是否符合有关法律法规规定,是否按规定的项目、范围、标准和程序执罚;单位财务收支是否由本单位财务统一归口管理。经核查,如有违规事项,扣减系数0.2。

第五,会计报表的质量。主要考核绩考单位是否按规定报送各类会计报表及分析说明,数据是否真实、准确、完整。经核查,如有违规事项,扣减系数0.1。

第六,预算外资金集中款缴纳。主要考核绩考单位的预算外资金财政集中款是否按规定及时申报缴纳。经核查,如有违规事项,扣减系数0.1。

(三)对缴款义务人的激励约束

政府对非税收入缴款义务人的激励与约束主要是通过法律法规中的惩戒条款。从微观层面来看,征管服务水平、非税收入宣传力度等都会对缴款义务人的遵从度产生重要影响。便捷高效服务和缴款方式都会提高缴款义务人的遵从水平。同时,征收机关通过新闻媒体、无线广播及互联网等方式对非税收入项目、征收目的及原则、征收流程及资金使用方向等进行宣传,普及非税收入知识,不仅可以提高公民对非税收入的认可度,还可以起到降低征收成本的作用,缩小实际非税收入与潜在非税收入之间的差距。

还有一个有益的思路是信用评级为前提的诚信激励和失信惩戒。以守信激励和失信惩戒为奖惩机制,提高缴款义务人的诚信意识和信用水平。例如,湖南省益阳市将守信和失信行为通过“信用益阳”网站发布,公开“诚信红黑榜”。通过此举,实行对守信主体实行优先办理、简化程序、“绿色通道”等激励政策,对失信主体采取一系列约束和惩戒,倒逼缴款义务人自律。

二、影响征管努力的因素

非税收入征收努力是非税收入征收部门征收全额非税收入的主观努力,而非税收入征收努力程度就表示非税收入征管过程中税务机关及其工作人员的主观能力付出状况。从非税收入征管努力程度的主体来说,既包括非税收入法律法规制定者的主观要求,也包括中央和地方政府在征收管理过程中的能力付出。理论上,非税收入征收努力程度一般用一段时间内实际非税收入与潜在非税收收入比值来表示,比值越大,征收努力程度就越高。影响非税收入征收努力程度的因素主要有以下几点：

（一）立法、行政与司法制度框架

涵盖立法、行政和司法三个方面的征管制度对征收努力的影响巨大。宽泛而言，与非税收入相关的法治化水平和法律司法制度作为基础性制度，从根本上塑造和影响非税收入的征管环境，决定了征收努力程度。

同时，各级政府及其财政部门非税收入制度的建立实施情况将会决定相应的征收努力程度。我国《政府非税收入管理办法》规定，非税收入实行分类分级管理，同时要求各地方"根据非税收入不同类别和特点，制定与分类相适应的管理制度。鼓励各地区探索和建立符合本地实际的非税收入管理制度。"各级地方政府在辖区内的非税收入管理制度，以及相应的激励与约束机制，可以从制度层面直接影响征收努力。例如，物质或精神层面的奖励，将会调动非税收入征收部门开展非税收入征收管理工作的主观能动性，挖掘非税收入征收潜力，增加实际非税收入。

（二）纵向政府层级之间的征管体制

在既定的制度框架下，纵向的政府层级之间的征管体制，包括征收（收缴）主体的确立、资金的入库和处置等方面都会影响征收努力程度，进而对征管规范性、征管效率和遵从水平产生进一步影响。

2018 年 3 月 13 日，十三届全国人大一次会议在北京人民大会堂举行第四次全体会议。受国务院委托，国务委员王勇向十三届全国人大一次会议做关于国务院机构改革方案的说明。该说明第二点第十一条明确指出："改革国税地税征管体制。将省级和省级以下国税地税机构合并，具体承担所辖区域内的各项税收、非税收入征管等职责。国税地税机构合并后，实行以国家税务总局为主与省（区、市）人民政府双重领导管理体制。"①2018 年 6 月 15 日上午，全国各省（自治区、直辖市）级以及计划单列市国税局、地税局合并且统一挂牌。② 2018 年 7 月 20 日，全国省市县乡四级新税务机构全部完成挂牌。③ 在完成国地税合并之后，开始逐级接收非税收入征管职责划转。

在依法保留、适宜划转的总体原则下，划转具有以下三种方式。

一种是财政部原驻各省财政监察专员办事处（以下简称专员办）征收的非税收收

① 引自新华网/中国政府网，《王勇：改革国税地税征管体制》，http://www.xinhuanet.com/politics/2018lh/2018—03/13/c_137035641.htm。

② 参见国家税务总局，《全国省级新税务机构统一挂牌——国税地税征管体制改革迈出阶段性关键步伐》，http://www.chinatax.gov.cn/n810219/n810724/c3518452/content.html。

③ 参见国家税务总局，《全国省市县乡四级新税务机构全部完成挂牌国税地税征管体制改革第一场攻坚战圆满收官》，http://www.chinatax.gov.cn/n810219/n810724/c3587871/content.html。

入项目划转至税务部门征收。国家税务总局2018年第63号公告规定[①]，自2019年1月1日起，原由财政部驻地方财政监察专员办事处负责征收的国家重大水利工程建设基金、农网还贷资金、可再生能源发展基金、中央水库移民扶持基金(含大中型水库移民后期扶持基金、三峡水库库区基金、跨省大中型水库库区基金)、三峡电站水资源费、核电站乏燃料处理处置基金、免税商品特许经营费、油价调控风险准备金、核事故应急准备专项收入，以及国家留成油收入、石油特别收益金，划转至税务部门征收。征收范围、对象、标准及收入分成等仍按现行规定执行。国家税务总局各省市税务局按照“属地、便民、高效”的原则指定具体征收的税务机关。

另一种则是由原地方税务局代征、征收地方非税收入。早在2006年，湖北省就曾短暂试点过由地方税务局代征水资源费。[②] 四川省是全国首个对国有土地收益基金等6项费用和第三个对排污费(已停征。——作者注)实现地方税务局代征的省份。四川省遂宁市船山区于2017年在率先试点将部分非税收入委托地方税务局代征并直缴入库。[③] 涉及排污费、国有土地出让金(国有土地收益基金收入、农业土地开发资金收入、土地出让价款收入、补缴的土地价款)、城市基础设施配套费、防空地下室易地建设费等4类7项非税收入。

最后一种则是地方非税收入项目在国地税合并体制下陆续进行划转征收。广东省同意自2019年1月1日起，将村镇基础设施配套费(仅对乡镇规划区收取)划转由税务部门征管。海南省将省级设立的非税收入项目“占用损坏公路路产路权赔(补)偿费”作为第一批划转项目划转税务部门征收。宁波市将“利用政府投资建设的城市道路和公共场地设置的停车泊位经营权转让收入”和“公共户外广告资源有偿使用收入”划转至税务部门征收。陕西省榆林市榆阳区则将国有资源(资产)有偿使用收入项目中的矿产资源专项收入，以及国有资本经营预算收入中的国有资本经营收入项目作为第一批先行划转的非税收入项目。自2020年起，地方政府及有关部门负责征收的国家重大水利工程建设基金，以及向企事业单位和个体经营者征收的水利建设基金，划

---

① 参见国家税务总局，《关于国家重大水利工程建设基金等政府非税收入项目征管职责划转有关事项的公告》(国家税务总局公告2018年第63号)，http://www.chinatax.gov.cn/n810341/n810755/c3976791/content.html。

② 参见《湖北省人民政府关于全省水资源费由地税部门代征的通知》(鄂政发〔2006〕44号)，http://www.hubei.gov.cn/zfwj/ezf/201112/t20111208_1711266.shtml。《湖北省人民政府关于全省水资源费由水行政主管部门直接征收的通知》(鄂政发〔2009〕25号)，http://www.hubei.gov.cn/govfile/ezf/201112/t20111207_1032271.shtml。

③ 引自遂宁新闻网，《船山率先开展非税收入代征直缴入库试点工作》，http://www.snxw.com/xwzx/bwzj/201711/t20171101_210562.html。

转至税务部门征收。[1] 自2021年7月1日起，将国有土地使用权出让收入、矿产资源专项收入、海域使用金、无居民海岛使用金四项非税收入划转税务部门征收。[2]

由此可见，在国地税合并以及非税收入划转改革的推动下，目前形成两种非税收入征管体制：一种是以国家税务总局为主的领导下，税务系统集中征收、收缴、收取的征管体制，其对象不仅包括中央非税收入项目和央地分成[3]的非税收入项目，也包括地方政府非税收入项目，并按照成熟一批，推进一批的要求逐步划转。二是属地化的“块状结构”征管体制，以财政部门、主管部门、执收执罚单位，以及其他业务单位之间的横向联系为主。

垂直管理下的税务部门集中征收非税收入有其自身优势。目前来看，在一些政府性基金、国有资本收益和国有资源有偿使用收入，以及涉企的部分行政事业收费的征管中表现突出。其原因在于，一是垂直管理下的相对独立与政令畅通。集中征收使得非税收入的征收主体、征收环节相对减少，垂直管理更有利于监管和征收的相对独立，对违规提前征收、减征、缓征、退付非税收入行为的约束性也更强。二是税务部门建有一支人员规模庞大，专业化程度较高的征收队伍，具有较高的非税收入预测分析、评估和稽查等专业技能，以及拥有会计与财务管理、统计、法律等领域的人力资源，有利于实现集中征收下的规模经济性。三是税务部门征收手段较为先进，信息化程度较高。除了已经投入使用的金税三期征管系统，税务与工商、公安、海关和社保等部门已经或即将联网。通过现代信息技术和科技手段的运用，可以提高非税收入的征管效率。四是税务部门的纳税服务建设取得的成效与经验，可以在非税收入征管领域得到迅速运用和普及，从而有利于提高企业和个人的遵从水平，提升非税收入的征管效率和服务水平，降低征管和奉行成本。

可见，非税收入由分散征收管理向垂直管理下的税务部门集中征收管理，在制度

---

① 参见《广东省人民政府关于明确省级设立非税收入项目征管职责划转范围（第一批）的批复》（粤府函〔2018〕384号），http://www.gd.gov.cn/zwgk/wjk/qbwj/yfh/content/post_162318.html。《海南省财政厅关于将省设非税收入项目（第一批）划转税务部门征收的通知》（琼财非税〔2018〕1848号），http://mof.hainan.gov.cn/sczt/0515/201901/83d45dd7dd3f40bebd151683b58769a7.shtml。《国家税务总局宁波市税务局 宁波市财政局关于省立两项非税收入项目划转税务部门征收的通告》（2018年第2号），http://czj.ningbo.gov.cn/art/2018/12/29/art_18668_3335405.html。《榆阳区第一批先行划转的非税收入项目征管职责划转税务部门》，http://www.yl.gov.cn/P/C/22755.htm。《关于水利建设基金等政府非税收入项目征管职责划转有关事项的公告》（国家税务总局公告2020年第2号），http://liaoning.chinatax.gov.cn/art/2020/1/21/art_1777_35244.html。

② 参见《关于将国有土地使用权出让收入、矿产资源专项收入、海域使用金、无居民岛使用金四项政府非税收入划转税务部门征收有关问题的通知》（财综[2021]19号）http://zhs.mof.gov.cn/zhengcefabu/202106/t20210604_3714865.htm.

③ 非税收入分成是指在中央与地方、地方各级政府之间以及政府相关部门之间明确非税收入分配主体、分配比例（或份额）以及结算方式等分配关系的制度规范。它涉及各级政府及部门之间的财力分配关系，是财政管理体制的重要组成部分。参见胡娟（2009）的具体分析。

上更具规范性,在执行上更具刚性,保证了更高的征收努力程度。这不但有利于降低征管成本、提升征管效率,而且将为未来税费制度改革、统一政府收入体系、规范收入分配秩序创造条件。

(三)组织间征管职责架构

由非税收入的分散性特征所致,组织间征管职责架构问题在非税收入征管领域表现得更为突出和重要,由此,导致在某一层级政府的内部,组织之间的征管架构如何设计,效率如何也构成了决定征收努力程度的重要因素。这里所述的征管架构是指狭义的、局限在单一层级政府内部及其直接相关的,围绕非税收入征管所设计的组织架构、部门设置与职责配置。从一般意义上来说,非税收入征收的组织架构中至少包括财政部门、各级主管部门、执收单位、受理银行或者代收银行等。其中,受理银行是指受理银行是按照有关规定办理本市非税收入收缴、汇划清算及信息反馈等业务的商业银行。而代收银行是按照相关规定指定办理非税收入代收代缴、汇划清算及信息反馈等业务的商业银行。从现实情况来看,区别于税收征管全国范围内较为统一的征管架构,不同地方的非税收入存在一定差异,总体可归纳为分权型和集权型架构。

上海市的非税收入征管架构具有分权型特征。根据《上海市政府非税收入收缴管理办法》的规定[①],财政部门(指上海市财政局)在非税收入收缴监管中的主要职责是:制定非税收入收缴管理有关政策和规章制度;组织实施非税收入收缴;建立和管理本级非税收入收缴银行账户体系;负责非税收入票据的发售,监督、审核票据的使用;对非税收入收缴及退付实施管理、监督和检查;对银行办理的非税收入收缴业务进行监管。在规定财政部门主导监管的同时,中国人民银行上海分行也协同参与非税收入收缴的监管。其主要职责包括:会同财政部门制定非税收入收缴管理有关政策和规章制度;协助财政部门督促和指导各受理银行、代收银行准确、及时、全额做好非税收入收缴业务;对各受理银行、代收银行和专户行非税收入资金的汇划清算业务进行检查和指导;负责对各国库行就纳入国库管理的非税收入进行会计核算,以及对账工作进行监督和管理;依据人民银行账户管理的有关规定,负责对非税收入收缴账户体系的设立、变更和撤销进行核准和备案。相应的,各级主管部门在非税收入收缴监管中的主要职责是执行政策和组织实施。具体包括:执行非税收入收缴管理政策;组织实施本部门非税收入收缴;组织管理本部门非税收入票据的领购、发放、保管、缴销等;对所属执收单位非税收入收缴及退付进行监管;建立健全部门内部监督制约机制。执收单位则负责公示、督促交款人、具体办理业务,确保非税收入按规定及时、足额上缴国库单

① 引自上海市财政局 中国人民银行上海分行,《关于印发〈上海市政府非税收入收缴管理办法〉的通知》(沪财库〔2013〕22 号),http://www.czj.sh.gov.cn/zys_8908/zcfg_8983/zcfb_8985/gkgl_8991/sfglhfsgl/201509/t20150916_155264.shtml。

一账户或财政专户。而受理银行、代收银行办理非税收入的资金收缴、汇划清算，以及传送及提供收款信息。

而湖南省实施的是一种集权特征的非税收入征管架构。湖南省成立了专职从事非税收入征收管理的机构——湖南省非税收入征收管理局。其作为副厅级单位受省财政厅直接领导和管理。根据其公开的信息可知，其职责主要包括：[①]负责牵头拟定非税收入征管管理实施办法，参与拟定非税收入管理政策。负责指导全省非税收入征收管理工作，组织、委托和督促省级非税收入的征缴工作，监管执收单位非税收入征管工作。负责考核省直各执收单位、各市州、县市区非税收入征收工作责任制执行情况和市州、县市区非税收入征管情况，负责编制省级行政事业单位非税收入年度预算并核定执收成本。负责省级非税收入的核算与统计、非税收入汇缴户资金的结算与划解。负责全省非税收入基础数据库的统一管理。负责编制全省非税收入报表并分析非税收入收缴执行情况。组织实施政府非税收入国库集中收缴。负责办理省本级非税收入缓减免事项的审核、报批等事项。负责全省财政票据管理工作。负责研究拟订全省财政票据管理制度和办法及财政票据式样设计及印制工作，承担省本级财政票据的保管、发放、核销、销毁、年检等日常管理工作。监督检查全省非税收入法律、法规、规章及政策执行情况，负责开展非税收入日常稽查和专项稽查，依法查处各种违反非税收入征收管理规定的行为。参与清理整顿非税收入项目、标准等有关工作。会同省国土资源管理部门办理省直国有土地处置审批事项，并负责其土地收益的收缴工作。

不难看出，两地都明确了财政部门与主管部门、执收单位之间的职责架构关系——财政部门负责制定政策和实施监管，主管部门执行政策和组织实施，执收单位具体办理，这符合财政管理和非税收入征收的基本规律和要求。区别在于，上海市非税收入征管架构具有专业分工合作的特色，特别是引入人民银行这一专业监管机构，分担非税收入收缴中的汇划清算、会计核算，以及财政账户的监督管理职责。这样做能够更加发挥专业优势和信息化管理优势，特别是借助高效、成熟的银行业信息网络，实现信息的准确、充分与快捷传递，从而有利于掌控和规范征收努力程度，提供更科学的全程监控与决策依据。挑战在于，这一分工协作中需要积极调动垂直监管部门的积极性，充分发挥人民银行监管职能和作用。

而湖南省的特色在于集权化的机构设立和权力配置。自 2003 年成立以来，湖南省非税收入征收管理局经历多次机构扩编和部门增设。[②] 目前来看，其职责规定更为全面，甚至可以会同土地行政管理部门参与省直国有土地处置审批。同时，该局的权

---

① 引自湖南省财政厅，信息公开栏，省非税收入征收管理局机构职能，http://czt.hunan.gov.cn/xxgk/jg-zn/zsjg/201603/t20160315_2956257.html。

② 引自湖南省非税收入网页面缓存，http://www.hnfs.gov.cn/Info.aspx? ModelId=1&Id=1。

责规定也更加细密，直接负责几乎所有的非税收入征管权限。而且，随着时间的推移，权力还在不断向该局集中、权力行使也更为充分与完整。例如，比较不同时期湖南省非税收入征收管理局的职责规定，可以发现初期的规定仅是“核定省直行政事业单位非税收入年度征收计划，衔接省直部门和执收单位的非税收入预算”①，而目前的职责规定则是“编制省级行政事业单位非税收入年度预算并核定执收成本”。这说明省级行政事业单位的非税收入预算编制权被进一步集中。又如，初期的规定中，其“组织、委托和督促省直各执收单位做好非税收入的征缴工作”②，而在目前的规定则是“负责考核省直各执收单位、各市州、县市区非税收入征收工作责任制执行情况和市州、县市区非税收入征管情况”。从“组织、委托和督促”向“考核”的转化，从原先的省本级向全省范围涵盖各市州、县市区在内的拓展，使得监管权力的行使更为充分、完整，权力行使范围也日益扩大。这种集权化的征管架构无疑会强化征收努力程度，促进应收尽收。同时也面临一定风险。例如，尽管经历数次扩编，但该机构的人力配备和资源配置仍较为有限。在全省范围由单一机构实施的非税收入征收监管，面临较为明显的信息不充分、不对称，以及委托代理链条过长、涉及面过大的问题，若没有良好防控，这一风险也将会削弱征收努力程度。

（四）组织内部征管模式

从更微观的层面来看，组织内部的征管模式将会直接决定征收努力程度。这里的征管模式是指在组织内部，围绕非税收入征收管理的具体实施、流程设计、征管形式和征收办法等结合方式，即征、管、查的组合形式，代表了非税收入的征管模式。科学合理的征管模式，特别是结合信息化管理，能够保证较高的征管现代化水平，显著提高非税收入努力程度。在这一过程中，征管人员作为非税收入征收管理的实施主体，其在既定管理下的业务能力、应变处理能力及沟通能力等综合素质，直接影响非税收入征收努力程度。税务征管人员素质越高，越可以严格执法，依法行政，引导影响公民依法缴费，降低征收成本，就能展示越高的征管努力水平。

三、规范征管努力的路径

（一）健全法律环境

规范非税收入征管努力，是指既要约束“自收自支”“乱收费、滥收费”、提前征收等非税收入征收中的行为扭曲，又要防止“收支两条线”改革后一些地区出现的不作为和工作懈怠，以及随意减征、缓征、退付非税收入的违规现象，做到合法合规征收。

---

① 引自湖南省非税收入网页面缓存，http://www.hnfs.gov.cn/Info.aspx? ModelId=1&Id=1。

② 引自湖南省非税收入网页面缓存，http://www.hnfs.gov.cn/Info.aspx? ModelId=1&Id=1。

规范征管努力的根本路径是需要从立法、行政与司法的制度框架角度入手，健全相应的法律法规体系。立法需要发挥决定性和先导性作用。对于非税收入项目实施法定与法治化，特别是经过充分酝酿和立法讨论的法定授权，是一个迫切需要破题的领域，这是规范征管努力的根本前提。进而，行政内部按照现代预算管理制度和政府内部控制规范要求，建立健全涵盖行政、预算、国库的控制、监管与监督制约。而司法制度基于立法目标和宗旨，对行政权力实施最终的制衡。健全法律环境，是规范非税收入征收努力的根本途径。

（二）完善征管体制

可以预见未来一段时期内，分散征收管理与垂直管理下的税务部门集中征收管理这两种体制仍将相互共存，逐步划转，乃至实现统一。

从适宜性方面来看，与现有税制联系较为紧密的非税收入项目，均可以尽快划转为税务部门征收，典型如一些政府性基金项目。很多非税收入项目涉及企业这一对象，以企业作为缴款义务人或者是作为代扣代缴（受托代征）义务人，由于税务部门对于企业的监控较为严密，这就使得划转后的征管较为便捷与高效。同时，一些非税收入项目的计额依据与现有税制的要素联系紧密，也涉及特定产品与服务的价格、交易量、交易范围等，制度上的衔接和过渡较为可行。对于部分尚不能直接关联上现有税制要素的非税收入，例如一些使用费项目，只要征收对象、交易主体和交易行为等较为明确，属于较为稳定、可持续的市场化行为，税务部门凭借人力资源和技术优势，也能够迅速承担征管任务。因此，这一类政府性基金和收费项目划转至税务部门征收，不仅能够提高征管效率和征管规范性，而且，征管主体和征管环节的减少，有助于实现缴费义务人"对一个部门、填一张表单、跑一个窗口"，降低征管和奉行成本。

另一方面，从必要性角度来看，一些目前分散征收管理的非税收入项目，例如国有资本收益和国有资源有偿使用收入、特许经营收入等也应该由垂直管理下的税务部门集中征收。现有一些审计结论与研究结果表明，一些非税收入领域的征管不健全、违法违规问题较为突出。以非税收入领域中体量最大的土地出让金为例，Chen 和 Kung（2019）发现在 2007 年以后的十余年内，土地出让领域的腐败产生了显著更低的出让价格和相对更多的土地出让数量，造成土地出让金的大量流失，涉案的腐败官员包括一些省级及以上主要领导干部。现实中，土地出让金收入是一个典型的分散征管（收取）领域。省级政府土地管理"负总责"体制下，治理结构主要局限在某一层级政府内部，省以下各级土地行政管理部门也非真正意义上的垂直管理部门，这就使得现有的监督制约始终大多局限在这一政府层级内部，充分性与有效性不足。此时，引入垂直管理为主的税务部门负责征收这一类非税收入，相当于在每一层级的政府治理结构中引入了作为制衡的第三方，通过收入取得这一关键环节，辐射所有非税收入项目，涵盖相应主管部门和某一层级政府的活动，这将会打破原有的封闭格局，对完善非税收入的征管，规范征收努力的意义重大。

（三）优化征管架构

可以预见，未来非税收入的征管组织架构中会有所演变，形成财政部门（及其他监管部门）、（对口非税收入项目的）主管部门和税务部门三方格局，而执收单位在征管组织架构中将会淡化，甚至逐步退出，同时，受理银行和代收银行的角色也应逐步让渡于国库银行及国库单一账户①，非税收入的财政账户体系也会日趋简洁。

财政部门、主管部门和税务部门三方格局下的征管架构仍需要进一步优化相应的职责配置。应当明确财政部门根据立法授权或者政府规定，制定、指导与监管政策的先导作用。财政部门需要发挥类似于美国行政管理与预算局（Office of Management and Budget，OMB的作用，具有更全面的职责配置，更充分的权力行使内容和范围。可以吸收现有上海模式和湖南模式各自的优势与特色，财政部门以充分的权力行使与明确的职责为依据，协同其他专业监管机构，对非税收入项目的政策实施进行审查，提供政策实施和收入取得的一般化框架，监管和评估政策，以确保特定收入项目所对应的政策的合法合规性。主管部门参与制定政策，提出专业建议，组织实施非税收入项目所对应的政策，实施绩效管理、成本计量和财务报告，接受立法机构和社会公众监督。而税务部门则主要根据法律法规要求，协助政策实施，充分行使非税收入项目的征收权，做到应收尽收，规范征收努力。

（四）改进征管模式

完善组织内部的征管模式要求将征管工作专业化，提高分工效率；提高计算机运用效率，建立多部门信息功能共享平台及完整的非税收入征管系统，加大税收征管的科技含量，提高征管现代化水平。加强对征管人员的培训和考核工作，将法律知识、计算机操作、数理分析和管理能力纳入考核指标；大力加强监督制约机制，通过设立举报电话、投诉箱、聘请监察员等形式加大监督力度。可借鉴税收征管的激励模式，首先核定各执收单位的非税收入基数，然后签订目标责任书，细化考核指标；将部门绩效考核与部门领导晋升相挂钩，加强非税征管部门与执收部门与受托代征部门之间协作关系（唐峻，2015），以规范征收努力。

在具体办法上，一是建立协作机制。建立与国税、公安等部门的沟通协作和信息化监管机制，加强对非税收入监控能力。二是建立非税收入信息公开机制，提高非税收入信息透明度。三是丰富宣传形式。定期将非税收入征收状况、征收程序及注意事

① 国库银行是指现行各级国库，包括各级人民银行经理的各级分库和商业银行代理的支库，其为各级财政部门在国库行开设国库单一账户。

项等通过信息化平台，如微博、微信、税企 QQ 群等推送给缴款义务人人，同时将非税收入票据违法犯罪典型案例以漫画、动画的形式予以曝光，同时鼓励社会公众对发票违法犯罪行为进行检举。

第四节 非税收入的预算管理

一、统收统支和专款专用模式

从当前国内外的实践来看，可以将非税收入的预算管理分为两种模式：一是统收统支，即政府集中各项非税收入、统管收支，实行"收支两条线"管理，这种模式与税收的管理并没有实质性差异；二是专款专用，即哪一部门征收的收费就用于抵减哪一部门发生的成本，收费收入被单项用于提供相关服务或福利的项目，而不用于一般公共项目，实行"收支一条线"管理(朱为群，2017)。

当前大多数国家都采用统收统支为主的管理模式。如我国事业单位"收支两条线"管理，具有执收执罚职能的单位，根据国家法律、法规和规章收取的行政事业性收费(含政府性基金)和罚没收入，实行收入与支出两条线管理，即行政事业性收费和罚没收入按规定应全额上缴国库或财政专户；同时，执收执罚单位需要使用资金时，由财政部门根据需要统筹安排核准后，从国库或预算外资金财政专户拨付。

国外案例

加拿大联邦《财政管理法》规定，联邦政府部门和机构所有收费必须按照国库部的规定，统一缴存到出纳总署(Receiver General)的"综合收入基金"(the Consolidated Fund)账户中，原则上由政府统一安排使用，不与有关部门和机构支出相挂钩。有关部门和机构的相关开支，必须列入部门或单位预算，并事先获得国库部和议会的批准。澳大利亚政府非税收人全部上缴财政，纳入预算管理，收费机构的收入全部计入政府收入统一账户，收费机构的相关支出由财政部门通过预算统筹安排。同时，为了保证收费机构尽职尽责地完成收费任务，财政部门在安排预算支出时，根据收费机构上年的收入情况适当增加其支出预算，但增加的预算不会超过该机构收入增长的部分。

还有一种管理模式是以美国为代表的对非税收入采用专款专用的管理模式。美国政府的非税收入大多限定了专用范围和方向，非税收入通常被单独用于提供相关服务或福利的项目。比如，商品收费的收入存入专门基金，用于支付生产这一商品的费用;补偿性收费收入存入计息账户,若在一定期限内不用,则要退还给开发商;特项收费收入存入特定账户,用于专门的改造项目。我国也有专款专用管理模式的非税收入,多为政府性基金,如民航发展基金是针对在中国境内乘坐航班的旅客,以及在中国境内从事客货运输业务的航空运输企业和公务飞行的通用航空企业征收的,专项用于民航基础设施建设、节能减排、支持通用航空等发展建设;车辆通行费就是对过路的机动车征收,专项用于归还新建改或建高等级公路、市区高架路、桥梁、随道等建设项目的贷款。

预算管理中大部分国家都是采用统一支出和以收抵支两种收费使用方式。非税收入中主要通过统一支出方式使用,但均有一部分收费实行以收抵支,对可抵扣金额一般有法律限制。在一些特别情况下,法律容许执收单位保留这些收费收入直接弥补相应活动或者部门运营的成本。这类收入主要是政府一些商业性或市场导向的活动带来的收入。经法律授权,可在预算文件中作为抵消性征收或者抵消性收入直接抵消部门总支出,以净成本(总成本—抵消性征收或收入)的方式从支出方进入预算。

国外案例

美国联邦大约有 90%政府收费收入以收抵支方式处理(王清剑等,2014)。地方政府对收费收入一般规定专款专用,如加州政府规定,收费不能用于一般公共服务,只用于规定的目的。加拿大《财务管理法》规定,联邦政府部门所有收入均缴入政府综合收入基金,但一些政府机构通过国会批准设立的净拨款基金和可周转基金,将缴费者直接受益的政府服务项目收入作为可重新使用收入,在国会批准额度内直接用于该服务项目的运行,实行收支相抵,通过部门净支出(总支出一可重新使用收入),而不是作为政府收入体现财政预算中。国会通过《可周转基金法案》控制以收抵支收费项目的金额。加拿大联邦收费收入中约有 1/3 实行以收抵支。省一级情况也类似,如安大略省收费均计入政府综合收入基金,但也容许一些部门保留周转性基金项目,以收抵支(王清剑等,2014)。

不难发现,国外对非税收入的征缴管理多从征收权限和收入管理两部分进行规制:征收权限多集中于中央,多由政府负责征收;收入管理多由中央进行统一,统一安排使用。这对我国非税收入征缴管理具有一定的启示意义,明确征收权限,强化收入管理是我国非税收入法治化建设的应有之义。

二、非税收入的统一预算监管

(一)统一预算监管的普遍经验

尽管非税收入的管理模式有统收统支和专款专用之分,但无论采用哪种模式,非税收入通常都要纳入政府统一的预算管理，实行严格的财政收支监控。即使某项非税收入项目规定了使用方向，其也要参照预算内资金来管理，以确保资金的使用效率（朱为群，2017）。

加拿大《财政管理法》规定，联邦政府收费必须统一缴到出纳总署的“综合收入基金”账户中，除个别收费收入可以用于补偿提供服务发生的费用外，收费收入原则上由政府统一安排使用。有关部门和机构开支，必须列入部门或单位预算，并事先获得国库委员会和议会的批准。澳大利亚在1999年改革会计核算方法，将非税收入全部计入政府收入统一账户，相关支出由财政部门通过预算统筹安排。美国非税收入虽然多数都是专款专用或者收抵支，但并未脱离财政管理，其中很多项目还在预算内进行管理。同时，预算外的项目不等于脱离财政规范。“预算外”的意义仅仅是指某项资金不列入总统的年度预算提案和国会通过的年度预算决议案中的预算内容，但它仍需要经过预算批准，并不能脱离统一预算管理的基本框架。

目前，中国的非税收入预算统一监管也取得了巨大的进步。21世纪初的“收支两条线”改革中，为了对预算外资金收支统一核算和集中管理，将各部门的非税收入全部纳入财政管理，其中按国家规定应纳入预算管理的必须统一上缴国库，其他一律纳入财政专户管理，任何部门不得“坐收”“坐支”。[①] 2016年发布的《政府非税收入管理办法》（财税〔2016〕33号）第四条明确规定，非税收入是政府财政收入的重要组成部分，应当纳入财政预算管理。近年来，中国不断推进全口径的预算范围和统一的预算管理改革，为加强政府非税收入管理，规范政府收支行为，健全公共财政职能，保护公民、法人和其他组织的合法权益提供了坚实基础。

（二）统一监管下的预算管理改进

非税收入逐步纳入全口径预算范围和统一的预算管理，必然要求对非税收入的预算编制、执行和决算等方面进一步深化改革。

目前，实践中反映的进一步推进非税收入预算管理的困难主要在于：第一，如何进一步明确非税收入预算管理的法律法规依据。从《预算法》的制定与历次修订内容来看，均没有对非税收入的预算管理做出明确界定，哪怕是基本的概念性框架都没有。这就隐含地认为非税收入的预算编制、执行与决算等同税收收入处理。财政部现有的非税收入征收管理办法也没有对非税收入分别纳入一般公共预算、政府性基金预算和国有资本经营预算管理指出具体、明确的规范要求。各地方出台的规章制度内容也是“重征缴、轻预算”。事实上，相对于税收收入，非税收入资金较为细微、分散且种类与

① 引自《国务院办公厅转发〈财政部关于深化收支两条线改革进一步加强财政管理意见〉的通知》（国办发〔2001〕93号），http://www.gov.cn/zhengce/content/2016-10/11/content_5117396.htm。

名目数量众多，“政出多头”“条块分割”的问题在预算管理中表现得更为明显。若没有相应的法定与法律规范作为前提依据，非税收入预算管理改革尚缺乏强劲持续的动力。需要推动非税收项目的法定及法定授权，实施覆盖项目设立到绩效审计全链条的绩效管理改革，落实非税收入为对象的全面绩效管理。

第二，如何进一步提高非税收入预算编制的准确性。由于非税收入的灵活性、分散性、非普遍性所致，其收入相对于税收而言不稳定，受清费减负、减税降费等宏观政策的影响更为明显。同时，市场环境也会对非税收入产生较大冲击，可预测性较低。例如，占非税收入比重较大的土地出让金收入，受房地产市场影响在不同年份波动较大，有的城市可能在当年超收或短收 50%以上（刘振明，2015），这对预算编制的准确性提出较大挑战。同时，非税收入预算编制中如何核定征收成本也是实践中普遍感到棘手的困难。不同类型非税收入差别较大，征收成本不尽相同，成本核定工作繁多复杂，且缺乏相应的规范指引。这要求建立政府成本会计准则，完善收支预测和成本计量技术，规范非税收入项目的财务管理，建立实施财务报告和中期财务规划制度。

第三，如何保证非税收入预算执行的刚性。尽管纳入预算管理，但实践中的常见情况是，若大幅超收，则支出频繁追加；若大幅短收，不仅预算任务无法完成，安排的支出也执行不到位，使得预算执行缺乏刚性，非税收入预算的真实性和可靠性受到冲击。因此，除了强化非税收入项目的法律法规约束、绩效管理和财务报告制度，非税收入的预算收支与结转制度方面的改革也迫在眉睫。

第四，如何理顺“收支挂钩”与“收支关联”的关系。现实中一个普遍的现象是非税收入仍存在“收支挂钩”问题。部门单位支出与收入挂钩下产生的畸形现象是“谁收谁用，多收多用”，甚至诱发了违法违规征收的行为，降低了预算管理成效，削弱财政部门对非税收入的监管，违背了实施非税收入预算管理的根本目标与初衷。事实上，从国外经验来看，在全面预算管理框架和统一的预算监管下，也注重保留和发挥一些非税收入项目的收支关联性，以发挥其经济效率、受益公平性和政策实施方面的特有功能。例如美国将使用者付费项目以收抵支后的净支出列入预算的做法。因此，部门单位“收支挂钩”所反映的问题实质是非税收入游离于政府全面预算管理之外所产生的“预算脱钩”后果，而进一步的“收支脱钩”改革应着力实现充分、彻底的“预算挂钩”。因此，除了强化法律法规对预算管理的监督制约，积极推进绩效管理、成本约束和财务报告等制度建设，还需要拓宽非税收入财政与预算管理的视野，进一步推动非税收入预算管理制度改革，更好地发挥非税收入在效率、公平与有效等规范性目标的作用。

（三）财政账户制度的相应改革

统一预算监管还涉及相应的国库管理和财政账户改革。财政部《预算外资金管理实施办法》（财综字〔1996〕104 号）规定预算外资金由财政部门建立统一财政专户，实行收支两条线管理。在 2010 年预算外资金纳入预算管理以后，预算外资金财政专户也已经取消[①]，随着预算外资金一同成为了历史。

现有的与非税收入相关的财政账户主要是为适应非税收入征管业务需要而设置。例如，按照《上海市政府非税收入收缴管理办法》的规定，目前的非税收入账户包括国库单一账户、财政专户、汇缴专户和备用金专户。[②] 其中，国库单一账户是各级财政部门开设在国库行的国库存款账户，用于核算纳入国库管理的非税收入的收缴、存储、退付、支出、清算等业务。国库单一账户按照政府收支分类科目进行明细核算。财政专户是各级财政部门开设在商业银行的专用存款账户，用于核算纳入专户管理的非税收入的收缴、存储、退付、支出、清算等业务。重要的区别在于，财政专户不仅按照政府收支分类科目进行明细核算，也要按照主管部门的收支进行明细核算。此外，汇缴专户是指执收单位经同级财政部门批准同意开设的专用存款账户，用于核算经同级财政部门确认无法通过受理银行直接缴纳国库单一账户或财政专户的非税收入。该账户只能用于非税收入汇缴，不得用于支出、退付等业务，并将逐步实现零余额账户管理。通过该账户收缴的非税收入应在资金到账的当天或次工作日上午，由执收单位上缴国库单一账户或财政专户。到账资金因特殊原因未能及时上缴财政产生的利息收入，按规定全额上缴国库单一账户。事实上，设立汇缴账户主要是考虑特定非税收入的收缴业务特征。如非税收入存在异地交款；非税收入与其他收入同时征收，需要通过清算才能区分；非税收入通过执收单位、缴款人与受理银行三方签订托收协议，采用托收无承付方式收缴等情况。而备用金专户是针对频繁发生退付的执收单位，经同级财政部门同意开设并限定额度的专用存款账户，该账户只能用于非税收入的退付和清算补足，账户产生的利息收入，按规定全额上缴国库单一账户。

当前，对于一些非税收入财政专户，各地都在积极探索统一预算监控，淡化财政专户的职能，加强预算管理，不断取得新的进展。例如，2019 年发布的《湖南省省以下法院、检察院政府非税收入省级统一管理实施办法》中规定，[③]除了省以下检察院征收的罚没收入直缴省国库之外，两院的扣押涉案款项分别由扣押法院管理和省检察院集中管理，将扣押涉案款项分别缴入扣押法院特设专户和省检察院专用账户。对于诉讼

---

① 参见《财政部关于将按预算外资金管理的收入纳入预算管理的通知》(财预〔2010〕88 号)，http://www.mof.gov.cn/gp/xxgkml/yss/201007/t20100709_2498049.html。

② 引自上海市财政局 中国人民银行上海分行，《关于印发〈上海市政府非税收入收缴管理办法〉的通知》(沪财库〔2013〕22 号)，http://www.czj.sh.gov.cn/zys_8908/zcfg_8983/zcfb_8985/gkgl_8991/sfglhfsgl/201509/t20150916_155264.shtml。

③ 引自《湖南省财政厅关于印发〈湖南省省以下法院 检察院政府非税收入省级统一管理实施办法〉的通知》(湘财非税〔2019〕3 号)，2019－09－27，http://www.hunan.gov.cn/hnszf/xxgk/wjk/szbm/szfzcbm_19689/sczt/gfxwj_19835/201910/t20191014_10482684.html。

费，省以下法院执收诉讼费时直接开具《湖南省非税收入一般缴款书》，缴入省非税收入汇缴结算户。原则上，执收诉讼费的60%通过省非税收入汇缴结算户划缴省国库，40%部分作为“诉讼费退付备用金”预留省非税收入汇缴结算户，用于补充法院诉讼费备用金账户资金并实行总额控制。根据诉讼费实际退付情况，适时调整执收诉讼费的备用金留存比例。可见，省以下法院的诉讼费退付实行备用金制度，强化了备用金专户和汇缴专户管理。

三、非税收入的信息化征缴

（一）信息化征缴

信息化征缴的特征在于电子化、外包化（王剑清等，2017）。电子化是指政府利用现代信息和通信技术，通过不同的信息服务设施（如电话、网络、媒体、公用电脑站等），对政府机关、企业、社会组织和公民提供自动化的信息及其他服务，即电子政务。我国非税收入收缴电子化改革，由省财政按照国家项目库建设要求建立全省统一的非税收入项目库，从源头上规范了非税收入执收项目管理和执收单位收缴行为，防止乱收费；财政通过非税收入执收项目识别码，实现执收项目的收入自动化清分，银行将资金按照清算指令分成至相应的银行账户或对应级次国库；缴款人通过执收单位开具的缴款识别码自由缴款，可以通过传统银行柜面、手机银行、网上银行、POS刷卡、ATM终端交款，还可以通过微信、支付宝交款。外包则是将非税收入征收工作委托给第三方负责，以降低征收成本，提高管理水平和质量。我国非税收入多委托其他部门、单位征管，如现行地方收费主体主要有地方财政、交通、国土管理、工商、卫生监督、公安、司法、检察、城建、环保、教育等管理部门，有些非税税收入委托银行、社会团体等代收，对于一些收费、罚没收入实行“单位开票、银行代收、财政统管”的征管模式，如一些电动车违规罚款，需要到指定非税收入代收银行省内各网点缴纳，再由银行定期汇总汇入财政专户。

许多发达国家电子化和外包化征缴机制比较完善。如美国财务管理服务局提供多种支付方式，有完全电子化（在线支付、自动转账支付、信用卡或者储值卡支付）、部分电子化（电子汇款）、非电子化（支票和现金）征收，在经常性收费或金额较大时，推荐使用电子缴款的方式，如通过pay.gov网站在线支付。如果在一个环节有多项收费，联邦机构会联合指定一家机构代表征收。联邦机构为降低成本，有时也将收费征收委托给私人机构，如洛杉矶郡所有收费完全委托一家金融服务公司来征收。加拿大移民局开发电子征管系统，收费收入通过金融机构来征收，由一家集中银行作为中介实现所有金融机构和移民局之间的资金转移，并最终将所有款项缴入一般收入局。有些机构将征管工作委托给第三方公司，以节约成本。如农田改造和市场合作贷款项目，就由贷款方先征收一次性注册费，将这些注册费缴纳给政府后再开始项目审查。

（二）电子化票据管理

与信息化征缴系统对应的是电子化票据管理。依托征管系统。各国对票据管理主要集中在征收部门，电子票据应用较为普遍。

美国联邦票据由征收机构管理，票据使用与征收流程有关。以交通运输部为例，在收银机收费的情况下，票据由收银机打印；如果收银机不能工作，由收银员手工收款，开具手工票据；如果通过网络支付如通过 pay. gov，将不出具纸质票据，而是由系统给出一个电子票据，作为付款凭证。交通部收费中心对票据的保管年限是 3 年，保存期满的票据按照《纸质文件管理手册》的要求处理。美国地方政府则更广泛地使用了电子票据。加拿大联邦《公款的收入收缴条例》要求，在需要的情况下，收费机构向缴款方提供收费票据。票据的印制、发放、核销等管理由收费机构具体负责，根据征收管理流程来设定票据使用环节。

（三）中国的改革进展

中国近年来积极推进信息化征缴和电子票据系统建设，并取得长足发展。2004 年，财政部确立了“单位开票、银行代收、财政统管、实时监督”的非税收入征缴体制，推进了财政票据电子化、非税收入收缴管理的信息化。收缴相分离管理体制的建立实施，是非税收入征管信息化的政策开端。目前，这一系统大致分为两部分（王雪梅，2017）：一部分是财政部门与执收部门之间票据的管理系统，主要是用于管理财政部门对非税收入票据的发放、执收部门对票据的领用以及执收部门对旧票据的核销①；另一部分是缴款人与代收银行之间非税收入缴款的管理系统，主要就是用于缴款人缴纳非税收入。另外代收银行又与财政部门联网，缴款人通过代收银行的缴款记录会生成电子对账单自动传送至财政部门的服务器上。目前，中国的非税收入征缴基本实现电子发票取代手写发票，通过银行代收制度实现票款分离，大大提升了征管效率。

目前，非税收入中持续创新信息化缴费模式、完善信息平台，不断提高信息化水平和征缴效率。典型的做法包括：

第一，提升缴费方式的灵活便捷。各地普遍推广缴款人通过微信、支付宝、网银等多种方式缴费，告别人工开票、银行代收，“银行单位来回跑”的旧模式，提供“足不出户”一站式缴款和“最多跑一次”服务。

---

① 目前，非税收入票据包括非税收入通用票据、非税收入专用票据和非税收入一般缴款书。其中，非税收入通用票据是指执收部门征收非税收入时为缴款人开具的通用凭证；非税收入专用票据是特定执收部门征收特定类别的非税收入时开具的专用凭证，主要包括行政事业性收费票据、政府性基金票据、国有资源（资产）收入票据、罚没票据等；非税收入一般缴款书则是指实施非税收入收缴管理制度改革的执收单位收缴非税收入时开具的通用凭证。《财政部关于印发〈政府非税收入管理办法〉的通知》（财税〔2016〕33 号）。

第二，提升征收项目信息的公开透明。将执收项目与非税收入项目库或收费清单进行连接，通过信息化手段进行推送，履行告知缴款义务人义务，从源头实现征缴的对接与明确，杜绝违规征收现象发生，规范征缴行为。

第三，强化征管与执收之间的"以票控费"。通过信息化系统建设，打通从财政部门到缴款人之间的信息化传递路径，监控从财政部门票据发放到执收部门票据填开之间的过程，帮助财政部门实时监控执收部门的非税收入票据使用，掌握执收部门非税收入票据的开票项目、标准或是其空白票据情况。从而对缴款业务进行精确定位和实时跟踪，以信息化手段督促执收单位强化征管，确保应收尽收，全面提高非税收入征缴效率。

第四，加强执收部门与代收银行之间的信息反馈。非税收入执收单位接入统一公共支付平台，通过技术手段实现政务服务网与统一公共支付平台的对接，帮助执收单位快速实现非税资金的在线收缴。畅通执收单位与代收银行之间的信息化路径，实现单位开票与银行代收之间的衔接，帮助执收部门及时掌握缴款人的缴款情况。

本章小结

在继本书前几章对非税收入理论基础、收费对象及收费标准的确立之后，本章开始主要进一步讨论非税收入征收管理。本章第一节对非税收入的征收权利及其组成进行了介绍，明确了非税收入征收权利实质上是来源于公民的许可，因而需要清晰的法律授权对政府部门非税收入征管权进行严格的规制。紧接着对非税收入基本征收权力的构成进行了介绍，从行使征收权力规律的角度，规范的非税收入征收权力配置体现在有央地征收权力的清晰法律规范、立法机构的决定性与先导性以及行政、司法对征收权力的限制等基本方面。非税收入项目的设立及调整权，特别是设立的法律授权问题，是非税收入征收权的核心表现。本章第二节指出，非税收入设立权法定与法制化，不仅需要行使征收权力的标准化程序、设立及调整中的多元利益主体参与，以及设立后的持续评估与改进方面，重点还要明确非税收入法定授权设立的形式与内容，强调了无论是宽口授权还是专法授权，立法机构授权时都必须制定具体和明确的授权内容，确保政策的有效性和进一步的监督审查。

在确立及配置了非税收入征管权力之后，在法定与法治化的条件下，如何激励与约束非税收入参与主体是本章随后阐述的内容。首先，我国非税收入范围广、种类多、征管机构层级较多等特点，要求对非税收入的征管机构自己缴款义务人采取激励与约束措施，并介绍了执收机构实施激励的典型例子。明确了规范征管努力的根本路径是需要从立法、行政与司法的制度框架角度入手，健全相应的法律法规体系，并提出从法律环境、征管体制、征管架构以及征管模式等四个方面规范征管努力地路径。本章最后一节，总结国外预算监管改革以及非税收入信息化征缴、电子票据管理等方面的经验和优势，对我国非税收入预算管理改进、财政账户制度改革及信息化征缴改革进程进行了详细的分析。

名词解释

1. 收入保全制度：非税收入保全制度是指为了维持政府非税收入秩序，确保相关缴费义务人正常缴费，以使非税收入得以保全而制定的各项制度。

2. 收支两条线管理：是指具有执收执罚职能的单位，根据国家法律、法规和规章收取的行政事业性收费（含政府性基金）和罚没收入，实行收入与支出两条线管理。

3. 宽口授权：宽口授权是指在法定要求下，相关法律、法规对政府部门关于非税收入项目设立进行了宽泛的授权，即允许政府部门通过制定政府规章向受益人收取费用，并将收取的费用用于弥补其提供特定产品或者特定服务的成本。

4. 专法授权：专法授权是指非税收入项目设立有专门的法律予以规定，通过一部法律授予某一政府部门关于某一特定领域服务与产品的供给而收取费用的权力。

复习思考题

1. 试联系实际说明非税收入管理采取激励约束机制的必要性。
2. 试阐述规范征管努力的路径有哪些。
3. 规范的非税收入征收权力配置应具有哪几方面的特征？
4. 宽口授权与专法授权模式各自的优点与缺陷是什么？试结合例子说明。
5. 非税收入预算管理的模式有哪些？

第八章　非税收入使用管理

第一节　非税收入绩效管理

一、绩效管理的内涵与环节

（一）绩效管理的内涵

绩效在概念上有结果和行为上的区分，即包括行为和结果两个方面，而行为是达到绩效结果的条件之一。阿姆斯特朗和巴龙（2005）的著作中指出，“绩效指行为和结果。行为由从事工作的人表现出来，将工作任务付诸实施。（行为）不仅仅是结果的工具，行为本身也是结果，是为完成工作任务所付出的脑力和体力的结果，并且能与结果分开进行判断”。这一定义表明，当对绩效进行管理时，既要考虑最终所需要的结果，也要考虑围绕结果的实施过程。

一般意义上，绩效管理是一种提高组织绩效，开发团队与个体的潜能，使组织不断获得成功的管理思想和具有战略意义的、集成的管理方法（Armstrong 和 Baron，2005）。通过绩效管理，可以帮助企业实现其绩效的持续发展；促进形成一个更以绩效为导向的企业文化；激励员工，使他们的工作更加投入；促使员工开发自身的潜能，提高他们的工作满意感；增强团队凝聚力，改善团队绩效；通过不断的工作沟通和交流，发展员工与管理者之间的建设性的、开放的关系；给员工提供表达自己的工作愿望和期望的机会。①

（二）绩效管理的环节

有效的绩效管理的核心是一系列活动的连续不断的循环过程，一个绩效管理过程的结束，是另一个绩效管理过程的开始，形成一系列管理活动的连续不断的循环过程，最终使得个体和组织绩效得以持续发展。

---

① 引自 Armstrong, M., Baron, A. (1998). *Performance Management*. London: The Cromwell Press, p. 52.

一般意义上，绩效管理的过程包括绩效计划（Performance Planning）、管理绩效（Managing Performance）、绩效考核（Performance Appraisal）和奖励绩效（Rewarding Performance）四个环节（仲理峰、时勘，2002）。其中，绩效计划是一个确定组织对员工的绩效期望并得到员工认可的过程。针对结果绩效和行为绩效两个层面，绩效计划需要说明期望员工达到的结果以及为达到该结果所期望员工表现出来的行为和技能，即确定工作目标（Work Objectives）和发展目标（Development Objectives）。工作目标的设计是一个自下而上的目标确定过程，通过这一过程将个人目标、部门或团队目标与组织目标结合起来。目标设计也是一个员工全面参与管理、明确自己的职责和任务的过程。而发展目标则是基于发展导向，强调发展目标既可满足组织发展需要，也可为员工个人赢得利益。管理绩效则是指通过辅导、咨询、进展回归和自我监控等方式，保证员工能够按照设定的目标，在规定时间内完成工作任务。绩效考核则是指按照事先确定的工作目标和发展目标，及其衡量标准，考察员工实际达到的绩效，并对达到或超过了绩效考核中确定的绩效标准的情况予以奖励，即实施奖励绩效。

（三）非税收入绩效管理的特征

非税收入资金相关的绩效管理活动相对于一般意义上的绩效管理具有两方面的特征，一是受到公共部门决策的内在影响。针对特定公共服务和公共目标的非税收入项目需要经过立法程序，由立法机构、行政部门及机构、司法机构所代表的强制性政治权力所主导。同时，由于非税收入项目往往具有更加直接的收支关联度，直接决定或影响非税收入项目的服务对象——企业、产业和公众的利益，因此，其目标的设立需要经过利益相关人的磋商和讨论。例如，通过听证、公开讨论、政府公告及征询意见等活动，对相应绩效的确立提供更充分的依据和更广范围的参考。上述特征使得非税收入项目的绩效管理中，对于绩效目标的设定需要有更为充分的酝酿，甚至经历更为激励的长期争议，同时也需要更为开放的决策环境，而非局限在组织内部的管理层。

另一特征则是受到外部监督环境的制约。公共部门承担受托责任，并且这一受托责任的表现呈多样化，使得绩效目标也具有较多的表现维度。这是由于公共利益中涉及的多维度表现，如执行效率和经济效率、公平负担等，使得公共部门的绩效目标表现更加多维。并且，多维目标下的目标设定面临的信息不对称和不充分性程度也更加强烈，由此导致绩效计划、绩效标准的管理与实施更加困难，或者说需要更为明确与细致的计划、标准和评估。因此，除了一般意义上绩效管理所强调的组织内部的绩效考核和奖惩，特别需要公共部门对绩效管理情况进行报告，并引入组织外部的多维力量予以监督审查，更加注重公开与透明，具体而言表现为更加严格的绩效报告和绩效审计活动。

由上可知，隶属公共部门范畴的非税收入的绩效管理，是在法定的基本前提下，涵盖绩效目标、绩效计划与标准（包括其管理、实施与评估活动）、绩效报告、绩效审计环节所形成的管理框架和流程。

二、确立绩效评价内容与原则

(一)非税收入绩效评价的内容

近10年来,伴随着GDP的增长与财政收入规模的不断扩大,我国非税收入的规模也不断扩大,2019年我国一般公共预算非税收入增长至32 390亿元,并且自2015年以来,一般公共预算中非税收入占财政收入的比例持续超过17%。非税收入收支规模越来越大,因而对非税收入项目及标准设立,征缴管理、资金使用、社会效益和经济效益进行绩效评价,显得尤为重要。非税收入的绩效评价是财政绩效评价的一个组成部分,也是财政管理精细化工作的组成部分。

根据非税收入管理的基本内容,非税收入绩效评价的主要内容有:

第一,非税收入项目及标准的绩效评价,主要评估非税收入项目设立是否有法定依据,理由是否充分,是否采取标准的法定程序,非税收入标准是否合规,确定的方法是否科学有效,是否有经济上的合理性和技术上的先进性。

第二,非税收入取得的绩效评价,主要包括评估各执收单位取得的非税收入是否在合法的范围内,是否随意更改非税收入项目标准、扩大收费范围,是否按规定使用非税收入票据,是否存在坐支现象等。

第三,非税收入完成情况的绩效评价,主要包括评估非税收入政策执行情况,各单位该收的非税收入是否足额收取并解缴到国库;通过收入与成本之间的比值分析,评估收入取得的效率。

第四,对非税收入项目社会影响的效果进行评估。主要是对项目在社会经济发展等方面产生的有形、无形效益和结果进行评估,重点是对一个地区社会、经济、环境等宏观方面产生的作用和影响的评价。

非税收入绩效评级的内容涉及整个非税收入管理工作的过程,从项目及标准的设立,到征管工作,再到非税收入资金入库,最后到非税收入资金使用的效果等都是非税收入绩效评价环节,每一项内容,每个环节都需要实施有效的绩效评价,都是非税收入绩效管理的重要内容。

(二)非税收入绩效评价的原则

区别于企业绩效评价,非税收入绩效评价受到公共部门内部决策的影响,同时也受到外部监督环境的制约,其绩效评价需要遵循一定的原则:

第一,合法性原则。政府非税收入绩效评价工作,必须依照相关法律、法规、规章和规范性文件的规定进行。绩效评价主体必须严格遵守行政法律规范,不得享有行政法规范以外的特权。绩效评价工作不能随意进行,应该按照法定的标准、程序方法等对非税收入项目进行评价。绩效评价职权的授予和委托及其运用都必须具有法律依据(耿化勇,2011)。

第二,定量为主,定量与定性相结合原则。非税收入绩效评价工作涉及非税收入征收管理的各个环节,评价的内容多样,对于无法量化的评价内容,从质的层面采用定性评价,通过对评价现象进行质的、深层次的分析做出评价;对于可以量化的指标,通过数量化的说明对所评价的对象做出解释。由于定性分析更容易受到主观因素的影响,非税收入绩效评价,应该以定量评价为主,定性评价为辅,采用科学的方法将定性指标进行二次量化。如钟华等(2013)基于模糊综合评价法对非税收入征缴绩效进行评价,通过建立非税收入基础管理、非税收入征缴效率管理、非税收入票据管理等三个一级指标以及非税收入征缴规章制度管理等相应的 13 个二级指标,创建模糊关系矩阵,定性评价转化为定量评价,将一些边界不清,不易定量的非税收入因素指标定量化,从而对非税收入征缴效率进行评价。

第三,分级分类原则。非税收入绩效评价由各级财政部门、相关部门(单位)根据评价对象所属层级,非税收入工作类型等制定相应的评价指标,对同一类评价对象,应当客观公正,标准统一,依法公开并接受监督。

第四,稳定性原则。稳定性原则是指评价指标在一定时期内基本保持不变,能够连续使用,不得随意变动。同时,所选指标必须具有一般适用性。稳定性原则不仅可以保证非税收入绩效评价连续性,有利于绩效评估工作的顺利进行,而且可以对评估对象非税收入工作起到一定的引导作用。

第五,公正公开原则。非税收入绩效评价应当客观、公正,依据的资料合法有效,并依法公开并接受监督相关主体的监督。以岳阳市 2017 年度非税收入征收管理综合绩效考评①为例,为规范非税收入管理,强化财政收入监督,岳阳市根据《中共岳阳市委岳阳市人民政府关于做好 2017 年度综合绩效考评工作的通知》(岳发〔2017〕8 号)、《岳阳市财政局关于印发 2017 年度综合绩效考评财政部门有关考核实施细则的通知》(岳财发〔2017〕10 号)、《岳阳市非税收入稽查办法》(岳财发〔2016〕7 号)等文件及相关规定,对 2017 年度市直各执收单位非税收入征收管理情况开展年度综合绩效考评及稽查。为保证各项考评的公开、公正,岳阳市非税收入管理局对关考核内容制定了实施细则,并已报市考评办备案审查。其中非税收入执收公工作从规范执收行为情况(30 分)、收入收缴情况(30 分)、票据管理情况(20 分)、内部管理情况(20)分等四个方面进行考核。如在规范执收行为情况里,对非税收入项目设立、征税标准及范围、收缴

① 资料来源:关于开展 2017 年度市级执收单位非税收入征收管理综合绩效考评及年度稽查的通知:http://czj.yueyang.gov.cn/24268/24270/content_1231755.html。

方式等进行了评测，例如：按照规定的项目和标准征收的，计5分；擅自设立非税收入项目，执收或变相执收已停征、取消的非税收入项目，擅自提高非税收入征收标准，计0分；按照规定的范围、对象和期限征收的，计4分；擅自扩大征收范围、对象或延长征收期限的，计0分；按规定撤销了非税收入过渡性账户，及时足额将非税收入缴入市非税收入汇缴结算户的，计4分；未按规定取消非税收入过渡性账户，或擅自设立非税收入过渡性账户，拖延、滞压、截留、转移非税收入的，计0分等。每一方面都详细列出了考核的细则，并赋予相应的分值，细化非税收入绩效评价的内容，使评价结果更加科学有效。

三、制定绩效计划与绩效目标

（一）绩效管理的组织架构

非税税收入的绩效评价应形成一个以立法机关牵头，财政部门评价为主，其他各机关配合，社会机构介入的绩效评价组织体系。政府非税收入绩效评价组织体系主要包括以下几个方面（耿化勇，2012）：

第一，人大及其常务委员会作为全国及地方法律法规的制定者、预算收支的审批者，对政府非税收入的项目设置可行与否、标准设计是否合适、开征以后的实施效果以及如何进行监督检查，进行绩效评价。各级政府都要详细反映非税收入的完成情况、实施效果。对于真正切实可行并且能较好组织财政收入的项目予以保留，对于收入较少而征收成本较高并且对经济发展起消极影响的项目予以取缔或改革。全国人民代表大会及其常务委员会主要针对中央级非税收入进行绩效评价，地方人民代表大会及其常务委员会则针对地方非税收入开展绩效评估。

第二，我国的政府非税收入基本上都是由各级财政部门和物价部门负责审批。中央及地方的财政部门专设绩效考评机构，专门负责非税收入的绩效评估工作，定期编制非税收入绩效评价报告，向各级政府及立法机关汇报评估结果；物价部门也应该对批准的收入项目进行全程跟踪，严格把关。

第三，审计部门作为审查、监督政府经济行为，进而维护财政经济秩序，提高财政资金使用效益，保障国民经济和社会健康发展的职能部门，在非税收入的绩效评价中发挥重要的作用。各级审计机关要组织专项不定期的绩效评估，审查同级财政、物价部门审批非税收入的征管执行状况，对非税收入的综合状况给出绩效评价，对各级政府非税收入的收入执行情况进行审查评估。

第四，在绩效评估过程中，公共部门作为政策的制定者及评价者，虽然对自身的工作有全面的了解，掌握了丰富的资料，但是为了自我的利益，对于自己活动的评价可能会主观片面，社会公众作为非税收入直接利益人，对非税收入绩效监督具有天然的主动性、客观性及公正性。

随着政府绩效管理理念的不断深入，我国各地方政府也相继明确了非税收入绩效评价组织架构，如《江苏省非税收入管理条例》规定，县级以上地方人民政府财政部门负责制定非税收入绩效评价和监督检查，加强非税收入绩效管理，完善绩效评价体系，并且财政部门和执收单位应当对行政事业性收费收入、政府性基金收入的项目设立和执收标准、范围、期限、方式以及实行专款专用的非税收入的使用效益进行分析评价，纳入绩效管理指标，将绩效评价结果作为完善非税收入管理、编制和安排年度预算的重要依据；省人民政府及其财政、价格主管部门应当将非税收入绩效评价结果作为非税收入项目的变更、取消、停止执行以及执收标准调整的重要依据；审计机关应当对非税收入真实性、合法性、效益性进行审计监督，并将非税收入管理情况纳入领导干部经济责任审计内容，做出客观公正的审计评价。

（二）绩效计划的含义和特征

绩效计划是绩效管理流程的起点，是绩效管理系统循环的第一个环节，是一个确定组织对评价对象的绩效期望并得道评价对象认可过程。绩效计划必须明确地表明期望评价对象达到的绩效目标。制定绩效计划需要评价主体与评价对象确定在新的绩效周期内将要做什么，为什么做，做到何种程度，何时完成等问题。作为整个绩效管理流程的起点，绩效计划需要将评价对象的目标和组织目标结合起来，是相关主体全面参与、明确自己职责和任务的过程，是绩效管理一个至关重要的环节。

与传统的计划过程及管理活动的其他计划类型相比，绩效计划是评价组织与评价对象双向沟通协商的过程。传统的计划通常是由最高管理者制定总目标，然后依据组织结构层层下达，是一个自上而下单向制定的过程。绩效计划则是强调通过互动方式沟通，使管理者和评级对象对绩效目标的内容和实现途径达成共识，信息是双向传导的过程，进而保证绩效计划的合理性和有效性。因此，绩效计划也是组织内所有相关者全员参与，制定的过程（李文静，2008）。

国外案例

总体来看，美国食品药品监督管理局（Food and Drug Administration，FDA）的绩效管理标准化程度较高。与大多数联邦机构一样，FDA的绩效管理系统都要接受美国联邦人事管理局（OPM）的审查，以确保绩效管理系统总体的合法合规性。同时，卫生和公众服务部（HHS）为包括FDA在内的下属机构建立了绩效管理体系的模板，这为FDA制定员工绩效计划提供了一个框架。FDA的核心层为员工绩效计划的制定提出具体要求，同时，每年对员工进行一次绩效评估。FDA中心内的高层可使用各种软件程序分别跟踪员工绩效，获得高水平的精炼信息。

参与审查医疗产品申请的工作人员，在绩效周期开始时与行政管理人员一起制定绩效计划，并在周期结束时根据绩效计划中的标准进行评估，评估时会依据其职位，如行政管理人员（如中心主任）或非行政管理职员分别展开。其中，行政管理人员的绩效计划最多可以达到七项标准，用以评估其绩效。其中，有两个标准已由HHS的绩效模板所界定，包括执行领导力和管理。同时，由行政管理人员的上级主管根据需要，可以制定其他最多五项标准。例如，一个典型的绩效计划可能包括提高医疗器械的质量，推进医疗器械的全生命周期方法，以及推进FDA的全球产品安全战略。另一个典型的绩效计划可能是绩效文化、监督程序、沟通、技术能力等。

申请审查的及时性是员工绩效的一个方面，需要平衡及时性与该机构对医疗产品安全性和有效性的标准。这意味着仅仅基于及时性评估员工绩效是不适当的，因为难度越大的申请可能导致评审的时间会越长，同时，多个员工负责审查某一个申请，使得任何一个员工都不负责实现与PDUFA《处方药使用费法》（the Prescription Drug User Fee Act，PDUFA）和MDUFA（医疗器械使用者费用修正案）相关的目标。从现实情况来看，针对组织内部不同的职位，在各自的绩效计划中分别设计了相应的及时性绩效标准。

（三）非税收入绩效评价的目标

非税收入绩效的目标是要检查和评价非税收入资金筹集、管理和使用过程的经济性、效率性和效果性。一方面根据检查和评价结果分析非税收入筹集、管理和使用过程中产生的各种问题，比如设计缺陷、实际运行造成分配不公、资金使用效率低及监管缺失等问题，在分析原因的基础上结合社会主义市场经济体制、和谐社会建设及科学发展观等重大战略决策要求，从标本兼治的角度提出废除或改进的建议和措施。另一方面是通过审计，发现新问题、新情况，反映非税收入政策的缺失情况，分析政策缺失原因，并提出制定新政策的建议。

第一，经济性目标是指在保证非税收入政策有效实施的前提下，非税收入的筹集、管理和使用过程中资源耗费水平为最低。

第二，效率性目标，非税收入政策在耗费资源的同时相应提供一定的准公共产品和公共产品，包括公共服务和行政管理，从投入产出关系来看，效率性就是在保证非税收入政策有效实施的前提下，以一定的投入实现最大的产出或实现一定的产出使用最少的投入。

第三，效果性目标，即非税收入政策既定目标的实现程度，以及实际效果与预期效果的对比关系，主要是评价其实现的经济效益、社会效益和环境效益如何。如民航发展基金是否促进了民航基础设施建设、节能减排、通用航空等发展建设；车辆通行费是否用于归还新建设高等级公路、市区高架路、桥梁、随道等建设项目的贷款。

第四，合规性目标，即非税收入管理是否依据相关法律法规，是否遵循了既定的管理程序和管理制度，如非税收入项目设立是否进行可行性论证，依据是否充分，非税收入资金是否纳入预算内管理或财政专户管理，非税收入标准的确立是否采取适当的方法。

国外案例

美国 FDA 绩效要求：安全性、有效性、及时性

美国食品药品监督管理局(FDA)是美国卫生与公众服务部(Department of Health and Human Services，DHHS)直辖的联邦政府机构，被授权收取的使用费有人用药品使用者付费项目、医疗器械使用费项目、兽用药使用费项目等。美国 FDA 的使用费项目具有两个特征：一是普遍具有行政服务属性的规费(Regulatory Fees)特征，总体属于专利和检验检疫服务的收费。使用费与行政拨款共同对政府行政服务提供成本补偿。二是带有一定的行为矫正和调节特征，包括缓解拥挤，通过设置收费门槛避免公共资源过度使用和浪费，提升政府审查与认证服务效率的特征。

长期以来，安全性与有效性是美国食品药品监管的核心要求和目标，FDA 也因其在保障美国食品、药品、化妆品、医疗器械产品安全和有效方面的巨大作用。1906 年，美国国会通过了《食品和药品法》，由 Theodore Roosevelt 总统签署，授权化学产品局(FDA 前身)负责监管贸易，打击假冒伪劣和误导消费者行为，并对责任人提起公诉。但这一法律中并没有明确 FDA 的监管职权，也没有建立药品与食品审查机制。1937 年，美国发生磺胺药事件，该药物没有经过严格试验就上市，并由制药公司大肆宣传，造成全美 107 例患者因服用此药死亡。针对这一事件引发的药品安全关注，美国国会在 1938 年通过《联邦食品、药物与化妆品法》(FD&C)，除了扩大监管范围和职权，最重要的是授权 FDA 对新药进行审查，只有新药商证明新药是安全的，药物才能上市。安全性规定是 FDA 第一个重要的立法里程碑，为美国药品监管奠定了基础。

1962 年通过了《卡法尔—哈里斯药品修正案》，该法案规定：任何药物在上市之前除了需要被证明是安全的，还必须是有效的；并授权 FDA 对 1938 年以来申请上市药物的有效性重新进行审查，否则不得继续销售；将原属联邦贸易委员会的处方药广告监管权划归 FDA；授权 FDA 对新药研发和产品生产的每一个步骤进行监控。1962 年修正案又称“零风险管制”，是美国食品药品“零风险管制”政策体系的重要组成部分，长期主导了 FDA 的监管理念和目标(方宁涛、徐俊才，2008)。

一个好的药品监管体系不但要平衡政治诉求、经济利益，也要兼顾产业发展和民众福祉，在严谨的同时又需具有相当的灵活性和可操作性。单纯追求安全性和有效性也会产生一些弊端，最遭人诟病的地方在于冗长的审查周期及其相应的昂贵申请成本。20世纪90年代开始，及时性要求逐渐进入立法讨论的内容，并在经历近20年的立法讨论和立法实践之后取得较为明显的突破。2009年，美国国会颁布《生物药价格竞争及创新法案》，2010年，时任美国总统奥巴马签署《患者保护与平价医疗法案》，2012年《FDA安全及创新法案》，2015年《21世纪治愈法案》等要求FDA简化药物进入市场的程序及审批流程，以保证消费者及时获得安全、有效药品和医疗设施。

及时性的绩效要求在各个使用费法案中均作为重点加以阐述和明确，明确要求FDA建立一个可预测的、简化的审查流程，大大缩短新医疗器械审批和批准时间，提高医疗器械开发利用和申请审查效率。及时性绩效目标的制定依据是基于各类型申请的审查周期，审查中会检查申请人提交的科学和临床数据，以确定该药物是否符合安全性和有效性、生产和控制以及标签方面的法定和监管标准。及时性绩效目标因此界定为既定财政年度某一类型的所有申请在特定目标时间限度下完成的比例。审查类型可分为三大类——优先型、标准型和重新提交型审查，以MDUFA项目为例，其设定的及时性绩效目标如下(见表8.1)。

表8.1　MDUFA的及时性绩效目标(2012年)

申请类型	绩效目标
原始PMA申请	180天内审结占60%;295天内审结占90%
原始PMA批准后补充申请	180天内审结占50%;280天内占审结90%
PMA模块申请	90天内审结占75%;120天内审结占90%
180天PMA补充申请	180天内审结占85%;210天内审结占95%
实时PMA补充申请	60天内审结占80%;90天内审结占90%
510(k)申请	90天内审结占90%;150天内审结占98%

资料来源:GAO(2012),《医疗器械:美国食品和药物管理局已经达到了大多数绩效目标,但设备审查需要更长的时间》。

针对医疗器械领域的产品类型及审查业务的特征，FDA分门别类地制定了不同的审查活动类型，以及相应的规定期限和及时性目标。

总体而言，美国使用费项目绩效目标的定制非常精细，紧密结合业务部门的专业特征，根据产品领域和专业特征细分不同的审查内容，进而确立不同的审查类型和规定时限，最终根据不同类型审查周期时长这一关键因素和审结率(即机构在规定时限内按时审结的占比)这一绩效指标，来界定和评价相应的及时性绩效。

四、报告绩效与兑现服务承诺

(一)结果性绩效的报告

结果性绩效报告是绩效评价对象专门出具的,用以描述一定绩效期内绩效完成情况,侧重于对绩效评价对象从结果状态角度做总体结果性说明。结果性绩效报告包括以下主要内容:①基本概况,包括业务主管部门(单位)职能、事业发展规划、预决算情况、项目立项依据等;②绩效目标及其设立依据和调整情况;③对预算年度内目标完成情况进行总结;④对照绩效目标,对所取得的业绩进行评价;⑤分析说明未完成项目目标及其原因;⑥下一步改进工作的意见及建议。绩效评价报告包括以下主要内容:①绩效评价指标体系和评价标准;②为实现绩效目标所采取的主要措施;③绩效目标的实现程度;④存在问题及原因分析;⑤评价结论及建议。

如益阳市 2018 年《交警支队非税收入工本费项目支出绩效评价报告》[①],首先,该报告指出了其工本费非税收入绩效评价的目的及依据,“进一步规范财政资金管理,牢固树立预算绩效理念,强化部门支出责任,提高财政资金使用效益,根据《益阳市人民政府关于全面推进预算绩效管理的实施意见》(益政发〔2013〕10 号)、《益阳市财政局关于转发〈湖南省预算绩效管理工作规程(试行)〉的通知》(益财绩〔2014〕126 号),按照《益阳市财政局关于开展 2018 年度预算绩效自评工作的通知》(益财绩〔2019〕72 号)的部署”,表明了绩效报告的有效性及合法性,并公布此次 2018 年度非税收入工本费项目支出绩效得分为 93 分。其次,介绍了项目的基本情况。2018 年财政安排专项资金 636.89 万元,实际支付 891.76 万元,主要用于牌证支出,超额部分由单位行政运行经费支付。再次,从绩效工作情况,包括绩效评价的目的,项目资金预算及使用情况,项目组织情况,项目管理情况等四个方面对绩效工作的开展进行了详细的介绍。如明确工本费税收收入工作职责,非税收入工本费由车管所根据需要申请和使用,行财部门及直属一、二、三大队协同办理等。然后报告了项目指标的完成情况,从产出指标、效益指标、满意度指标等多个绩效指标对非税收入项目社会效果进行了分析。最后,指出可能存在的问题以及以后相关的改进建议,并披露了 2018 年非税收入工本费支出绩效自评指标计分表,以供公众监督。

---

① 资料来源:益阳市人民政府网:www.yiyang.gov.cn/xxgkpt/625/668/986/content_473372.html。

国外案例

根据法律规定,FDA需要出具专门的绩效报告,将绩效完成情况提交给国会管辖委员会。以FDA提交给国会的2018财年《处方药使用者付费法案》(PDUFA)绩效报告①为例,说明相应的报告内容。

报告中,首先需要描述对政府服务的现实需求规模和结构,例如,近五年来各类型的药品审查申请的规模及其增长。对应于绩效目标,需提供相应的绩效结果及比较。例如,各种业务类型的规定时限(如90天或者180天)内的审结率。报告文书中数据详实、图表丰富,用于详尽客观地表示绩效实现情况。对报告中所涉及专业术语和概念、指标含义和数据口径等,都进行详细和通俗解释,以增强报告的可读性。例如,2018财年的绩效报告中就明确报告了该财年的结果性绩效。报告显示,"2017财年共计有2 983项审查完成行动。FDA在12个评审绩效目标中有11个达到或超过了90%的绩效水平。截至2018年9月30日,FDA已在2018财年中完成了1 773项行动。FDA目前达到或超过了2018财年12个评审绩效目标中的11个。目前有1 239份申请正在审查中,且仍在PDUFA规定时限内,FDA有可能达到或超过2018财年12项审查绩效目标中的11项"。

除了绩效结果的总体性说明,绩效报告中需要针对绩效评估的具体细节、评价依据、评价方法等展开详细地介绍与陈述。以PDUFA的2018财年绩效报告为例,这一部分的报告包括以下几方面内容。

第一,已实现和预计实现的绩效结果的详细说明。这些数据包括按时审核或过期的提交数,以及最后的准时百分比。同时,还需要提供绩效目标实现情况的计算依据、方法、数据与结果。

第二,申请的公开与披露。根据2017年的PDUFA再授权法案的规定,报告在附录中将收到的审查申请按照申请编号、各申请类型和审查部门分列,公布相应的申请人和申请内容。

第三,按照审查活动的专业技术特征,提供了详尽的审批信息分类报告。报告按照PDUFA VI的要求,在附录中将2018财年批准的NDA和BLA申请的审查予以详细公示。公开数据中提供了多种详尽的分组及类比报告。例如,批准按优先级指定和提交年份分组,并按批准总时间顺序列出;按照以月为单位批准时间顺序列出,并列明相应审查周期下的具体时间分布,包括FDA耗用的直接时间、与申请者磋商与沟通耗用时间以及申请的总耗时。

① 引自FDA,2018财年PDUFA绩效报告,https://www.fda.gov/media/130665/download。

第四，资金使用分析。2017 年 PDUFA 的再授权法案中，要求在每个人用医疗产品用户收费项目的年度绩效报告中，对资金使用情况进行具体分析，包括申请和批准总数之间的差异、绩效提升目标分析以及影响目标实现能力的共同原因和趋势等信息。并且，需要发布纠正措施报告，以迅速或达到相应绩效目标。

（二）程序性绩效的报告

基于政府收费的特征，除了从结果反映所取得的绩效，还需从审查的程序及进程角度报告相应的活动及所取得成效，称之为程序型绩效（Procedural and Processing Performance）。例如，药品审查中会涉及会议管理、程序性答复和进程性通知等程序性活动。其活动的规模以及与历史水平的比较，同样也许对照相应的绩效目标，明确给出相应的绩效结果。

国外案例

美国 FDA 绩效报告显示，“FDA 在 2017 财年中与 PDUFA 相关的程序和进程类活动（即审查中的会议管理、程序响应和进程通知）的工作量总计为 9 785。FDA 在 18 个程序和进程型目标中有 13 个达到或超过了 90%的绩效水平，而其余 5 个目标则达到了 69%或更高的绩效水平。2018 财年中，FDA 目前达到或超过 19 个程序和进程型绩效目标中的 8 个。目前正在审查 1 071 份提交文件，且仍在 PDUFA 目标日期内，FDA 有可能达到或超过 2018 财年 19 个程序和进程目标中的 8 个，有可能达到剩余 11 个目标中的 3 个，这些目标的按时率可能超过 85%”。

（三）兑现服务承诺的报告

社会服务承诺制，是指承担社会服务的职能组织，按行业要求，把服务内容、标准、程序、实现、责任向社会公开做出承诺，在社会监督下组织实施，违背承诺要承担法律责任和经济责任的一种具有契约性质的社会服务机制。

承诺制的基本内容是：公开办事内容、办事标准、办事流程，确定办事时限，设立监督机制和举报电话，明确赔偿标准，未实现承诺的责任单位和责任人要按照规定给当事人以赔偿。它把各项服务内容量化、细化、具体化，其核心是社会服务范围内向社会公开承诺。要求承诺的内容向社会公开；承诺的标准向社会公开；承诺的社会投诉程序向社会公开；承诺的违约责任向社会公开。服务承诺报告是在承诺的期限内，对服务部门所承诺的服务内容、办事标准、办事程序、目标实现、承诺责任等工作内容进行绩效考核，出具服务承诺绩效报告，并兑现承诺。

烟台是中国首个实行“社会服务承诺制”的城市[1]，1994 年 6 月，为适应社会主义市场经济发展的新形势，进一步加强行风建设，转变政府职能，提高服务质量和水平，烟台建委系统决定借鉴国外经验，率先进行社会服务承诺制的尝试。供水、供煤气、供热、房屋拆迁、公共交通等 10 个部门，均通过新闻媒体向社会公布各自的社会服务承诺工作目标、服务内容、服务标准、投诉程序和投诉电话，并做出保证，达不到承诺将实行自罚并赔偿。这一举措取得明显成效。管道煤气公司承诺灶具故障若 4 小时内修不好，为用户免费提供备用灶具；公交公司承诺车次正点率达到 90%以上，首、末班车正点率达到 100%……1995 年 5 月，市政府专门下发关于推行服务承诺制度的通知，把政府部门对社会的服务以一种契约合同的方式固定下来，接受社会各界监督，社会服务承诺制在全市推行。三年推广到全国 3 000 多个单位。2000 年以后，社会服务承诺制的形式随着市场竞争得更加充分和政府部门的内在作为而淡化，但烟台对提高行政办事效率与服务质量、建立一个高效务实的服务环境的努力，却从未停止。早在 2001 年，烟台对市直 63 个具有行政审批权部门的 901 个事项，逐一进行审核、清理、下放。之后，市行政审批中心正式成立，其 236 个项目中，权力完全下放到窗口的达 117 个。其后，“授权责任制”“首接责任制”“超时默认制”“一门受理制”“一次告知制”等细化制度的推出，有效避免了多头审批，更使得办事时限明显缩短。一种心贴心的服务模式迅速建立，一个全新的政务环境扎根烟台。“放权”让发展环境更加优化，烟台经济崛起受益无穷。“十五”期间，烟台开发区引进外资项目 520 多个，很大程度上是靠优质的服务环境和优惠的政策环境。投资环境的品牌意识也由此深深植根于这座充满发展活力的城市。烟台市的承诺制主要在以下三种类型的部门推行：一是公共服务部门，如自来水、公交、有点、电业等部门，这是承诺制的重点部门；二是基层联系比较多的处行政执法部门，如工商、税务、公安等部门；三是关系国计民生而竞争又不充分的商业服务部门，如银行、粮食、医药等部门。取得了较满意的效果，社会服务质量和办事效率明显提高，纠正服务风气，在社会广泛监督下，政府内部管理进一步加强。

国外案例

以 PDUFA 为例，其第 VI 条第 I. I—K 节中提出了 FDA 的附加承诺要求，具体要点包括加强监管科学，加快药物开发，完善监管决策程序以支持药物开发和评审；加强和更新 FDA 药物安全体系；完善使用费资源管理；改进食品药品监督管理局审查人员的聘用和留任；更新信息技术应用；新增 PDUFA VI 评审中的报告内容等。因此，除了药物审查时长这一关键因素和审结率这一关键绩效指标，与药物审查相关的一些监督管理类职责，也需要通过服务承诺的形式进行对照检查和报告。

---

① 资料来源：烟台日报：http://www.shm.com.cn/ytwb/html/2014—05/23/content_3013226.htm。

在绩效报告中，需详细报告 FDA 在当年财年内就 PDUFA VI 第 I. I—K 节中的承诺所做的工作。仅以“加强使用费资源管理”(PDUFA VI 第 I. II 节)和“改进 FDA 对评审人员的聘用和保留”(PDUFA VI 第 I. III 节)为例展开说明。下表报告了对应 PDUFA VI 相应法律规定下的各要点，以及在财政年度内 FDA 做出的具体措施(见表 8.2)。

表 8.2　绩效报告中的服务及改进措施承诺

服务承诺要点(节选)	具体改进措施
II. A 资源能力规划与更先进的工时报告系统	・FDI 与第三方承包商合作，评估 FDA 能力规划上的设计和开发功能，以及现代化的工作时间报告系统。FDA 于 2018 年 3 月发布了《资源能力规划与现代化时间报告实施计划》 ・FDA 成立了一个资源能力小组，并开始为该小组配备人员
II. B 财务透明度和效率	・FDA 聘请了一家独立承包商，在 2018 财年对 FDA 的用户费用资源管理进行评估。FDA 于 2019 财年公布评估结果 ・FDA 于 2018 年 3 月发布了一份题为“PDUFA 五年财务计划”的报告。该报告详细说明了 FDA 在 PDUFA VI 期间的预期财务状况
III. A 完成招聘系统基础设施的现代化，增强系统能力	・FDA 与 HHS 合作，在企业人力资本管理系统中部署基于职位的管理系统 ・FDA 于 2017 年 6 月启用职位分类系统，并在 2017 年 12 月扩大到更多用户 ・FDA 从有限制时间的公告到长期招聘，以最大限度地提供合格的申请人申请关键科学技术席位的机会
III. B 提高招聘人员的能力	・FDA 于 2017 年 7 月 7 日授予了一份为期 5 年，带有多项奖励的合同给人力资源公司以寻求支持
III. C 建立专门的职能部门，以确保药品审查项目所需的科学人员配置	・FDA 建立了一个新的科学人员配置结构，重点是继续招聘、配置和保留科学、技术和专业人员
II. D 为人用药物审查项目的人员甚至设定明确的目标	・FDA 的 2018 财年招聘目标为 71 名全职员工，63 名全职员工入职(占 PDUFA VI 招聘目标的 89%)
III. E 对招聘和留用进行全面和持续的评估	・由承包商编制的初步评估报告于 2017 年 11 月 15 日发布，并于 2017 年 11 月 30 日召开公开会议，介绍该报告的结论。中期评估计划已经如期进行

资料来源：FDA,《2018 财年 PDUFA 项目绩效报告》。

五、实施绩效审计和绩效指导

在建立绩效管理框架和绩效目标，督促行政机构建立绩效计划和标准展开具体工作，并提供相应绩效报告的基础上，一个更重要的环节是实施绩效审计，以督促绩效目标的实现，并对该项目是否应该继续存在，或是进行重大修改提出建议，从而形成一个完成的绩效管理链条。

（一）绩效审计的基本思路

绩效审计，也称为经济效益审计，是指由独立的审计机构和人员对政府部门、单位或项目的经济活动进行审查，分析评价其公共资源的使用效益以及所取得的效果是否与预期目标相一致，以进一步改善经济管理工作，提高政府部门、单位或者项目绩效的经济监督活动，绩效审计与效益审计是同一含义（郑石桥，2012）。

以青岛市开展审计机关“三资”绩效审计为例来阐述绩效审计的基本思路。为规范以公共资金、公共资产、公共资源（以下简称“三资”）为主要内容的绩效审计操作，依据《中华人民共和国审计法》及其实施条例、《中华人民共和国国家审计准则》《青岛市审计监督条例》和青岛市审计局《关于进一步推进绩效审计工作的意见》等有关规定，青岛市审计机关制定了《青岛市审计机关“三资”绩效审计操作办法（试行）》（青审企二字〔2011〕47号）。该指南说明了“三资”绩效审计的基本思路：

第一，制定审计计划。审计计划是指审计机关应制订绩效审计战略规划，确定绩效审计工作目标，制订本年度绩效审计计划。该指南指出“三资”绩效审计应重点关注政策性强，对经济、社会发展影响大，政府关心和社会关注，关系民生，且易操作易评价的公共资金、资产、资源，并给出了范围。

第二，明确审计内容。审计人员应调查了解被审计对象及其涉及“三资”的相关情况，在履行相关程序并进行内控测评后，确定审计范围和审计重点，明确审计的“三资”内容。公共资金绩效审计重点关注资金的筹集、分配、使用、管理四个环节；公共资产绩效审计重点关注资产购置、使用、管理三个环节；公共资源绩效审计则重点关注资源的配置、利用、保护三个环节。

第三，实施审计评价。审计人员应根据项目情况，并与被审计对象进行充分沟通后，确定“三资”绩效审计评价标准。指南给出了可以参考的几个方面的绩效指标，如国家法律法规和相关领域或行业的方针政策；公认的或良好的实务标准；被评价组织或单位自行制定的标准等，总体上从经济效益、社会效益和环境效益三个方面进行评价。

第四，出具审计报告。审计报告是指在审计实施结束之后，按照《青岛市审计局审计项目质量控制暂行办法》的要求，撰写审计报告、召开业务会议、征求被审计对象意见、出具正式审计报告。

第五，后续跟踪检查。后续跟踪检查是指审计组在完成了绩效审计结果报告之后，对审计项目的效果和质量进行的跟踪检查，促进审计建议落实等行为。对审计效果进行后续跟踪检查主要是通过对审计决定和建议的落实、采纳情况进行检查来实现。

国外案例

在美国使用费项目中，同样是经国会授权，由政府课责局(GAO)来承担具体工作，其绩效审计及相应的报告结论对使用费项目具有重大的影响作用。以PDUFA IV项目(即第三次再授权)到期，PDUFA V(第四次再授权)尚未获得再授权时的这次绩效审计为例。GAO按照政府审计准则，于2011年10月至2012年3月进行了本次绩效审计。为了确定FDA在2000财年至2010财年对已批准的NDA、BLA，以及NDA、BLA申请补充审查绩效的趋势，GAO审查了当年提交给FDA的所有此类申请的审查过程的数据。此外，还审查了2011财年的申请数据，以便提供该年度的初步业绩结果。

审计过程上，首先要保证数据的合理性和一致性，并剔除缺失数据、异常值和明显错误。此外，GAO还采访了FDA官员，了解他们为确保数据可靠性所采取的措施，以确定这些数据对于审计目的的可靠性。为了描述利益相关者提出的关于药物审查过程的问题以及FDA正在采取哪些措施来解决这些问题，GAO采访了代表药物制造商的两个行业团体和五个消费者权益团体。所有这些团体都参加了FDA举行的至少一半的会议，讨论处方药使用者收费计划的重新授权问题。GAO对访谈内容进行分析，根据每个问题提出的频率确定最紧迫的问题。为了描述FDA正在采取的可能解决其中一些问题的措施，GAO审查了FDA的公开文件，包括FDA与业界关于2013—2017财年使用费和绩效目标的协议草案。

审计的重点在于分析每个财政年度中FDA达到或未达到相应绩效目标的比例；FDA审查时间(即从收到申请之日开始到FDA发出行动函结束的第一个审查周期，计入用户费用绩效目标的时间)；最终决定的时间(即在完整的审查周期中，从提交申请到申办方撤回申请或FDA发布批准或拒绝行动函的总时间)；以及第一阶段审查决定中批准的占比等。GAO还审查了FDA年度使用费数据以及向国会提交的1993—2010财年PDUFA财务报告，并就药物审查流程和数据采访了FDA工作人员。

(二)绩效审计的结论

在实施审计结束后，审计组对审计资料进行的归类和总结，以确定审计发现了哪些关键信息，与每一个审计事项相对应的审计证据是否有足够的证明力，是否需要采取进一步措施等问题，审计人员向审计组全体成员由上至下讲解审计的结果，从审计发现的总括性情况开始，逐渐展开介绍详细情况，并利用专家组、内部或外部咨询顾问、内部质量检查组，来充分挖掘现场审计证据的内涵，得出审计结论。审计结论是构成审计报告重要内容。

绩效审计报告是反映绩效审计工作情况和审计结论的书面文件，审计报告正文对审计事项、审计过程审计结论及建议的详细阐述。被审计对象根据审计结论及建议进行答复及改进。

国外案例

GAO 对 FDA 发布的审计报告均显示，使用费项目下的及时性绩效，特别是规定时限审结率这一绩效水平得到了明显提升。审计报告中对改善绩效的实现途径进行分析，以排除是其他一些负面因素的影响所致。进一步的分析说明，审结率绩效目标的实现主要源自通过使用费收入增设的评审人力投入和专业科学技术职位，并不是评审质量的下降。

针对现有使用费项目存在的不足，审计报告也予以披露。报告中认为 FDA 存在于利益相关者在整个审查过程中沟通不足、审查缺乏可预测性和一致性等问题，这说明程序和评审标准本身仍存在不确定性和不可比性。而消费者权益保护组织作为另一利益相关群体则重点要求充分保证审查药物的安全性和有效性问题。审计报告中将行业和消费者权益等利益相关者团体最关心的问题加以集中，同时要求 FDA 采取措施解决这些问题。此外，针对资金使用方面也进行了审查，对于资金管理中暴露出的问题，如结转过多问题也进行了披露。

上述报告中的内容也会在审计结束后以书面形式征询 FDA，而 FDA 也需要就是否同意相关结论、建议及如何整改进行正式回应。并且，这种正式回应及相应的承诺会载入再授权立法时的内容，转化为相应的法律条款，并作为下一次绩效审计的依据。

（三）绩效审计的影响

在我国政府绩效审计实践中，通常是通过对被审计单位提出改进意见的形式发挥政府绩效审计功能作用的。绩效审计后续跟踪审计的目标主要是审查被审计单位针对审计报告的意见和建议而采取的措施的及时性和有效性，并对实施效果进行评价。通过后续跟踪审计确定绩效审计最终产生的影响，同时确保绩效审计报告的审计意见或审计决定得到落实。

绩效审计的影响包括三个方面的内容：第一，被审计单位按照审计报告所提出的审计建议和意见，实施的改进；第二，绩效审计的效果，即绩效审计发挥的作用；第三，绩效审计实现的增值，即绩效审计在促进被审计单位改善管理，从而获得的价值增值方面的作用。

按照绩效审计影响的实现方式，绩效审计影响可以分成以下三类（罗美富，2005）：

第一，量化的经济影响。主要表现为绩效审计在促进运营管理改善，促进绩效改进方面，能够量化的影响。例如，被审计单位采纳绩效审计建议后，以较低的成本提供了相同质量的公共服务或者采购到了符合质量规定的材料，所能够节约的金额。再如被审计单位根据审计意见，加强国有资产的管理，能够减少国有资产的损失等。

第二，量化的非经济影响。被审计单位通过绩效审计后，所体现的不能够以货币定量表述的绩效改进，如社会公众对服务机关满意度的提升、公共部门提供公共服务的频率增加等。这些影响虽然不能够以货币金额来计量，但可以采用统计等方法，用数字来衡量和说明部分整改情况。

第三，质的影响。被审计单位根据审计建议在制订和实施计划、设定和实现目标、管理和分配资源、提供和完善服务等方面采取的改进措施，提高"软实力"，表现为审计绩效提高效果性。

国外案例

绩效审计活动均由国会管辖委员会授权 GAO 展开，并且均是在 FDA 不同使用费项目能否获得立法授权，或者上一期法律时间截止，FDA 能否获得再授权的关键节点展开。绩效情况以及审计报告也构成了国会讨论与公共决策的重要依据。

例如，医疗设备使用费(MDUFA)的审计是由美国参议院国土安全和政府事务委员会下的常设调查小组委员会(Permanent Subcommittee on Investigations Committee on Homeland Security and Governmental Affairs of United States Senate)和健康、教育、劳工和养老金委员会下的儿童和家庭小组委员会(Subcommittee on Children and Families Committee on Health, Education, Labor, and Pensions of United States Senate)联合授权。GAO 于 2012 年 2 月提交这一审计报告。在绩效审计结论的支持下，MDUFA 项目在当年继续获得了五年再授权。可见，GAO 实施的绩效审计及其审计结论对于 FDA 的使用费项目的存废具有重要影响。

综上，从立法目标的充分讨论，到立法授权并设立绩效目标，到组织内部建立绩效计划、标准并实施评估，再到绩效报告，最后经立法机关授权实施绩效审计，为立法决策提供事实证据，并为行政机构提供绩效指导，从而形成一个完整的非税收入资金的绩效管理框架和链条。

第二节　非税收入资金使用的成本约束

一、政府成本会计准则的探索

2014 年 12 月 12 日，国务院批转财政部《权责发生制政府综合财务报告改革方案》中提出 2020 年将基本建成具有中国特色的政府会计准则体系，推行政府成本会计，全面实施权责发生制政府综合财务报告编制工作及其公开制度。2016 年 12 月财政部会计司发布的《会计改革与发展的“十三五”规划纲要》再次指出，要研究制定政府成本会计制度，适时推行政府成本会计。以《预算法》为准则，按照权责发生制，以政府综合财务报告编制为导向的政府会计制度符合党的十六届三中全会提出的“建立预算绩效评价体系”和党的十九大提出的“全面实施预算绩效管理”要求，是加强政府成本会计核算和内部控制，加强绩效预算和财务管理，深化政府改革，构建公共服务型政府和责任政府的重要举措。

全面、客观、真实反映政府公共部门的成本费用，而不仅仅是报告预算支出或经费支出情况，这是公共部门引入会计核算的根本目标。政府公共部门的成本费用与预算支出或经费支出不同。后者只是按批准预算或经费拨款和有关规定所发生的货币支出，而不是与政府受托责任相对应的财务支出。前者则从财务支出角度，综合了货币支出和物化支出，以更为客观、真实反映政府公共部门的耗费水平（李建发和肖华，2004）。政府成本会计可以为政府预算提供相关成本信息；政府成本会计也能为预算决策（如有关未来资本性支出、政府采购或租赁方案选择的决策）服务。政府管理成本会计信息影响着财务会计报告、预算报告以及反映政府受托责任的管理报告。

政府成本的会计计量的一个前提要求是建立政府管理成本会计准则。美国 1998 财政年度生效的《联邦财务会计准则第 4 号公告——管理成本会计准则》（以下简称 SFFAS NO. 4）是西方国家中较早颁布实施的有关政府成本会计的一个概念准则，其中的政府成本会计基本理论比较全面，自其颁布以来经过了多次修订完善，并在美国联邦政府中得到了普遍运用。SFFAS NO. 4 规定了政府机构管理成本会计准则。具体包括以下五个方面。①

第一，定期积累和报告活动费用，以提供管理参考。一个机构应该及时、定期、一致地报告成本，以便随着时间的推移能够对成本进行比较。这种报告应符合管理需要

① 引自 GAO，Food and Drug Administration：Methodologies for Identifying and Allocating Costs of Reviewing Medical Device Applications Are Consistent with Federal Cost Accounting Standards，and Staffing Levels for Reviews Have Generally Increased in Recent Years，2012，https://www.gao.gov/products/gao－07－882r。

以及预算和财务报告的要求。

第二，建立责任部门，使成本与产出相联系。这涉及确定责任部门或参与执行活动或计划的机构的组成部分，并收集和报告这些部门的成本信息。例如，如果一个机构内的一个办事处负责检查设施或收取使用费，该办事处将被视为这些活动的相关责任部门。因此，机构应收集和报告该办事处关于与这些产出有关的活动的费用信息。

第三，确定并报告政府产品和服务的全部成本，包括直接和间接成本。其中，直接成本是指可以用产出具体确定的成本；它们可以包括直接从事产出工作的雇员的工资和福利，以及专门用于生产产出的材料、用品和设施的成本。间接费用是指不能用任何产出具体确定的费用；这些费用可能包括一般行政、研究和技术支持以及工程技术部门所有建筑和设备的运行和维护费用。

第四，使用并持续遵循最适合部门运营环境的成本计算方法或成本发现（cost-finding）技术，归集成本，并将成本由服务对象合理分担。标准规定，在可行且经济实用的情况下，可通过直接测量成本获得最佳结果。例如，机构可以使用详细的员工时间报告系统，直接测量员工在与计划相关的活动上花费的时间，而不是与计划无关的活动。在某些情况下，直接测量成本可能不可行或不经济。例如，对于一个机构来说，直接测量与项目相关的员工或管理人员的工资可能在经济上是不可行的，甚至是不可能的。在这种情况下，标准规定，应在合理和一致的基础上估计费用的分摊。例如，一个机构可以计算一项活动的直接成本与一个项目的总直接成本的比率，以此作为估算适用间接成本的基础。

第五，实体间成本标准。要求则规定联邦机构应确认在联邦实体之间提供的货物和服务的成本。

虽然规定了每个实体的管理成本会计计量需满足的标准，但实践中 SFFAS No4 仍强调管理部门的灵活性，规定可以根据下列几个因素来确定其成本核算的具体细节，包括：①实体运作的性质；②成本信息所需达到的精度；③数据收集和处理的可行性；④电子化数据处理设施的可得性；⑤安装、操作和维护成本核算流程的成本；⑥管理层的任何特定信息需求。因此，各机构的成本核算过程和结果可能会有所不同，但只要是在准则下仍然可以接受。

二、基于准则的合规性审查

合规性审查是审查机构和审查人员依据国家法律、法规以政府成本会计准则等财经制度对被审查单位的生产经营管理活动及其有关资料是否合规所进行的一种经济监督活动。合规性审查可以由管理层发起，也可以由法律或法规要求进行。

在对政府项目进行合规性审查管理时，为保证项目合规性审查结果具有参考价值，在具体审查中需要满足下面几个原则：第一，规范化原则，从前期项目合规性审查方案的制定到后期审查项目合规性具体实施，所有的工作都必须严格遵循相关规范文件，以体现合规性审查管理工作的专业化和规范化。第二，预见性原则。在政府项目实施过程中，与项目相关的信息也随之发生动态变化，并且还可能伴随着潜在的财务风险，因而需要借助于以往工作检查经验和项目自身特点，做出预见性管理，确保合规性审查的真实性。第三，全面性原则。政府项目在管理活动中可能产生合规风险的管理行为、政策制度和工作流程等都必须经过合规审查，审查部门应依据法律、法规及相关财经准则对被审查单位提交的材料进行全面审查。第四，书面性原则。合规审查事项必须以书面的形式报请合规审查部门审核，而审查部门也必须以书面的形式报告审查结果。

根据上节美国 SFFAS NO. 4 规定的政府机构成本会计准则的要求，政府非税收入项目合规性需要满足及时、定期性报告，明确责任部门，成本核算方法合规等要求，因而其合规性审查主要涉及以下几个方面：

（一）及时、定期要求

及时性对非税收入政府部门的要求主要体现在两个方面；一是非税收入相关工作的及时性，涉及非税收入项目设立资料提交的及时性，审批部门回复的及时性，非税收入标准制定及公布的及时性，非税收入征缴工作的及时性等方面；如 2014 年，青岛市审计局局长侯杰向市十五届人大常委会第二十九次会议做了《关于青岛市 2014 年度市级预算执行和其他财政收支情况的审计工作报告》[①]。从审计情况看，2014 年市级预算执行和其他财政收支情况总体良好，圆满完成了市十五届人大批准的 2014 年度预算收支任务，但指出非税收入征管不到位。市财政专户至 2014 年末共滞留非税收入 27 245.64 万元，未及时上缴国库。抽查发现，有 2 个单位收取的医疗费、学费等共计 1 426.19 万元，未按规定及时上缴财政；有 1 个单位未按规定使用财政票据，收取城市公用事业附加 993.58 万元；有 2 个单位未严格执行“票款分离”管理规定，将收取的 737.96 万元非税收入，先存入本单位账户再上缴财政。非税收入征管工作未满足及时性要求。二是非税收入信息传递及时性。非税收入部门应当按要求定期自查，及时报告非税收入使用信息，每一个政府会计期末及时报出。

定期性则要求非税收入部门，在政府成本会计期间内，按时公布各自非税收入使用等向相关信息，便于公众监督，同时提高非税收入部门自查的自觉性。定期性要求是及时性要求的保障。例如，湖南省人民政府办公厅印发的《湖南省非税收入执收工

① 资料来源：青岛 2014 年财政情况：2.7 亿非税收入未及时上缴国库：http://qd.ifeng.com/app/detail_2015_08/28/4286894_0.shtml。

作责任制规定》(湘政办发〔2016〕84 号)规定，非税收入执收单位应当建立健全非税收入执收台账和票据管理台账，建立票据管理使用登记制度，并定期与财政部门进行收入核对，自觉接受票据年检，并定期向同级财政部门报告本单位非税收入执收情况；各级财政部门应根据本规定并结合本地实际，制定非税收入执收工作年度考核办法。对执收单位非税收入执收工作的年度考核，应于次年第一季度内完成。考核结果应当纳入同级政府绩效评估。

(二)明确责任部门要求

明确责任部门要求非税收入各部门按照各自具备的非税收入相关职责来明确责任，考核责任。其目的是要理顺非税收入各部门之间错综复杂的工作职责关系，约束和督促各非税收入相关部门明确职责，做好本职工作的同时，互相配合，协调同步，促进非税收入征管工作的有序进行，防止相关部门工作懈怠、互相推诿责任等问题的发生。

明确责任部门需要从以下几个方面：首先要明确非税收入相关各部门的工作内容、责任范围以及部门之间的联系。其次，要制定统一各部门的工作及职责标准，建立各部门之间的联系协调制度，并定期或不定期检查执行情况，促使各部门既能各司其职，又能协调配合，从而有条不紊地完成各自的工作任务，实现非税收入征管目标。最后，实行奖惩责任制，激励各非税收入部门不断改进工作方式，提高工作效率。

例如，根据《湖南省非税收入管理条例》和《湖南省人民政府办公厅关于印发〈非税收入执收工作责任制规定〉的通知》(湘政办发〔2010〕20 号)和《益阳市人民政府办公室关于进一步规范市本级非税收入征收管理有关问题的通知》(益政办发〔2009〕3 号)等有关规定，益阳市非税收入管理局制定《市直单位非税收入执收工作考核及奖惩办法》[①]，要求各非税收入单位要建立健全非税收入执收工作责任制和内部管理制度，要明确主要领导负总责、相关领导和执收人员岗位职责。执收单位按照责任制和内部管理制度对执收科室、二级机构及执收人员加强管理、严格考核。对不按照要求明确责任制的，在绩效考核中扣除相应的分数。

(三)成本核算方法合规

非税收入成本核算是指将相关部门在进行非税收入征管过程中发生的各种耗费按照一定的对象，采用合适的方法进行分配和归集，以计算总成本和单位成本。非税收入成本核算是非税收入征管工作的重要组成部分，也是非税收入标准制定的依据。在审计非税收入部门非税收入征管工作的成本费用时，需要考虑其选择的成本核算方法是否与政府成本会计准则相符，即如何获得非税收入部门履行非税收入征管责任过

① 资料来源：益阳非税收入网：http://yyfs.gov.cn/bszn/987.jhtml。

程中的直接成本和间接成本。

非税收入成本核定的方法主要有三种方式(湖南省非税收入征收管理局课题组,2016):一是比例核定,通过调查测算,对非税收入项目设置一定比例的成本率,或严格按照比例核定并拨付执收成本,或实行比例封顶控制,不得突破。二是据实核定,实事求是地核定各单位项目的执收成本,这是大多数单位采用的核定方法。三是比例核定与据实核定相结合的方法,即以比例核定为主,以据实核定为辅,部分项目采用比例核定,部分项目按照据实核定。各核算单位应当结合自身非税收入征管特点,采取适当的核算方法,以准确核算非税收入征管成本。

国外案例

借鉴 GAO 发布的报告《FDA:用于确定和分配医疗器械申请审查成本的方法与联邦成本会计标准一致,并且近年来审查人员配备水平普遍提高》(2012)[①],对基于上述准则的 FDA 使用费项目的合规性审查和成本核算问题进行介绍。

(一)及时、定期要求

审计中对照是否满足及时、定期报告要求做了报告。报告显示,根据 SFFAS NO. 4 及时、定期报告成本的标准,FDA 在 2003 至 2005 财政年度向国会司法委员会提交的 MDUFMA 年度财务报告中报告了设备审查计划的成本,并在其网站上向公众公布了这些报告。这使得 FDA、国会和公众能够比较这些年审查申请的成本。此外,FDA 还报告了 2003 至 2005 财政年度设备应用审查的估计平均成本,以回应业界要求提供更多成本信息的要求。

(二)明确责任部门要求

审计中会重点关注是否明确了相关责任部门。报告认为,FDA 确定审查设备申请程序过程成本的方法符合 SFFAS NO. 4 确定责任部门的标准。根据 MDUFMA,FDA 报告的年度成本必须包括与审查设备申请程序相关的特定活动的成本。为了与 SFFAS NO. 4 保持一致,FDA 确定了负责开展这些活动的机构的四个组成部分,包括设备与放射卫生中心(Center for Devices and Radiological Health,CDRH)和生物制品评价和研究中心(Center for Drug Evaluation and Research,C-BER),它们具体负责提交给 FDA 的设备申请的审查;监管事务办公室(the Office of Regulatory Affairs,ORA)负责现场检查被审查设备的生产设施和场地;委员会(The Office of the Commissioner,OC)[②]则是对 FDA 所有活动的一般性行政监管,这一活动自然会涵盖到医疗设备申请审查活动。因此,上述部门是相应的成本核算中的明确责任部门。

（三）成本核算方法合规

审计中重点检查FDA的成本核算方法是否与SFFAS NO.4标准一致。即如何获得与该MDUFA涉及的设备申请审查过程中四个责任部门的直接和间接成本，FDA的方法中不涉及与公务员退休制度养老金和退休后健康福利相关的费用，这些费用是由保障现任和退休联邦雇员利益的美国联邦人事管理局（The Office of Personnel Management，OPM）支付。FDA从以下几个方面确定了直接和间接成本。

第一，直接成本的分摊。在CDRH中，FDA基于发达的个体工时报告信息系统，按照时间投入来界定费用，以确定参与审查设备申请程序的员工的直接工资和福利成本。FDA使用了类似的程序来衡量CBER的直接审查和实验室组成部分的这些成本。为了确定管理和行政支持人员分配给设备申请审查流程的工资和福利部分，FDA使用了该流程的平均时间与这些部门为所有项目产生的总成本相比的百分比。

第二，间接和支持成本的分摊。FDA还确定了与CDRH和CBER评审活动引发的间接审查和支持成本。这些间接和支持活动涉及FDA的其他特定机构。在CDRH内，这些费用与中心主任办公室、管理和运营办公室有关；在CBER中，这些费用与中心主任办公室、管理办公室、信息管理办公室，以及通信培训和制造商援助办公室相关。可归集的间接和支持活动成本的比例等于容许的直接评审和实验室的成本与CDRH和CBER的总成本的平均百分比，再将这些间接和支持机构的总成本与之相乘得到可归集的间接和支持程本。FDA还根据该使用费项目相关的成本与两个中心的总成本的比例，将CDRH和CBER集中支付的某些费用（如租金、水电费、设施维护和维修）进行归集和分摊。

第三，综合性监管事务成本的分摊。FDA的机构中，监管事务办公室（the Office of Regulatory Affairs，ORA）负责从事诸如现场检查和实地调查职能等综合性监管职能。FDA使用个体工时报告系统来确定其检查、调查，以及行政和管理人员在申请审查过程中直接花费的小时数。FDA将用于该过程的总工作时间乘以平均工资和福利成本，得出该过程产生的成本或费用。FDA还根据用于该过程的总工作时间与ORA总工作时间的比率，将ORA的一部分运营和租金费用归集和分配到不同项目中。

第四，一般性行政成本的分摊。FDA用其委员会（OC）产生的费用来代表该机构的一般性行政费用。FDA将总的OC成本除以不含OC在内的FDA的工资总支出来计算OC在总成本中所占的百分比。然后，FDA将该百分比乘以CDRH、

CBER 和 ORA 中适用该项目的总工资(不包括福利),得出适用于该项目的 OC 成本或一般性行政管理成本。

(四)方法经济适用

为遵循选择经济可行和适用的方法这一 SFFAS NO. 4 标准,FDA 采用了一家全国性会计师事务所为所有类似的 FDA 项目开发的系统。该方法已经成功运行并用于编制年度财务报表,其允许 FDA 从其会计和预算系统生成的财务数据中获取所需的成本信息。GAO 的审计报告认为,FDA 使用这种方法直接测量成本时,不仅是经济可行的,而且能够满足管理层的需要。

例如,FDA 使用季度报告数据直接测量 CDRH 和 CBER 中设备审查员在一个财政年度内用于与设备申请审查相关的活动所占的时间百分比。然后 FDA 将这一时间百分比应用于 CDRH 和 CBER 两个设备评审中心的设备评审专员的工资和福利总成本。当直接测量在经济上不可行时,FDA 也使用适当和一致的方法来估计成本。例如,在 CDRH 和 CBER 中,租金、设备和维护等一些费用是由上级机构统一支付的。FDA 根据设备申请审查的直接成本与每个中心产生的总成本之比,将无法追溯到特定活动的成本进行了归集与分摊。

三、基于准则的成本核算

以非税收入征收成本为例,云南富宁县人民政府印发的《富宁县非税收入征收成本核定暂行办法》(富政办发〔2017〕295 号)文件确定了其非税收入征收成本核算采用的是比例核定法:第十条,各执收单位的非税收入征收成本以上年的非税收入乘以核定的征收成本率或经费补助比例计算。非税收入征收成本率或经费补助比例依据执收单位工作实际情况、职能、性质和公用经费保障及近年来非税收入缴纳情况确定。该《办法》明确非税收入征收成本核定的原则,包括成本补偿性原则,收付实现制原则以及区别对待原则。并将非税收入的执收成本从组成内容上大致分为聘用执收人员工资、场地租金、维修(护)费、仪器设备、资料印刷费、专用材料费、会议费、培训费、交通费、证书证照工本费、应缴税款、办案补助经费、执收业务费、其他费用等,并对各项内容相关支出范围进行了详细的界定,如会议费,指执收工作会议经费,包括按规定开支的房租费、伙食补助费以及场地租用费等;培训费,指执收业务培训发生的各类费用;执收人员(聘用)经费,指执收业务中按规定审批后聘请的人员经费,包括临聘人员工资、专家评审费、钟点工工资等。富宁县人民政府还进一步公布了非税收入征收成本率核定表,便于各部门及社会监督。

执收成本按照成本性态上可以分为"固定成本"和"变动成本"(彭卫岗,2013)。从成本的内容分类上来看，可以将聘用执收人员工资、场地租金、维修(护)费、仪器设备、资料印刷费、专用材料费、会议费、培训费、交通费、办案补助经费划分为固定成本。这些成本项目可以说是在一定范围内相对不变的，也是可以按照一定标准量化固定的。例如，会议费和培训费是指为执收工作而召开的会议或培训活动发生的费用，其数额根据预计参会参训的人数和标准确定；为了防止执法单位以罚代法或者乱罚款现象，办案补助经费不根据执法单位所收罚款的一定比例返还，而是根据前3—5年的办案数量平均数和每个案件的补助标准确定；维修(护)费是指与执收相关软硬件的维修(护)费(不包括交通工具的维修费)。其数额可以根据软件维护服务合同、所使用资产使用情况和新旧程度估计确定等。可以将证书证照工本费、应缴税款、执收业务费划分为变动成本。如执收业务费是指根据有关规定按实际收入数和规定的比例提取的业务经费；如部分国有资产有偿使用收入按照一定比例缴纳的营业税金及附加。其数额根据收入数和税率计算确定。

国外案例

基于SFFAS NO.4构建的成本核算和归集使得FDA可以更为准确和科学地确定使用费标准、支出需求和预算支出水平，保证实现相应的绩效目标。

FDA将CDRH和CBER按成本类别确立的年度成本配置到不同的申请类型中，并确立相应的使用费标准。此外，FDA在每类申请中增加了一笔金额，用于ORA在审查过程进行的现场检查和调查的成本，以及OC用于一般性行政监管的成本。例如，在分配CDRH和CBER成本时，如果该类别中的所有成本都与该类型的申请相关，FDA直接将成本类别分配给特定的申请类型。对于那些涉及多个申请类型的类别，FDA根据这一设备申请的多样化程度及业务特征来配置成本。GAO的审计报告中重点审查了这一成本计量方法，并认为这一做法符合使用合理的方法以获取全部成本的SFFAS NO.4标准。

为了计算审查各种申请类型的平均成本，FDA将年度成本除以每种申请类型在一年内完成的审查次数。例如，在2005财政年度，在1.77亿美元的申请审查费用中，有4 610万美元(26%)耗费在上市前批准申请(PMA)审查。FDA将4 610万美元除以2005财政年度完成的53个PMA，计算得出每个PMA审查的平均成本为87.04万美元。[①] 截至2020年2月，美国FDA关于PMA审查的使用费标准为34.099 5万美元，如果是中小企业，这一标准会降为8.524 9万美元。标准的使用者付费水准占2005财政年度的PMA平均成本不到50%，再考虑到通货膨胀因素，这一比值应该更低。这说明FDA的医疗器械设备审查筹资中仍是以财政拨款为主，使用费税收入为辅的筹资模式。同时，上述总成本和平均成本的归集和计量还为FDA实施财务报告、建立中期财务规划及完善其内部控制提供了重要依据。

第三节　非税收入资金使用的财务报告

一、综合财务报告

政府综合财务报告，是以权责发生制为基础，主要反映政府整体财务状况、运行情况和财政中长期可持续性等信息，内容包括财务报表、政府财政经济分析和政府财政财务管理情况。综合财务报告的目标是向财务报告使用者提供与政府的财务状况、运行情况（含运行成本）和现金流量等有关信息，反映政府会计主体公共受托责任履行情况，有助于财务报告使用者做出决策或者进行监督和管理。

（一）法律条件的论证

出于立法权力对行政权力的制约和监督目的，非税收入项目在授权设立时需要对设立的条件（如是否有财政拨款及是否满足最低标准等）做出限制性规定，这使得非税收入项目的财务报告中首先需要对照法律规定，详细解释该项目的前提依据及适应条件，论证该收费项目的合法性。

国外案例

美国《兽用药使用费法》（ADUFA，Animal Drug User Fee Act）项目的财务报告中就会对照法律的规定，重点阐述相应的法律依据。在 FDA 发布的 2018 财政年度的 ADUFA 财务报告中，首先对照 ADUFA 规定的三个法律条件进行解释。

第一，对行政拨款的最低要求。ADUFA III 规定的法律条件之一是，经通货膨胀调整后的 FDA 总工资和费用拨款（不包括使用者付费），必须达到或超过 FDA2003 财年的工资和费用拨款（不包括使用者付费）。这一规定见于 FD&C 法第 740(f)(1)节。为了确定是否满足法律条件，FDA 必须计算调整系数[定义见 FD&C 法第 739(10)节，并经 ADUFA III 修订]，这一调整因素在第一和第三个法律条件的评估中都需使用。

第二，对收取总额的限制。第二个法律条件在 FD&C 法第 740(g)(2)(A)(i)节中有描述。它规定，收费应在每个财政年度收取，金额不得超过拨款法规定的金额，或以其他方式支出。2018 年 3 月 23 日由总统签署的《2018 年综合拨款法》中规定，2018 财年 FDA 从兽用药使用费收入中提取的金额为 18 093 万美元，超过此金额收取的动物用药费也拨给 FDA（作为结余）。因此，本年度该项目也能满足第二个法律条件。

第三，对基于拨款的最低支出要求。拨款的最低开支是指 ADUFA 批准生效当年，即 2003 财政年度 FDA 在审查兽用药申请过程中所花费的金额乘以调整系数，其作为财政最低拨款支出限额，构成了第三个法律条件。在 2003 财政年度，用于 ADUFA 计划的拨款为 3 274 万美元。采用 1.333 309 的调整系数（四舍五入至小数点后六位）后，2018 财年 ADUFA 项目所需要的最低拨款水平（不包括使用费收入）为 4 366 万美元。在 2018 财年，FDA 的 ADUFA 项目中，拨款实际达到 4 994 万美元，这超出了规定的最低拨款支出水平。因此，满足了第三个法律条件。

（二）财务信息的披露

政府财务信息是从价值角度对政府业务活动及其结果的一种反应，是连接政府与社会公众的工具。政府财务信息不仅包括政府采用财务会计手段核算和反映的财务信息结果，还包括反映政府财务计划的政府预算信息。政府财务信息披露是指政府依照法定程序、以法定形式将政府财务状况、运营情况和履行受托责任等相关的财务信息，向社会公众公开披露的行为。政府财务信息通过政府财务报告的形式披露给财务信息使用者以及监督者。政府财务报信息报告应当保证真实性、准确性、完整性、规范性。财务信息是财务报告中的核心内容，对于非税收入项目而言更是如此。财务报告从收入、支出与结转三大部分展开披露，财务信息披露的内容应当尽可能全面。

国外案例

按照法律所规定的各种收入类型，收入部分分为已收收入和应收收入两部分，并提供历史数据以供比较。在支出方面，根据 OMP 和 DHHS 所设定的基本框架，设置的支出科目反映准确和全面，体现了相应支出的经济性质。以 ADUFA III 项目为例，科目设置明细到二级。其中，人员支出的科目包括人事补偿福利（Personnel Compensation Benefits）、文职人员福利（Civilian Personnel Benefits）、军人福利（Military Personnel Benefits）等。除了人员支出，其他的支出还包括交通差旅、通用行政管理服务支出，租赁支出、合同服务、设备物资和装备、补助金和捐款等。在结转管理上，根据不同法案，对于结转和业务准备金的管理不尽相同。但总体思路是允许留有一定储备，同时也存在封顶要求。例如，ADUFA III 授权 FDA 在 2018 财年末拥有最多 3 个月的可用结转余额，以维持 2019 财年前 3 个月的运营。截至 2018 财年末，维持运营 3 个月所需的结转金额为 758.275 0 万美元。此外，报告中还须提供详尽的历史数据比较。

（三）项目活动的界定

根据收费项目的特征，这一类财务报告中的核心内容是对项目所涉及政府活动的界定，以此作为成本计量的前提，进而在财务报告中归集这一收费项目的成本。对应于法律规定和这一收费的特征，财务报告中的机构活动及成本信息披露体现了项目导向，具有很强的项目属性的财务报告特征。因此，从活动这一属性出发，法律详细界定了项目所"允许的活动"(allowable activity)和"排除的活动"(excluded activity)。可见，活动(activity)既是法律规定的核心内容，又是财务报告中界定既定项目下的机构活动以及相应的活动规模的前提。

仍以云南富宁县为例，其《富宁县非税收入征收成本核定暂行办法》(富政办发〔2017〕295号)明确了纳入以及不纳入征收成本核定范围的非税收入，并给出理由。比如不纳入征收成本核定范围的非税收入有政府性基金和国有资本经营收入(单独编制预算)；国有资源(资产)有偿使用收入，多属一次性收入，视情况追加支出不核算征收成本；纳入财政专户实行"收支两条线"管理的教育收费和公共卫生服务机构收费全额用于工作保障，不核定征收成本等。

国外案例

以 ADUFA III 项目为例，所谓"允许的活动"由法条进行了明确规定。第 739(8)条"审查兽用药申请的程序"中明确指出审查是指兽用药申请审查、兽用药补充申请审查和兽用药研究审查。根据不同类型的审查活动，这些必要活动又可以进一步细分。例如，关于新兽用药申请(NADAs)，法律明确规定是指原始申请、上市前和上市后补充申请、药物化学报告、检验药品是否存在病毒等的重新激活活动等；试验性新兽用药(INADs)，则是指初次提交申请、再授权请求相关的审查活动。

不应包括在项目内的活动，即"排除的活动"(excluded activity)也有明确法律规定。就 ADUFA III 项目而言，是指"新兽用药申请的简单评论、制定执行政策、批准后监督和合规性检查活动、批准后与广告审查有关的活动，以及与 ADUFA 项目无关的检查和研究"。

(四)项目成本的归集

成本费用归集的本质在于准确核定项目成本费用，有效控制费用成本支出，在政府非税收入项目中，严格按政府成本会计准则来实现对项目成本的有效归集。对项目成本的归集就是基于一定的会计制度来有序地展开成本数据收集与汇总过程。合理有效的成本数据收集还能帮助项目实现目标成本预测与计算控制，因此对于非税收入项目而言成本费用归集是非常重要的。科学归集非税收入项目成本，既是完善部门预算编制的现实需要，也是促进非税收入依法征收、应收尽收的重要保障。

非税收入项目成本是非税收入取得过程中发生的人力、物力、财力的消耗，包括补偿性支出、人员支出和其他消耗性支出等。补偿性支出是指执收部门为取得非税收入的物力和财力的消耗，主要包括：工本费、手续费、材料费、设备购置费、印刷费等。人员支出是指根据法律法规规定，可在非税收入中列支的人员经费或是财政预算未安排经费的执收人员支出，主要包括执收人员的工资福利、补贴以及按财政规定标准核定的公用经费等。其他消耗性支出是指征收非税收入过程中发生的必需的业务性及消耗性支出，如上下级分成支出、劳务性支出、开发性支出、水电费、业务培训费、场地租金、税金、贷款利息、执法部门的专项办案支出等。[①] 非税收入项目成本按其结构可分为直接成本和间接成本。直接成本是指为取得非税收入直接发生得、不需要分摊的费用，如工本费、材料费 、手续非等；间接成本是指所发生的费用需要通过一定的方法分摊后才能计入成本费用，如人员支出、设备购置费用和其他资本性支出等。项目导向的法律授权及明确的活动界定，使得成本归集的对象具体，责任部门明确，最终能够清晰识别、界定项目成本。

国外案例

在 ADUFA III 项目的成本报告中，ADUFA III 项目所涉及的机构部门包括兽用药中心（CVM）、监管事务办公室（ORA）和 FDA 总部（HQs）。从内容来看，归集到三个部门的成本分别是 NADAs、补充兽用药申请和 INADs 的审查成本，批准前的现场检查和调查成本，以及与 ADUFA III 项目相关的一般性行政机构成本。

对于每一内容，各自的成本计量方法略有差异，但总体思路均是根据特定的标准，计算归集得到项目的成本。对于 CVM 而言，由于 ADUFA III 项目的活动有可能涉及多个 CVM 的下属部门，并且，同一个下属部门可能正在同时从事多个法律规定的项目，这需要将项目成本从 CVM 的机构成本中剥离出来。为此，CVM 使用了的工作时间报告系统。CVM 将员工报告的活动时间归因于项目的直接过程、间接过程和支持性活动，并排除非本项目活动。上述工作时间折算成全时等效工作量，用以界定 CVM 所耗用的人工成本。此外，还有一些成本并非直接从下属部门的经费中支付，而是由上级机构及 FDA 承担，包括场地租金、电信和公用事业费用、一些计算机设备和网络支持，以及支持所有 FDA 项目和活动的共享服务费用。这些 FDA 和中心所承担的成本，通过项目的直接和间接活动所报告的工作时间量占机构所有直接和间接活动报告的总时间得到的百分比进行分摊，归集到 ADUFA 项目成本账下。

① 焦作非税收入网：《关于非税收入执收成本的调研》，http://jzfs.gov.cn/article/3898.html。

ORA 监管事务部门同样也是一个事务众多、可能同时从事多种法定项目的部门，其也使用一个时间和活动跟踪系统，用以捕获在各种类别监管中花费的时间，包括对生产设施的批注前检查、临床研究的调查以及对样本的分析测试。其中，对隶属于 ADUFA 项目的内容，可以向 ADUFA 项目成本进行归集。除了直接工作耗时外，还包括 ORA 行政和管理人员所做的支持性工作耗时。

HQ 所采用的也是相似的思路。目前，使用总部总成本除以扣除总部薪资费用（不包括福利）后的 FDA 总薪资费用总额（不包括福利）得出的百分比，然后将该百分比乘以适用于 CVM 和 ORA 的 ADUFA 项目的总工资（不包括福利），得出相应的一般行政成本。

可见，综合财务报告不仅从预算角度报告了不同法定非税收入项目的收支和结转信息，同时，也从法律依据、项目活动和成本角度进一步展示了项目的基本特征，这为进一步分析项目的成效及潜在不足，并基于绩效目标展开评价，实施财务报告以及对未来展开中期规划具有基础性作用。

二、中期财务规划

财务规划中最为重要的部分是对未来法律有效期内项目的收入和支出预测，这涉及收入和支出的预测及调整，以及预算的结转管理。中期财务规划在进行年度预算编制的基础上，对三年至五年的收入与支出进行统筹，财政收支计划进行同步编制。第二年可以在中期财务规划的基础上进行年度预算以及之后两年收支计划编制，从而实现滚动编制。中期财务规划能够对未来三到五年内的重大财务事项进行预测，将其中所涉及的财务账目通过科学的形式，编制跨年、跨项的财务规划，实现政府财务规划的最佳状态。美国 FDA 使用费项目的中期财务规划，采用了与法律授权周期同步的方式进行规划。

（一）收入预测

收入预测是基于以往财政年度内政府收支情况、当地物价变动幅度、实行的经济政策等主要经济变量的影响，并考虑未来三至五年经济发展趋势、重大财税政策等影响财政收入变动的相关因素的基础上，评估相关政策对经济运行及财政收入的影响，运用预测的计量模型，测算规划期内财政收入状况，其中就包括对非税收入的预测。可以看出，制定年度目标收入的过程在法定基数的基础上，综合考虑若干因素后得出的收入数，这一金额又构成了下一年度收入目标数的测算依据，以此形成“滚动式”测算。

国外案例

美国FDA使用费项目的中期财务规划，采用了与法律授权周期同步的方式进行规划。每一年度的收入基数调整的依据包括：

第一，通货膨胀调整。通货膨胀调整是在考虑通货膨胀的情况下，调整基数，以保持收费基金的购买力。这项调整是一项综合措施，通过消费者价格指数(CPI)的变化来衡量运营费用，通过人员平均薪酬和福利金额的变化来衡量与工资相关的费用。

第二，能力规划调整(Capacity Planning Adjustment)，或者称之为工作载荷调整(workload adjustment)。是指根据项目产能需求的变化进一步调整经通胀调整后的基数。

第三，附加资金数量(Additional Dollar Amounts)。附加资金数量是指除了实际产能规划调整之外，额外增设的满足工作载荷的资金投入。

第四，业务准备金调整(Operating Reserve Adjustment)。业务准备金调整是在法规中设立的，用以支持每年可最多结转14周业务准备金的机制。法律规定结转余额的上限相当于14周的运营成本。如果FDA的结转余额高于此上限，则需要将下一财政年度的目标收入金额相应减少。如果金额低于此上限，FDA可能会增加某个财政年度的使用费收入，以维持最多14周的运营储备。如果FDA对营运准备金进行上调或下调，需要在联邦公告(Federal Register)中的使用费设定通知(fee-setting notices)解释其理由。2018财年，FDA申请了3 328.758 2万美元的业务准备金下调。并计划在PDUFA VI的剩余年份不再使用营运准备金调整，同时，FDA将在该财务规划的每次年度更新中重新评估其对营运准备金调整的展望。

第五，附加直接成本。附加直接成本用于与PDUFA VI计划相关的营运成本，而非工资成本方面的调整。

（二）支出预测

进行支出预测的过程中，要充分考虑国家当前或者今后实施的发展规划以及相关政策的开展情况，理清规划期内国家或者地方出台的重大改革政策、实施的重点项目、优先发展的行业部门等的资金需求，得出主要支出项目的成本核算、绩效目标及政策优先程序，以便科学安排支出规划，有序安排政府支出。对于非税收入项目支出预测，应当涉及非税收入取得过程中发生的人力、物力、财力的消耗，包括补偿性支出、人员支出和其他消耗性支出等，非税收入单位应当按照支出类型分列规划期三至五年内的全部支出。

国外案例

FDA支出预测中按照机构分列了规划期五年内的使用费支出。总支出包括工资和运营、租金、中央和共享服务成本。支出科目的定义如下：

第一，工资和运营。这些是指根据法规规定的，PDUFA费用可允许用于的活动中发生的所有工资和运营成本。例如，监管审查职能、预批准检查、指导和政策制定活动、科学和研究活动以及支持PDUFA计划的管理和行政职能。

第二，租金。这是指FDA因占用联邦政府建筑物而支付给总务管理局（the General Services Administrations）的，以及直接租赁和购买服务等非联邦政府资源所产生的费用。根据所提供空间的类型和位置，租金按不同的费率收取。

第三，中央账户。中央账户支付的是中心和机构范围的服务，如电信、培训、印刷、邮件和文件管理、信息技术系统、雇员保健单位以及其他支助和杂项服务。

第四，共享服务。FDA包含许多共享服务组织，它们在用户付费计划中提供支持，如人力资源和IT。

租金、FDA中心和共享服务的支出预测根据上一年的实际情况进行预测。PDUFA VI中，设定支出金额按照1%的水平递增。

（三）结转管理

结转资金是指当年支出预算已执行但尚未完成，或因故未执行，在当期未使用完、下年需按原用途继续使用的专项资金或基本支出的结余，也就是指在结算的时间段里，由于工作目标尚未达到而暂时没有使用完的资金。具体可以分为基本支出结转和专项资金结转。结转资金是下一年度需要按照原用途继续使用的资金，结转资金原则上不得调整用途，将转入下一年按照原用途的预算继续使用。我国非税收入实行“收支两条线”管理模式，除有特定用途的非税收入或个别非税收入需补偿征收成本支出外，非税收入原则上由政府统一安排使用，不与有关部门的支出挂钩，不实行结转部门下年使用的办法。

国外案例

以美国《处方药使用者付费法案》（the Prescription Drug User Fee Act，PDUFA）中的使用费为例。在财政年度结束时收取、拨款和未支出的PDUFA费用仍然可用于支持未来财政年度的PDUFA项目，此余额称为PDUFA结转。保持适当的结转水平使FDA能够减轻项目的财务风险，包括收取费用金额不足的风险和拨款失效的风险。

结转余额包括两类:一是无法使用的结转。这是指结转资金受索赔或限制(如行政拨款的约束条件等)导致 FDA 无法使用。另一则是可供使用的结转——该部分是不受任何索赔或限制的结转资金。在确定多少结转资金可以确保用于下一财政年度的支出时,除了年末结转总额——这是财年末未支配的费用总额,还需考虑到年末无法使用的结转——如上所述,包括任何索赔或收取费用限制不能支配的费用。这包括:无拨款的数额。例如,FDA 的 PDUFA 项目下结大约有 7 900 万美元的费用是 2010 财年之前所有财政年度中,超过年度 PDUFA 拨款年度水平的累计收费总额。从 2010 财政年度开始,在拨款规定中增加了一个技术性修正,以确保这一费用都被视为已拨款。否则这 7 900 万美元在没有行政拨款的情况下,FDA 无权使用这些使用费,只能将其保留在结转准备金中。此外,还有少量退款处理和营运准备金调整,结转总额减去上述不可结转的费用,构成年末可供使用的结转,即下一财政年度初可用的结转。

此外,结转管理中还需考虑该财政年度内,必须将一定数量的非使用费的行政拨款用于审查人用药物申请的过程,即前文中所述的法律条件,这通常被称为"非使用费预算授权(BA)支出触发"(non-user fee budget authority spending trigger)条件,结转管理中需要对未来年度作为触发条件的拨款水平做出预测。

三、财务报告内部控制

(一)政府内部控制的内涵及外延

财政部在 2012 年发布了《行政事业单位内部控制规范(试行)》的印发通知,2014 年这一内控规范开始正式实行,开始了我国的行政事业单位内部控制全面建设,这一规范共六章具体包括总则、风险评估和控制活动、单位业务层面的控制、业务层面内部控制、评价与监督、附则。其中业务层面内部控制又划分为六部分:合同控制、建设项目控制、资产控制、政务采购业务控制、收支业务控制、预算业务控制。从各个方面为行政单位提高内部管理水平,合理规范行政单位的资金使用等建设了基础框架。例如,第二十七条从内部控制的角度规定单位应当建立健全收入内部管理制度,强调对于有政府非税收入征缴职能的单位,应当按照规定项目和标准征收政府非税收入,按照规定开具财政票据,做到收缴分离、票款一致,并及时、足额上缴国库或财政专户,不得以任何形式截留、挪用或者私分。

政府内部控制是政府机构运作不可缺少的过程,随着政府管理业务变化不断更新,是一个动态的过程。内部控制不是孤立的事项或者环境,而是指政府业务管理中一系列的活动,这些活动约束着政府业务管理。从静态上讲,内部控制是指政府部门为履行职能、实现总体目标而建立的保障系统，该系统由内部控制环境、风险评估、内部控制活动、信息及其沟通和内部控制监督等要素组成，并体现为与行政、管理、财务和会计系统融为一体的组织管理结构、政策、程序和措施；从动态上说，内部控制是政府部门为履行职能、实现总体目标而应对风险的自我约束和规范过程。

政府部门内部控制贯穿于政府部门的各种活动之中，其构建与实施应严格遵循以下几个原则（张庆龙，2012）：

第一，服务导向性原则。从当前来看，服务型政府是未来政府治理改革的重要方向。那么，作为政府治理基石的政府内部控制也应体现这一原则。服务导向原则的内部控制核心思想体现为以顾客为导向，政府应为其提供高质量、高效率的服务。遵循服务导向原则的内部控制应在最大程度上克服管制型政府所带来的行动迟缓、效率低下、回应性差等弊端。

第二，兼顾效率与公平的原则。效率与公平始终是经济学中讨论的重要概念，其最终目标都是为了增进社会公共福利。政府部门内部控制的设计应围绕政府部门工作的重点，在组织结构设计、人力资源管理政策、公共部门绩效评估中均体现兼顾公平和效率这一价值目标。

第三，合法合规性原则。内部控制应当符合法律、行政法规的规定和有关政府监管部门的监管要求，符合单位相关规定和单位实际情况，并把国家及部门单位有关的法律法规落实到内部控制中去。内部控制要求单位的管理和服务活动必须置于国家法律法规允许的基本框架之下，在守法的基础上进行管理。

第四，成本绩效原则。内部控制应当在保证内部控制有效性的前提下，合理权衡成本与绩效的关系，争取以合理的成本实现更为有效的控制。

国外案例

美国是目前世界范围内关于政府内部控制理论与实践较为丰富的国家。通过几十年的努力，美国已在行政系统内，构成了联邦政府行政部门的内部控制体系（王光远，2009）。即在预算管理总局（OMB）的整体控制下，由首席财务官负责制定并运行政府部门的财务管理及会计和管理控制，督察长负责对其运行实施审计督察。同时，在行政系统之外，国会通过政府课责局（GAO）对行政部门内部控制、施政业绩进行监督调查，促进政府内部控制的运行，确保政府管理者实现预期目标，切实履行公共受托责任。

《联邦管理者财务廉洁法案》（The Federal Managers' Financial Integrity Act of 1982，FMFIA）在美国政府内部控制发展史上具有里程碑式的意义，它不仅要求持续评估并报告每个行政机构的内部会计控制和管理控制系统的充分性，而且还授权 GAO 发布内部控制准则。其对行政机构内部控制报告作出明确规定，其中特别要求美国行政机构向总统和国会出具年度报告，以说明机构的内部控制是否遵循了联邦准则，以及对内部会计控制和管理控制系统中所存在的重大缺失的纠正计划。

在这一要求下，1983 年 GAO 发布《联邦政府内部控制准则》(Standards for Internal Control in the Federal Government)，俗称"绿皮书"(以同其发布的俗称"黄皮书"的政府审计准则相区别)。绿皮书认为：政府内部控制是管理层为实现目标所采取的计划、方法和程序；内部控制准则由一般准则、具体准则和审计处理准则构成；一般准则包含合理保证、支持性态度、专业胜任能力、控制目标、控制技术等；具体准则包含文件、交易和事项的记录与执行、职责分离、监督、限制接近和说明等；审计处理准则要求管理层评价审计发现及建议、及时采取改进措施。

预算管理总局(OMB)已经发布《OMB 通告 A-123：管理层的内部控制责任》(The Office of Management and Budget's Circular No. A-123)，以及指导联邦政府评价、改进和报告内部控制系统的指南，并与准则一起构成了这一时期政府内部控制框架体系的主要规范性文件。此次修订通告的目的是为联邦管理者针对以下方面提供指南：(1)管理层的内部控制责任；(2)评估内部控制有效性的流程，以及评估的新要求；(3)更新的内部控制标准；(4)整合并协调内部控制评估。这一通告作为指导联邦政府评价、改进和报告内部控制系统的指南，与准则一起构成了美国联邦政府内部控制框架体系的主要规范性文件。

经过理论与实践的不断发展，财务报告内部控制作为政府内部控制体系的一个延伸和拓展，其重要性越来越突出。本质上，财务报告内部控制指的是设计用来为财务报告可靠性提供合理保证的一整套程序。财务报告内部控制的目标是确保资产受到保护，不被浪费、毁损、未授权的使用或错误分拨，并确保遵循财务报告有关的法律规章。实践中，内部控制已成为政府财务报告体系中核心的报告内容之一。

(二)内部控制的报告

内部控制报告是指管理当局依据内部控制有效性评价的标准对本单位内部控制的设计和执行的有效性进行评估后，将结果提供给外部信息使用者的报告。非税收入内部控制报告主要是向社会公众报告非税收入单位内部控制无重大缺失或存在哪些重大缺失等，让社会公众了解非税收入单位内部控制的状况。

在非税收入资金的财务报告体系中，同样要求重点报告机构的内部控制情况，并要求对照准则和指南评估相应的架构、潜在的风险及应对措施。非税收入单位对其内部控制的报告，需要遵循以下原则：第一，全面性原则。内部控制报告应当包括非税收入单位内部控制的建立与实施、覆盖单位层面和业务层面各类经济业务活动，能够综合反映非税收入单位的内部控制建设情况。第二，重要性原则。内部控制报告应当重点关注非税收入单位重点领域和关键岗位，突出重点、兼顾一般，推动非税收入单位围绕重点开展内部控制建设，着力防范可能产生的重大风险。第三，客观性原则。内部控制报告应当立足于非税收入的实际情况，坚持实事求是，真实、完整地反映非税收入单位内部控制建立与实施情况。第四，规范性原则。非税收入单位应当按照财政部规定的统一报告格式及信息要求编制内部控制报告，不得自行修改或删减报告及附表格式。

国外案例

以 FDA 为例，其关于内部控制的报告遵循一般性框架和机构指南的个性化要求。就一般性框架而言，《联邦管理者财务廉洁法案》(FMFIA，The Federal Managers' Financial Integrity Act of 1982)要求该机构的负责人每年向总统和国会报告内部控制的有效性以及在这些控制中发现的任何重大缺陷。与这一要求相对应，政府课责局(GAO)则进一步提供了内部控制标准，其在发布的绿皮书中规定，"管理层负责建立有效的内部控制体系。作为这一职责的一部分，管理层设定实体的目标，实施控制，并评估内部控制系统"。美国预算管理局 OMB 的 A-123 文件则要求每年进行一次内部控制评估。在上述一般性框架的基础上，FDA 的上级部门，即卫生与公众服务部(DHHS，Health and Human Services)通过制定部门指南为其下属各业务部门提供指导。根据这一指南，FDA 负责制定和维护一个经济的、合规的内部控制，其中包括计划与运营控制、对财务报告的控制，以实施健全的财务管理。

内部控制情况要作为财务报告的核心内容展开。在 FDA 的五年期财务规划和财务报告中，FDA 报告了其实施内部控制的努力及成效。[①]具体包括：

第一，FDA 成立了一个高级评估小组(SAT，Senior Assessment Team)，作为治理机构，负责监督和问责 FDA 的内部控制，包括监督 FMFIA 执行和实施 A-123 评估，并营造一个强有力的内部控制环境。

第二，根据 FMFIA、OMB A-123、绿皮书和 DHHS 指南，FDA 建立了一个完整的内部控制系统，涵盖整个业务流程的综合控制，并对其内部控制活动进行年度评估。此外，FDA 还建立一个企业风险管理计划(ERM，Enterprise Risk Management)，根据 ERM 计划，FDA 实时跟踪评估企业风险状况，并提出优先级别的风险应对方案。

第三，FDA的内部控制的重点是针对收费系统，内容涉及收费合规性、收费流程、应收账款和财务系统合规性的控制评估，并就这一使用费收费系统是否符合DHHS要求和1996年《联邦财务管理改进法》(FFMIA)的要求进行报告，同时，FDA还实施了综合预算和采购计划系统(IBAPS，Integrated Budget and Acquisition Planning System)，以便能够更加深入、及时地了解整个机构的预算活动。

第四，FDA需要作为DHHS的一部分，进行合并财务报表的年度审计，审计对象包括合并资产负债表、合并现金流量及变动表、合并预算表以及财务报表相关附注。通过财年审计，就财务报表是否公允反映所有重大事项、合并财务状况、现金流量变动和预算资源，并就是否符合美国会计原则提出意见。与此同时，FDA需要向DHHS提交财年保证(FDA's FY 2018 Assurance Statement)，就是否存在重大缺陷或财务不合规内容进行保证。

第五，FDA还实施了其他内部控制程序，包括持续监控程序，通过评估发现缺陷，出台相应矫正措施，并监督执行。这一持续监控方案允许管理层有针对性地实施补救并加强内部控制。此外，FDA每年都会提供内部控制培训课程，内容包括内部控制的重要性、应急管理和补救、内部控制的作用和责任等。

(三)潜在风险及应对

财务报告还需对本部门内部控制方面存在的潜在风险进行归纳和陈述。非税收入资金本身也构成了潜在的风险源，需要进行重点报告。非税收入项目潜在的风险主要存在于非税收入征收管理的过程中，非税收入征收管理风险，是指因相关规章制度和工作机制不完善或执行程序不到位，导致非税收入征收管理过程中应承担责任风险的可能性。

非税收入征收管理风险主要潜在于非税收入预算编审、非税收入征收管理和财政票据管理等三部分中，根据非税收入征收管理工作的内容进一步细分，非税收入征收管理风险又可以具体划分为表8.3中的内容。

表8.3　　非税收入征管风险细化表①

	风险点	责任主体
1	未经适当审核或审核不严、不细，出现差错	征收管理科
2	预算编审方法和程序不合理，可能导致不能按时推进工作	征收管理科
3	未执行相关规定，出现违规缓减免非税收入行为	征收管理科

① 资料来源：《益阳市财政局非税收入征收管理风险防控办法(试行)》。

续表

	风险点	责任主体
4	代理银行未及时发送电子数据或报送收入日报表	票据结算科
5	缴款受理网点未按要求归集、上传待查收入信息，不能积极主动清理待查收入	票据结算科
6	受业务流程及管理政策等影响，导致执收单位不能及时开票	票据结算科
7	区县未及时足额上解分成资金或分成明细表	征收管理科
8	未严格按收入性质及预算管理方式划解	票据结算科
9	执收单位不能及时提交分成划解计划	征收管理科
10	人行入账及信息反馈均以手工处理方式为主	票据结算科
11	审核不严，造成退付错误	征收管理科 票据结算科
12	代理银行未核实退付电子数据，仅凭纸质退付书办理退付	票据结算科
13	未及时受理办证申请	票据结算科
14	对票据检查中发现的违规情况未按要求进行处理	票据核算科
15	审核不严，不符合销毁条件的同意销毁	票据核算科
16	未严格执行文件规定检查票据的使用和保管情况	票据核算科
17	非税收入稽查工作底稿不完整、收集证据不充分	稽查科
18	未按规定及时下达非税收入稽查结论和处理决定	稽查科
19	未按规定及时下达非税收入稽查结论和处理决定	稽查科
20	擅自到被考核单位进行年度工作考核	稽查科

明确非税收入征收管理风险，提出风险应对措施是非税收入实施内部控制的最终目的。例如表 8.3 中第 8—10 项风险点属于收入划解业务风险事件类型，可以从以下几点采取应对措施：

首先，逐步推行非税收入电子缴库。搭建财政部门与代理银行、人民银行的电子缴库联网系统，在系统内生成电子拟缴数据，经内部审核后发送给代理银行、人民银行进行入库处理，处理成功后自动反馈电子信息，确保信息传递的及时和处理方式的快捷。其次，规范收入划解行为。严格按收入性质，区分预算管理方式缴入国库或财政专户，防止混库及随意调整等；对应缴国库或财政专户收入，按时划缴，无故不得拖延，防止应缴资金滞留在汇缴结算户中。最后，加强与执收单位的沟通。密切关注重点单位应上解中央、省和应返还下级分成收入余额情况，督促其按既定期限及时足额办理。

国外案例

以 FDA 的 PUDFA VI 使用费项目为例。FDA 认为，与所有财务项目一样，FDA 的使用者付费项目也存在一定的财务风险和挑战。一个共同的财务风险的例子是收费的行政拨款触发条件，在国会批准预算拨款之前，FDA 不能动用使用费收入池中的资金或非使用费拨款收入。FDA 只能假设该机构在任何一年的拨款总额，如果实际的拨款总额大大低于预期，FDA 就有可能无法达到财政年度的非使用费支出触发点（即法律条件中的最低拨款支出限额——作者注），或无法实现相应的绩效目标。FDA 以 PDUFA 项目为例，进一步解释了 4 种潜在的风险。

第一，支出计划执行不足。由于（使用费和非使用费）收入的不确定性、非使用费支出触发要求和招聘困难，在 PDUFA 重新获得授权的第一年，PDUFA 项目的预算资源一直存在不足。为了将这种风险降到最低，FDA 需要更加重视五年周期第一年计划，围绕新员工的招聘等加强执行。

第二，非使用费拨款水平的不确定性。因为非使用费拨款资金规模在大部分财政年度中所占的比例往往是不确定的，很难预测国会批准的非使用费拨款数额，这给规划带来了挑战。

第三，业务储备金规模偏小。PDUFA VI 规定 FDA 可以维持长达 14 周的业务储备金规模，以便在拨款失效的情况下继续项目运营。但目前 FDA 因为没有可供使用的结转，导致业务储备金规模不足，不足以维系 14 周的运营。

第四，少收和多收费用问题。如果 FDA 的目标收入预测存在偏差，就可能会导致超收或赤字。当 FDA 实际收取费用过低时，可以利用其结转余额来维持运营；但当收入出现超额时，结转额可能会增加，却没有确定额外的支出计划。对此，PDUFA VI 中重点关注了这些风险。同时，FDA 在整个财政年度监控收款情况，使用费财务管理委员会和其他 FDA 高级领导则着力降低收入预测差额。

第四节 中国非税收入使用管理的改革展望

本章较为全面地介绍了非税收入资金使用管理中的三个基础内容——绩效管理、成本核算和财务报告。三者环环相扣，互为依靠——绩效管理提供了为实现法定绩效要求所必需的管理体系，其不仅涉及绩效评价，更重要的是从建立法定绩效要求和量化的绩效目标开始，直至绩效报告、绩效审计与绩效拨款的完整体系和流程。成本计量则通过界定项目活动、计量项目成本为绩效管理提供的相应依据和技术支撑，而财务报告作为信息披露与公开的必要手段，体现监督制约和优化治理的机制作用。

一、非税收入的项目化绩效管理体系

2020 年，为深入贯彻落实《中共中央 国务院关于全面实施预算绩效管理的意见》精神，在《财政支出绩效评价管理暂行办法》（财预〔2011〕285 号）的基础上，修订形成了《项目支出绩效评价管理办法》（财预〔2020〕10 号）。这次修订的一个巨大进步在于突出项目化绩效评价。在财预〔2011〕285 号文中，规定绩效评价的对象包括纳入政府预算管理的资金和纳入部门预算管理的资金。按照预算级次，可分为本级部门预算管理的资金和上级政府对下级政府的转移支付资金。而在财预〔2020〕10 号文中，突出强调了评价对象的项目属性。该文规定，对于单位自评，其对象包括纳入政府预算管理的所有项目支出。对于部门评价，规定其对象应优先选择部门履职的重大改革发展项目，随机选择一般性项目。原则上应以 5 年为周期，实现部门评价重点项目全覆盖。对于财政评价，其对象应优先选择贯彻落实党中央、国务院重大方针政策和决策部署，以及覆盖面广、影响力大、社会关注度高、实施期长的项目。对重点项目应周期性组织开展绩效评价。可见，这次改革在单位自评、部门评价和财政评价中都突出以项目为评价对象，而不是财预〔2011〕285 号文所规定的那样笼统和宽泛。

目前，中国仍处在积极推进项目化绩效评价活动的阶段，建立项目化绩效管理框架和流程的改革任重道远，更遑论非税收入资金使用的项目化绩效管理。但是，局限在绩效评价这一单个环节是不够的，需要突出涵盖总体架构和全部流程的系统性优化的绩效管理思路。非税收入的资金使用管理中，应着力构建项目化的绩效管理体系。

第一，明确项目的绩效要求及绩效目标体系。本书第七章第二节第二部分“非税收入的法定授权设立”已经介绍，非税收入项目设立授权是一种类似于“项目管理”的思路，呈现“一个项目，一部法律”特征。关于绩效要求的讨论与酝酿非常严谨而充分，具有极强的约束性和权威性，直接决定了该收费项目的必要性和存在前提。围绕这一法定的绩效要求，部门或者单位应根据自身业务活动的特征和分类，形成系统、清晰和量化的绩效目标体系。例如，本章第一节第二部分已经阐明，每一部使用费项目法案均秉承及时性要求，各个使用费项目的实施中均根据业务活动和业务特征建立了明确、清晰的及时性绩效目标体系——提高各类型审查业务活动在规定时限内的审结率。

当前，如果将中国的项目化绩效评价思路照搬至非税收入领域，可能会面临绩效要求不够鲜明，同时，绩效目标的制定却又存在过于宽泛和笼统的问题。例如，在财政部发布的《绩效目标申报表填报说明》中，将项目绩效目标分为长期目标和年度目标两大类。每一种类型绩效目标中又可以划分为产出指标、效益指标和服务对象满意程度三大类。其中，产出指标又可以进一步细分为数量指标、质量指标、时效指标、成本指标(分单位成本和总成本)等。效益指标包括经济效益指标、社会效益指标、环境效益指标、可持续影响指标。[①] 不仅如此，绩效评估和绩效报告的格式要求却又相当严密，有过于僵化之嫌。在《财政支出绩效评价指标体系(参考样本)》中，从项目决策、项目管理、项目绩效三方面设计了包括决策过程、资金分配、资金到位、资金管理、组织实施、项目产出和项目效果在内，合计为 7 大类的二级指标体系。这 7 大类二级绩效指标又进一步细分为 20 种三级指标，并为每一个三级指标设计了相应分值和权重，总分为 100 分。[②]

对于中国这样一个大国，项目支出的数量庞大、种类庞杂且地区差异性较大，[③]而且，非税收入本身更是具有分散性和灵活性的特征。很难想象一个非税收入项目能够兼有那么多维度的、可度量的绩效内容。同时，也不宜将决策、投入、过程、产出等方面的内容都归结为非税收入项目绩效目标和绩效评价的范畴。对照绩效管理理念，非税收入的项目化绩效管理中，应该根据非税收入项目的具体特征，精炼和聚焦相应的绩效要求。进而，围绕这一既定的绩效要求，要求由部门或者单位来论证、设计和建立绩效目标体系。这一逻辑体现的是一种赋权型预算管理的思维——明确拟解决的关键问题和期望结果，授权相关部门和单位围绕这一绩效要求和期望结果，充分发挥能动性，充分发挥部门的专业优势和信息优势，设立相应的绩效目标体系。而非税收入项目的灵活与细微特征，及其所具有的内在收支关联性，也使得这一赋权型预算管理具备适宜性。只有绩效要求精炼和聚焦，围绕这一绩效要求的目标体系才能紧密结合部门和单位的业务特征，做到实质上的内容充分且全面，而不仅是形式上的统一和标准。

而诸如《填报说明》和《参考样本》等这样的文书，扮演的应该是绩效说明和绩效问卷的角色，即财政部门作为预算主管部门向其他所有部门和单位发送的标准化文书，强化绩效目标导向，并通过问卷调查该部门或单位的非税收入项目绩效目标的确立过程，掌握相应的绩效目标设计情况，获得相应的背景信息。在一份标准的绩效问卷中，应对绩效目标的建立与相应信息的表达提出明确要求，要求部门和单位围绕该非税收入项目所希望达到的目标。理想情况下，目标应确定为一个可衡量的成果指标，并具有时间表。除了明确的、结果导向的目标，还要求部门和单位明确说明这种绩效衡量的基本内容及重要性程度；在绩效目标的格式上要求确定其适当的单位，如百分比、货

---

① 引自财政部网站，财政部财政文告，http://www.mof.gov.cn/gkml/caizhengwengao/2011caizhengwengao/2011caizhengwgdi4qi/201107/t20110706_571552.htm。

② 引自财政部网站，财政部财政文告，http://www.mof.gov.cn/gkml/caizhengwengao/2011caizhengwengao/2011caizhengwgdi4qi/201107/t20110706_571552.htm。

③ 来自“预算项目支出标准体系研究”课题研究报告显示，仅 2017 年中央本级预算支出项目申请就有 10 余万项。

币、总人数、十进制小数等；在数据来源上解释来源渠道和获取方式；在评价方法上具体解释这种绩效衡量的计算方法；在衡量方式上应明确是累积式（即各年累加的），还是年度性的；在动态改进上要明确与上一报告期相比，绩效衡量方式有哪些改进；在绩效目标趋势上，要明确选择“上升”或“下降”来表示理想的变化趋势；在数据局限上指出现有数据存在哪些局限，包括部门外的影响因素。部门和单位在需要在绩效问卷中对此进行明确回应。建立预算说明和预算问卷制度，是预算管理中实施赋权与课责相统一，化解预算主管部门风险，调动部门和单位专业、信息优势的必然选择。

第二，落实绩效计划和绩效标准。在经过充分地立法讨论和法定绩效要求的基础上，建立结果导向的、可度量的绩效目标体系，随后的重点是需要在部门和单位内部落实绩效计划并建立相应的绩效标准。本章第一节第三部分以国外案例的形式介绍了美国 FDA 落实使用费项目的绩效计划和绩效标准的经验。一个基本规律是，这一绩效标准应该涵盖组织内部与该项目相关的所有机构和参与人员。很显然，这带有鲜明企业管理和新公共管理运动的特色。这一点对于中国当前推进项目化绩效评价，积极推进非税收入与项目化绩效管理具有借鉴意义。

第三，实施绩效审计和绩效拨款。赋权的同时需要建立课责机制。除了绩效报告之外，体现课责的制度重点是实施绩效审计，以督促实现绩效目标，并对该项目是否应该继续拨款，或是需进行重大调整甚至取消提出建议，从而形成一个完整的绩效管理链条。本章第一节第 3—4 部分对于美国 FDA 使用费项目的绩效审计和绩效拨款都以国外案例方式做了介绍。绩效审计和绩效拨款体现了立法权力对行政权力的监督制约。文中国外案例法案中关于法律条件的设置，以及各类型财务报告对此积极的回应和详尽报告，都彰显了立法权力对于非税收入的决定性作用及严密的预防机制。这种预防机制突出表现为硬化政府预算约束，强化财政拨款责任，防止通过收费对以税收收入供给的拨款产生挤压与替代。在此基础上，积极发挥收用费项目的优势与积极意义，促使 FDA 积极增设岗位和增加资产设备，提高审查能力，实现及时性要求。可见，这一做法不仅起到了监督制约的作用，同时也兼顾了税收和非税筹资的各自优势，规避潜在的局限与不足。

绩效审计也具有改进使用费项目绩效管理的直接作用。如同本章第一节第五部分所述，绩效审计的内容也会以书面形式征询 FDA，而 FDA 也需要就是否同意相关结论、建议及如何整改进行正式回应。并且，这种正式回应及相应的承诺会载入再授权立法时的内容，转化为相应的法律条款，并作为下一次绩效审计的依据。可见，GAO 基于立法宗旨和法定目标，在绩效审计的过程中同时也对 FDA 实施了绩效指导，并实施了基于绩效结果的拨款。这一绩效反馈过程中，实现了立法机构与行政机构之间的顺畅沟通交流和信息的公开透明，并通过利益相关人协商等制度，以法律效力为基础实现了项目绩效与政策实施的改进。可见，借助绩效审计和拨款，公众、组织和行业协会等利益相关者的广泛参与，以及立法、司法与行政，乃至行政机构内部的良性互动是实现非税收入项目绩效管理的核心要素，这对当前我国积极实施全方位、全过程和全覆盖的绩效管理提供了有益启示。

二、非税收入的预算科目和成本核算

目前，中国高度重视核算和披露政府提供公共产品和服务的成本信息，积极推进成本控制与管理，明确要求实施政府成本会计。2014 年 12 月国务院批复同意了财政部《权责发生制政府综合财务报告改革方案》，提出在 2018—2020 年研究推行政府成本会计，提出“条件成熟时，推行政府成本会计，规定政府运行成本归集和分摊方法等，反映政府向社会提供公共服务支出和机关运行成本等财务信息”。2016 年底财政部会计司发布《会计改革与发展的“十三五”规划纲要》，指出将研究制定政府成本会计制度，适时推行政府成本会计。已于 2019 年 1 月 1 日起实施的新政府会计准则制度较为全面引入了权责发生制基础，为行政事业单位全面开展成本核算提供了可行条件和基础。2019 年，财政部发布《事业单位成本核算基本指引》(财会〔2019〕25 号)，为促进事业单位加强成本核算工作，提升单位内部管理水平和运行效率，夯实绩效管理基础建立了良好开端。

为进一步推进非税收入项目的成本核算，真实可靠反映政府提供公共产品和服务的成本信息，应改进非税收入的预算科目体系和成本核算方法。本章第二节介绍了美国 FDA 系列使用费项目实施成本计量与核算的经验。相对于公共事业收费等非税收入，行政性收费所对应的服务成本概念更为模糊，基于市场机制的价值或成本相关程度相对较弱。但是，从美国 FDA 这一系列使用费项目中仍可以看出，基于科学合理的预算科目设置和成本核算方法，仍然实现项目成本的归集和分摊，为科学计量项目成本和实施绩效管理提供技术依据和管理支撑。

具体而言，这一系列使用费项目的预算科目的设计体现了“经济性质—活动内容”二维属性——如果项目支出的经济性质分类构成了一个矩阵的纵轴的话，那么项目活动的界定，以及支出向活动的归集，则构成了这个矩阵的横轴，而活动相关的责任主体和成本归集分摊方法则是形成这一项目支出矩阵的两个焦点。

经济性质与活动内容的二分式框架构成了理解美国 FDA 使用费项目成本核算的关键，也为当前我国推进非税收入项目的成本核算提供了有益启示。目前，中国的项目预算中基本采用了单一维度的功能性支出科目的分类设置，总体较为简略。并且，缺乏相应的成本核算指引和方法。针对不同非税收入项目，不管是会计成本法，还是计量成本法，乃至收益法的运用均相对较少，总体尚处于探索阶段，科学性尚待提高。借鉴美国的成熟经验,改进相应的预算科目体系设置,引入相适应的成本核算方法,具有现实意义。

三、财务报告为载体的信息公开透明

本章第三节介绍了非税收入项目的综合财务报告、中期财务规划和相应的内部控制三方面的问题,并以美国FDA使用费项目为例,介绍了财务报告中的基本框架,项目的收支和结转管理,未来预测和财务报告相关的内部控制活动。从本质上来说,财务报告是解决项目支出信息的不完备,以及政府与立法机构、社会公众之间的信息不对称的有效治理手段,这种信息的公开透明具有鲜明的治理意义。

一方面,对外引入公众、组织和社会参与,推动形成参与式治理。从美国FDA使用费项目的综合财务报告和中期财务报告来看,不仅内容翔实,而且报告形式丰富,甚至可以说有烦琐之嫌。对于收支和结转情况,以及收支预测的程序、方式和内部控制实施情况都不厌其烦地加以介绍。如此严谨的报告内容与形式,固然是因为法律要求所致。从实际效力来看,不仅保持了政府行政服务收取使用费项目的合理存在,也在保持安全性与有效性的基础上,逐步提高了美国药品与医疗器械审查的及时性。归根结底,其在保留非税收入政策的灵活性与高效率基础上,充分发挥了行政、立法和司法制度的监督制约作用。从机理角度来看,由于知情权是保证一系列权力行使的前提,而综合财务报告和中期财务规划正是通过信息公开透明,连同利益相关者协商制度等,保障了公众、组织和社会的知情权,获得了相应理解与支持,实现了参与式治理。

另一方面,对内推进政府内部控制改革。推进政府内部控制改革的普遍意义已经在前文中进行介绍。当前,政府内部控制不仅是深化财税体制改革、建立现代财政制度和预算制度的重要保障,也是严肃财经纪律、限制政府权力滥用和强化财政预算分权的控制措施(唐大鹏等,2017)。相对于其他类型财政收入,中国的非税收入领域目前仍是一个统一预算监控尚需加强、“收支挂钩”和“条块分割”现象比较突出的领域,迫切需要制定内部控制规范,推进政府内部控制体系的协同整合。目前,我国政府内部控制尚处于相关制度规范建立的探索阶段,缺乏政府内部控制概念框架的整体设计。2016年10月19日,财政部发布《会计改革与发展“十三五”规划纲要》(财会〔2016〕19号),其中明确了完善内部控制规范体系、制定政府内部控制规范这一任务。十八届四中全会提出,对财政资金分配使用等权力集中的部门和岗位实行“分事行权、分岗设权、分级授权,定期轮岗,强化内部流程控制”的权力制约路径,对实施政府内部控制提出了进一步要求。因此,实施非税收入项目的财务报告制度,实施项目的综合财务报告和中期规划,据此推进内部控制改革,也将是非税收入资金使用管理改革中的一个现实命题和有益举措。

本章小结

在本书第7章明确了非税收入如何“征”的基础上，本章侧重于从如何“用”的角度，结合国内外案例，从绩效管理、成本核算和财务报告等三个基础内容，对非税收收入使用管理进行了详细的阐述，使得本章的内容更具前瞻性，同时也具有现实意义。

本章第一节介绍了非税收入绩效管理的主要内容。首先从绩效管理的基本内涵出发，明晰了非税收入绩效管理的特征：公共部门决策的内在影响与外部监督环境的制约，因而非税收入绩效管理表现为更加严格的绩效报告和绩效审计活动。从绩效评价的内容来说，非税收入绩效评价涉及非税收入项目设立及标准制定的绩效评价、非税收入取得的绩效评价、非税收入完成情况的绩效评价以及非税收入社会影响效果的绩效评价等四个部分，绩效评价贯穿于非税收入从设立到最终影响的整个过程，其绩效评价也必须满足特定的原则。在明确了非税收入绩效评价的经济性目标、效率性目标、效果性目标及合规性目标之后，本节结合国内外案例，对非税收入结果性绩效报告，程序性绩效报告和兑现服务承诺的绩效报告内容及思路进行了介绍，并进一步讨论了实施绩效审计的基本思路以及结论和影响。本章第二节基于美国《联邦财务会计准则第4号公告——管理成本会计准则》，从满足及时、定期要求，明确责任部门要求及成本核算方法合规等三个方面对非税收入项目合规性审查进行了案例论证，以确保非税收入项目审查具有参考价值。并以云南富宁县非税收入征收成本核定为例，阐述了基于会计准则核算非税收入成本的具体内容。非税收入资金使用最终要以财务报告的形式披露给信息使用者以及社会公众监督者，本章第三节主要对非税收入使用的财务报告展开讨论。从法律条件、信息披露、项目界定、成本归集等四个部分，介绍了对非税收入综合财务报告的基本内容。通过中期财务规划，对非税收入项目的收入、支出以及结转进行预测与管理。最后从内部控制的角度讨论了非税收入征收管理存在的风险点以及应对措施。本章最后一节，聚焦我国非税收入绩效管理现实情况，结合本章理论内容，在我国仍处在积极推进项目化绩效评价活动的阶段的背景下，从非税收入的项目化绩效管理体系、非税收入的预算科目和成本核算、财务报告为载体的信息公开透明等三个方面，揭露我国非税收入项目管理存在的问题，并提出相关切实可行的建议。

名词解释

1. 政府绩效管理：是指公共部门积极履行公共责任的过程中，在讲求内部管理与外部效应、数量与质量、经济因素与伦理政治因素、刚性规范与柔性机制相统一的基础上，获得公共产出最大化的过程。

2. 绩效审计：也称为经济效益审计，是指由独立的审计机构和人员对政府部门、单位或项目的经济活动进行审查，分析评级其公共资源的使用效益以及所取得的效果是否与预期目标相一致，以进一步改善经济管理工作，提高政府部门、单位或者项目绩效的经济监督活动。

3. 绩效计划：是绩效管理流程的起点，是绩效管理系统循环的第一个环节，是一个确定组织对评价对象的绩效期望并得道评价对象认可过程。

4. 政府成本会计：是指运用各种专门的成本计算方法，按照规定的成本项目，通过费用的归集和分配，计算出政府成本或政府人员所提供的公共物品的总成本和单位成本，并进行相应账务处理的技术或方法。

5. 政府综合财务报告：是以权责发生制为基础，主要反映政府整体财务状况、运行情况和财政中长期可持续性等信息，内容包括财务报表、政府财政经济分析和政府财政财务管理情况。

复习思考题

1. 什么是绩效管理，绩效管理有哪些环节？
2. 绩效审计的基本思路是什么？
3. 非税收入绩效评价的目标是什么？
4. 政府内部控制的原则是什么？
5. 试结合现实例子，说明我国非税收入绩效管理存在的问题及改进建议。

第九章　非税收入监督管理

第一节　非税收入的监督体系

一、非税收入的监督体系构成

非税收入监督是为满足政府管理非税收入活动的需要，根据国家法律、法规、部门规章，依托于政府及社会监督和管理机构，对政府非税收入行为进行的监督，是财政管理体制的重要组成部分。按照《政府非税收入管理办法》(财税〔2016〕33 号)要求，“各级财政部门应当建立健全非税收入监督管理制度，加强非税收入政策执行情况的监督检查，依法处理非税收入违法违规行为”。加强政府非税收入活动的监督与管理，是推动财政工作可持续发展的需要。

(一)非税收入监督的范围

有效的政府非税收入监督应当涵盖政府非税收入活动的各个部门及环节，总体来说非税收入监督的范围包括主要包括两个部分：一是非税收入的取得；二是非税收入使用。非税收入取得是一个流程长、环节多、程序复杂的过程，从非税收入项目的申请及确定，收费标准的制定，到执收单位收缴，财政部统一入库，每一环节需要对政府各相关机构的决策过程、权力行使过程以及这些相关行为结果进行监督与控制。对于非税收入资金的使用，一直是社会关注及监督的重点，包括非税收入来源，资金支出方向，资金使用过程使及效率等内容。

(二)非税收入监督目标

政府非税收入监督是政府管理活动的一部分，其目标主要有两个：一是通过对政府非税收入活动的监督，规范政府非税收入征缴行为，维护市场经济秩序，优化经济发展环境，保证政府财政机制的运行。这是监督的基本功能。二是通过监督政府非税收入资金的使用，实现政府非税收入的合理配置。这是非税收入监督的最终目标，也是政府主要任务之一。完成第一个目标是实现第二个目标的前提条件。两个目标的实现程度是评价政府非税收入监督体系有效性的主要条件。在确保政府非税收入的合法性，市场经济正常运行的基础上，再去解决财政资金的有效分配问题才有现实意义。

（三）非税收入监督体系及主要内容

非税收入监督体系就是非税收入监督机制有效发挥作用的载体，包括自动监督和自主监督两大体系。完整的非税收入监督体系是国家机关监督与社会力量监督所组成的有机体，在监督体系里，监督与被监督是相对的概念，监督者在履行监督职能的同时，也是被监督者，从而形成一种“循环”“封闭”型的监督体系。如果一个监督体系的监督作用不是相对的，而是绝对的，不能做到监督者同时也是被监督者，这样的监督体系就无法实现有效监督（李友志，2013）。非税收入监督体系主要内容包括：第一，建立非税收入监督法律制度，包括规范和完善政府非税收入征缴过程的法律制度和非税收入稽查与使用监督体系；第二，以政府预算为中心，健全自动监督体系；第三，建立和完善自主监督工作机制；第四，重视和加强外部监督机制的工作。

二、非税收入自动监督体系

通过法律法规和规章制度保障的履行非税收入管理职能的机构、其他参与非税收入活动的单位和个人之间的相互制约。

（一）非税收入自动监督机制

非税收入自动监督是一种内生于政府非税收入管理活动过程中的监督机制，是第一层次的监督。各种非税收入法律法规和部门规章、非税收入管理职能机构及其他非税收活动参与主体是非税收入自动监督体系的构成要素。自动监督体系实质是非税收入各参与主体之间的内在约束关系。十八届四中全会提出，对财政资金分配使用等权力集中的部门和岗位实行“分事行权、分岗设权、分级授权，定期轮岗，强化内部流程控制”的权力制约路径。国家治理过程中，政府权力依据分权与制衡的原则在政府不同部门之间进行配置，形成相互制约的职能部门，如立法机关、行政机关、司法机关等。在非税收入活动过程中，政府非税收入管理职能机构及其他非税收入活动参与主体各自依据非税收入法律法规维护自身权力，会自然产生一种相互制约的关系，即“自动稳定器”。一个典型的例子就是“以票控费”。现实中，各地均把这一思路作为强化非税收入自动监督的重要内容之一。例如，根据《河南省政府非税收入管理条例》，政府非税收入票据由省财政部门统一印（监）制和管理，其他单位和个人不得印制政府非税收入票据，否则省级财政部门或者法律、法规规定的其他部门有权收缴并销毁非法印制的票据，对直接负责人及单位处以罚款，构成犯罪的，依法追究刑事责任。[①] 保护自身权力的同时约束了其他主体的权力。可见，完善、科学、合理的法律法规制度是“自动

① 《河南省政府非税收入管理条例》，第二十九条、第四十三、四十四条。

监督器”能否有效发挥作用的首要条件。

(二)我国现行非税收入法律规制的概况

我国政府非税收入法律体制建设起步较晚,是由预算外收入的概念转变而来的。1996年7月6日国务院发布《国务院关于加强预算外资金管理的决定》,该《决定》对预算外资金的范围、规模、管理、监督检查以及法律责任等方面做了具体的规定(刘剑文,2000)。2004年财政部发出规范性文件《财政部关于加强政府非税收入管理的通知》(财综〔2004〕53号),该通知对非税收入的概念、范围和管理原则做出了相应的规定,建立了非税收入管理的框架。为加强中央财政非税收入的征缴管理,保障中央财政非税收入的安全与完整,财政部发布《财政监察专员办事处实施中央财政非税收入监督管理暂行办法》(财监〔2004〕15号),对非税收入监督管理做出了进一步的规定。与此同时,财政部联合国家发改委等部门发布了《行政事业性收费项目审批管理暂行办法》《行政事业性收费标准管理暂行办法》《国有土地使用权出让收支管理办法》《行政事业性收费和政府性基金年度稽查暂行办法》《行政事业性收费和政府性基金票据管理办法》等相关的非税收入的管理办法,明确各部门非税收入征缴权力及职责,规范收费标准,约束政府非税收入的行为。为建立非税收入法律法规体系,财政部按照非税收入类别及管理事项相继制定了相关的管理条例,如2008年颁布了《中央级事业单位国有资产管理暂行办法》,2010年颁布的《政府性基金管理暂行办法》,2012年颁布的《财政票据管理办法》《彩票公益金管理办法》等。2016年,财政部制定《政府非税收入管理办法》(财税〔2016〕33号),对非税收入设立和征收管理、票据管理、资金管理、监督管理等做出了详细的规定,标志着我国非税收入法律法规建设上了一个新的台阶。

各地方政府积极响应中央非税收入管理的工作,根据当地实际情况各自制定了地方性法规。例如2004年,湖南省级人民代表大会常务委员会颁布了《湖南省非税收入管理条例》等地方法规,同年,河南省人民政府颁布了《河南省非税收入管理办法》等政府规章,展开了一系列规范非税收入的行动。自此以后,安徽、吉林、重庆、辽宁、贵州、河北、福建等省市人民政府出台了非税收入管理办法等政府规章,内蒙古、甘肃、青海等相继制定了非税收入管理条例(杜坤,2016)。中央与地方出台的各种法律法规建立了我国非税收入管理体系,不仅强化了非税收入征管效率,也规范了政府非税收入行为,形成了非税收入各主体之间的相互制约关系,为非税收入监督体系建立“自动稳定器”。

三、非税收入自主监督体系

行政监督(政府非税收入审核、监控、检查、稽查和监督)和外部监督(立法、司法、

审计、社会团体和公众监督）

非税收入自动监督由于是非税收入行政机关之间自然的约束关系，因而也存在一定的缺陷：一是行政机关权力的“自由裁量权”导致的其行为的随意性。二是非税收入征管与使用机关之间存在“合谋”的可能性。因此，在分权的基础上建立相应的外部监督控制系统是十分必要的（李友志，2013）。

（一）非税收入自主监督机制

非税收入自主监督是通过相应的政府机关、社会团体和公众行使法律赋予的监督权力来实现的。非税收入自主监督体系包括行政监督和外部监督两大部分。行政监督，也称为内部监督，是指政府行政机构内部各部门之间对政府非税收入行为的监督，具体包括监察部门监督、法制部门监督、上级政府监督、审计部门监督等，形式上分为日常监督和专项检查。理论上说，行政监督是一种比其他形式的监督更直接、更便利、更有效的监督，监督范围更大，专业性更强。但非税收入监督依赖于明确的检查与监督职权以及保障权力实施的法律法规，并且监督者却游离于行政监督之外，从而存在监督“缺口”。因此，需要设置外部监督是解决和克服行政监督不足。外部监督是指独立于行政机构外的立法机关、司法机关、财政和审计部门以及社会团体和公众等主体对政府非税收入行政部门的监督。与内部监督相比，外部监督具有强制性，各单位必须接受并积极配合外部监督。比如，《政府非税收入管理办法》（财税〔2016〕33 号）规定，非税收入执收单位必须接受财政部门和审计机关的监督检查，如实提供非税收入情况和相关资料；各级财政部门和执收单位应当通过政府网站和公共媒体等渠道，向社会公开非税收入项目名称、设立依据、征收方式和标准等，接受公众监督等①。

（二）非税收入自主监督与自动监督关系

自动监督依赖于健全的非税收入法律法规体系、高效的征管流程及合理的政府权力配置等条件，这些条件共同建立起一个引导非税收入管理权力按照公共目标行使的监督框架，在这一框架下，自动监督机制对自主监督机制的依赖往往相对较弱，自动监督机制也能确保非税收入监督的效果。但是，我国非税收入管理无论是在法律体系建设方面，还是征管程序优化方面及征管权力配置方面还存在着许多的不足，因而自动监督机制依赖于自主监督机制的实现。自动监督与自主监督共同发挥作用才能形成有效的非税收入监督体系，只依靠某一种的监督系统，是无法实现有效的非税收入监督。

---

① 《政府非税收入管理办法》（财税〔2016〕33 号）第三十五、三十六条。

第二节 非税收入的监督实现机制

一、信息公开的基础作用

信息公开是有效缓解信息不对称的重要手段，是推进政府监督与问责的基础与必要条件。政府行政机关及其相关事业单位等通过新闻媒体、网络平台等方式将其在进行非税收入征收管理及资金使用过程中取得的信息清晰迅速地向社会公众公开，同时允许公众进行查询、阅读、抄录、下载、复印等，便于全民进行监督。信息公开是提高政府信息透明度，加强政府部门监管和社会舆论监督，促进政府部门行政体制改革的重要手段(刘永泽、张亮，2012)。

为了强化收费监督力度，国际上许多国家都采取了较为严格的信息披露机制，将监管实行透明化。比如加拿大、美国等国财政部门规定，联邦政府和机构必须向议会及社会公布收费立项原因、征收标准制定、费用的使用等多项内容的详细信息。不仅如此，还需要通过各种媒体，政府公告等做好各项非税收入新项目的宣传解释工作，并在每年的政府工作报告中，具体阐述收费的内容，接受议会的审查。随着《预算法》的修订，我国再非税收入信息公开方面也取得了一定的成果。以省级为例，为发挥信息公开在非税收入监督体系中的基础作用，山东省非税收入管理严格落实国家规定的收费目录清单制度，2018 年，发布了《山东省行政事业性收费项目目录清单》《山东省涉企行政事业性收费项目目录清单》《山东省政府性基金目录清单》《山东省考试考务费项目目录清单》等，并进行动态更新，实行常态化公示，接受社会监督；配合省直有关部门发布了《山东省省直部门行政审批中介服务收费项目清单》和《山东省进出口环节实行政府指导价、政府定价管理的收费目录清单》。要求全省各级、各部门严格落实收费目录清单管理制度，凡未纳入清单管理的收费项目一律不得执行。

二、程序透明的保障功能

规范透明的征缴程序对国家机关行使非税收入征收权力施加了程序性要求，一方面对政府非税收入征收权力起到了规范、约束与限制的作用。无论是非税收入项目申请设立，还是非税收入的征缴，抑或是最终非税收入资金的使用，都要经过正当法律程序，都要有国家机关执行政策的方法、步骤以及采用的执行机制配套，便于监督者审查，保障非税收入监督有迹可循。另一方面，正当法律程序亦能够对居民的基本权利进行维护与保障。

比如行政事业性收费项目的设立，按照《财政部国家发展改革委关于发布行政事业性收费项目审批管理暂行办法》(财综〔2004〕100 号)规定的程序,省级及以下单位申请设立行政事业性收费项目,首先,需要分别由省级有关部门的财务机构、市(州)财政部门会同物价部门审核同意后提出申请,并以单位公文形式逐级报送省财政部门和省物价部门审批。其次,省财政部门、省物价部门收到申请设立行政事业性收费项目文件后,当对申请文件的形式及其包括的内容进行初步审查,并对对申请设立行政事业性收费项目的有关情况进行调研,必要时可通过召开座谈会、论证会、书面征求意见等形式,广泛听取缴费者和其他相关部门或单位的意见和建议。最后,以公文形式发布审批或审核行政事业性收费项目的决定,申请设立部门根据审批结果做出相应修改。

三、争议解决机制的明确

政府非税收入争议涉及政府机关、执收单位及缴费义务人双方或者多方争议主体,由于主体之间存在的利益冲突而引发一种的对抗关系和对抗行为(张新雅,2014),是不可避免的社会现象。政府非税争议产生的原因主要有以下两个方面:

首先,政府法律法规存在缺陷。非税收入征收范围广,程序复杂,相关法律法规、部门条例不能全部涉及,再加上很多征管权力允许地方政府根据各自实际情况制定,造成征收依据多元化,容易引起争议。比如同一城市居住证的办理,办理程序及收费标准不一,给实际缴费人造成困扰。另外,非税收入法律法规虽有规定但是缺乏相应的具体操作方法说明和配套措施,造成执收与缴费人因不同的理解导致不同的处理结果,从而引起争议。非税收入法律法规规定与其他行业法律法规、行业标准相脱节,也是导致征收机关与缴费人产生争议的主要原因之一。其次,缴费人自身原因。非税收入缴费义务人对相关法律法规不了解或者误读。由于纳税人的文化程度、知识结构、心理状态等因素的影响对于法律法规的理解难免会出现偏差或错误,从而导致与政府机关或执收单位产生争议。出于自身利益最大化的考虑,缴费义务人往往存在侥幸心理,用非正常手段设法逃避缴费义务,达不到目的就四处上访,从而引起争议。

党的十八届四中全会提出,“健全社会矛盾纠纷预防化解机制,完善调解、仲裁、行政裁决、行政复议、诉讼等有机衔接、相互协调的多元化纠纷解决机制”。非税收入争议解决遵循应遵循效率与公平原则(刘运毛,2017),既要考虑争议双方解决争议的成本,也要保证解决方式的合理公正。争议解决主要采用协商、调解、和解等成本低、对抗性小的解决机制,强化“调解优先”理念,坚持“源头预防”,如规范行政处罚裁量权,统一执法标准。

第三节 监督体系的制度规范

一、健全的法律和法规

政府非税收入具有种类繁多，征收范围广泛，征收程序复杂等特点，需要健全完善的法律体系进行统一征管。我国目前并没有出台非税收入法律，以财政部制定的《政府非税收入管理办法》(财税〔2016〕33 号)为主要的非税收收入征收依据，辅之以地方政府制定的地方性法规。相关立法的缺失，导致非税收入的征收缺少统一有效的法律规范，造成相关部门执法弹性较大(刘蓉等，2017)，导致非税收入征管障碍，甚至会减低公民对政府的信任度及遵从度，对非税收入的征收产生抗拒。

(一)非税收入法制建设国外经验

发达国家在非税收入征收管理上普遍法制化管理程度比较高，从项目提交申请、收费标准的制定，到执收单位收缴、非税收入入库，到最后非税收入资金使用都有严格的法律程序规范。公共部门出台任何政府非税收入项目都要求有严格的法律依据和程序，项目变动也须经过严格的法律或行政审议程序，立法层次一般集中在中央(或联邦)和省(或州)两级(朱尔茜，2013)。比如美国，州级政府须在联邦政府《宪法》规定的非税收入征管权力范围内对本级非税收入立法，无论是项目的设立，还是资金管理、征缴监督，都严格依据法律执行。例如，美国《宪法》条款规定，非税收入项目收费标准要通过议会或选民投票来决定，每项收费水平不能超过政府提供服务的成本，不能超过外溢损失的额度(马洪范，2009)等。并且联邦及州政府都对非税资金运行的全过程及资金专项使用以法律的形式做出具体规定，所有非税收入所得的资金，纳入预算管理，实行专款专用，对于非税收入的支出有严格的要求。其他如芬兰国会颁布《政府服务收费法》对政府收费行为做出具体规定；新西兰中央政府收费项目按照国会颁布的法律法规实施，而地方政府遵循《地方政府法》的授权进行非税收入活动；加拿大三级政府按照各自法令分别管理本级收费，联邦政府依据《宪法》《财政管理法》等，省级政府依据联邦法和省级法规，地方政府依据升级法令(贾小雷，2017)，使得每级政府，每项非税收入都做到有法可依。

(二)健全我国非税收入法律体系

2014 年 6 月，中共中央政治局会议审议通过了《深化财税体制改革总体方案》，指出“财税体制在治国安邦中始终发挥着基础性、制度性、保障性作用。”《中共中央关于全面推进依法治国若干重大问题的决定》中进一步规定：“把依法治国确定为党领导人民治理国家的基本方略，把依法执政确定为党治国理政的基本方式。”而财税法制改革是制度改革的重要部分，对实现我国治理现代化的目标“无疑是一条成本最低、收益最多、阻力最小、共识最大的优选路径”(刘剑文，2013)。而政府非税收入是财政体制重要组成部分，是政府不可或缺的收入来源，对其相关法律制度的完善必然是建立现代财税制度的必由之路，是我国财税法治化的重要“推进器”(唐峻，2015)。根据发达国家非税收入管理经验，法律是约束政府职能行为的主要工具，为健全我国非税收入法规体系，完善非税收入征管体制，可以从中央与地方两个方向进行努力：

首先，中央政府通过全国人大颁布全国性的《非税收入法》，作为指导全国非税收入法律法规的上位法(唐峻，2015)，同时修订《预算法》以及与非税收入相关的法律细则，界定非税收入的范围，法律化收费标准及征缴程序；明确各级政府非税收入征管过程中的权利与义务。为我国非税收管理设立一个法律依据。例如，法律法规明确非税收入的征收标准及其计算方式，采用听证会的形式协商非税收入标准的设定，让更多的公民参与讨论标准的合理性，同时，对政府非税收入服务成本的核算，制定第三方机构筛选机制，让独立的第三方中介机构或者政府部门内部的监管部门来提供(孙国峰，2010)，更好体现和保证了政府部门对非税收入管理的透明性、公开性。

其次，地方政府根据中央法律，制定相应的非税收入管理条例。管理条例应该涉及非税收入性质及范围，非税收入征缴方式及程序，非税收入争议解决办法，非税收入资金监管等内容，为非税收入执收单位提供具体的工作细则。同时应分别针对政府非税收入基金、国有资产、国有资源、行政事业性收费、罚没收入等出台相应的法规，对非税收入的取得、支出与分成等制定专门的结算条例等。

二、合理的分权与制衡

分权制衡理论在西方国家得到了很好的实践。分权制衡是指把国家的各种权力按照性质或者作用合理分配给不同的机关相关人员，通过机关及人员之间相互制衡形成制约关系，实质上是对权力资源的配置。分权制衡要求政府之间立法权、决策权、执行权和监督权相互分离相互约束，而且需要政府内部组织层面权责划分、职能分工明确，有利益联系的职能部门、岗位、人员相互分离(唐大鹏等，2017)。根据分权制衡理论，合理配置政府非税收权利，建立健全分权制衡机制可以防止非税收入征管权利滥用，保障非税收入体系合理运行，从而达到强化政府非税收入权利约束的作用。

分权与制衡机制对政府权力的影响主要体现在两个方面：一是政府间权利配置的制约作用。非税收入权利在政府机关之间的划分，将一种权利分配给某一部门或者某一级政府时，把另外一种权利配置给其他非税收征管主体，将非税收入征管权力分散到相互独立的机关，每个主体既是权利的约束者也是被约束者，从而使得不同主体之间形成相互约束的关系。例如我国非税收入设定的依据，行政事业性收费项目设立权主要在国务院和省人民政府及其财政部门（权利横向分配），除法律、法规、国务院和省人民政府及其财政、价格主管部门另有规定外，县级以上人民政府赋予减征、免征、缓征等权利（权利纵向分配）。二是不同权利本部门之间的协调作用（王银梅等，2013）。非税收入不同权力部门根据各自职责，共同完成非税收入征收的基础上，通过大数据、互联网等现代技术，运用信息和技术共享平台，形成非税收入一个完整统一的非税收入征收系统。

我国非税收入征缴过程中，征管权力存在过分集中的现象。比如，财政部门同时拥有非税收入项目设立权、审批权、监督权及资金管理等权力，多项权利集中在同一部门，显然不利于权力之间的有效约束，这是我国非税收入监督体系的存在的重要问题之一。从长远来看，应将财政部门的审批权、监督权等权利逐渐剥离出去，可借鉴美国的非税收入管理办公室的相关经验，成立独立的第三方监督部门，如非税收入管理局或者是社会组织等，并通过法律授予其明确的监督权限，最终形成非税收入项目审批权、执行权、监督权相互约束相互促进的非税收入征管体系。

三、科学的征管查程序

我国政府非税收入实行征收单位开票、银行代收、财政统管的收缴分离制度。从确立非税收入项目，到执收单位领取财政收费票据，再到非税收入资金进入国库，以及非税收入检查，都有各自严格的程序。以非税收入征收程序为例，我国非税收入大致的征收程序如下：第一，执收单位向财政部门购领非税收入票据；第二，执收单位按收费项目向缴款人开具非税收入票据；第三，由缴款人采取直接缴款或集中汇缴的方式向代收银行网点缴款；第四，待收银行网点收款后，在票据加盖银行收讫章后，退还缴款人；第五，代收银行网点将收取的资金直接进入在代收银行营业部开设的非税收入财政专户，并将有关票据进行传送；第六，财政部门收到非税收入票据后填制记账凭证并记账，定时缴入国库。

科学合理的非税收入征管程序不仅可以对政府非税收入征收权力起到了规范、约束与限制的作用，有利于非税收入监督管理，也可以保证缴费义务人按时履行缴费义务，提高非税收入征管效率。参考税收征管程序，按照非税收入适用的范围可以将非税收入分为内部程序与外部程序（施正文，2001）。内部程序适用于非税收入征收机关内部，处理政府机关之间各项非税收入事务，程序自由度较高，法律层次较低。比如审批程序、票据领购程序等。外部程序是非税收入征收机关行使非税收入征收权力对缴费义务人权力及义务产生影响时所采取的程序。比如行政处罚程序、强制执行程序、非税收入检查程序，监督程序等。一般所说的非税收入征缴程序主要是外部程序。

为优化非税收入征管查程序，规范非税收入监督体系，我国非税收入征管程序可以从下几个方面进一步完善：首先，为避免各级政府征管程序的多样性，参考《税收征管法》建立统一的非税收入程序法，如《非税收入征管法》，规范征收机关和缴费人基本关系，明确各级政府非税收入执法程序，强调对税务机关权力行使的规范性，通过法定程序来限制权力。其次，加快信息化建设。利用征管信息流，通过信息预警、监控、协调等系统的建立，共享征管信息，整合协调征管程序，降低各部门执法程序的差异性。再次，运用互联网、区块链等现代技术，简化非税收入征管程序，提高征管效率。最后，扩大公民、企业对非税收入征管过程的参与，通过告知、听证等制度，允许缴费义务人的行使抗辩权、抵抗权，保障其合法权益。

四、信息的公开与透明

（一）我国非税收入信息公开的不足

我国《政府非税收入管理办法》（财税〔2016〕33 号）第三十六条指出，各级财政部门和执收单位应当通过政府网站和公共媒体等渠道，向社会公开非税收入项目名称、设立依据、征收方式和标准等，并加大预决算公开力度，提高非税收入透明度，接受公众监督。政府非税收入信息公开是实现非税收入有限监督管理的必要条件。

按照政府信息公开的要求，近年来，一些地方和部门在基层非税收入公开工作上进行了积极探索，如广州市直单位在公布 2013 年度部门决算的时候，首次公布非税收入征缴情况，为进一步细化非税收入公开内容，2014 年决算账本中的《非税收入征缴情况表》，把非税收入公开至项级科目，如：行政事业性收费收入公开至工商、税务、出版行政事业性收费收入等项级；罚没收入公开至一般罚没收入等项级，为各部门非税收入信息披露做出表率。越来越多的部门公布非税收入征缴情况，但非税收入信息公开的内容、形式及方式仍然存在许多不容忽视的问题：

第一，公开的内容及形势避重就轻。因为缺少法律层面的详细规定，多数部门选择性公布非税收入信息，对征管权力弹性较大的非税收入项目信息公布不够，比如近年来房地产行业迅猛发展推动政府土地出让金快速巨额增加，土地出让金收支管理大多属于“封闭运行”，通常处于地方政府“自己管自己”的状态①，出让金收支明细一直是非税收入信息公开的盲区。不少非说收入账本存在“模糊式”表达，公开的内容不够细化，专有词汇多无文字说明等问题，使得非税收入信息公开效用大打折扣，不利于相关部门及社会公众对非税收入征缴及资金使用情况进行监督。

第二，信息公布缺乏民主。信息公开与透明亦是政府非税收入民主管理的需要。

---

① 涵茕，《非税收入那些“糊涂账”去哪儿了》，财会信报，http://news.esnai.com/2014/1021/107414.shtml。

国际上许多国家，如美国、加拿大、韩国等，在非税收入管理上有具有一个明显的相同点就是非税收入管理信息化与民主化相结合。例如设立新的收费项目或者是修改已有收费项目的收费标准，首先需要进行政策宣传，评估研究，然后通过举行自愿参与的听证会，进行民主投票表决，并邀请缴费人参与制定收费标准，将结果信息在相关区域内向所有公众进行公示。有关部门和机构没有经过以上协商程序，或者协商结果未达成一致意见的，不能实施收费或者修改标准。而我国政府在非税立项、修改征收标准等方面只是需要具有设立或修改权限的部门进行审批，缺乏民众参与性的，民主的缺失导致信息公开不到位，降低居民的非税收入征管积极性。

（二）我国非税收入信息公开的改革

借鉴国际经验，可以法定披露与民主参与等方面提高我国非税收入信息公开透明度：首先，构建完善的非税收入信息公开法律法规体系，以法律规范非税收入信息透明公开，是确保政府非税收入信息透明化的关键所在（华夏，2018）。当前我国能为政府非税收入信息公开提供法律依据的只有《政府信息公开条例》等政府规章，没有任何一部基本法对非税收入信息公开的必要内容及形式、公开频率等做出基本的法律规定，中央立法的缺失造成非税收入信息管理混乱，导致信息公开透明度从差。一方面着力推进《政府信息公开条例》向《政府信息公开法》的转变，另一方面修订《预算法》，明确相关部门公布非税收入信息的责任，规范非税收入信息公布。其次，借鉴国际经验，对非税收入项目的申请或收费标准的修改等实行公民参与，民主投票的方式，考虑到现场听证会的成本，可以利用发达的互联网技术，进行网络现场直播与投票，提高居民参与的积极性，从而增强政府非税收入信息透明度。最后，建立非税收入信息公开责任追究机制，将非税收入信息公开责任具体到部门相关人员，与奖惩机制挂钩，对涉及政府非税收入信息透明化的违法违规行为予以惩罚，避免非税收入信息公开的形式化，真正做到非税收入信息公开透明。

本章小结

本章主要介绍了非税收入监督体系及监督管理实现机制，对政府非税收入的监督管理进行了集中的梳理与总结，从非税收入监督范围、监督目标及监督内容等三个方面对我国非税收入监督体系构成进行了整体概述。首先明确了非税收入范围涉及非税收入取得的监督和非税收入资金使用监督两大部分，并基于此设立非税收入监督的两个目标：规范非税收入征缴行为与合理配置非税收入资金。进一步根据监督主体的性质，将我国非税收入监督体系分为自动监督体系和自主监督体系，其中自动监督体现的是政府非税收入管理职能机构及其他非税收入活动参与主体之间相互制约的关系，是一种“自动稳定器”，完善的法律法规制度是其发挥作用的首要条件；而自主监督则是发挥非税收入相关主体主观能动性，从行政监督与外部监督两个方面，对非税收入实行监更直接、更有效、更专业的监督。由于我国非税收入管理在法律建设、程序优化和征管权利配置等方面存在缺陷，因而自动监督机制依赖于自主监督机制的实现。两个层面共同发挥作用才能形成有效的非税收入监督体系。

基于上述非税收入监督体系的构建，本章第二节至三节重点论述了非税收入监督实现机制："信息公开"提高政府非税收入信息透明度，强化监管力度；"程序透明"保障非税收入有迹可循；明确争议解决机制，规范行政处罚。同时明确，为进一步完善监督体系的制度规范，可以从健全的法律法规、合理的分权与制衡、科学的征管查程序和信息的公开透明等四个方向进行改进。

名词解释

1. 非税收入监督：是为满足于政府管理非税收入活动的需要，根据国家法律、法规、部门规章，依托于政府及社会监督和管理机构，对政府非税收入行为进行的监督，是财政管理体制的重要组成部分。

2. 自动监督：一种内生于政府非税收入管理活动过程中的监督机制，其实质是非税收入各参与主体之间的内在约束关系。

3. 自主监督：是指政府机关、社会团体和公众行使法律赋予的权力对非税收入的征管过程和资金使用进行监督，包括行政监督和外部监督两大部分。

4. 分权制衡：是指把国家的各种权力按照性质或者作用合理分配给不同的机关和不同的相关人员，通过机关及人员之间相互制衡形成制约关系，实质上是对权力资源的配置。

5. 自由裁量权：是指税务机关或其他行政机关及其工作人员在法律事实要件确定的情况下，在法律授权范围内，自行判断行为条件、自行选择行为方式和自由做出行政决定的权力。

复习思考题

1. 非税收入监督的范围和目标是什么？
2. 非税收入监督体系包含哪些内容？
3. 如何理解非税收入自动监督体系与自主监督体系之间的关系？
4. 非税收入监督实现机制有哪些？
5. 如何规范非税收入监督制度？

第十章　我国行政事业性收费收入的规范化管理

第一节　行政事业性收费收入的发展现状

行政事业性收费是指国家机关、事业单位、代行政府职能的社会团体及其他组织根据法律、行政法规、地方性法规等有关规定,依照国务院规定程序批准,在向公民、法人提供特定服务的过程中,按照成本补偿和非营利原则向特定服务对象收取的费用。政府行政事业性收费与税收相类似,都是国家为了实现其特定职能而征收的,但是也因为它们各自不同的适用范围,导致了它们具有不同的特征。与税收的强制性、无偿性以及固定性不同,政府行政事业性收费一般具有如下特征:一是直接的受益性。这是行政事业性收费与税收不同的一项重要特征,税收的纳税人在其缴纳了一定税款之后通常并不会直接获得任何产品或服务,而是需要通过政府对税款的使用间接的受益。而行政事业性收费的缴费人一般会从征收单位的活动中获得相应的产品或服务,使其具有了直接受益的特征。二是补偿性。补偿性是行政事业性收费与其他经营性收费相区别的根本特征,经营性收费单位一般是按照利润最大化的原则来定价并向社会提供产品或服务的。但行政事业性收费是按照非营利性的原则,按照向社会提供特定产品或服务的收益大小以及成本大小来收取一定的费用补偿所耗费的成本。三是非固定性。这一特征也是相对于税收而言的,随着经济的发展和波动,虽然税收也会随之呈现一定的变动,但是税收作为国家财政收入的主要来源,其征收的基础还是相对稳定的,而行政事业性收费往往会随着被征收对象行为、收费项目或收费标准的改变而产生相应的变动。所以说,它的征收基础是不稳定的,具有非固定性。

在简要介绍了行政事业性收费的含义和基本特征后,下面我们从行政事业性收费收入的规模、征收、使用与监督管理来说明我国行政事业性收费收入的现状。

一、行政事业性收费收入的规模

(一)全国行政事业性收费总量分析

表 10.1 展示了 2010—2018 年我国行政事业性收费收入的变化趋势。从中可以看出,2010 年至 2014 年,我国行政事业性收费收入总量逐年增加,由 2 996.39 亿元增加到 2014 年的 5 206 亿元,但此后行政事业性收费收入总量呈现出下降的趋势,2015 年收费总额为 4 873.02 亿元,到 2018 年,则下降为 3 925.45 亿元。从占比来看,2010—2012 年,全国行政事业性收费占财政收入的比例不断上升,由 3.61%逐年上升至 3.91%,此后则呈现出下降的趋势,2013 年和 2014 年,其占比分别为 3.70%和 3.71%,在 2015 年则大幅下降为 3.20%,至 2018 年则逐年下降为 2.14%。总体上来看,全国行政事业性收费收入的总量自 2015 年以来基本呈递减趋势,其占财政收入的比例逐年下降。在全国行政事业性收费收入中,中央行政事业性收费约占 10%,而地方行政事业性收费约占 90%,且近年来地方行政事业性收费收入的递减程度大于中央行政事业性收费收入(见表 10.1)。

表 10.1 **全国分中央和地方的行政事业性收费情况** 单位:亿元

年份	中央行政事业性收费	地方行政事业性收费	全国行政事业性收费	财政收入	全国行政事业性收费/财政收入
2018	404.56	3 520.89	3 925.45	183 359.84	2.14%
2017	440.07	4 305.2	4 745.27	172 592.77	2.75%
2016	479.51	4 416.5	4 896.01	159 604.97	3.07%
2015	460.94	4 412.08	4 873.02	152 269.23	3.20%
2014	365.63	4 840.37	5 206	140 370.03	3.71%
2013	278.48	4 497.35	4 775.83	129 209.64	3.70%
2012	377.2	4 202.34	4 579.54	117 253.52	3.91%
2011	404.02	3 635.36	4 039.38	103 874.43	3.89%
2010	396.02	2 600.37	2 996.39	83 101.51	3.61%

数据来源:中国国家统计局。

(二)我国各地区的行政事业性收费规模对比

图 10.1 展示了 2018 年全国 31 个省市自治区的行政事业性收费规模及其占财政收入的比例情况。从图中可以看出,全国各地区行政事业性收费规模占财政收入比例的特点可以划分为如下类别:第一,低行政事业性收费、低财政收入类,此类代表城市为海南省、青海省、西藏自治区等,它们都属于经济不发达地区,但由于两项数据都低,因此可能会出现行政事业性收费规模占财政收入比例反而并不是很高,如海南省,占比为 2.22%,处于平均水平;第二,低行政事业性收费、高财政收入类,代表地区北京

和上海，其财政收入都不低，但是行政事业性收费反而较低，最终导致其比例在全国各省市中是较低的，例如北京市，该比例仅为0.99%，在全国各各省市中是最低的，这可能与其减税降费执行的力度是密不可分的；第三，高行政事业性收费、高财政收入类，代表性地区为广东省和江苏省，但是其行政事业性收费规模占财政收入比例的大小并不固定；第四，高行政事业性收费、低财政收入类，这类地区主要包括内蒙古自治区和重庆市等。总体上来说，北京、上海等发达地区相对于甘肃等不发达地区而言，财政收入依赖于行政事业性收费的程度较小，行政事业性收费仅占财政收入比例为1%左右，远不及全国事业性收费占财政收入的比例2.14%。甘肃省行政事业性收费的绝对值和上海差不多，但是由于经济不发达其财政收入也较少，因此行政事业性收费占财政收入的比例达到4.71%，远远超过2018年全国行政事业性收费占比的平均水平。

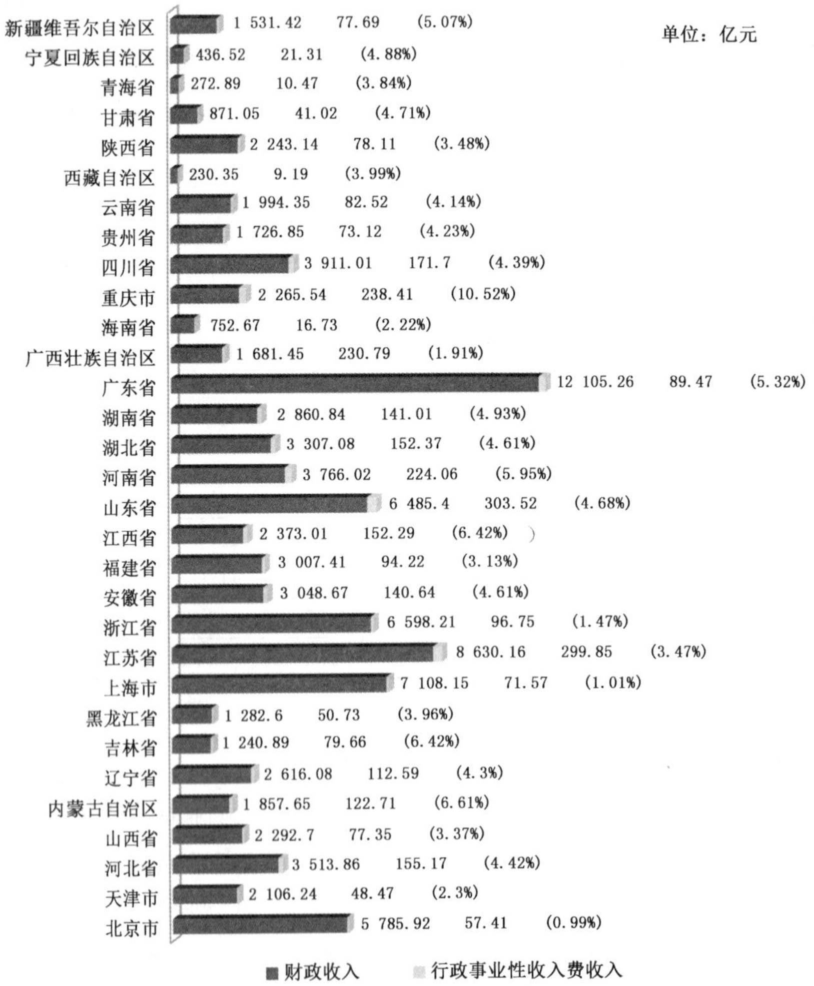

数据来源：中国国家统计局。

图10.1　2018年全国各地区行政事业性收费收入情况

此外，我们还提供了上海市近年来行政事业性收费收入的变化情况，具体见图10.2。自2010年以来，上海市行政事业性收费逐年上升到2012年，随后2013年开始下降，且下降幅度较大，为15%左右；自2014年开始又以较小幅度上升至2016年，近几年，随着国家"减税清费"政策的实施，2016年之后连续两年以更大幅度下降，降幅分别为23%和30%左右。从占比情况来看，从2010年至2018年，上海市行政事业性收费收入与财政收入的占比由3.38%下降到1.01%，而行政事业性收费占非税收入的占比则由58.54%大幅下降到8.7%，这主要是由于国家对非税收入监管的加强导致的。

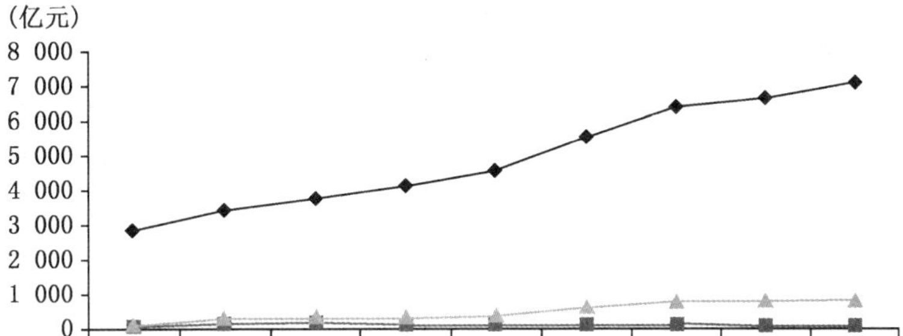

	2010年	2011年	2013年	2013年	2014年	2015年	2016年	2017年	2018年
公共财政收入	2 873.58	3 429.83	3 743.71	4 109.51	4 585.55	5 519.5	6 406.13	6 642.26	7 108.15
行政事业性收费	97.04	107.7	139.74	109.41	114.23	127.41	128.38	100.81	71.57
非税收入	165.78	257.11	316.92	312.35	366.5	661.34	780.23	776.75	823.11

数据来源：中国国家统计局。

图10.2　上海市行政事业性收费情况

二、行政事业性收费收入的征收现状

如前所述，行政事业性收费是政府有关部门和相关机构依法行使行政管理职能，向特定服务对象提供公共管理服务收取的费用。行政事业性收费收入的征收属于事中管理，涉及何种类型的项目需要征收，以及以什么价格进行征收等内容，我国目前行政事业性征收管理的主要制度包括行政事业性收费项目审批和标准制定的管理制度与收费目录清单公示制度。

（一）行政事业性收费项目审批和标准制定

根据《行政事业性收费项目审批管理暂行办法》（简称《暂行办法》）相关规定，我国行政事业性收费项目实行中央和省两级审批制度。国务院和省、自治区、直辖市人民政府及其财政、价格主管部门按照国家规定权限审批管理收费项目。除国务院和省级政府及其财政、价格主管部门外，其他国家机关、事业单位、社会团体，以及省级以下

(包括计划单列市和副省级省会城市)均无权审批。

《暂行办法》具体明确了行政事业性收费项目审批管理权限:"1. 除法律、行政法规和国务院另有规定外,中央国家机关、事业单位、代行政府职能的社会团体及其他组织(包括中央驻地方单位,以下简称中央单位)申请设立收费项目,应当向财政部、国家发展改革委提出书面申请,由财政部、国家发展改革委审批。中央单位申请设立下列收费项目,属于重要收费项目,应当向财政部、国家发展改革委提出书面申请,由财政部、国家发展改革委审核后报国务院批准:(1)在全国范围内实施的资源类收费;(2)在全国范围内实施的公共事业类收费;(3)对国民经济和社会发展具有较大影响的其他收费。2. 省级国家机关、事业单位、代行政府职能的社会团体及其他组织,省以下国家机关、事业单位、代行政府职能的社会团体及其他组织,申请设立一般收费项目,应当向省、自治区、直辖市财政、价格主管部门提出书面申请,由省级财政、价格主管部门审批。省级单位、省以下单位申请设立重要收费项目,应当向省级财政、价格主管部门提出书面申请,由省级财政、价格主管部门审核后报省级政府批准。地方重要收费项目的范围由省级财政、价格主管部门确定。省级单位、省以下单位申请设立专门面向企业的收费项目,应当向省级财政、价格主管部门提出书面申请,经省级财政、价格主管部门审核后报省级政府审批,省级政府在审批之前应当按照中发〔1997〕14 号文件的规定征得财政部和国家发展改革委同意。省级政府及其财政、价格主管部门批准设立的收费项目,应当于批准之日起 30 日内报财政部和国家发展改革委备案。3. 除法律、行政法规另有规定外,省级单位、省以下单位申请设立的收费项目,属于下列情况的,应当通过本系统或行业的中央主管部门统一向财政部、国家发展改革委提出书面申请,由财政部、国家发展改革委审批。(1)在全国范围内实施的考试收费;(2)在全国范围内实施的证照收费;(3)在全国范围内实施的注册、登记等管理性收费;(4)在全国范围内实施的检验、检测收费;(5)在全国范围内实施的其他收费。省级政府及其财政、价格主管部门无权审批在全国范围内实施的收费以及中央单位的收费项目。4. 法律、行政法规、地方性法规中规定设立的收费项目,已明确具体收费对象、收费范围和收费标准的,依照其规定执行。法律、行政法规中规定设立的收费项目,未明确具体收费对象、收费范围和收费标准的,其征收管理办法由财政部、国家发展改革委负责制定;地方性法规中规定设立的收费项目,未明确具体收费对象、收费范围和收费标准的,其征收管理办法由省级财政、价格主管部门负责制定。"

2006 年,国家发改委、财政部出台了《行政事业性收费标准管理暂行办法》,该办法于 2018 年进行了修订,形成了《行政事业性收费标准管理办法》,并于 2018 年 5 月 1 日起开始实施。其中第四条规定"收费标准实行中央和省两级审批制度。国务院和省、自治区、直辖市人民政府的价格财政部门按照规定权限审批收费标准。未列入行政事业性收费目录清单的收费项目，一律不得审批收费标准。中央有关部门和单位(包括中央驻地方单位)，以及全国或者区域(跨省、自治区、直辖市)范围内实施收费的收费标准，由国务院价格、财政部门审批。其中，重要收费项目的收费标准应当由国务院价格、财政部门审核后报请国务院批准。除上述规定的其他收费标准，由省级政府价格、财政部门审批。其中，重要收费项目的收费标准应当由省级政府价格、财政部门审核后报请省级政府批准。”

(二)收费目录清单公示

2014 年 6 月，国务院办公厅印发《关于进一步加强涉企收费管理减轻企业负担的通知》(国办发〔2014〕30 号)，其中明确要求建立和实施涉企收费目录清单制度。对按照法律、行政法规和国家有关政策规定设立的涉企行政事业性收费、政府性基金和实施政府定价或指导价的经营服务性收费实施目录清单管理。此后，国家发展改革委、财政部发布《关于取消收费许可证制度加强事中事后监管的通知》(发改价格〔2015〕36 号)，其中再次明确要“强化收费目录清单制度和收费公示制度”。此后，财政部向社会公布行政事业性收费目录清单，包括中央和地方两级行政事业性收费目录清单和涉企行政事业性收费目录清单。收费目录清单公布的信息，包括收费项目、执收部门、资金管理方式及政策依据等四方面内容。收费目录清单和收费公示制度要求各级物价部门每年都对其行政区域内实行的行政事业性收费项目进行公示以便于社会监督，通过建立和实施收费目录清单制度，将依法合规设立的收费项目全部纳入清单并主动公开。2019 年，全国行政事业性收费目录共 49 项，涉及部门 25 个(见表 10.2)，与 2004 年中央行政事业性收费 305 项、涉及执收部门 58 个相比，收费项目和执收部门大幅度减少。此外，全国各地也积极开展工作，清理规范涉企收费，减轻企业负担。如广东省通过“实行涉企行政事业性收费‘零收费’，清理规范经营服务性收费，下放和放开一批收费定价权，政府定价的收费目录清单常态化公示，开展专项价格执法检查”综合措施，每年为企业减负 300 多亿元；如湖南省紧盯涉企收费痛点，先后 8 次清理降低检验检定检测类收费，年收费金额下降近 80%。[①]

表 10.2　　2019 年全国中央部门和单位行政事业性收费目录清单统计表

序号	部门	一级收费项目数量	序号	部门	一级收费项目数量
1	外交部门	3	14	人防部门	1
2	教育部门	5	15	法院	1
3	公安部门	3	16	市场监管部门	1

① 清费减负工作积极推进 两年减轻企业负担超 5 000 亿元[J]. 中国价格监管与反垄断，2018(05)：8—9.

续表

序号	部门	一级收费项目数量	序号	部门	一级收费项目数量
4	民政部门	1	17	民航部门	2
5	自然资源部门	4	18	体育部门	1
6	生态环境部门	1	19	药品监管部门	2
7	住房城乡建设部门	3	20	知识产权部门	3
8	交通运输部门	2	21	银保监会	2
9	工业和信息化部门	2	22	证监会	1
10	水利部门	2	23	仲裁部门	1
11	农业农村部门	2	24	红十字会	1
12	林业和草原部门	1	25	相关部门	1
13	卫生健康部门	3	—	—	—

资料来源：作者根据财政部公布的行政事业性收费目录清单整理得到。

表 10.3 则展示了上海市行政事业性收费的情况。从中可以看出，目前上海市行政事业性收费目录中一级收费项目共 25 项，涉及部门 11 个。这与 2005 年上海市行政事业性收费一级项目 324 项，54 个部门相比①，下降幅度高达约 92%；同全国行政事业性收费共 49 项，涉及部门 25 个相比，约是其的一半。我们可以将上海市 25 项行政事业性收费项目大致划分为五大类，即工本费、使用费、受益费、特许费、补偿费。第一，工本费，即制作证照、标牌所用材料的成本费用。上海市行政事业性收费目录清单中归属于工本费的项目包括：道路运输管理证照工本费（限丢失、损坏补办）、上海市居住证工本费（限丢失、损坏补办）、财政票据工本费、社会保障卡工本费（限丢失、损坏补办）等。可以看出上海市对于工本费基本不收费，只有在特定的情况下如丢失和损坏补办才会收取工本费来弥补行政过程的中的经费问题。第二，使用费，即行政相对人利用公有公共设施所应当支付给国家的费用，如公园门票、过桥费等。其征收目的在于抵消行政机关所支出的行政成本，和工本费一样属于补偿特别支出的行政费用。上海市行政事业性收费目录清单中的岸线使用费、滩涂有偿使用费、深井水水费、超计划加价水费、户外广告公共阵地使用费、机动车道路停车费收费、犬类管理费等均属于此类收费，以公共设施为依托，适用谁使用谁交费的原则。第三，受益费，即依照法定条件向受益于公有公共设施的行政相对人所收取的费用。此类收费项目相对于使用费来说，对应性削弱，以可能利用既有公有公共设施为前提，不像使用费具有特定的管理

① 上海市财政局关于发布《2005 年上海市行政事业性收费项目目录》的通知，https://www.czj.sh.gov.cn/zys_8908/zcfg_8983/zcfb_8985/gkgl_8991/sfglhfsgl/201509/t20150916_155065.shtml。

或者服务的关系。即使行政相对人没有实际利用公有公共设施，他也就以拥有相应义务交纳受益费，且受益费通常是预收的，比如上海市征收的用血互助金和献血补偿金。第四，补偿费，即占用或损坏公共资源按照规定补偿的费用。这和使用费不同点在于其为占用公共设施以外的资源。比如上海市行政性收费项目中的公路路产损坏赔(补)偿费、市政设施损坏赔偿费、绿化补建费、绿地易地补偿费、绿化补偿费、临时使用绿地补偿费、土地收益金、义务制教育阶段外籍儿童就读费等，均是对特定的行政相对人征收的一种费用。第五，特许费，它是指行政机关依法许可申请人有权开发利用有限自然资源、获得公共资源配置和准入直接关系公共利益的特定行业的行政许可决定。被特许开发利用的自然资源、公共资源属于国家所有，具有垄断性，申请人经行政机关特许后利用之，可以从中获得较高的利益。如上海市行政性收费项目中的探矿权、采矿权使用费及价款收入。

表 10.3　　上海市行政事业性收费目录清单

序号	部门	项目序号	项目名称	资金管理方式	政策依据
一	交通	1	机动车道路停车费收费	缴入地方国库	市政府令 2012 年第 85 号，沪财预〔2005〕14 号，沪交停〔2005〕621 号，沪财预〔2012〕153 号
		2	道路运输管理证照工本费(限丢失、损坏补办)	缴入地方国库	国务院令第 406 号，市人大公告 1996 年第 40 号，沪价行〔1999〕72 号，沪价费〔2006〕31 号，沪财预〔2014〕155 号
		3	岸线使用费	—	—
			(1)内河岸线使用费	缴入地方国库	市政府令 1997 年第 53 号，沪价费〔2003〕15 号
			(2)港口岸线使用费	缴入地方国库	市政府令 1997 年第 53 号，沪价费〔2005〕11 号
		4	公路路产损坏赔(补)偿费	缴入地方国库	沪价费〔2005〕27 号，沪财预〔2013〕144 号
		5	市政设施损坏赔偿费	缴入地方国库	市人大公告 1994 年第 11 号，沪价涉〔1992〕232 号
二	水务	6	滩涂有偿使用费	缴入地方国库	《上海市滩涂管理条例》，沪府〔2012〕44 号
		7	深井水水费	缴入地方国库	市政府令 1997 年第 53 号，沪价公〔2005〕25 号，沪发改价公〔2008〕011 号
		8	超计划加价水费	缴入地方国库	市政府令 1994 年第 69 号，沪价费〔2002〕38 号

续表

序号	部门	项目序号	项目名称	资金管理方式	政策依据
三	规划国土	9	探矿权、采矿权使用费及价款收入	缴入地方国库	国务院令第240号，国务院令第241号，沪财综〔1998〕35号，沪财城〔2000〕2号
		10	外商投资企业场地使用费	缴入地方国库	市政府令1996年第29号，沪府〔1995〕38号
		11	土地收益金	缴入地方国库	沪府发〔1999〕44号，沪房地资金〔2003〕339号
四	绿化市容	12	户外广告公共阵地使用费	缴入地方国库	市政府令2010年第56号，沪财预〔2007〕55号
		13	绿化补建费	缴入地方国库	市人大公告2007年第73号，沪价费〔2007〕13号
		14	绿地易地补偿费	缴入地方国库	市人大公告2007年第73号，沪价费〔2007〕13号
		15	绿化补偿费	缴入地方国库	市人大公告2007年第73号，沪价费〔2006〕27号
		16	临时使用绿地补偿费	缴入地方国库	市人大公告2007年第73号，沪价费〔2006〕27号
五	教育	17	义务制教育阶段外籍儿童就读费	缴入地方国库	沪教委财〔2007〕8号
六	卫生计生	18	用血互助金和献血补偿金	缴入地方国库	《上海市献血条例》
七	公安	19	上海市居住证工本费(限丢失、损坏补办)	缴入地方国库	市政府令2013年第2号，沪财预〔2006〕102号，沪财预〔2011〕11号，沪财预〔2014〕155号
		20	犬类管理费	缴入地方国库	《上海市养犬管理条例》，沪价费〔2011〕6号，沪财预〔2012〕166号
		21	社会保障卡工本费(限丢失、损坏补办)	缴入地方国库	市政府令2001年第100号，沪价费〔2005〕48号，沪财预〔2011〕11号，沪财预〔2014〕155号
八	人力社保	22	职工劳动能力鉴定费	缴入地方国库	沪价费〔1994〕237号
九	财政	23	财政票据工本费	缴入地方国库	沪价费〔2008〕10号，沪财预〔2013〕144号
十	党校	24	短期培训进修费	缴入地方国库	沪财预〔2005〕30号
十一	相关部门	25	考试考务费	缴入地方国库	见《上海市考试考务费目录清单》

资料来源：上海市财政局网站，http://czj.sh.gov.cn。

三、行政事业性收费收入的使用管理

行政事业性收费收入的使用属于事中管理，我国现行对的行政事业性收费收入使用的管理制度主要包括“收支两条线”管理制度和国库集中收付制度。

（一）“收支两条线”管理

我国行政事业性收费的资金管理制度主要包括专户管理制度和“收支两条线”的预算管理制度，而其中的“收支两条线”制度是贯穿行政事业性收费资金使用整个管理过程的核心制度。

收支两条线管理，是指行政事业性收费等合法收取的非税收入，从收入和支出分开两部分进行管理，收入部分需严格按照规定全数上缴国库或相关财政专户；当执收单位需要使用资金时，则根据需要向财政部门申请，经核准和统筹安排，从国库或相关财政专户拨付至执收单位。各级财政部门都成立了收费资金管理中心，实行了“单位开票、银行收款、统一开户、收支统管”的管理办法。实行收支两条线的真正意义在于收支分离，收费多少与单位利益没有直接关系，征收单位的支出要按照实际中的需要，编制支出预算并由财政部门进行审批，从而在很大程度上解决了由于行政事业性收费“自收自支”引起的腐败或乱收费等管理问题。

（二）国库集中收付制度

国库集中收付制度一般也称为国库单一账户制度，包括国库集中支付制度和收入收缴管理制度，是指由财政部门代表政府设置国库单一账户体系，包括行政事业性收费在内的所有的财政性资金均纳入国库单一账户体系收缴、支付和管理的制度。财政收入通过国库单一账户体系，直接缴入国库；财政支出通过国库单一账户体系，以财政直接支付和财政授权支付的方式，将资金支付到商品和劳务供应者或用款单位，即预算单位使用资金但见不到资金；未支用的资金均保留在国库单一账户，由财政部门代表政府进行管理运作，从而切实减少财政资金拨付的流程，提升资金的使用效率。

四、行政事业性收费收入的监督管理

行政事业性收费收入的监督管理是行政事业性收费管理非常重要的一部分，国家制定了　系列的行政法规和规范性文件，试图对行政收费管理机构履行监督职能进行规定，并设立人大监督、财政部门稽查、物价部门对收费标准进行审核、审计监察部门检查的监督体系。针对行政事业性收费的监督，目前我国建立了行政事业性收费公示制度与收费单位情况和收支状况报告制度。

（一）行政事业性收费公示制度

2001 年和 2002 年国家计划委员会及相关部门分别印发了《关于实行涉农价格和

收费公示制度的通知》和《关于印发教育收费公示制度的通知》,要求在全国开展涉农收费和教育收费的公示工作,均取得良好效果,使相关收费得到不断规范。鉴于涉农收费公示和教育收费公示取得的良好效果,2004 年国家发展和改革委员会又下发了《关于全面实行收费公示制度的通知》,在全国推行收费公示制度,规定了收费公示的主要内容,明确了公示的形式,这也标志着收费公示制度正式确立。目前各省市大部分都在收费场所醒目位置公示收费项目、收费标准、收费主体、收费文件依据、收费范围、收费对象、减免规定以及监督电话等内容。

(二)收费单位情况和收支状况报告制度

除了推行收费公示制度外,为进一步加强对行政事业性收费的事中事后监管力度,我国建立了收费单位情况和收支状况年度报告制度。2015 年国家发改委公布的《关于取消收费许可证制度加强事中事后监管的通知》中明确规定,“自 2015 年 1 月 1 日起,在全国统一停止收费许可证年度审验工作,有条件的地方同步停止或取消本地区收费许可证核发工作。自 2016 年 1 月 1 日起,在全国统一取消收费许可证制度,同时实施收费单位情况和收支状况报告制度。取消收费许可证和年审制度后,各级价格、财政部门应同步建立收费单位情况和其收支状况年度报告制度。相关部门和单位要将本系统具体实施收费单位名单和变动情况,及时向同级价格、财政部门报告,并在其网站向社会公布。对未进入网上公示名单的收费单位,被收费对象可以拒绝向其缴纳费用。同时要求各级价格主管部门要利用‘全国收费动态监管系统平台,在继续做好收费统计和上报工作的同时,不断加强全国收费动态监管系统建设,逐步推进收费单位情况和其收支状况信息化管理,实现信息网上在线报告,并及时向社会公开。”

第二节 行政事业性收费收入管理存在的主要问题

一、行政事业性收费收入征收方面的问题

(一)行政事业性收费项目标准制定方面存在的问题

我国当前行政性事业收费部分项目收费的标准制定不合理,没有完全体现公平和效率的原则。根据行政性事业收费的受益负担理论,行政支出可分为一般性支出与特别支出,前者一般是通过政府的征税由全体社会成员共同负担,而后者因为其特定的行政活动是为了满足被征收对象的需要或使被征收对象的福利增加的,所以应该按照该特定行政活动产生的成本与收益大小,由直接受益对象通过缴纳行政事业性收费来承担这些活动的支出。若不对特定对象征收行政事业性收费,就可能会造成行政主体为了某些特定对象受益而支付的成本却由全体社会成员来共同承担,不利于社会公平

的实现,如教育等部门收取的考试收费、交通部门的车辆通行费等。

同时收费标准应该随着经济社会的发展而进行调整,否则收费并不能体现受益负担原则,经济效率低下。这可能会存在两种情况:一是行政性收费费用过高,会使得付费人负担过重,尤其对于企业,不利于企业的运转;二是行政性收费费用过低,起不到矫正的作用,比如一些和环境保护相关的费用,得不到相当的污染成本补偿,并不会发挥其纠正负外部性的作用,进而使经济福利受损。

以上海市现有的行政性收费项目为例(见表 10.4),其中民防工程建设费采取的是沪价房〔1996〕179 号收费文件的收费标准制定,这和现行上海市房地产市场发展状况差异很大,并不能体现受益负担。又比如,探矿权、采矿权使用费及价款收入每平方千米每年 100 元,500 元和 1000 元,依据的是沪财综〔1998〕35 号、沪财城〔2000〕2 号文件,文件制定年代久远,标准并没有根据经济发展的状况及时调整,现行标准制定过低,在很大程度上纵容了对那些不计后果的滥采滥挖的采矿者。此外,还存在一些需要减轻负担压力的收费项目,如职工劳动能力鉴定费,目前的收费标准为 350 元/件,这个价格可以一定的下降空间,因为需要进行职工劳动能力鉴定的人基本属于全国中低收入阶层,同时也是实体经济劳动力市场的主力,在减税降费的大背景下,对此类收费项目减费,对促进就业和经济发展有一定作用。从表 10.4 中还可以看出,约有 90%项目收费标准制定采取的文件依据为 2005 年以前的,这与不断变化的社会经济情况愈发脱节。

表 10.4　　2017 年上海市行政事业性收费收费标准

收费项目名称	收费标准	政策依据	批准文号
车辆通行费(限于政府还贷)	第一类:7 座及以下客车、2 吨及以下货车 0.60 元/千米;第二类:8 座—19 座客车 0.6 元/千米,2 吨—5 吨(含)货车 0.9 元/千米;第三类:20 座—39 座客车 0.9 元/千米,5 吨—20 吨(含)货车 1.02 元/千米;第四类 40 座及以上客车 0.9 元/千米,10 吨—15 吨(含)货车 1.315 元/千米,装载 20 英尺集装箱 1.02 元/千米;第五类:大于 15 吨货车 1.428 元/千米,装载 40 英尺集装箱(G1501 以内)1.428 元/千米,装载 40 英尺集装箱(G1501 以外)1.02 元/千米	—	—
(1)申嘉湖高速公路		《收费公路管理条例》	沪财预〔2008〕30 号 沪建交联〔2011〕1350 号
(2)嘉金高速公路		《收费公路管理条例》	沪财预〔2008〕30 号 沪建交联〔2011〕1350 号
(3)沪常高速公路		《收费公路管理条例》	沪财预〔2011〕43 号 沪建交联〔2011〕1350 号
(4)崇启通道(上海段)		《收费公路管理条例》	沪财预〔2011〕143 号 沪建交联〔2011〕1350 号
城市道路占用、挖掘修复费	挖掘修复费:见文件(具体按上海市城市掘路修复工程结算标准)临时占道费:市区甲等 2 元/平方米·天;乙等 1 元/平方米·天;郊区一级 1 元/平方米·天;二级 0.5 元/平方米·天	建城〔1993〕410 号	沪价涉〔1992〕232 号 沪价费〔1995〕195 号

续表

收费项目名称	收费标准	政策依据	批准文号
道路运输管理证照工本费(限丢失、损坏补办)	道路运输经营许可证 18 元/本 道路运输证 12 元/套 省际班车客运铝质标志 110 元/块 省际道路客运标志 8 元/张	国务院令第 406 号 市人大公告 1996 年第 40 号	沪价行〔1999〕72 号 沪价费〔2006〕31 号 沪财预〔2014〕155 号
机动车道路停车费收费	重点区域白天首小时内 15 元;超过 1 小时后,每 30 分钟 10 元;夜间 10 元/次。内环线以内其他区域白天首小时内 10 元;超过 1 小时后,每 30 分钟 6 元;夜间 8 元/次。内、外环线间(含外环线外城镇)白天首小时内 7 元;超过 1 小时后,每 30 分钟 4 元;夜间 5 元/次	市政府令 2012 年第 85 号	沪财预〔2005〕14 号 沪交停〔2005〕621 号 沪财预〔2012〕153 号
岸线使用费			
(1)内河岸线使用费	2 元/米.半年	市政府令 1997 年第 53 号	沪价费〔2003〕15 号
(2)港口岸线使用费	按码头前沿水深 2 米以下 3 元/米·季;2 米以上至 5 米以下 10 元/米·季;5 米以上至 8 米以下 30 元/米·季;8 米以上 90 元/米·季	市政府令 1997 年第 53 号	沪价费〔2005〕11 号
公路路产损坏赔(补)偿费	高等级公路,水泥混凝土路面面层损坏赔偿标准为 180 元/平方米,详见文件	《公路法》	沪价费〔2005〕27 号 沪财预〔2013〕144 号
市政设施损坏赔偿费	见文件(按市政工程养护维修定额)	市人大公告 1994 年第 11 号	沪价涉〔1992〕232 号
无线电频率占用费	见文件	计价费〔1998〕218 号 发改价格〔2003〕2300 号 发改价格〔2005〕2812 号	沪财预〔2002〕100 号 沪价费〔2006〕3 号
渔业资源增殖保护费	近海渔业资源增殖保护费(拖网)基数 1 500 元/艘+15 元/马力,详见文件	价费字〔1992〕452 号	沪价涉〔1990〕358 号 沪价涉〔1993〕第 237 号 沪价行〔1995〕221 号 沪财预〔2002〕126 号 沪财预〔2006〕84 号
废弃物海洋倾倒费	见文件	发改价格〔2008〕1927 号	沪财预〔2006〕62 号
水资源费	(1)地下水征收标准:0.20 元/立方米;(2)地表水:自建设施及其他取水:0.1 元/立方米;公共供水取水:0.1 元/立方米;火力发电企业取水:直流式冷却按取水量 1%征收,标准为 0.1 元/立方米,未安装计量设施的按发电量征收,每千瓦时 0.15 厘;循环式冷却用水,已安装计量设施的按实际补充新鲜水量征收,每立方米 0.05 元,未安装计量设施的,由水务局核定水量征收,标准同上	财综〔2008〕79 号 发改价格〔2013〕29 号 市政府令 2013 年第 11 号	沪财预〔2008〕113 号 沪价管〔2013〕24 号
污水处理费	居民用水为 1.7 元/立方米;工商业用水为 2.34 元/立方米;行政事业用水为 2.24 元/立方米;特种用水为 2.34/立方米	国务院令第 641 号 财税〔2014〕151 号	沪财预〔2016〕25 号
滩涂有偿使用费	见文件	《上海市滩涂管理条例》(2010 年 9 月 17 日修订)	《上海市滩涂管理条例》

续表

收费项目名称	收费标准	政策依据	批准文号
深井水水费	(1)公共供水企业深井水费标准为0.45元/立方米 (2)直接取水用户:公共供水管网到达区域,深井水费4元/立方米,未到达区域深井水费2元/立方米 (3)饮料生产企业:已领取取水许可证、但未领取采矿许可证的,深井水费6.2元/立方米,已领取取水许可证、采矿许可证,并缴纳矿产资源补偿费的,按直接取水用户价格执行	市政府令1997年第53号	沪价公〔2005〕25号 沪发改价公〔2008〕011号 沪水务〔2008〕750号
超计划加价水费	现行水费的2倍	市政府令1994年第69号	沪价费〔2002〕38号
不动产登记收费			
(1)不动产登记费	住宅类:80元/平方米,非住宅类:550元/平方米,详见文件	财税〔2016〕79号 发改价格规〔2016〕2559号	沪价督〔2016〕8号
(2)不动产权属证书工本费	10元/本	财税〔2016〕79号 发改价格规〔2016〕2559号	沪价督〔2016〕8号
耕地开垦费	120元/平方米	《土地管理法》	沪发改价督〔2015〕8号
土地复垦费	破坏耕地15元/平方米 破坏非耕农用地7.5元/平方米	《土地管理法》	沪价商〔2001〕53号
土地闲置费	按照出让土地价款或者划拨土地取得价款的20%,详见文件	《土地管理法》	沪府办〔2010〕35号
探矿权、采矿权使用费及价款收入	每平方千米每年100元,500元,1 000元,详见文件	国务院令第240、241号	沪财综〔1998〕35号 沪财城〔2000〕2号
外商投资企业场地使用费	0.50—170元/亩,详见文件	财企〔2008〕293号 市政府令1996年第29号	沪府〔1995〕38号
土地收益金	实际购房款的1%,详见文件	沪府发〔1999〕44号	沪房地资金〔2003〕339号
排污费	化学需氧量排污费收费标准为每公斤5元,详见文件	国务院令第369号 国家发展计划委等四部委令第31号 财综〔2003〕38号 财税〔2015〕71号	沪财预〔2003〕89号 沪价费〔2008〕8号 沪发改价费〔2014〕5号 沪价费〔2015〕18号
户外广告公共阵地使用费	见文件	市政府令2010年第56号	沪财预〔2007〕55号
临时使用绿地补偿费	1—3元/平方米．日	市人大公告2007年第73号	沪价费〔2006〕27号
绿化补建费	(1)建设项目容积率在1.8以内(含1.8)的:一类地区10 000元/平方米;二类地区9 000元/平方米;三类地区8 000元/平方米;四类地区6 000元/平方米;五类地区5 000元/平方米;六类地区3 000元/平方米;七类地区2 000元/平方米 (2)容积率超过1.8的,按下列公式计算:绿化补建费=所处地段基价+(实际容积率－1.8)×所处地段基价×50%	市人大公告2007年第73号	沪价费〔2007〕13号

续表

收费项目名称	收费标准	政策依据	批准文号
绿地易地补偿费	一类地区8 500元/平方米；二类地区7 600元/平方米；三类地区6 800元/平方米；四类地区5 100元/平方米；五类地区4 200元/平方米；六类地区2 500元/平方米；七类地区1 700元/平方米	市人大公告2007年第73号	沪价费〔2007〕13号
绿化补偿费	季节内胸径6cm以下常绿乔木280元/棵，详见文件	市人大公告2007年第73号	沪价费〔2006〕27号
民防工程建设费	60元/平方米	中发〔2001〕9号 计价格〔2000〕474号 市政府令2010年第52号	沪价房〔1996〕179号
幼、托保育教育费			
(1)公办幼儿园保育教育费	全日制一级园225元/月、二级园175元/月、三级园125元/月、市级示范园700元/月；寄宿制一级园390元/月、二级园340元/月、三级园290元/月、市级示范园800元/月	发改价格〔2011〕3207号 沪发改价费〔2015〕5号	沪价费〔2012〕009号
(2)托儿所管理费	见文件	沪价行〔2000〕187号 沪价费〔2004〕43号	沪价行〔2000〕187号 沪价费〔2004〕43号
(3)外籍儿童就读费	见文件	沪发改价费〔2015〕5号	沪价行〔2000〕187号 沪价费〔2004〕43号 沪价费〔2012〕009号
义务制教育阶段外籍儿童就读费	见文件	沪教委财〔2007〕8号	沪教委财〔2007〕8号
普通高中学费、住宿费			
(1)普通高中学费	一般高中900元/学期，区县重点1 200元/学期，市重点1 500元/学期，高级寄宿制2 000元/学期	教财〔1996〕101号	沪价行〔2000〕119号
(2)外籍学生就读费	见文件	沪教委财〔2007〕8号	沪教委财〔2007〕8号
(3)普通高中住宿费	一类条件360元/学期，二类270元/学期，三类180元/学期；空调加收200元、供热水加收40元/学期	教财〔1996〕101号	沪教委财〔2008〕5号
中等职业学校学费、住宿费			
(1)一般学校学费(含综合高中)	一般专业1 100元/学期，特殊专业1 300元/学期，艺术类专业2 300元/学期；技校普通专业1 100元/学期，技校复合专业1 300元/学期	教财〔1996〕101号	沪价行〔1997〕173号 沪价费〔2003〕20号
(2)国家级重点学校学费(含综合高中)	一般专业1 500元/学期，特殊专业2 000元/学期，艺术类专业4 000元/学期；技校普通专业1 500元/学期，技校复合专业2 000元/学期	教财〔1996〕101号	沪价费〔2002〕34号 沪价费〔2002〕50号
(3)成人教育学费	一般专业300－900元/学期，艺术类专业及特殊专业900－1500元/学期，高中2－3元/课时	教财〔1996〕101号	沪价行〔2000〕180号
(4)职业高中学费	1 200元/学期	教财〔1996〕101号	沪教委财〔2004〕63号
(5)外籍学生就读费	见文件	沪教委财〔2007〕8号	沪教委财〔2007〕8号

续表

收费项目名称	收费标准	政策依据	批准文号
(6)中等职业学校住宿费	一类条件 360 元/学期,二类 270 元/学期,三类 180 元/学期;空调加收 200 元、供热水加收 40 元/学期	教财〔1996〕101 号	沪教委财〔1998〕11 号 沪价费〔2003〕20 号
高等学校学费、住宿费			
(1)全日制普通高校学费	本科生:一般专业和师范院校 5 000 元/学年,特殊(热门)专业 6 500 元/学年,艺术类专业 10 000 元/学年;研究生及自费来华留学生学费见文件	价费字〔1992〕367 号 教外来〔1998〕7 号 教财〔2006〕2 号 发改价格〔2013〕887 号	沪价行〔2000〕120 号 沪价费〔2013〕15 号
(2)高等职业技术教育学费	7 500 元/学年(上海农林职业技术学院涉农专业 2 500 元/学年)	价费字〔1992〕367 号 教外来〔1998〕7 号 教财〔2006〕2 号	沪价行〔2000〕120 号 沪教委财〔2011〕11 号
(3)成人高等教育学费	一般专业 800—1 600 元/学期,艺术类及特殊专业 1 500—2 400 元/学期	教财〔1992〕42 号	沪价行〔2000〕180 号
(4)中外合作办学学费	见文件	教财〔1996〕101 号 教外综〔2006〕5 号 沪价费〔2006〕17 号	沪教委财〔2005〕34 号 沪价费〔2006〕17 号 沪教委财〔2011〕26 号 沪教委财〔2013〕94 号
(5)示范性软件学院学费	本科及第二学士最高 400 元/学分,工程硕士最高 1 000 元/学分	计价格〔2002〕665 号 发改价格〔2005〕2528 号	发改价格〔2005〕2528 号
(6)网络学院学费	最高 9 100 元/年,艺术类超过上限报批	教财〔1996〕101 号	沪价费〔2004〕12 号 沪教委财〔2006〕10 号
(7)高等学校住宿费	最高 1 200 元/年	教财〔1996〕101 号	沪价费〔2003〕56 号 沪教委财〔2012〕118 号
药品、医疗器械产品注册费			
(1)国产药品注册费(包括补充申请注册费、再注册费)	(1)补充申请注册费:改变国内生产药品的有效期 每个品种 6 600 元;药品生产企业内部改变药品生产场地、变更直接接触药品的包装材料或者容器 每个品种 31 500 元; (2)再注册费(五年一次):每个品种 29 700 元	财税〔2015〕2 号 发改价格〔2015〕1006 号	沪财预〔2016〕13 号 市食品药品监管局公告 2016 年第 2 号
(2)境内第二类医疗器械产品注册费(包括首次注册费、变更注册费、延续注册费)	(1)再次注册费:每个品种 93 900 元; (2)变更注册费:每个品种 39 300 元; (3)延续注册费(五年一次):每个品种 39 000 元	财税〔2015〕2 号 发改价格〔2015〕1006 号	沪财预〔2016〕13 号 市食品药品监管局公告 2016 年第 2 号
医疗事故鉴定费	每例 3 500 元,详见文件	国务院令第 351 号 发改价格〔2007〕2749 号	沪价费〔2006〕8 号
社会抚养费	见文件	国务院令第 357 号 财规〔2000〕29 号	沪府发〔2011〕97 号
用血互助金和献血补偿金	见条例	《上海市献血条例》(1998 年)	《上海市献血条例》(1998 年)
证照费			
(1)《户口簿》工本费(限丢失、损坏补办)	10 元/本	价费字〔1992〕240 号 财综〔2012〕97 号	沪财综〔1996〕50 号 沪财综〔1997〕24 号 沪财预〔2012〕167 号
(2)机动车号牌工本费			
①牌专用固封装置	1 元/个	发改价格〔2004〕2831 号	沪价费〔2004〕66 号

续表

收费项目名称	收费标准	政策依据	批准文号
②机动车号牌	(1)汽车反光号牌每副100元、不反光号牌每副80元; (2)挂车反光号牌每面50元、不反光号牌每面30元; (3)三轮汽车、低速货车、拖拉机反光号牌每副40元、不反光号牌每副25元; (4)摩托车反光号牌每副70元、不反光号牌每副50元; (5)机动车临时号牌每张5元	发改价格〔2004〕2831号	沪价费〔2004〕66号
(3)机动车行驶证、登记证、驾驶证工本费(含临时入境机动车号牌、行驶证以及临时驾驶许可)	10元/证	财综〔2001〕67号 发改价格〔2004〕2831号 财综〔2008〕36号 发改价格〔2008〕1575号 发改价格〔2017〕1186号	沪价费〔2004〕66号 沪财预〔2008〕117号 沪价费〔2017〕10号
(4)居民身份证工本费			
①民身份证	20元/证,换、补领40元/证	价费字〔1992〕240号 发改价格〔2003〕2322号 财综〔2004〕8号 财综〔2007〕34号	沪财预〔2007〕47号
②临时身份证	10元/证	价费字〔1992〕240号 发改价格〔2003〕2322号 财综〔2004〕8号 财综〔2007〕34号	沪财预〔2007〕47号
(5)外国人证件费			
①予停留章	100元	价费字〔1992〕240号 公通字〔1996〕89号	价费字〔1992〕240号 公通字〔1996〕89号
②居留证(含临时、延期)	有效期不满1年的居留许可,每人400元;有效期1年(含1年)至3年以内的居留许可,每人800元;有效期3年(含3年)至5年(含5年)的居留许可,每人1 000元。增加偕行人,每增加1人按上述相应标准收费;减少偕行人,收费标准为每人次200元;居留许可变更的,收费标准为每次200元	财综〔2004〕60号 发改价格〔2004〕2230号	财综〔2004〕60号 发改价格〔2004〕2230号
③久居留申请	1 500元/人	财综〔2004〕32号 发改价格〔2004〕1267号	沪财预〔2005〕33号
④永久居留证	300—600元/证	财综〔2004〕32号 发改价格〔2004〕1267号	沪财预〔2005〕33号
⑤出入境证	100元/人次	公通字〔1996〕89号	公通字〔1996〕89号
⑥旅行证(含延期)	旅行证50元/证;证件延期100元/次	公通字〔1996〕89号	公通字〔1996〕89号
(6)公民出入境证件费			
①护照	160元/本	价费字〔1993〕164号 计价格〔2000〕293号 发改价格〔2013〕1494号 发改价格〔2017〕1186号	价费字〔1993〕164号 计价格〔2000〕293号 沪价费〔2013〕12号 沪价费〔2017〕10号
②护照加页核定加注延期	20元/项次	价费字〔1993〕164号 计价格〔2000〕293号	价费字〔1993〕164号 计价格〔2000〕293号

续表

收费项目名称	收费标准	政策依据	批准文号
②入境通行证费	一次性出入境有效 15 元/证 多次出入境有效 80 元/证	价费字〔1993〕164 号 财综〔2008〕9 号 发改价格〔2017〕1186 号	沪财预〔2008〕29 号 沪价费〔2017〕10 号
③来(含前往)港澳通行证	往来港澳通行证收费 80 元/证;前往港澳通行证收费 40 元/证	计价格〔2002〕1097 号 发改价格〔2017〕1186 号	计价格〔2002〕1097 号 沪价费〔2017〕10 号
④来港澳通行证签注	一次有效签注 15 元/件;二次有效签注 30 元/件;短期(不超过一年)多次有效签注 80 元/件;一年以上(不含一年)两年以下(含两年)多次有效签注 120 元/件;两年以上三年以下(不含三年)多次有效签注 160 元/件;长期(三年以上,含三年)多次有效签注 240 元/件	发改价格〔2005〕77 号 发改价格〔2017〕1186 号	沪价费〔2005〕5 号 沪价费〔2017〕10 号
⑤湾居民来往大陆通行证(含签注)	电子通行证 200 元/证;一次有效通行证 40 元/证。 签注的收费标准为:一次有效来往大陆签注每件 20 元人民币,口岸一次有效来往大陆签注每件 50 元人民币,一年(含)以内多次有效来往大陆签注每件 100 元人民币,一年(含)以上、五年(含)以下居留签注每件 100 元人民币	价费字〔1993〕164 号 发改价格〔2004〕334 号 发改价格〔2005〕1460 号 财综〔2005〕58 号 发改价格〔2011〕1389 号 发改价格〔2017〕1186 号	沪价费〔2005〕42 号 沪价费〔2017〕10 号
⑥陆居民往来台湾通行证(含签注)	电子通行证 80 元/证;一次有效通行证 15 元/证。 大陆居民前往台湾签注收费:一次有效签注 15 元/件;多次有效签注 80 元/件	价费字〔1993〕164 号 计价格〔2001〕1835 号 发改价格〔2017〕1186 号	价费字〔1993〕164 号 计价格〔2001〕1835 号 沪价费〔2017〕10 号
外国人签证费	非对等国家零次、一次签证 160 元,详见文件	价费字〔1992〕240 号 计价格〔2003〕392 号	价费字〔1992〕240 号 计价格〔2003〕392 号
中国国籍申请手续费(含证书费)	国籍申请手续费 50 元;加入中国国籍证书 200 元;退出中国国籍证书 200 元;恢复中国国籍证书 200 元	价费字〔1992〕240 号	公通字〔1996〕89 号
犬类管理费	内环以内区域 500 元/犬．年 内环以外区域 300 元/犬．年(农村地区停征)	《上海市养犬管理条例》(2011 年)	沪价费〔2011〕6 号 沪财预〔2012〕166 号
上海市居住证工本费(限丢失、损坏补办)	20 元/证	市政府令 2013 年第 2 号	沪财预〔2006〕102 号 沪财预〔2011〕11 号 沪财预〔2014〕155 号
社会保障卡工本费(限丢失、损坏补办)	20 元/证	市政府令 2001 年第 100 号	沪价费〔2005〕48 号 沪财预〔2011〕11 号 沪财预〔2014〕155 号
诉讼费	劳动争议案件每件交纳 10 元案件受理费,详见文件	国务院令第 481 号	沪价费〔2007〕7 号
职工劳动能力鉴定费	350 元/件	沪价费〔1994〕237 号	沪价费〔1994〕237 号
签证费			
(1)代办外国驻沪领馆签证费	普通件 25 元;急件 35 元	价费字〔1992〕198 号	沪价涉〔1992〕225 号
(2)代办北京外国驻华使馆签证费	代办签证费 70 元/人·国;每增加一国加收 25 元/人;代填外国(地区)签证申请表 5 元/证	价费字〔1992〕198 号	沪价涉〔1992〕225 号

续表

收费项目名称	收费标准	政策依据	批准文号
特种设备检验检测费	见文件	价费字〔1992〕268 号 财综〔2001〕10 号 财综〔2009〕1 号	沪价涉〔1992〕177 号 沪财综〔1993〕72 号 沪价费〔2004〕62 号
财政票据工本费	见文件	沪价费〔2008〕10 号	沪价费〔2008〕10 号 沪财预〔2013〕144 号
短期培训进修费	见文件	沪财预〔2005〕30 号	沪财预〔2005〕30 号
考试考务费	见文件		

数据来源:上海市财政局。

(二)乱收费的情况依然存在

2016 年以来伴随着供给侧结构性改革,我国继续加大涉企收费清理工作,着力降低企业成本。总体来看,持续遏制向企业乱收费的举措得当,成效明显。但是,乱收费的情况仍然存在,尤其是一些涉企收费。主要反映在两方面:一是与行政权力挂钩的第三方服务收费。有的收费项目表面上没有了,实际上暗地里转移了,改头换面变成中介机构的服务收费了,甚至指定企业到某个中介机构,办理政府审批事项相关的审查、评价、评估等业务,收取服务费、咨询费、会员费等,企业实际负担根本没有减轻;有的形成“行政主体审批,事业单位评估,行业协会认证,关联企业收费”的利益链条,结成利益共同体,进行利益分成。二是依靠垄断地位收费。比如部分商业银行依然存在乱收费名目,融资成本上升,变相压榨企业,加重中小企业负担。有的银行针对企业融资,列出安排费、承诺费、代理费、常年财务顾问费、专项财务顾问费、咨询费、理财费等项目。①

(三)行政事业性收费收入使用方面的问题

“收支两条线”制度把行政事业性收费作为财政预算管理,应该说行政事业性收费的资金管理越来越健全合理,现有大部分行政事业性收费项目的资金都纳入了一般公共预算,但也有一些项目资金如数量庞大的学费、培训费等仍没有归入预算管理,游离在预算之外,这部分收入只是被放到了财政专户。而特别需要注意的是,近几年来现有财政数据报告中不再报告财政专户的信息,从而使得这部分资金的信息成为“黑匣子”,我们无法了解该部分资金的确切规模,也无法知道该部分资金是如何分配使用的,使用过程中是否规范合理。

(四)行政事业性收费收入监督管理方面的问题

如前所述,我国对行政事业性收费建立起了人大监督、财政部门稽查、价格部门对收费标准进行审核、审计监察部门检查的监督体系。但是由于管理机制混乱,各部门

① 蔡玲.破解“乱收费”难题促进实体经济发展[J].经济界,2017(1):22—24.

之间工作出现重叠，彼此之间的工作衔接不顺畅。另外，被监督对象一般都是同级或上级行政机关，在工作中往往出现监督不力的情况，当对其他同级处级单位或上级单位进行监督时，在执法监督上面临的压力比较大，造成无法进行有效监督。

二、各监督部门的检查和稽查工作

此外，人大、财政、审计等监督部门开展的检查和稽查工作，更多的是在年度终了后进行，关注重点在于收费收入的取得是否合法、资金是否及时缴纳入库，以及资金的支出是否符合相关财政资金管理制度。而对事前、事中的监督工作没有引起足够重视，同时也忽视了对收费资金使用合理性方面的监督管理，导致监督工作并不能真正从根本上预防行政事业性收费中出现的一系列问题。这种重视事后监督而忽视事前和事中监督的管理方式，使得监督单位在监督过程中准备不足，信息不够充分，工作阶段手忙脚乱，造成了极大的资源浪费，同时也对监督单位工作的正常运行造成影响。可见，仅进行事后监督使得监督效率低下，功能无法实现，容易导致监督检查机制变为形式主义，被监督单位为了应付监督敷衍了事，使得监督工作防患于未然的根本目的没有真正达到。

第三节　行政事业性收费收入的进一步规范化管理

一、行政事业性收费收入征收的规范化

（一）清理规范收费项目、整顿乱收费

对行政事业性收费项目要进行清理规范。第一，对收费项目进行先期整理评估。把不适应时代发展的、没有存在必要的项目进行清理，所以要对国家和地方的收费目录进行评估，通过科学方法的判定，考察项目存在的意义，把没有必要保留的项目进行清理。第二，取消不合法、不合理的项目。通过审查行政事业性收费的依据，把没有法律依据，设置不合理，影响经济社会发展、妨碍社会公平公正的收费取消。第三，把部分项目转为税收。对于目前收费项目中具有税收性质的，可以进行全方位调研，综合评估收费与收税的利弊，考虑转为税收的可能性，例如可以探索将某些资源类收费改为收税，通过税收的方式调整我国的资源政策，保护资源的合理开发利用。最后，把部分项目转为经营性收费。对于目前收费中能体现市场行为的收费应转为经营性收费，通过改变方式来释放经济活力，从而达到规范收费项目的目的。

此外，针对现行的乱收费项目，需要破除行政垄断，促进中介服务市场有序竞争。同时科学设置行政审批前置事项，取消没有法律法规依据的前置服务事项，取消减少

行政审批和管理服务的“事权”，杜绝各类借助行政权力乱收费行为。

（二）科学设定行政事业性收费标准

对于行政事业性收费项目收费标准的制定，应该按照受益负担原则、保证公平和效率原则，参照国际较为成熟的定价原则与计算公式，对目前各行政府政事业性收费项目的收费标准进行重新核定。对于一般行政事业性收费的收费标准应严格按照成本补偿的原则，综合评估收费的成本，不能偏离服务的成本，在公众承受能力和政府成本压力之间找到一个平衡点。同时可以引入第三方评估机构，综合考虑收费标准高低的影响因素，对收费标准进行评估。此外，在确定收费标准的时候，还应该考虑到社会弱势群体的利益，可以适当对一部分残疾人群体、老年人群体、低收入群体等实施优惠定价或进行价格补贴。

同时，设立行政事业性收费标准定期调整机制。目前有些收费标准严重滞后，从收费项目确立以来几十年没有变更，与物价增长水平及被征收者的收入水平出现严重不一致，不符合成本补偿原则，容易造成行政事业性收费收支不符。还有在收费标准制定之初，标准过高，增加了民众的负担。因此建议要建立行政事业性收费定期调整机制，综合考虑物价、收入水平定期调整，合理确定收费标准。

（三）实行听证制度与公众协商制度

行政事业性收费与公众的切身利益息息相关，收费的多少、收费的变更都关系到公众的利益。因此，应实行收费听证制度、建立公众协商机制，收费项目的新设、取消和停征、收费标准的变更都应该充分征询民众的意见和建议，尤其是被征收人的意见，从而增加收费的民主性，增加公众参与度。新设的收费项目或变动后的收费标准要及时让社会公布，做到信息公开透明。

二、行政事业性收费收入使用管理的规范化

管理好数额巨大的行政事业性收费资金，使行政事业性收费发挥出应有的补偿成本、优化资源、维护公平的作用，是摆在行政事业性收费管理机构面前的一个重要课题。

对行政事业性收费资金的管理，应如同对税收收入的管理一样，资金使用严格依照法律进行，杜绝不合法、不合理使用资金的情况。应将行政事业性收费全部纳入政府预算管理，特别是应将尚未纳入政府预算管理的学费、培训费等行政事业性收费纳入政府预算管理，使执收单位收费收取与支出相分离，对收入与支出分别进行管理，同时对两者做出统一的政府预算，当然，预算方案的确立需要经过人民代表大会和相关部门的审批。与此同时，要重视政府集中采购制度和国库集中支付制度的完善，尽可能地避免收费单位泛滥性地收取资金，最终提升行政使用收费资金使用效率。

三、行政事业性收费收入监督管理的规范化

强有力的监督体制是行政事业性收费管理不可或缺的一部分，收费监督应该体现在整个行政事业性收费管理活动的过程之中，在任何一个环节都应该发挥重要的作用。

（一）发挥人大等权力部门对行政事业性收费监督的作用

各级人大是我国的权力部门，有权对财政预决算状况进行审议。行政事业性收费是财政收入的一个重要组成部分，各级政府应该把每年的行政事业性收费收支情况向各级人大提交审议，对收费中出现的问题给予及时纠正。同时人大还应该对行政事业性收费管理的情况进行全面的监督审查，强化事前审查的效果，严格审查收费项目，撤销没有法律依据的收费项目，建议取消没有存在意义的收费项目。

（二）健全财政等行政部门的监督机制，实现全过程监督

如前所述，由于对行政事业性收费的监督部门较多，各部门之间的监督工作衔接不畅，因此应健全财政等行政部门的监督机制，建立以财政部门为中心，多部门协同联动的监督机制。各部门应建立定期信息交流机制和重大事项交流机制，保障收费违规违法出现时能及时掌握相关情况，或者在事前及时化解可能出现的违规问题，提高监督效率和效果。其中，财政部门要从收费项目、收费标准、征收管理、票据使用等一系列全程监督，物价部门要加大收费项目、价格标准的事前和事后监督，审计单位则要加强对行政事业性收费的外部审计，把行政事业性收费的监督作为审计工作的重要方面，通过多部门的密切配合、信息共享监督收费行为，从而达到监督的威慑力和有效性。

（三）充分发挥社会公众监督的重要作用

公众是行政事业性收费的直接利害关系人，对行政事业性收费的监督欲望最为强烈。如前所述，《关于取消收费许可证制度加强事中事后监管的通知》中要求建立健全收费单位情况和收支状况的报告制度、收费政策及执行情况的后评估制度与收费目录清单和收费公示制度，这三项制度本质上通过公众的监督来约束行政事业性收费行为，对执收单位的乱收费行为、监督部门的不作为行为给予监督，倡导社会公众共同监督行政事业性收费。公众可通过网络公开等便捷的监督途径对行政事业性收费进行监督，从而维护自身的合法权益，净化收费行为。

本章小结

本章介绍了我国行政事业性收费收入的规范化管理，主要内容包括以下三个方面：

第一,我国行政事业性收费收入的发展现状。在简要介绍行政事业性收费的含义和基本特征后,从行政事业性收费收入的规模、征收、使用与监督管理等方面分析了我国行政事业性收费收入的现状。在规模方面,分别进行了全国行政事业性收费总量分析以及我国各地区的行政事业性收费规模对比分析。在征收现状方面,介绍了行政事业性收费项目审批和标准制定的管理制度与收费目录清单公示制度。在使用管理方面,介绍了"收支两条线"管理制度和国库集中收付制度。在监督管理方面,介绍了目前我国建立的行政事业性收费公示制度与收费单位情况和收支状况报告制度。

第二,我国行政事业性收费收入管理存在的主要问题。重点分析了我国目前行政事业性收费收入征收方面存在的问题,包括:(1)行政事业性收费项目标准制定方面存在部分项目收费的标准制定不合理,没有完全体现公平和效率的原则;同时部分收费标准没有随着经济社会的发展而进行调整,不能体现受益负担原则,经济效率低下的问题。(2)乱收费的情况依然存在,尤其是一些涉企收费,主要反映在两方面:一是与行政权力挂钩的第三方服务收费;二是依靠垄断地位收费。(3)在行政事业性收费收入使用方面,近几年来现有财政数据报告中不再报告财政专户的信息,从而使得这部分资金的信息成为"黑匣子",无法了解该部分资金的确切规模,也无法知道该部分资金是如何分配使用的,使用过程中是否规范合理。(4)在行政事业性收费收入监督管理方面,由于管理机制混乱,各部门之间工作出现重叠,彼此之间的工作衔接不顺畅;另外被监督对象一般都是同级或上级行政机关,在工作中往往出现监督不力的情况;此外,对事前、事中的监督工作没有引起足够重视,同时也忽视了对收费资金使用合理性方面的监督管理,导致监督工作并不能真正从根本上预防行政事业性收费中出现的一系列问题。

第三,我国行政事业性收费收入的进一步规范化管理举措。针对行政事业性收费收入征收方面存在问题,提出:(1)清理规范收费项目、整顿乱收费;(2)科学设定行政事业性收费标准;(3)实行听证制度与公众协商制度等规范化管理举措。在行政事业性收费收入使用管理的规范化方面,提出:应将行政事业性收费全部纳入政府预算管理,特别是应将尚未纳入政府预算管理的学费、培训费等行政事业性收费纳入政府预算管理,使执收单位收费收取与支出相分离,对收入与支出分别进行管理,同时对两者做出统一的政府预算;同时,要重视政府集中采购制度和国库集中支付制度的完善。在行政事业性收费收入监督管理的规范化方面,提出:(1)发挥人大等权力部门对行政事业性收费监督的作用;(2)健全财政等行政部门的监督机制,实现全过程监督;(3)充分发挥社会公众监督的重要作用等规范化举措。

名词解释

1. 行政事业性收费:是指国家机关、事业单位、代行政府职能的社会团体及其他组织根据法律、行政法规、地方性法规等有关规定,依照国务院规定程序批准,在向公民、法人提供特定服务的过程中,按照成本补偿和非营利原则向特定服务对象收取的费用。

2. 受益负担原则:根据行政性事业收费的受益负担理论,行政支出可分为一般性支出与特别支出,前者一般是通过政府的征税由全体社会成员共同负担,而后者因为其特定的行政活动是为了满足被征收对象的需要或使被征收对象的福利增加的,所以应该按照该特定行政活动产生的成本与收益大小,由直接受益对象通过缴纳行政事业性收费来承担这些活动的支出。

3. 成本补偿原则：行政事业性收费是按照非营利性的原则，按照向社会提供特定产品或服务的收益大小以及成本大小来收取一定的费用补偿所耗费的成本。

4. 收支两条线管理：是指行政事业性收费等合法收取的非税收入，从收入和支出分开两部分进行管理，收入部分需严格按照规定全数上缴国库或相关财政专户；当执收单位需要使用资金时，则根据需要向财政部门申请，经核准和统筹安排，从国库或相关财政专户拨付至执收单位。

5. 国库集中收付制度：一般也称为国库单一账户制度，包括国库集中支付制度和收入收缴管理制度，是指由财政部门代表政府设置国库单一账户体系，包括行政事业性收费在内的所有的财政性资金均纳入国库单一账户体系收缴、支付和管理的制度。

复习思考题

1. 什么是行政事业性收费？行政事业性收费具有哪些特征？
2. 简述行政事业性收费的理论依据。
3. 我国行政事业性收费项目繁多，请按照一定的标准将其进行分类。
4. 我国现行对行政事业性收费收入使用的管理制度有哪些？请具体阐述。
5. 我国当前行政事业性收费收入征收方面存在哪些问题？如何改进？

第十一章　我国政府性基金的规范化管理

第一节　政府性基金的含义与性质分析

一、政府性基金的含义与性质

基金是指专门用于某种特定目的并进行独立核算的资金。在财政领域以外，存在着各类市场性基金和社会性基金。通常认为，市场性基金是以营利为目的的基金，如金融市场上的各类证券投资基金。社会性基金则是指以非营利为目的的基金，如各类公益基金[①]。政府性基金则是财政领域的概念，作为我国大陆地区财政实践中的特有名词，其设立的主要目的也是专门用于一些特定用途，弥补财政支出的不足。

政府性基金是我国财政收入的重要组成部分，其产生有独特的历史背景。早在改革开放前，就已经有城镇公用事业附加和育林基金[②]两项政府性基金。改革开放后，为了促进基础设施的发展，政府性基金成为国家扩展财源的一种财政工具得到迅速发展。近年来，各级政府不仅每年公布政府性基金项目目录，而且对政府性基金进行特别预算，政府性基金预算成为复式预算的一个重要子系统。

政府性基金的定义表述体现在财政部有关政府性基金的部分文件中。财政部《关于加强政府性基金管理问题的通知》（财综字〔2000〕22号）规定，政府性基金是指各级人民政府及其所属部门根据法律、国家行政法规和中共中央、国务院有关文件的规定，为支持某项事业发展，按照国家规定程序批准，向公民、法人和其他组织征收的具有专项用途的资金，包括各种基金、资金、附加和专项收费。

此后，财政部发布了《关于加强政府非税收入管理的通知》（财综〔2004〕53号），其中规定，政府性基金是指各级政府及其所属部门根据法律、行政法规和中共中央、国务院有关文件规定，为支持某项公共事业发展，向公民、法人和其他组织无偿征收的具有

---

① 《基金会管理条例》所称基金，是指利用自然人、法人或者其他组织捐赠的财产，以从事公益事业为目的，按照本条例的规定成立的非营利性法人，这类组织管理的基金，大致属于社会性基金特别是公益性基金的范畴。

② 城镇公用事业附加自2017年4月1日起取消，育林基金自2016年2月1日起征收标准降为零。

专项用途的财政资金。

2010年，财政部颁布了综合性较强的《政府性基金管理暂行办法》(财综〔2010〕80号)，其中第二条给出了政府性基金较为权威的官方定义，“本办法所称政府性基金，是指各级人民政府及其所属部门根据法律、行政法规和中共中央、国务院文件规定，为支持特定公共基础设施建设和公共事业发展，向公民、法人和其他组织无偿征收的具有专项用途的财政资金。”

根据这一阐述我们可知，政府性基金应该具备如下性质：

首先，政府性基金是各级政府及其所属部门对公民、法人和其他组织的无偿征收，它不是从公共预算直接拨款设立的基金，也与政府变卖国有资产或收取经营利润而成立的基金、以及通过捐赠成立但由政府管理的基金，都有明显的区别。

其次，政府性基金具有特定目的，也因此决定了其使用上的专款专用性。政府性基金是政府为某一领域制定的特定政策，具体是为了支持特定公共基础设施建设和公共事业发展，它与普通财政工具的职能有别，不能服务于国家的一般职能。例如，国家重大水利工程建设基金是国家为支持南水北调工程建设、解决三峡工程后续问题以及加强中西部地区重大水利工程建设而设立的政府性基金。正因为如此，其资金具有专项用途，资金只能用于其指向的实现特定政策目的的领域，而不能用于一般财政性支出，亦不能用于实现其他政策目的领域，必须做到专款专用。

最后，我们分析认为，政府性基金的缴费人具有特定性，其与基金目的有特殊关联。关于这一点，在《政府性基金管理暂行办法》中的定义中体现得并不直接。如前所述，政府性基金是为支持特定公共基础设施建设和公共事业发展，向公民、法人和其他组织无偿征收的具有专项用途的财政资金。那么，是不是只要为了支持特定公共基础设施建设和公共事业发展，就可以向任何公民、法人和其他组织无偿征收政府性基金呢？换句话说，被选择作为缴费义务人的公民、法人和其他组织，究竟是面向全社会的不特定公众呢，还是与特定公共基础设施和公共事业有关联的特殊主体？

从比较法的角度看，我国的政府性基金相当于特别公课。特别公课最早发源于德国，作为一种新兴财政工具，特别公课起初只是被作为一般公课的对称，用于概括有别于传统财政工具的收入类型。直至1943年德国学者维纳·韦伯(Werner Weber)以“特别公课”作为表达后，经实务判决及法学界援引，这种有别于受益负担、税收的公课类型，才被正式冠以“特别公课”的名称。随着特别公课在实务上被广泛运用，其重要性也日益显著。1980年，德国联邦宪法法院在“职业训练公课”中提出了特别公课的合宪性要件。此后，德国学界借由对实务运作的观察，开始对特别公课进行深入研究，其构成要件和特征日益清晰。①

根据我国台湾学者辜仲明(2009)的总结,特别公课的规范内涵大致包括:(1)特别公课不仅是为了实现政府的财政目的,而且是为了追求特定的经济或社会目的,其收入不能用于一般性的国家任务。(2) 特别公课的负担群体因该特别任务而具有共同的利益状态。(3)特别公课的负担理由与其金钱给付义务之间存在特殊的法律关联,以具有"事务密切性"及"群体责任"作为基础。(4)特别公课的课征,国家不需要提供相应的对待给付。此外,陈清秀教授(2010)也认为,特别公课并非为满足一般财政需要而对一般国民所课征,而是为满足特定任务的财政需要而对于特定群体的国民所课征,其经常流入特别基金,而不流入公共预算中。②

如何理解特别公课与公课义务人的特殊关联?公课义务人应有别于一般的公众,他们对公课所要达成的事业具有群体责任,公课收入的使用也会潜在的有益于公课义务人。例如,像空气污染防治费一样,特别公课可以作为损害公共利益的对待给付;像工业区开发管理基金一样,特别公课起到类似于受益负担的效果。③ 在上述情形下,公课义务人的范围都很明确,与特别公课的设立具有某种关联。而特别公课资金的使用,或者为免除公法上义务创造了可能性,或者是类似于行政法上的代履行,或者直接就是为了公课义务人的共同利益。

政府性基金不需要考虑这种关联性吗?基于《政府性基金管理暂行办法》第二条的文义,答案似乎是肯定的。在界定缴费义务人时,第二条只是提到"公民、法人和其他组织",没有对其施加特别的范围限制。然而,是不是任何人都可以成为政府性基金的义务主体,完全不考虑其与政府性基金目的的关联性?我们认为,答案是否定的。其实,观察具体的政府性基金项目可以发现,其在设计时已经意识到缴费义务人与基金目的的特殊关联,并且体现在相关规则和要求中。例如,森林植被恢复费的预缴义务人是勘查、开采矿藏和修建道路、水利、电力、通信等各项建设工程需要占用、征用或者临时占用林地的用地单位,④基金专款用于被破坏的森林植被之恢复。新型墙体材料专项基金的缴纳义务人是新建、扩建、改建建筑工程未使用《新型墙体材料目录》规定的新型墙体材料的建设单位。⑤ 港口建设费的缴费义务人是经对外开放口岸港口

---

① 参见辜仲明:《公课法制与水资源管理——财税法学发展之新兴课题》,台湾翰芦图书出版有限公司,2009 年版,第 39、40 页。

② 参见陈清秀:《税法总论》,台湾元照出版社 2010 年版,第 79 页。

③ 参见陈清秀:《税法总论》,台湾元照出版社 2010 年版,第 80—84 页。

④ 参见财政部、国家林业局,《森林植被恢复费征收使用管理暂行办法》第四条。

⑤ 参见财政部、原国家经济贸易委员会,《新型墙体材料专项基金征收和使用管理办法》(财综〔2002〕55 号)第五条。

辖区范围内所有码头、浮筒、锚地、水域装卸(含过驳)的货物的托运人或收货人。[①] 这些政府性基金,或者属于缴费义务人损害公共利益的对待给付,或者属于免除公法上义务的对价,或者类似于受益负担,缴费与基金目的之间的关联性十分明显。

基于此,我们认为,在理解政府性基金时还应突出其这一性质和特点,即其缴费人与基金目的有特殊关联。这点在后来修改的《预算法》中也得到了体现,新《预算法》第九条第一款对政府性基金预算的概念给出了一个明确的定义:“政府性基金预算是对依照法律、行政法规的规定在一定期限内向特定对象征收、收取或者以其他方式筹集的资金,专项用于特定公共事业发展的收支预算”,其征收、收取的对象是与基金目的有特殊关联的主体,而非一般社会公众。

二、政府性基金与其他财政收入形式的比较

现代民主法治国家(租税国家)的财政收入或财政工具主要包括税收、行政事业性收费、特别公课与公有财产收入等。一般认为,税收课征的目的是国家为了满足一般性财政需求及实现一般性公共任务,基于课税权依法对于一切具备法定课税要件的人所课征的一种金钱给付,且收入进入公共预算,由国家进行统收统支。行政事业收费的目的在于政府及其所属部门对特定公民、法人和其他组织提供特定公共服务或公共产品而收取的金钱给付。特别公课是为了特定国家任务之财政需要,对于特定群体所课征之公法上金钱给付义务,并非为了满足一般的国家财政需要而对于所有国民所课征。而公有财产收入则来自公有土地、矿产、股权等财产的租金、利息和变卖价款或者公营企业的收入。那么,政府性基金(特别公课)与税收、行政事业性收费以及公有财产收入到底有何异同,对此,我们有必要进行深入分析。

(一)政府性基金与税收的比较

如前所述,税收是政府为满足社会公共需要,凭借政治权力,按照法定标准向社会成员强制、无偿地征收而取得的一种财政收入。根据刘剑文和熊伟(2010)在《财政税收法》中的总结,税收具有如下特征:“征收主体是国家或地方公法团体、义务主体包括自然人和社会组织,以财政收入为主要目的或者附随目的,以满足法定构成要件为前提,是一种公法上的金钱给付义务,是一种无对价的给付,是一种强制性的给付。”[②]按照不同的划分标准,税收可以分成不同的类别。按照课税是否有规定特定用途来划分,税收可以分为一般税和特定目的税。一般税是指用于国家一般性的支出,即非特定用途而课征的税收;而特定目的税是指为实现特定目的和满足特殊财政需要而课征

---

① 参见财政部、交通运输部《港口建设费征收使用管理办法》(财综〔2011〕29 号)第五条、第六条。

② 刘剑文、熊伟:《财政税收法》,北京:法律出版社,2014 年版,第 163 页。

的税。在此，我们先讨论政府性基金与一般税的关系，然后再分析其与特别目的税的异同。

1. 政府性基金与一般税的比较

下面我们主要从征收法律依据、资金使用范围、征收对象与征收目的的联系以及形式特征等方面来说明政府性基金与一般税的关系。

在法律依据方面，根据《立法法》的相关规定，税收和政府性基金都应以法律形式确定征收对象，按照法定程序依法征收。但在实践中，除少部分政府性基金的征收具有法律依据外，其余大多数政府性基金项目的征收依据来源于部门规章或国务院、财政部的“红头文件”，与税收相比，政府性基金课征的随意性更大。

从资金使用范围来看，尽管政府性基金和一般税都是为满足国家财政需要由政府凭借政治权力强制征收的，但两者的资金使用范围存在明显不同。税收是为了满足国家一般性财政需求、实现一般性公共任务而课征的，资金使用没有专门设定用途；而政府性基金是为了满足特定国家任务之财政需要，如为支持特定公共基础设施建设和公共事业发展而征收，因此资金用途确定，具有特定性。

从征收对象与征收目的的联系来看，一般税的征收对象为社会一般公众，纳税人与征收目的并无直接关联；而政府性基金的缴费人应是与基金目的有特殊关联的对象。

从形式特征看，一般税的基本要素往往是确定的，从而决定了税收收入比较稳定；而政府性基金具有较强的政策性和时效性，部分项目的征收年限有明确规定，不如税收收入稳定。

(二)政府性基金与特定目的税的比较

特定目的税是国家为了达到特定的目的，对特定对象和行为发挥调节作用而征收的税种。同一般税收一样，国家按照法律规定凭借政治权力强制无偿征收特定目的税，具有税收的一般性质和特征。但同时区别于一般税收，特定目的税用于特定项目的开支，具有较强的政策诱导作用，是为政府提供特定服务筹集资金的专门税，如城市维护建设税、土地增值税、车辆购置税等。特定目的税的资金使用受到特别限制，只能用于特定的用途，这一点与政府性基金相同的；但两者也有明显的区别：特定目的税的纳税人仍然是一般的公众，其对税收的支出项目并无特别义务，而如前所述，政府性基金的缴费人与基金目的的关联性十分明显。

(三)政府性基金与行政事业性收费的比较

行政事业性收费，“是指国家机关、事业单位、代行政府职能的社会团体及其他组织根据法律法规等有关规定，在实施社会公共管理，以及在向公民、法人提供特定公共服务过程中,向特定对象收取的费用。”①

虽然政府性基金和行政事业性收费都属于非税收入,都有特定的征收对象,但两者之间的区别仍然非常明显。行政事业性收费的前提是公法机构为特定对象提供了具体的公共服务,收取费用是为了合理补偿管理或服务成本,缴费人与公法人机构所提供的公共服务之间,现实的直接的受益关系非常明显。政府性基金的缴费人虽然也和基金项目之间存在利益关系,但是这只是一种潜在的受益关系。可能正是因为征收和使用了基金,缴费义务人才得以免除自己的公法义务,或者对所造成的对公共利益的损害,可以不用亲自去治理或弥补。也可能正是因为征收和使用了基金,在基金所指定的群体范围内,缴费义务人可以获得更好的发展机会。这些都是政府性基金体现出来的潜在受益,也可以说是在理论层面上存在的受益,其跟行政事业性收费类似于市场交易的直接受益关系确实有很大不同。此外,与政府性基金不同的还包括,行政事业性收费收入一般进入公共预算,无须规定特定的用途;而政府性基金需要特别预算,其资金有专门的用途。

部分政府性基金项目和行政事业收费资金性质比较类似,部分资金是向特定群体提供准公共产品,进而向特定对象收取费用取得的。尽管有些资金本质相似,但两者在有些方面还是有一定的不同之处:

第一,收费的目的性不同。行政事业性收费,是政府服务机构在提供特定服务过程中,向特定对象收取的费用,收取费用是用来补偿提供特定服务而承担的成本。而政府性基金收入则用来建设大型的基建项目或者某项事业发展,并非成本补偿。

第二,受益程度不同。政府性基金的负担群体并不能因为付出一定的成本而得到相对应的服务,只是和特定建设项目之间存在受益并不对等的一种利益关系,可能会得到一点间接的利益。而行政事业性收费则使负担人直接受益,付出多少成本,则会得到多大收益,受益与负担相对等。

第三,征收形式和规模不同。政府性基金项目繁多,涉及不同的行业领域,而且资金规模较为庞大,对社会财富的再分配影响较大;而行政事业收费一般只能来自被管理和服务对象,而行政事业收费数额不大,用于相关管理服务开支。

(四)政府性基金与公有财产收入的比较

如前所述,公有财产收入是指政府取得的来自公有土地、森林、矿产、河流、股权等财产的租金、利息和变卖价款。这类收入与特别公课有明显的区别:

第一,在获取收入的依据方面存在区别。特别公课是政府部门对私人部门的强制

① 国家发展改革委、财政部:《关于印发〈行政事业性收费标准管理暂行办法〉的通知》(发改价格〔2006〕532号)中《行政事业性收费标准管理办法》的第3条。

课征，它凭借的仍是国家的政治权力；而公有财产收入的获取凭借得则是所有权利，政府是该类资金的“所有者”。

第二，在资金使用方面存在区别。如前所述，特别公课是为实现特定国家任务之财政需要而课征的，其资金使用具有专款专用的特点；而公有财产收入的使用较为灵活，其开支有充分的开放性，只要有必要，资金可以用于任何用途。

第三，在预算管理方面也存在着差别。台湾学者蔡茂寅教授曾说过，“预算均以基金之方式构成，所以基金是预算结构之基础。”全部财政收入就是一个大基金，其中又可分为普通基金和特种基金。普通基金以税收为主要收入来源，但也包括规费、罚款、财产及公债收入等，其支出并无任何事先的特别限制。特种基金则是指用途已经事先限定的基金，由于特种基金的资金来源不同，用途不一，目的各异，因此有必要单独编列预算。因此，从理论上来说，公有财产收入应当归入普通基金预算；而政府性基金应属于特种基金预算管理。

综合上述分析，我们认为：作为一种财政收入形式的政府性基金应相当于“特别公课”，它具有自己的性质和特点，与税收、行政事业收费及公有财产收入等收入形式有一些明显差别。

第二节　我国政府性基金管理的现状与问题

一、我国政府性基金的规模

（一）政府性基金的具体项目

在讨论我国政府性基金时通常存在两种口径：一是基于财政部每年公布的全国政府性基金目录；二是基于政府性基金预算中的项目。为对比分析政府性基金的现状，我们将全国政府性基金目录和政府性基金预算的项目分别进行展示。

第一，全国政府性基金目录。近年来，在持续减轻企业负担、不断完善预算管理的背景下，列入全国政府性基金目录的项目不断减少。2010 年，全国政府性基金共 32 项、2012 年全国政府性基金减少为 30 项、2014 年和 2015 年，全国政府性基金目录为 25 项，2016 年，全国政府性基金目录减少为 23 项，此后 2017—2019 年，全国政府性基金目录进一步减少至 21 项（见表 11.1）。

表 11.1　　　　2019 年全国政府性基金目录清单

序号	项目名称	资金管理方式	政策依据
1	铁路建设基金	缴入中央国库	国发〔1992〕37 号,财工字〔1996〕371 号,财工〔1997〕543 号,财综〔2007〕3 号
2	港口建设费	缴入中央和地方国库	国发〔1985〕124 号,财综〔2011〕29 号,财综〔2011〕100 号,财综〔2012〕40 号,财税〔2015〕131 号
3	民航发展基金	缴入中央国库	国发〔2012〕24 号,财综〔2012〕17 号,财税〔2015〕135 号
4	高等级公路车辆通行附加费(海南)	缴入地方国库	财综〔2008〕84 号,《海南经济特区机动车辆通行附加费征收管理条例》(海南省人民代表大会常务委员会公告第 54 号)
5	国家重大水利工程建设基金	缴入中央和地方国库	财综〔2009〕90 号,财综〔2010〕97 号,财税〔2010〕44 号,财综〔2013〕103 号,财税〔2015〕80 号,财办税〔2015〕4 号,财税〔2017〕51 号,财办税〔2017〕60 号,财税〔2018〕39 号
6	水利建设基金	缴入中央和地方国库	财综字〔1998〕125 号,财综〔2011〕2 号,财综函〔2011〕33 号,财办综〔2011〕111 号,财税函〔2016〕291 号,财税〔2016〕12 号,财税〔2017〕18 号
7	城市基础设施配套费	缴入地方国库	国发〔1998〕34 号,财综函〔2002〕3 号
8	农网还贷资金	缴入中央和地方国库	财企〔2001〕820 号,财企〔2002〕266 号,财企〔2006〕347 号,财综〔2007〕3 号,财综〔2012〕7 号,财综〔2013〕103 号,财税〔2015〕59 号
9	教育费附加	缴入中央和地方国库	《教育法》,国发〔1986〕50 号(国务院令第 60 号修改发布),国发明电〔1994〕2 号、23 号,国发〔2010〕35 号,财税〔2010〕103 号,财税〔2016〕12 号,财税〔2019〕13 号,财税〔2019〕21 号,财税〔2019〕22 号
10	地方教育附加	缴入地方国库	《教育法》,财综〔2001〕58 号,财综函〔2003〕2 号、9 号、10 号、12 号、13 号、14 号、15 号、16 号、18 号,财综〔2004〕73 号,财综函〔2005〕33 号,财综〔2006〕2 号、61 号,财综函〔2006〕9 号,财综函〔2007〕45 号,财综函〔2008〕7 号,财综函〔2010〕2 号、3 号、7 号、8 号、11 号、71 号、72 号、73 号、75 号、76 号、78 号、79 号、80 号,财综〔2010〕98 号,财综函〔2011〕1 号、2 号、3 号、4 号、5 号、6 号、7 号、8 号、9 号、10 号、11 号、12 号、13 号、15 号、16 号、17 号、57 号,财税〔2016〕12 号,财税〔2019〕13 号,财税〔2019〕21 号,财税〔2019〕22 号

续表

序号	项目名称	资金管理方式	政策依据
11	文化事业建设费	缴入中央和地方国库	国发〔1996〕37号,国办发〔2006〕43号,财综〔2013〕102号,财文字〔1997〕243号,财预字〔1996〕469号,财税〔2016〕25号,财税〔2016〕60号
12	国家电影事业发展专项资金	缴入中央和地方国库	《电影管理条例》,国办发〔2006〕43号,财税〔2015〕91号,财教〔2016〕4号,财税〔2018〕67号
13	旅游发展基金	缴入中央国库	旅办发〔1991〕124号,财综〔2007〕3号,财综〔2010〕123号,财综〔2012〕17号,财税〔2015〕135号
14	中央水库移民扶持基金：大中型水库移民后期扶持基金	缴入中央国库	《大中型水利水电工程建设征地补偿和移民安置条例》,《长江三峡工程建设移民条例》,国发〔2006〕17号,财综〔2006〕29号,财监〔2006〕95号,监察部、人事部、财政部令第13号,财综〔2007〕26号,财综〔2007〕69号,财综〔2008〕17号,财综〔2008〕29号、30号、31号、32号、33号、35号、64号、65号、66号、67号、68号、85号、86号、87号、88号、89号、90号,财综〔2009〕51号、59号,财综〔2010〕15号、16号、43号、113号,财综函〔2010〕10号、39号,财综〔2013〕103号,财税〔2015〕80号,财税〔2016〕11号,财税〔2016〕13号,财税〔2017〕51号,财办税〔2017〕60号,财农〔2017〕128号
	中央水库移民扶持基金：跨省大中型水库库区基金		
	中央水库移民扶持基金：三峡水库库区基金		
15	地方水库移民扶持基金：省级大中型水库库区基金	缴入地方国库	国发〔2006〕17号,财综〔2007〕26号,财综〔2008〕17号,财综〔2008〕29号、30号、31号、32号、33号、35号、64号、65号、66号、67号、68号、85号、86号、87号、88号、89号、90号,财综〔2009〕51号、59号,财综〔2010〕15号、16号、43号、113号,财综函〔2010〕10号、39号,财税〔2016〕11号,财税〔2016〕13号,财税〔2017〕18号
	地方水库移民扶持基金：小型水库移民扶助基金		
16	残疾人就业保障金	缴入地方国库	《残疾人就业条例》,财税〔2015〕72号,财综〔2001〕16号,财税〔2017〕18号,财税〔2018〕39号
17	森林植被恢复费	缴入中央和地方国库	《森林法》,《森林法实施条例》,财综〔2002〕73号,财税〔2015〕122号,财税〔2016〕2号
18	可再生能源发展基金	缴入中央国库	《可再生能源法》,财综〔2011〕115号,财建〔2012〕102号,财综〔2013〕89号,财综〔2013〕103号,财税〔2016〕4号,财办税〔2015〕4号
19	船舶油污损害赔偿基金	缴入中央国库	《环境保护法》,《防治船舶污染海洋环境管理条例》,财综〔2012〕33号,交财审发〔2014〕96号
20	核电站乏燃料处理处置基金	缴入中央国库	财综〔2010〕58号

续表

序号	项目名称	资金管理方式	政策依据
21	废弃电器电子产品处理基金	缴入中央国库	《废弃电器电子产品回收处理管理条例》,财综〔2012〕34 号,财综〔2012〕48 号,财综〔2012〕80 号,财综〔2013〕32 号,财综〔2013〕109 号,财综〔2013〕110 号,财综〔2014〕45 号、财税〔2015〕81 号,财政部公告 2014 年第 29 号,财政部公告 2015 年第 91 号,国家税务总局公告 2012 年第 41 号,海关总署公告 2012 年第 33 号

资料来源:中华人民共和国财政部网,http://szs.mof.gov.cn/。

第二,政府性基金预算的项目。除了全国政府性基金目录中的项目外,纳入政府性基金预算的还包括其他一些项目,如国有土地使用权出让金等。此外,自 2014 年以来,纳入政府性基金预算的收入项目也不断减少,2014 年为 45 项,2015 年下降为 37 项,2016 年进一步减少为 30 项,到 2017 年,根据全国政府性基金收入决算表,纳入政府性基金预算管理收入项目共 26 项,具体如表 11.2 所示。纳入政府性基金预算的收入项目不断减少主要是因为依据《关于完善政府预算体系有关问题的通知》与《国务院关于印发推进财政资金统筹使用方案的通知》等文件精神,有不少原纳入将政府性基金预算管理的项目转列至一般公共预算。

表 11.2 纳入政府性基金预算的收入项目(2017)①

序号	项目	中央/地方收入项目
1	农网还贷资金收入	中央、地方共用收入项目
2	铁路建设基金收入	中央收入项目
3	民航发展基金收入	中央收入项目
4	海南省高等级公路车辆通行附加费收入	地方收入项目
5	港口建设费收入	中央、地方共用收入项目
6	新型墙体材料专项基金收入	地方收入项目
7	旅游发展基金收入	中央收入项目
8	国家电影事业发展专项资金收入	中央、地方共用收入项目
9	城市公用事业附加收入	地方收入项目
10	国有土地使用权出让金收入	地方收入项目
11	国有土地收益基金收入	地方收入项目
12	农业土地开发资金收入	地方收入项目

① 在写作时只能获得 2017 年的最新数据,故以该年度的项目为例说明。

续表

序号	项目	中央/地方收入项目
13	中央水库移民扶持基金收入	中央收入项目
14	中央特别国债经营基金财务收入	中央收入项目
15	彩票公益金收入	中央、地方共用收入项目
16	城市基础设施配套费收入	地方收入项目
17	地方水库移民扶持基金收入	地方收入项目
18	国家重大水利工程建设基金收入	中央、地方共用收入项目
19	车辆通行费收入	地方收入项目
20	核电站乏燃料处理处置基金收入	中央收入项目
21	可再生能源电价附加收入	中央收入项目
22	船舶油污损害赔偿基金收入	中央收入项目
23	废弃电器电子产品处理基金收入	中央收入项目
24	彩票发行和销售机构业务费收入	中央、地方共用收入项目
25	污水处理费收入	地方收入项目
26	其他政府性基金收入	中央、地方共用收入项目

资料来源：中华人民共和国财政部网，http://szs.mof.gov.cn/。

对比分析全国政府性基金目录与纳入政府性基金预算的项目，可以发现，全国政府性基金目录中有部分项目项纳入了政府性基金预算，但也有一些项目如教育费附加、地方教育附加、文化事业建设费、残疾人就业保障金和森林植被恢复费等并没有被纳入政府性基金预算。另外，纳入政府性基金预算管理的收入项目有一些并不是全国政府性基金目录中的项目，如国有土地使用权出让金收入、国有土地收益基金收入、农业土地开发资金收入、中央特别国债经营基金财务收入、彩票公益金收入、车辆通行费收入、彩票发行和销售机构业务费收入、污水处理费收入和其他政府性基金收入等。那么，在我国财政实践中，为什么全国政府性基金目录中的基金项目与政府性基金预算中所包含的项目不一致，我国现有的基金项目是否都符合政府性基金的应有性质，应如何进行清理和规范，这些问题将在后文进行阐述。

（二）政府性基金的规模分析

在政府性基金预算的各项收入中，国有土地使用权出让金收入逐渐成为政府性基金预算最主要的收入来源，因该项收入在2007年之后才开始纳入政府性基金预算，因此，我们提供了2008年以来至2017年政府性基金规模的相关数据，具体见表11.3。

表 11.3　　　　**我国政府性基金的规模(2008—2017)**

指标	2008	2009	2010	2011	2012
政府性基金收入(亿元)	15 636.35	18 335.04	36 785.02	41 363.13	37 534.90
政府性基金收入增长率(%)	45.63	17.26	100.63	12.45	−9.26
其中:国有土地使用权出让金收入(亿元)	10 375.28	13 964.76	28 197.70	31 140.42	26 691.52
国有土地使用权出让金收入增长率(%)	—	34.60	101.92	10.44	−14.29
税收收入(亿元)	54 223.79	59 521.59	73 210.79	89 738.39	100 614.28
税收收入增长率(%)	18.85	9.77	23.00	22.58	12.12
公共财政收入(亿元)	61 330.35	68 518.30	83 101.51	103 874.43	117 253.52
公共财政收入增长率(%)	19.50	11.72	21.28	25.00	12.88
政府性基金收入/税收收入(%)	28.84	30.80	50.25	46.09	37.31
政府性基金收入/财政收入(%)	25.50	26.76	44.27	39.82	32.01
国有土地使用权出让金收入/政府性基金收入(%)	66.35	76.16	76.66	75.29	71.11

指标＼年份	2013	2014	2015	2016	2017
政府性基金收入(亿元)	52 268.75	54 113.65	42 338.14	46 643.31	61 479.66
政府性基金收入增长率(%)	39.25	3.53	−21.76	10.17	31.81
其中:国有土地使用权出让金收入(亿元)	39 142.03	40 479.69	30 783.80	35 639.69	49 997.07
国有土地使用权出让金收入增长率(%)	46.65	3.42	−23.95	15.77	40.28
税收收入(亿元)	110 530.70	119 175.31	124 922.2	130 360.73	144 369.87
税收收入增长率(%)	9.86	7.82	4.82	4.35	10.75
公共财政收入(亿元)	129 209.64	140 370.03	152 269.23	159 604.97	172 592.77
公共财政收入增长率(%)	10.20	8.64	8.48	4.82	8.14
政府性基金收入/税收收入(%)	47.29	45.41	33.89	35.78	42.58
政府性基金收入/财政收入(%)	40.45	38.55	27.80	29.22	35.62
国有土地使用权出让金收入/政府性基金收入(%)	74.89	74.80	72.71	76.41	81.32

资料来源:2008、2009 年的数据来自当年财政预算执行情况,其余年份数据来自当年全国财政决算。

从表 11.3 可以看出，我国政府性基金规模具有以下特点：

第一，从规模总量上来看，2008 年至 2017 年，政府性基金收入总量基本呈增加趋势，但其间有波动。2008 年，政府性基金收入总量为 15 636.35 亿元，此后逐年增加至 2011 年的 41 363.13 亿元，特别是 2010 年，政府性基金收入规模急剧增加，增长金额超过了 1 倍；2012 年，政府性基金收入总量略有下降至 37 534.90 亿元，但此后 2013 年和 2014 年又有明显地增加，金额达到最高的 54 113.65 亿元，2015 年，政府性基金收入有较大幅度的下降，金额为 42 338.14 亿元，此后 2016 年和 2017 年又有较大增加，2017 年全国政府性基金收入增长至 61 479.66 元。

第二，从增长速度来看，除 2011、2012、2014 和 2015 年以外，全国政府性基金收入的增长速度都高于同期税收收入、公共财政收入的增长速度，但总体上来看，政府性基金收入增长速度的波动幅度更大。正因为如此，政府性基金收入占税收收入与公共财政收入的比重也在波动中上升。2008 年，我国政府性基金收入的增长率为 45.63%，而同期税收收入、公共财政收入的增长率分别为 18.85%和 19.50%，远低于同期政府性基金收入的增长率。特别是 2010 年，政府性基金收入的增长率高达 100.63%，远远超过同期税收收入与公共财政收入 9.77%和 11.72%的增长率，从而使政府性基金收入占税收收入与公共财政收入的比重分别达到最高的 50.25%和 44.27%；此后 2011 年和 2012 年，政府性基金收入的增长速度下降，尤其是 2012 年，增长速度变为 −9.26%，相应地，政府性基金收入占税收收入与公共财政收入的比重则下降；2013 年，政府性基金收入的增长速度又大幅上升至 39.25%，超过同期税收收入 9.86%与公共财政收入 10.20%的增长速度，从而使政府性基金收入占税收收入和公共财政收入的比重又分别上升至 47.29%和 40.45%；此后 2014 年和 2015 年，政府性基金收入的增长速度下降，特别是 2015 年，其增长率为近年来的最低点 −21.76%，导致政府性基金收入占税收收入和公共财政收入的比重下降；而 2016 和 2017 年，政府性基金收入的增长速度及其占税收收入和公共财政收入的比重都有所上升。

第三，国有土地使用权出让金收入是政府性基金收入的主要组成部分，政府性基金收入的变动趋势与国有土地使用权出让金收入的变动趋势基本一致，换句话说，政府性基金收入的波动主要是由国有土地使用权出让金收入的变动所引起。从表中数据可以看出，除 2008 年之外，国有土地使用权出让金收入占政府性基金收入的比重都在 70%以上，2017 年，这一比重高达 81.32%。

二、我国政府性基金管理的现状与问题分析

根据《政府性基金管理暂行办法》的规定，政府性基金管理涉及的内容广泛，既包括管理制度和管理政策的制定，管理机构的设置、人员的配备又包括对收支管理、预算

监督管理等方面的规范，其中我们重点说明征收管理、使用管理与监督管理方面的现状和存在的问题。

（一）政府性基金征收管理的现状与问题

我们从征收依据、征收期限和征收主体三个方面来讨论政府性基金征收管理的现状与问题。

第一，征收依据分析。政府性基金从设立开始，国家就出台了一系列规章制度来规范政府性基金管理。政府先后出台了《中共中央国务院关于坚决制止乱收费、乱罚款和各种摊派的决定》《国务院关于加强预算外资金管理的决定》和《政府性基金管理暂行办法》等法规来加强对政府性基金的管理。此外，对于每一项具体的基金项目，也都有各自的管理办法。

但从目前我国政府性基金各项目的征收依据来看，其法律层级较低，主要是由国务院及财政部等行政部门主导了政府性基金的课征权限。以全国政府性基金目录清单为例，现有政府性基金项目中课征依据为法律的只有教育费附加、地方教育费附加、残疾人就业保障金、港口建设费、森林植被恢复费、船舶油污损害赔偿基金和可再生能源发展基金等，另有国家电影事业发展专项资金与废弃电器电子产品处理基金 2 个项目①依据行政法规设立，除此之外，其余项目都是依据中共中央、国务院及其所属部门的部门规章或红头文件所设立的。而政府性基金，它作为政府对私人（非国有）财产的课征，根据我国《立法法》的规定，其征收的依据应该是法律，应受法律保留原则的约束。②

第二，征收期限分析。我国设立政府性基金的初衷是为支持某项特定公共设施建设的，因此，当该特定问题已经解决或者该问题扩展至具有普遍性而有必要通过税收来规制时，那么，相应的政府性基金项目也就应该结束。目前，我国政府性基金项目在设立时很少规定征收期限，只有少数几项政府性基金如农网还贷资金、国家重大水利工程建设基金、民航发展基金、水利建设基金、旅游发展基金等明确规定了征收期限，征收期限不明确，该取消的项目不取消，这无疑加重了社会负担。

即使规定了征收期限，仍然有一些基金的征收期限一而再再而三地仅凭部委的发文就不断地被延期征收，如民航发展基金，截至目前，财政部已经 5 次发文延长该项基金的征收期限，从 2005 年年底，一再延长到 2006 年、2010 年、2015 年 12 月 31 日，而就在《民航发展基金征收使用管理暂行办法》规定的征收期限到来之前，财政部于 2015 年 12 月 9 日发布通知，第 5 次将民航发展基金的征收期限延长至 2020 年 12 月

---

① 需要说明的是，中央水库移民扶持基金中“三峡水库库区基金”的设立也有行政法规依据。

② 《中华人民共和国立法法》第八条明确规定对非国有财产的征收、征用事项只能制定法律。

31 日。

另外,还有一些基金在到期时却以其他名义继续征收的不合理现象,例如三峡工程建设基金在 2009 年三峡工程完工后应停止征收,但实际上该项政府性基金并没有取消,而是以国家重大水利工程建设基金的名义继续征收,其征收政策、征收标准以及缴纳义务主体等都与三峡工程建设基金一致。

第三,征收主体分析。目前我国具体从事政府性基金征收工作的主体比较复杂,依照各基金项目所涉法律文件和征收实践,大致可以分为以下类别:一是由财政部及财政部原驻各地财政监察专员办事处负责征收,如国家重大水利工程建设基金、旅游发展基金、核电站乏燃料处理处置基金等;二是由税务机关作为征收主体,如教育费附加、地方教育费附加、文化事业建设费、残疾人就业保障金等;三是由相关行业主管部门代征,如铁路建设基金由铁路运输企业代征、船舶油污损害赔偿基金由海事管理机构代征、航空旅客缴纳的民航发展基金由航空公司或者销售代理机构代征、农网还贷资金由电网经营企业代征等;四是由专设部门征收,如国家电影事业发展专项资金由专设的省级电影专项资金管理委员会负责征收。

由此可以看出,相较于税收所实行的专门、统一的征收主体模式,政府性基金的征收主体分散在各个部门,且还存在一项政府性基金由多个部门负责征收以及代征的现象,如港口建设费可以由海事管理机构征收,也可委托船舶代理公司、货物承运人(仅限内贸货物)等单位代征;国家重大水利工程建设基金的征收涉及财政部驻当地财政监察专员办事处、省级财政部门、省级电网企业三个主要部门等,政府性基金征收主体的缺乏统一性,一方面给政府性基金征收管理增加了一定难度,另一方面代征的过程中增加了交易环节,可能存在委托代理问题,滋生腐败。

(二)政府性基金使用管理的现状与问题

政府性基金的有效使用是基金发挥作用的载体,政府性基金的使用管理也是政府性基金管理的核心。目前,我国对设立的各项政府性基金都通过其《管理暂行办法》规定了相关内容,但概括来说其仍然存在一些问题。

一是部分政府性基金项目的专门立法对于基金使用范围的规定比较笼统甚至没有具体规定,比如文化事业建设费,仅有征收管理办法,对于其使用范围,仅原则规定“具体管理和使用办法,另行规定”;而港口建设费在其设立初期①,也仅有征收办法,对于其资金使用范围,没有做出相关规定。很明显,这与政府性基金所要求的专款专用原则和规范化管理的改革要求仍有相当差距。

---

① 港口建设费这一项目于 2011 年颁布了新的《征收使用管理办法》,其中规定了其资金的使用范围,具体参见财综〔2011〕29 号。

二是受制于上述制度前提，加之政府性基金的预算项目仍不够细化，难以实现实质性审查，因而政府及有关部门对政府性基金的使用往往享有过大的自由裁量权。通过核查政府性基金使用明细可以发现，大部分政府性基金的用途中都列有“其他支出”项目，并且部分政府性基金项目“其他支出”项级科目的金额非常大(见表 11.4)。表中显示，2018 年国家电影事业发展专项资金中央本级 3.16 亿元支出中，其他支出为 2.37 亿元，占比高达 75%；中央水库移民扶持基金中央本级 1.09 亿元支出中，其他支出为 0.62 亿元，比重达到 56.88%；而核电站乏燃料处理处置基金中央本级支出中，其他支出的比重也达到 49.3%。由于“其他支出”项级科目并没有具体解释其资金的使用方向，因而无法准确判断出其资金使用是否符合政府性基金设立的规定用途，在财政实践中，有不少利用“其他支出”项目来掩盖其违规使用政府性基金的现象。

表 11.4　部分政府性基金项目中央本级其他支出情况

项　目	其他支出(亿元)	总支出(亿元)	所占比重(%)
国家电影事业发展专项资金	2.37	3.16	75
中央水库移民扶持基金	0.62	1.09	56.88
核电站乏燃料处理处置基金支出	7.31	14.91	49.03

注：数据为 2018 年执行数，来源于财政部网站。

三是部分政府性基金并未真正做到专款专用，随意挪作他用，从而偏离了设立征收政府性基金的初衷。专款专用是政府性基金的基本特征，也是规范和约束政府性基金使用的原则。但是，目前我国政府性基金的使用管理不严格，很多政府性基金都没有按照规定的用途使用，如残疾人就业保障金和民航发展基金等。顾名思义，残疾人就业保障金是为保障残疾人就业而设立的，其资金只能用于帮助残疾人就业方面，实行“专款专用”。但在实践中，大量数额的残保金却屡屡沦为部门“金库”。2013 年，广州市涉及残保金的支出中，就业和培训支出仅为 49.98 万元，职业康复支出 581.49 万元，而其他残疾人就业保障金支出却高达 4 686.19 万元，与残疾人就业有关的支出占残保金支出的比例很低。据报道，在我国市县一级，残保金用于残疾人就业的比例仅有 10%左右。民航发展基金的资金使用情况也有类似问题，民航发展基金的前身是机场建设费和民航基础设施建设基金，当时确定的原则是：机场建设费主要用于机场安全方面的建设，民航基金主要用于基础设施方面的建设。但在实践中，部分民航发展基金补贴始终计入一些上市机场的营业收入[①]。以首都机场为例，2016 年，首都国际机场民航发展基金的返还收入为 12.02 亿元，占当年整体营业收入 87.29 亿元的

① 需要说明的是，2018 年 5 月 29 日财政部发布通知取消民航发展基金用于白云机场等上市机场返还作企业收入的政策，这一举动也支持了我们的论述。

13.77%，对比当年17.81亿的净利润，几无成本的民航发展基金收入占到60%以上；2017年，该项返还收入达到12.21亿元，占其税前利润的35.2%。[①] 除首都国际机场之外，广州白云机场、海南美兰机场等公司的年报也显示：民航发展基金补贴是其营业收入的主要组成部分。2017年，白云、美兰机场的民航发展基金返还收入分别为8.37亿元和2.61亿元，分别占上市公司当期税前利润的38.6%与40.2%。[②] 众所周知，我国机场大多以企业实体的形式运作，而其中一些大型机场甚至早已成为上市公司，这意味着它们应当自主经营、自负盈亏，因此通过强制征收民航发展基金为其经营风险买单显然是不合理的。可以看出，无论是残疾人就业保障金还是民航发展基金，都存在着资金使用与课征目的不相符的问题。

（三）政府性基金监督管理的现状与问题

近现代民主法治理念及其实践一再证明，不受控制的权力没有边界约束，必然会被滥用，而权力不受制约，则基本权利的保障将毫无可以期待的理由。作为现实存在的重要财政工具，政府性基金的征收和使用事关财产权这一基本权利，并典型体现为政府相关财政权力的运行过程，不论从权利保障还是从权力控制的角度，加强对政府性基金的监督都具有不容置疑的重要价值。

进入20世纪九十年代以后，我国政府性基金监督问题开始受到更大范围和更高程度的重视，其间对政府性基金监督呈现出以下特点：第一，专门或部分涉及政府性基金监督的立法性文件大量出现，集中体现于政府性基金的预决算、稽查等方面。第二，尽管在政府性基金的监督实践中，纪检、监察等监督主体的作用也一度受到肯定，但财政部门的内部检查或稽查、预决算和审计监督，依然是政府性基金监督工作的主要着力点。相比之下，人大监督和社会监督并未成为政府性基金监督的主角。第三，部分地方借助预算外资金管理、非税收入管理以及地方财政监督立法执法等工作，强化了对于相关政府性基金的监督。很多行政主管部门根据财政体制改革的新情况和新要求，通过制定或修改所涉基金项目的相关制度，完善了相关监督规则，从而加强了对相关政府性基金项目的监督工作。

但是，目前我国对政府性基金监督管理仍然存在如下主要问题：

第一，外部监督不足，监督实效受限。我国政府性基金监督具有鲜明的“行政性”和“内部性”，外部监督明显不足，监督实效也因此受限。作为财政的一个重要组成部分，政府性基金监督取决于财政监督的基本状况。而我国财政监督在总体上体现为行政主导的监督模式，我国实践中财政监督包括政府性基金监督中对于行政监督、内部

---

① 根据北京首都国际机场股份有限公司2016年和2017年度报告的相关资料整理获得。

② 根据北京首都国际机场股份有限公司2016年年度报告的相关资料整理获得。

监督的一再强化，反映了该领域外部监督的相对不足。尽管《预算法》《监督法》等在实质上赋予了人大及其常委会对于包括政府性基金在内的财政事项的监督权，政府性基金也已普遍纳入预算范围，但囿于预算实质审查尚难实现、预算监督机制的粗略设计以及相关法律责任的难以落实等原因，各级人大对于政府性基金的预算监督尚未有效实现。

第二，公众参与普遍缺乏，监督的民主性有待提升。在民主社会，公民除了借助代议制的基本民主形式决定国家和社会的重大问题，还有权通过其他途径和形式参与国家和社会公共事务，监督公共权力过程。公共财政是公民全体共同的财政，而非仅是国家、政府抑或财政部门的财政，公共财政的本质必然要求阳光透明，允许公民通过相应途径和形式，依法有序参与具体的财政过程。公共财政理念下，阳光财政、参与式预算等做法日渐渗入财政改革过程，参与民主成为深化财政民主、推进财政改革的重要内容。然而，由于政府性基金在相当一段时期属于预算外甚至制度外资金，不仅远离人大民主监督视野，更远离一般民众。即便如今政府性基金已纳入预算范围，政府性基金的管理和监督也主要体现为行政行为和政府过程。政府性基金领域的公众参与普遍缺乏，政府性基金监督的民主性仍有待提升。

第三节　我国政府性基金的规范化管理

基于对政府性基金的含义与性质的分析，结合我国政府性基金的各具体项目，我们认为要规范政府性基金管理应首先分流归位现有政府性基金项目，然后再依据政府性基金管理的现状与问题从征收、使用与监督三个方面阐述政府性基金规范化管理的要求。

一、分流归位现有政府性基金项目

如前所述，尽管从产生背景来看，我国政府性基金不同于特别公课。然而，从未来的发展趋势来看，为构建合理的财政体制，我国政府性基金的征收应相当于“特别公课”，它征收的目的应是为了解决社会发展过程中所出现的特定问题，因此，当该特定问题已经解决或者该问题扩展至具有普遍性而有必要通过税收来规制时，那么，相应的政府性基金项目也就应该结束。由于政府性基金一旦设定，立法机关的预算审批权限将大大缩小，甚至有可能完全由政府相机决定，无须报送立法机关审批。这种结果不符合财政民主主义，与法治国家的理念也不相符，因此应当尽量避免。正是因为这个原因，我们认为，在我国财政实践中，政府性基金的设置应当尽可能谨慎。无论哪一个项目，除了确实必须之外，能不设立就尽量不要设立。另外，政府每年应及时公布确实应当存在的政府性基金项目的目录清单，其征收应严格以该目录清单作为依据。因此，在我国财政实践中，应明确哪些是属于政府性基金的项目，哪些项目不应属于政府性基金；在分流归位现有政府性基金项目后，对确实应该继续存在的“特别课征”类基金实行规范化管理。具体来说：

第一，应取消教育费附加等基金。我国现有政府性基金项目中，有部分项目所承担的功能是税收应承担的职能，如水利建设基金、城市基础设施配套费、教育费附加、地方教育附加、文化事业建设费和国家电影事业发展专项资金等所涉及的农林水事务、城乡社区事务、教育和文化等方面的事务，具有显著的公共性，这些事务都是公共财政应该承担支出责任的领域，不应该单独设立政府性基金征收，因此，我们建议应取消教育费附加等这类本应由公共财政承担职能的政府性基金。

第二，归并国有土地使用权出让金等基金。在现有基金项目中，有部分基金项目是凭借所有权属获得收益的，如国有土地使用权出让金、国有土地收益基金、中央特别国债经营基金等基金项目，这些项目与凭借政治权力向特定对象征收的“特别公课”是不同的，因此，我们建议将国有土地使用权出让金、国有土地收益基金、中央特别国债经营基金等项目归并至国有资本经营预算，因为它们都是基于所有者身份取得收入的。

第三，规范新菜地开发建设基金等特别课征类基金。这一类基金的情况比较复杂，需要具体分析。我们认为：一是要取消那些征收理由已经消失了的特别课征类基金，如新菜地开发建设基金和育林基金等。设立新菜地开发建设基金的目的是为了防止城郊蔬菜土地被征用而无法供应足够的蔬菜，但在当前我国蔬菜市场化程度很高以及物流也很发达的境况下，城市的蔬菜供应已经不是问题，因此，基于此目的而开征的新菜地开发建设基金已无存在必要。育林基金是对采伐林木的单位和个人征收，由于征收标准高、征收不规范从而大大加重了林业生产者的负担。林业既是一项公益事业，也是一项基础产业，承担着生态建设和林产品供给的重要任务，不仅如此，林业还是周期长、见效慢、效益低的弱质产业，林业生产者的收入本就较低，在此基础上还要额外缴纳育林基金，无疑加重了其负担，因此，在国家对林业的投入已发生了根本性的转变并且致力于减轻林业税费负担的背景下，取消育林基金势在必行。[1] 二是在条件成熟时，结合税制改革，取消相应的特别课征类基金。如结合资源税改革，适时拓展现行资源税的征收范围，取消森林植被恢复费等保护资源的基金；另适时将核电站乏燃

---

① 根据财政部财税〔2016〕11 号文件的规定，新菜地开发建设基金与育林基金的征收标准降为零，但我们认为，既然两项基金已无理由继续存在，故应该取消。

料处理处置基金和废弃电器电子产品处理基金等并入环境税的征收范围。需要指出的是，凡是被上升为税的项目，自然要受到相关税法的规制。三是对保留的特别课征类基金实行规范化管理。这一问题有待后文从征收、使用与监督三个方面详细论证。

二、政府性基金征收的规范化

基于以上分析和政府性基金的征收实践，我们建议对政府性基金的征收制度进行如下完善。

第一，在征收依据方面，我国政府性基金的开征应该符合设立法定和授权明确原则。我国《立法法》第八条第 7 项和第 9 项规定："下列事项只能制定法律，对非国有财产的征收、征用，基本经济制度以及财政、海关、金融和外贸的基本制度。" 作为课征涉及政府对私人(非国有)财产征收的政府性基金，其征收应受法律保留原则的约束，而现行政府性基金的设立依据多为国务院部委规章，不符合《立法法》的要求。据此，对目前确实有必要存在的特别课征类政府性基金的设立应当制定法律，设定程序必须严格依照立法程序，中共中央和国务院的文件不能成为政府性基金设立的依据，各部委的就更是如此。如因客观原因确实需要授权，国务院也应先制定行政法规，待条件成熟时再制定法律。而全国人大及其常委会在授权时也要符合《立法法》的要求，应明确政府性基金课征的"目的、范围、内容、期限以及被授权机关实施授权决定应当遵循的原则等"，禁止"空白授权"、转授权和无期限授权。即便是已经依法设立的政府性基金，也应符合授权明确性的要求，如果不符合这一要求，全国人大及其常委会应该对其进行修改。此外，征收依据中还必须明确政府性基金的课征要件。政府性基金的课征不仅应有法律依据，而且其课征目的、缴费义务人、收入使用等课征要件也应由法律明确规定。因为这不仅关系到政府课征权行使的界限，也关系到国民合法利益的保护。一旦基金的课征目的、缴费义务人、收入使用等课征要件缺乏法律明确规定，那么在实践中就很容易出现课征的目的不明确、基金目的重复、资金使用与课征目的不相符等问题，只要想开征政府性基金，就不存在找不到依据的情况，有关基金设立方面的要求就会大打折扣甚至是形同虚设。

第二，在征收期限方面，全国人大及其常委会也应定期审查监督政府性基金的课征期限。政府性基金课征的正当性不仅要求全国人大及其常委会对政府性基金课征依据、要件等进行立法控制，对已设立的政府性基金，还应定期审查政府性基金继续课征的必要性，"以免缴费义务人于尽其承担事物责任后，仍然继续受到课征，致其财产受到侵害。"①

---

① 柯格钟，特别公课之概念及争议[J]. 月旦法学杂志，2008(12)：183.

第三，在征收主体方面，针对目前政府性基金没有专门统一的征收主体，实践中存在多重委托的现象，增加了财政部门的监管难度和成本的问题，建议确定政府性基金开征的申请主体为省级政府和国务院部门，由税务机关作为政府性基金统一的征收主体，以方便进行统一监管。另外，建议各地设立的财政专员办公室采取税收程序或者相似的征收程序统一征收，以便保证征收程序的严格性、科学性、合理性，这也是政府性基金得以良性运行的保障条件。

三、政府性基金使用管理的规范化

根据前文政府性基金使用管理中所出现的问题，我们认为：

第一，针对政府性基金的征收管理法律规范中没有明确规定或者仅是笼统地规定了基金的使用范围，使用单位的自由裁量权过大的问题，我们建议在各项政府性基金的立法中明确指出政府性基金的使用主体和使用范围。政府性基金的征收是以特定事业发展为取向，那么其使用必然也应是以政府性基金的征收目的为指向。然而若在基金立法中，其资金的使用主体、使用范围存在不明确之处，这就会给政府性基金的使用带来不稳定的隐患。因此，在各项政府性基金立法中，必须明确规定其使用主体和使用范围。

第二，针对实践中政府性基金的使用规范性不强，没有真正做到专款专用，建议严格遵守政府性基金的使用原则，也就是“支持特定事业建设”的原则，实现征收的目的，保障缴费义务人的权利。要严格政府性基金的使用，我们不仅仅需要加强管理的信念，更应加强管理方式的变革。现有的专款专用账户正是有效的管理方式之一，但仅仅设立专款专用账户还不够，还应建立政府性基金使用的问责制度，即在具体的政府性基金的规范中明确挪用或者滥用政府性基金所应负担的责任。另外，政府性基金的使用在事前需要做到合理编制预算，完善预算制度，同时在政府性基金的运营完结后需要进行预算与决算的对比，进行有效的责任审计，从而通过责任审计等监督方式促使政府性基金的使用规范化。

四、政府性基金监督管理的规范化

在政府性基金监督管理的规范化方面，我们认为：

第一，针对外部监督不足，监督实效受限的问题，我们建议强化人大对政府性基金的监督。“任何人都不能做自己的法官”，在权力监督问题上，对于权力行使的合法性和有效性的终极判断主体应当来自被判断者的外部，因而，财政监督在本质上应属于外部监督。当前，强化政府性基金的外部监督应首先体现在人大监督的强化上，人大对政府性基金的监督应主要通过预算制度和审计监督制度予以实现。在预算制度方面，首先，应明确政府性基金预算的范围，不属于政府性基金的项目不应纳入其预算，同时对于实质上属于政府性基金的项目都应纳入其预算范围，真正实现全口径预算管理；其次，应增强政府性基金预算编制的刚性，严惩预算违法违规行为，政府性基金收支全额应当纳入预算和国库管理，坚持“收支两条线”，严格执行批复预算，坚持专款专用，不得挪作他用，预算调整必须符合相应的法定程序；再次应完善政府性基金预算的编制口径、编制方法和管理手段，细化政府性基金的预算编制；最后，应理顺政府性基金预算与公共财政预算的关系，我们认为，由于政府性基金的用途已经事先限定，因此需专款专用，其余额应自求平衡，不宜统筹调剂至公共财政预算，但如政府性基金所涉经济社会领域的特定政策所需，公共财政预算也可在符合相应条件的情况下，有限度地支持政府性基金预算安排。在审计监督制度方面，建议增强审计独立性，实现审计模式从行政型到立法型的转变。立法型审计作为典型的外部监督，可以有效克服行政型审计自我监督的道德困境，增强审计独立性，有助于实现对于政府及有关部门拥有较大支配权的政府性基金进行有效监督。同时应促进政府性基金审计与其他财政监督机制的相互协调，形成监督合力，实现监督信息与监督成果的充分共享。

第二，针对政府性基金的监督制度缺少公众的参与，影响监督的效果和民主性的问题，建议从以下方面进行完善。首先，完善以参与式预算为核心的财政参与制度。所谓参与式预算是指通过公民及组织对政府预算程序的理性参与，促使政府公共预算与公共决策理性化，保障公共资源分配的公正与效率的制度模式。由于预算在财政监督中的核心作用，参与式预算自然成为财政监督体系下财政参与机制的重要方面。完善参与式预算制度，需要在《预算法》这一财政监督的核心层面确立公众参与机制。同时，在政府性基金基本立法和单项政府性基金的相关立法中，也可相应规定公众参与预算的具体形式。其次，完善财政听证制度。听证是公众参与的典型实现机制，其目的在于借助听证程序，实现相关主体之间的充分沟通，增强公权决定的正当性。目前，不少地方虽然进行预算听证的尝试并取得一定成效，但在预算听证的范围、程序等并不统一，且预算听证尚未得到立法层面的充分确认。财政听证在政府性基金监督中应当拥有广阔的空间，在政府性基金监督中广泛引入听证机制，有助于公众切实接近和有效监督政府性基金的运作过程，确保政府性基金涉及的多方利益能够相互协调，从而实现良好的监督效果。政府性基金监督中听证机制的确立，除需加快财政听证一般制度建设外，政府性基金立法自身也可就听证机制予以相应的肯定、细化和完善。最后，完善信息公开制度。完整、准确、详细的政府性基金相关信息，是公众参与的基本前提。我国政府性基金的信息公开化程度还比较低，公开的内容也不够细致，公众和监督机构很难充分了解和掌握政府性基金的收支情况，尤其是基金支出的方向、执行的效果等信息。因此，应加大政府性基金的公开力度，特别是在支出信息公开方面，应在现有公开信息的基础上，增加按部门分类和按经济性质分类的信息。政府是由众多部门所组成，支出总量如何分配给各个部门，反映了“谁”在使用纳税人的钱，具体为纳税人提供公共服务。公共资金和公共服务的最终责任者是各个政府部门。没有部门分类信息，公众及其代表无法确定公共资金的具体使用者，更不能有效地行使监督资金的权利。因此，在政府性基金预算支出信息中应增加按部门分类的信息。此外，政府性基金预算中还应增加按经济性质分类的信息，经济性质分类信息是最为重要的信息，因为它直接反映公共资金是如何使用的，是更为详细、具体的信息。支出的功能分类信息最终必须转换成经济分类信息才能使公众及其代表真正了解政府性基金预算。一个公共项目只有提供充分详细的经济分类信息，公众及其代表才能判断该项目资金的使用是否合理。

本章小结

本章介绍了我国政府性基金的规范化管理，主要内容包括以下三个方面：

第一，政府性基金的含义与性质分析。对政府性基金的定义表述体现在财政部有关政府性基金的部分文件中，以2010年财政部颁布的《政府性基金管理暂行办法》(财综〔2010〕80号)最具代表性，其中第二条给出了政府性基金较为权威的官方定义，“本办法所称政府性基金，是指各级人民政府及其所属部门根据法律、行政法规和中共中央、国务院文件规定，为支持特定公共基础设施建设和公共事业发展，向公民、法人和其他组织无偿征收的具有专项用途的财政资金。”根据这一阐述，政府性基金应该具备以下性质：(1)无偿性，政府性基金是各级政府及其所属部门对公民、法人和其他组织的无偿征收；(2)专用性，政府性基金具有特定目的，也因此决定了其使用上的专款专用性；(3)关联性，政府性基金的缴费人具有特定性，其与基金目的有特殊关联。现代民主法治国家(租税国家)的财政收入或财政工具主要包括税收、行政事业性收费、特别公课与公有财产收入等，那么政府性基金(特别公课)与税收、行政事业性收费以及公有财产收入到底有何异同，本部分也对此进行了分析。

第二，我国政府性基金管理的现状与存在问题。本部分首先分析了我国政府性基金的规模。在讨论我国政府性基金时通常存在两种口径：一是基于财政部每年公布的全国政府性基金目录；二是基于政府性基金预算中的项目。为对比分析政府性基金的现状，将全国政府性基金目录和政府性基金预算的项目分别了进行展示，并提供了2008年以来至2017年政府性基金规模的相关数据进行了具体分析，结果显示：从规模总量上来看，2008年至2017年，政府性基金收入总量基本呈增加趋势，但其间有波动，且政府性基金收入的波动主要是由国有土地使用权出让金收入的变动所引起；从增长速度来看，政府性基金收入占税收收入与公共财政收入的比重也在波动中上升。其次，分析了我国政府性基金管理的现状与问题。根据《政府性基金管理暂行办法》的规定，政府性基金管理涉及的内容广泛，既包括管理制度和管理政策的制定，管理机构的设置、人员的配备又包括对收支管理、预算监督管理等方面的规范，本部分重点说明了征收管理、使用管理与监督管理方面的现状和存在的问题。

第三，我国政府性基金的规范化管理举措。基于对政府性基金的含义与性质的分析，结合我国政府性基金的各具体项目，要规范政府性基金管理应首先分流归位现有政府性基金项目，然后再依据政府性基金管理的现状与问题从征收、使用与监督三个方面阐述政府性基金规范化管理的要求。

名词解释

1. 政府性基金：政府性基金，是指各级人民政府及其所属部门根据法律、行政法规和中共中央、国务院文件规定，为支持特定公共基础设施建设和公共事业发展，向公民、法人和其他组织无偿征收的具有专项用途的财政资金。

2. 特定目的税：特定目的税，是指国家为了达到特定的目的，对特定对象和行为发挥调节作用而征收的税种。

3. 公有财产收入：公有财产收入，是指政府取得的来自公有土地、森林、矿产、河流、股权等财产的租金、利息和变卖价款。

4. 政府性基金预算：新《预算法》第九条第一款对政府性基金预算的概念给出了一个明确的定义："政府性基金预算是对依照法律、行政法规的规定在一定期限内向特定对象征收、收取或者以其他方式筹集的资金，专项用于特定公共事业发展的收支预算"，其征收、收取的对象是与基金目的有特殊关联的主体，而非一般社会公众。

5. 国有土地使用权出让金收入：国有土地使用权出让金收入，是指政府以出让等方式配置国有土地使用权取得的全部土地价款，包括受让人支付的征地和拆迁补偿费用、土地前期开发费用和土地出让收益等。

复习思考题

1. 什么是政府性基金？政府性基金具有哪些性质？
2. 简述政府性基金征收的理论依据。
3. 什么是"特别公课"？请阐述其具体内涵。
4. 政府性基金与行政事业性收费相比，有何区别与联系？
5. 我国当前政府性基金征收管理方面存在哪些问题？如何改进？

第十二章　我国国有资产收入的规范化管理

第一节　国有资产收入的现状分析

一、国有资产收入规模

（一）国有资产与国有资产收入

国有资产，是指属于国家所有的全部财产以及各种自然资源财富。广义的国有资产可以定义为属于国家所有的各种财产、物资、债权和其他权益；狭义的国有资产是法律上确定为国家所有的并能为国家提供未来效益的各种经济资源的总和。国有资产按经济用途分类可以划分为经营性国有资产和非经营性国有资产，按资产存在形态可以划分为有形资产和无形资产，国有资产收入主要针对有形资产，既有经营性国有资产收入，也包括非经营性国有资产的使用所带来的收入。

国有资产收入，指国家凭借其所拥有的资产取得的财政收入，即经营和使用国有资产的企业、事业单位和个人把其收入的一部分交给资产所有者——国家。它既包括经营性国有资产收入，也包括了非经营性国有资产的使用所带来的收入。国有资产收入的多少，一方面反映国有资产营运效益的好坏，反映国有资产保值和增值的情况，另一方面关系到为国有资产的恢复、改造、更新提供资金的多少，同时也关系到财政收入的稳定性。

（二）国有资产收入的形式

一般来说，国有资产收入的形式主要包括经营性收入形式和国有产权转让收入形式（见表 12.1）。经营性收入是国有资产管理部门以国有资产所有者代表的身份获取的利润、租金、股息、红利等形式的收益。利润是国家直接经营和承包经营的国有企业采用递增包干、基数包干和定额包干的方式上缴的；租金则是租赁经营的国有企业向国家上交的；股利分为股息和红利两部分，股息是股份资产的利息，红利则是股票持有者参与股份公司管理而分得的利润。

国有产权转让收入由产权转让收入和使用权转让收入两部分组成。产权转让收入主要是通过转让、出售、拍卖、兼并国有资产产权获得;使用权转让收入包括国有土地使用权出让收益[①]、矿藏资源开采权转让收益、森林采伐权收益和山林、草地、河流开发权使用收益四部分组成。

表 12.1　　国有资产收入的形式

<table>
<tr><th>国有资产收入形式</th><th>具体形式</th><th>具体适用</th><th>具体内容</th></tr>
<tr><td rowspan="3">属于经营性的收入形式</td><td>利润</td><td>主要适用于国家直接经营(包括中介经营)和实行承包经营的国有企业</td><td>上缴利润递增包干
上缴利润基数包干,超收分成
上缴利润定额包干</td></tr>
<tr><td>租金</td><td>适用于实行租赁经营方式的国有企业</td><td>—</td></tr>
<tr><td>股利</td><td>—</td><td>分为股息和红利两种</td></tr>
<tr><td rowspan="2">属于国有产权转让的收入形式</td><td>产权转让收入</td><td>适用于国有资产产权转让、出售、拍卖、兼并等方式</td><td>—</td></tr>
<tr><td>使用权转让收入</td><td>—</td><td>国有土地的使用权出让收益
矿藏资源开采权转让收益
山林、草地、河流开发权使用收益
森林采伐权收益</td></tr>
</table>

(三)我国国有资产收入的规模

在我国财政实践中,国有资产收入包括列入一般公共预算的国有资本经营收入、国有资源(资产)有偿使用收入和列入国有资本经营预算的国有资本经营收入,按收入性质又可以概括为国有资本经营收入和国有资源(资产)有偿使用收入两大类。

从图 12.1 和图 12.2 中可以看出,2014 年至 2018 年,我国的国有资产收入规模约在 10 000 亿元至 20 000 亿元左右,国有资产收入在 2014 年至 2017 年呈上涨趋势,在 2018 年出现了较大幅度的下降,2015 年为 13 807.22 亿元,突破了 10 000 亿元大关。一般公共预算收入中,属于国有资产收入的有国有资本经营收入和国有资源(资产)有偿使用收入,二者占国有资产收入的比例较大,且变化幅度与国有资产收入大致相同。国有资本经营预算的收入在国有资产收入占比较低,其规模大约在 2 000 亿元至 3 000 亿元,2014 年至 2018 年 5 年间,其数额在不断增大,增长速度较为稳定。将国有资产收入区分为国有资本经营收入和国有资源(资产)有偿使用收入两大类后发现,2014 年至 2018 年,国有资本经营收入变动较大,特别是 2018 年,国有资本经营收入下降为 6 411.86 亿元;国有资源(资产)有偿使用收入则基本呈上升趋势,但在 2018 年有所下降为 7 075.98 亿元。

① 因我国国有土地使用权出让收益列入了政府性基金预算,故该章数据并未统计国有土地使用权出让收益数额。

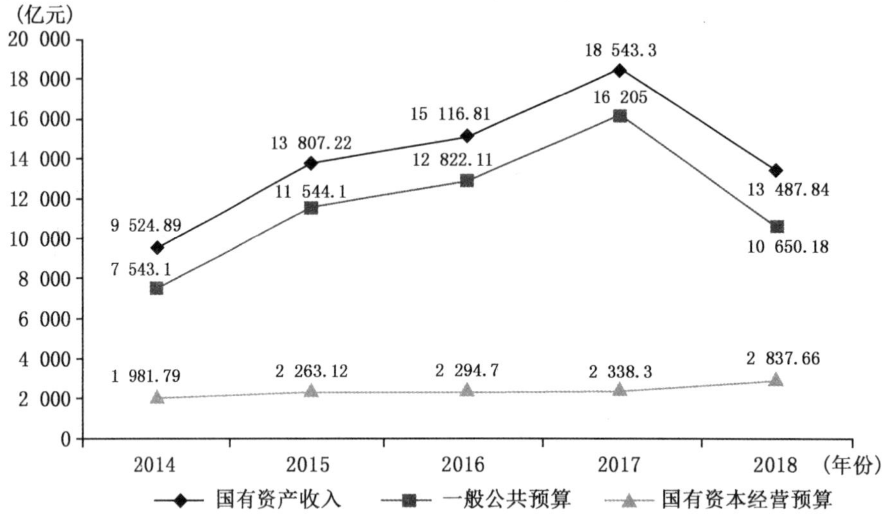

图 12.1 2014—2018 年国有资产收入规模

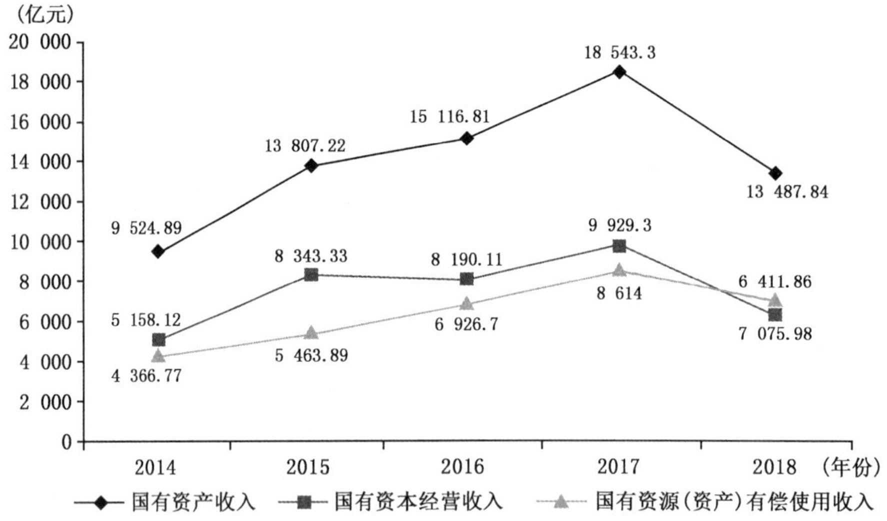

图 12.2 2014—2018 年我国一般公共预算国有资产收入情况

表 12.2 展示了 2017 年我国一般公共预算国有资产收入的情况，国有资本经营收入为 3 574.20 亿元，其中中央收入有 3 217.94 亿元，地方收入只有 356.26 亿元，中央的收入远远超过地方收入；而国有资源(资产)有偿使用收入为 7 075.98 亿元，其中中央收入仅有 789.11 亿元，地方收入为 6 286.87 亿元，地方收入远超中央收入。

表 12.2　　一般公共预算国有收入(2017 年)　　单位:亿元

项　目	一般公共预算收入	中　央	地　方
国有资本经营收入	3 574.20	3 217.94	356.26
国有资源(资产)有偿使用收入	7 075.98	789.11	6 286.87

资料来源:财政部网站。

表 12.3 则具体展示了 2017 年国有资本经营预算收入的情况,当年收入为 2 338.3 亿元,其中利润收入为 1 743.11 亿元,所占比重最大,为 74.54%;股利股息收入为 208.4 亿元,比例为 8.91%;产权转让收入和清算收入的数额则较少,分别为 82.32 亿元与 7.24 亿元,其他国有资本经营预算收入则有 297.23 亿元,所占比重为 12.71%。

表 12.3　　国有资本经营预算收入(2017 年)　　单位:亿元

项　目	预算数	项　目	预算数
一、利润收入	1 743.11	转制科研院所利润收入	3.18
烟草企业利润收入	350.00	地质勘查企业利润收入	1.24
石油石化企业利润收入	107.21	卫生体育福利企业利润收入	0.03
电力企业利润收入	200.78	教育文化广播企业利润收入	13.22
电信企业利润收入	157.27	科学研究企业利润收入	0.08
煤炭企业利润收入	24.02	机关社团所属企业利润收入	8.26
有色冶金采掘企业利润收入	1.18	其他国有资本经营预算企业利润收入	299.04
钢铁企业利润收入	9.55	二、股利、股息收入	208.40
化工企业利润收入	1.96	国有控股公司股利、股息收入	68.16
运输企业利润收入	53.59	国有参股公司股利、股息收入	29.26
电子企业利润收入	10.36	其他国有资本经营预算企业股利、股息收入	110.98
机械企业利润收入	104.99	三、产权转让收入	82.32
投资服务企业利润收入	145.17	国有股减持收入	20.00
纺织轻工企业利润收入	10.19	国有股权、股份转让收入	27.38
贸易企业利润收入	44.66	国有独资企业产权转让收入	21.96
建筑施工企业利润收入	91.01	其他国有资本经营预算企业产权转让收入	12.98
房地产企业利润收入	14.71	四、清算收入	7.24
建材企业利润收入	3.54	其中:国有股权、股份清算收入	6.90
境外企业利润收入	60.89	国有独资企业清算收入	0.22
对外合作企业利润收入	1.63	其他国有资本经营预算企业清算收入	0.12

续表

项　目	预算数	项　目	预算数
医药企业利润收入	8.21	五、其他国有资本经营预算收入	297.23
农林牧渔企业利润收入	7.14	全国国有资本经营收入	2 338.30
邮政企业利润收入	10.00		

资料来源：财政部网站。

二、我国国有资产收入的征收现状

(一)国有资产收入的基本方式

概括来讲，我国现阶段国有资产收入的收入形式包括经营性收入和产权转让收入，它们具体包含如下内容。

第一，经营性收入形式。

通过经营性收入形式获取国有资产收入主要包括获取的利润、红利和租金等。

1. 利润形式

以利润形式获取国有资产收入主要包括国有资产收益分配制度、利改税制度和税利分流制度，具体见图 12.3。

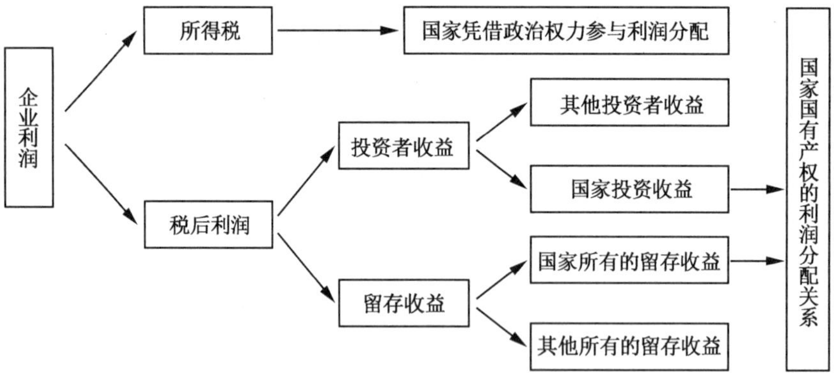

图 12.3　以利润形式获取的国有资产收入

(1)国有资产收益分配制度

在我国的社会体制下，国家会以两种身份参与国有企业的利润分配。第一种身份是国家作为社会管理者参与企业的利润分配；第二种身份是国家作为生产资料所有者参与国有企业的利润分配，取得国家产权收益。

(2)利改税制度

将国有企业向国家缴纳纯收入的上缴利润分配形式，改为向国家缴纳所得税、调节税等税收分配形式，从而把国家与国有企业的利润分配关系用税收的法律形式固定下来，企业纳税后剩余的利润，全部留归企业支配使用。

(3)税利分流制度

企业先按税法规定向国家交纳所得税，税后利润再在国家和企业之间进行适当分配。通过降低税率、取消调节税和逐步解决税前还贷问题等办法，降低税收在企业纯收入分配中的比重，重新引入部分税后利润上交机制，形成税收和利润的分渠分流。采用税利分流制度可以规范国家与企业的利润分配关系，创造公平竞争的条件。

2. 股份与红利

(1)股份制与国有股分红

股利分配一般分为三步：一是支付优先股股利；二是提取任意盈余公积金；三是支付普通股股利。国家分取的股利由国家支配，可以用作国家股本增值，也可以上交国库，作为国家建设性预算或国有资产收入。

(2)承包制与税后承包上缴利润

承包上缴利润是目前多数实行承包制的国有企业所执行的利润分配方法，实行税利分流制度之后，多数实行承包制的国有企业则采用税后承包上缴利润方式，这种方式兼顾了国家与企业的利益，综合了利改税和承包制的合理内核。

3. 租赁经营与租金

租赁经营适用于中小型国有企业，是指国家授权出租方将国有企业承租方经营，承租方按照规定向国家缴纳租金并实施自主经营。国家收取的承租方的租金是税后利润，是经营性租金或者是租赁者使用国有资源应缴纳的使用费，属于我国国有资产收入的一部分。

第二，国有产权转让的收入形式。

1. 产权转让收入

产权转让收入是指通过国有资产产权转让、出售、拍卖、兼并等方式所获得的收入，主要包括国有股减持收入，国有股份、股权转让收入，国有独资企业产权转让收入，还有新疆建设兵团所属企业产权转让收入。

2. 使用权转让收入

使用权转让收入主要包括国有土地使用权出让收益、矿藏资源开采权转让收益和森林采伐权收益等。

(1)国有土地使用权出让收益[①]

---

① 尽管我国国有土地使用权出让收益列入了政府性基金预算，但政府获得该项收益所凭借的是所有权身份，故在性质上应属于国有资产收入。

指政府以出让等方式配置国有土地使用权取得的全部土地价款。具体包括:以招标、拍卖、挂牌和协议方式出让国有土地使用权所取得的总成交价款(不含代收代缴的税费);转让划拨国有土地使用权或依法利用原划拨土地进行经营性建设应当补缴的土地价款;处置抵押划拨国有土地使用权应当补缴的土地价款;转让房改房、经济适用住房按照规定应当补缴的土地价款;改变出让国有土地使用权土地用途、容积率等土地使用条件应当补缴的土地价款,以及其他和国有土地使用权出让或变更有关的收入等。

(2)矿藏资源开采权转让收益

矿藏资源开采权转让收益是国家基于自然资源所有权,将探矿权、采矿权出让给探矿权人、采矿权人(以下简称矿业权人)而依法收取的国有资源有偿使用收入。

(3)森林采伐权收益

森林采伐权收益是指森林采伐权转让而获得的收入,在进行森林采伐权转让时,已经取得的林木采伐许可证可以同时转让,在拥有许可证后才可以对林木进行采伐。

(二)我国国有资产收入科目

为反映我国国有资产收入征收的具体情况,在此我们还展示了国有资产收入科目。如前所述,在我国财政实践中,国有资产收入主要包括列入一般公共预算的国有资本经营收入与国有资源(资产)有偿使用收入和列入国有资本经营预算的国有资本经营收入,一般公共预算中国有资产收入具体科目见表12.4,列入国有资本经营预算的收入科目见表12.5。

表12.4　　一般公共预算中国有资产收入科目

科目代码				科目名称
类	款	项	目	
103	06			国有资本经营收入
		01		利润收入
			01	中国人民银行上缴收入
			02	金融企业利润收入
			99	其他企业利润收入
		02		股利、股息收入
			01	金融业公司股利、股息收入
			99	其他股利、股息收入
		03		产权转让收入
		……	……	……
	07			国有资源(资产)有偿使用收入
		01		海域使用金收入

续表

科目代码				科目名称
类	款	项	目	
			01	中央海域使用金收入
			02	地方海域使用金收入
		02		场地和矿区使用费收入
			01	陆上石油矿区使用费
			……	……
		03		特种矿产品出售收入
		04		专项储备物资销售收入
		……	……	……
		06		非经营性国有资产收入
			01	行政单位国有资产出租、出借收入
		……	……	……

资料来源:《2019 年政府收支分类科目》,财政部网站。

表 12.5　　国有资本经营预算收入科目

科目代码				科目名称
类	款	项	目	
103	06			国有资本经营收入
		01		利润收入
			03	烟草企业利润收入
			04	石油石化企业利润收入
			99	电力企业利润收入
			……	……
		02		股利、股息收入
				金融业公司股利、股息收入
				其他股利、股息收入
			……	……
				产权转让收入
			01	国有股减持收入
			04	国有股权、股份转让收入
			……	……
		04		清算收入
			01	国有股权、股份清算收入
			……	……
		98		其他国有资本经营预算收入

资料来源:《2019 年政府收支分类科目》,财政部网站。

从表中可以看出，国有资产收入包括国有资本经营收入与国有资源（资产）有偿使用收入，其中国有资本经营收入分列在一般公共预算和国有资本经营预算，主要包括利润收入、股利股息收入、产权转让收入和清算收入等，国有资源（资产）有偿使用收入则主要包括海域使用金收入、场地和矿区使用费收入、特种矿产品出售收入、专项储备物质销售收入、非经营性国有资产收入等项目。

三、国有资产收入的使用现状

（一）国有资产收入使用的类型

如前所述，由于国有资产收入被分别列入一般公共预算和国有资本经营预算，一般公共预算的支出往往遵循“一般使用”的原则，因此，该部分收入主要用于提供公共产品和服务。下面我们主要说明列入国有资本经营预算的国有资产收入的使用情况，其使用类型大致可以概括为资本性支出、费用性支出和其他支出等。

第一，资本性支出。资本性支出主要是指根据产业发展规划、国有经济布局和结构调整、国有企业发展要求以及国家战略、安全等需要安排的支出。该支出主要用于国有企业资本金注入、实现国有经济结构调整，推动企业转型升级。

第二，费用性支出。费用性支出主要是指用于弥补国有企业改革成本等方面的支出，帮助企业解决历史遗留问题。主要包括解决厂办大集体改革、“三供一业”移交、离退休人员安置等事项。

第三，其他支出。其他支出主要是指调入一般公共预算和用于补充社会保障基金等方面的支出，这方面的支出主要用来支持保障和改善民生。

（二）国有资本经营预算的支出科目

表 12.6 展示了我国国有资本经营预算支出功能分类科目，从中可以看出，国有资本经营预算支出主要用于补充全国社会保障基金、解决历史遗留问题及改革成本支出、国有企业资本金注入、国有企业政策性补贴和国有资本经营预算调出资金等。

表 12.6　　国有资本经营预算支出功能分类科目

科目代码			科目名称
类	款	项	
208			社会保障和就业支出
	04		补充全国社会保障基金
		51	国有资本经营预算补充社保基金支出
223			国有资本经营预算支出
	01		解决历史遗留问题及改革成本支出
		01	厂办大集体改革支出

续表

科目代码			科目名称
类	款	项	
		02	“三供一业”移交补助支出
			……
	02		国有企业资本金注入
		01	国有经济结构调整支出
		02	公益性设施投资支出
			……
	03		国有企业政策性补贴
		01	国有企业政策性补贴
	04		金融国有资本经营预算支出
		01	资本支出
		02	改革性支出
		99	其他金融国有资本经营预算支出
	99		其他国有资本经营预算支出
		01	其他国有资本经营预算支出
230			转移性支出
	05		国有资本经营预算转移支付
		01	国有资本经营预算转移支付支出
	08		调出资金
		03	国有资本经营预算调出资金

资料来源:《2019 年政府收支分类科目》,财政部网站。

四、国有资产收入的监督管理

本书主要从对国有资本经营预算的监督管理来分析国有资产收入的监督管理。

现有国有资本经营预算监督体系主要由外部监督和内部监督构成。外部监督主要由人民代表大会、政府审计部门和社会公众监督组成。全国人大对中央国有资本经营预算的监督主要集中在预算、决算审批环节,具体工作主要由人大财经委和人大常委会预算工作委员会负责。审计部门主要通过对国资委、负有国有企业监管职责的中央部门进行审计,间接对国有资本经营预算进行监督。除了中央审计部门承担相应的监督责任外,各地审计局也承担了监督国有资本经营预算的职责。例如北京市国有资本经营预算的专门监督部门为北京市审计局,其主要职责是负责监督国有资本经营预算的编制、执行和决算;上海市国有资本经营预算的执行、决算接受审计部门的监督等。社会公众的监督方面,主要是媒体、社会组织以及公民个人根据政府公开信息,监督国有资本经营预算实施的各个环节,从而约束国有资本经营预算的收支行为。

国有资本经营预算的内部监督由财政部和国有资产管理部门组成。财政部在国有资本经营预算编制、执行和决算等阶段均负有监督责任，通过对预算编制的审批、执行调整批准、编报决算报告等方式落实监督职能。此外，财政部也是国有资本经营预算支出项目绩效评价的组织者，通过绩效评价以及专项检查等方式强化预算约束。国有资产管理部门等则代表国家行使出资人职责，依据出资人身份与预算编报办法的要求，对国有企业申报的支出项目进行审核，组织利润上缴等，实现产权性质的监督，应该说，国有资产管理部门是对国有资本经营预算进行了较为有效监督的部门。

第二节　我国国有资产收入管理存在的问题

本节主要从征收、使用与监督三方面来讨论国有资产收入管理存在的问题。

一、国有资产收入征收方面的问题

当前，我国国有资产收入征收方面存在着国有资本收益上缴比例偏低且垄断类企业上缴不合理的问题。

据财政部相关规定，从 2014 年开始，石油、电力、煤炭等具有垄断性质的能源行业和电信行业中的央企的税后利润上缴比例为 20%；钢铁、汽车、电子、运输等竞争性行业中的央企的税后利润上缴比例为 15%；军工类企业、科研院所和不久前纳入国有资本经营预算实施范围的其他部委所属企业，需要上缴税后利润的 10%。整体上来看，国有资本收益上缴比例仍然较低。2018 年，国有资本经营预算收入仅有 2 837.66 亿元，同期一般公共预算收入为 183 352 亿元，前者只占后者的 1.55%，也远远小于全国政府性基金收入（75 479 亿元）和全国社会保险基金收入（72 649.22 亿元）；当年全国国有企业利润总额为 33 877.7 亿元，国有资本经营预算收入占国企利润总额的 8.37%，比例明显偏低。

在所有上缴利润企业中，比例较高的前两类是垄断性国有企业，包括第一类中国烟草总公司和第二类中石油、中石化、中海油、国家电网等 15 家电力、石油石化、电信等资源型企业。这两类垄断性国有企业在经营活动中具有决定性优势，在本领域内形成垄断，对国民经济的决策和发展具有重大影响。目前，这两类垄断性国企的上缴比例分别为 25%与 20%。从表面上来看，这种非“一刀切”式的上缴利润方法看起来考虑到了不同企业差距较大的利润水平，但实际上参考这些垄断企业的利润绝对值可以发现：这两类企业中石油石化、冶金、烟草等行业的净资产收益率都在 20%以上，而农林牧渔、建材等行业仅在 3%左右，因此，尽管我们规定了较高的 25%与 20%的上缴比例，但仍不能体现在垄断国企巨额利润前提下的国家股东身份。以中国烟草总公司为例，2017 年它上缴利润收入为 350 亿元，但当年其所实现的利润总额为 11 145.1 亿元，所占比例仅有 3.14%，远低于全国平均的上缴比例，这并不符合多得多缴的原则，对于其他企业来说是不公平的。

二、国有资产收入使用方面的问题

国有资产收入使用方面所存在的问题主要体现在：一是用于补充社保基金等其他用途的国有资产收入比例较低；二是用于国有企业的支出基本上是内部循环。

（一）用于补充社保基金等的国有资产收入比例较低

国有资产收入是我国非税收入的组成部分之一，如前文所说，国有资产收入的使用主要分为资本性支出和费用性支出，这两部分支出主要是用于与国有企业相关的方面，比如使用在推动国有企业转型升级、支持企业改革、扩大规模等方面，国有资产收入的另一部分主要是补充社会保资金等，但目前用于补充社保基金支出的比例过低，没有充分体现相关政策要求资本经营预算支出应该主要用于涉及国家安全、国民经济命脉、国家发展战略的关键领域和能够改善民生的领域的基本要求。

具体分析 2018 年国有资产收入的实际使用情况（见表 12.7），从中可以看出，当年全国国有资本经营预算支出为 2 273.58 亿元，其中解决历史遗留问题及改革成本支出为 772.85 亿元，国有企业资本金注入为 825.35 亿元，国有企业政策性补贴为 115.29 亿元，三项支出所占比例高达 75.37%；其他国有资本经营预算支出为 549.65 亿元；而补充社保基金支出仅为 10.44 亿元，所占比例只有 0.46%，不到 1%，这说明我国大部分国有资产收入仍然是用于与国有企业相关的方面，用于补充社保基金支出的比例极低，即全民作为出资者应享有的权利和利益极少。我国国有企业要经历解决历史遗留问题的特殊改革过程，这其中涉及现代公司化改革等，因而难免出现国有资产收入要大量投入国企改革等不合理现象，我们认为，应当尽快更好地改变这一现状，使国有资产收入的支出可以更多地用于补充社保基金等民生事项上，从而使全民可以更多地享受到国有企业发展所带来的利益和好处。

表 12.7　　2018 年国有资本经营预算支出情况　　单位：亿元

项　目	预算数
一、国有资本经营预算补充社保基金支出	10.44
二、解决历史遗留问题及改革成本支出	772.85
其中：厂办大集体改革支出	16.25
“三供一业”移交补助支出	499.17

续表

项　目	预算数
国有企业办职教幼教补助支出	6.65
国有企业办公共服务机构移交补助支出	0.59
国有企业退休人员社会化管理补助支出	1.94
国有企业棚户区改造支出	5.10
国有企业改革成本支出	165.13
离休干部医药费补助支出	4.00
其他解决历史遗留问题及改革成本支出	74.02
三、国有企业资本金注入	825.35
其中:国有经济结构调整支出	364.92
公益性设施投资支出	97.33
前瞻性战略性产业发展支出	153.39
生态环境保护支出	1.40
支持科技进步支出	45.16
保障国家经济安全支出	0.59
对外投资合作支出	10.31
其他国有企业资本金注入	152.25
四、国有企业政策性补贴	115.29
其中:国有企业政策性补贴	115.29
五、其他国有资本经营预算支出	549.65
其中:其他国有资本经营预算支出	549.65
全国国有资本经营预算支出	2 273.58

资料来源:国有资产管理监督委员会,《中国国有资产监督管理年鉴》。

(二)国有资产收入基本在国有企业内部循环且对关键领域投入不多

从上表12.7中我们还可知,国有资产收入的绝大部分又投入到了国有企业之中,如前所述,与国有企业有明显关联的科目包括“分别为解决历史遗留问题及改革成本支出”“国有企业资本金注入”和“国有企业政策性补贴”,这三部分支出占国有资本经营预算支出总额的比例为75.37%,也就是说国有资产收入基本上是在国有企业内部循环的。另外,进一步分析可以发现,我国国有资产收入中为了解决历史遗留问题花费了太多的支出,而对国有经济结构调整、前瞻性战略性产业发展与支持科技进步等方面的支出较少,在2018年,国有经济结构调整支出仅364.92亿元,占比为16.05%;前瞻性战略性产业发展支出为153.39亿元,占比为6.75%;而支持科技进步支出仅有45.16亿元,占比仅有1.99%;这不仅减少了国有资产优化配置的机会,不利于国有经济结构性调整改革,同时也不利于我国战略性新兴产业的发展。

三、国有资产收入监督管理方面的问题

对政府预算实施有效的监督,是预算公开化、民主化的重要体现。建立健全国有资本经营预算监督制度,在保证国有资本经营预算收支合法性、合理性,增强政府预算透明度,确保国有资本经营预算符合全体人民作为资本所有者意愿等方面发挥着重要作用。然而现行的国有资本经营预算的监督制度还不够完善,主要还存在以下几个方面的问题:

(一)人大的监督作用没有充分发挥

在对国有资本经营预算的监督实践中,存在着人大的监督作用没有充分发挥的问题。人民代表大会是我国的最高权力机关,它是重要的外部监督主体,有权对国有资本经营预算管理的各个环节实施监督,包括审查批准预算草案、督促预算执行落实、批准预算调整、审议决算情况等。但当前人大在预算监督中的作用没有充分发挥,一方面是因为部分人大代表缺乏审核政府预算的专业能力水平,另一方面也与我国人民代表大会的相关制度安排有关,较短的人民代表大会召开时间导致人大代表无法充分行使质询权力,进而影响对政府预算的监督。

(二)监督办法相对较少

对国有资本经营预算监督中还存在监督办法相对较少的问题。当前国际上对预算形成监督的主要手段有审查批准、人事监督、质询、对话及对预算活动的调查等,我国目前监督办法中主要发挥作用的有审查批准、定期报告和专项检查。这主要是因为在事前阶段的审查阶段需要提交的项目申请报告以及事中执行阶段需要提交的定期进度报告都需要在报告中比较详细地写明项目申请及项目执行的相关信息,并且通过对项目的批准及审核定期进度报告完成了对国有资本经营预算的强制。而且专项检查也是企业以书面的形式向各检查主体提交材料,各检查主体根据材料进行检查后反馈需要整改的地方,这些监督办法主要关注点在于信息的收集以及强制的执行。除了这三个主要发挥作用的监督办法之外,没有设置对国有资本经营预算进行质询的办法,也没有设置就国有资本经营预算进行对话的办法,所以在沟通维度上,监督主体很少用正式的方式直接同企业进行沟通,而企业也没有途径就自己的决策向各监督主体进行解释。

(三)国有资本经营预算透明度不高,阻碍监督作用发挥

现有国有资本经营预算的公开信息相对较少,其主要信息来源是财政部公布的预算与决算表,以及相对简单的预算、决算说明。现有的预算和决算说明信息仅简要地

介绍了预算的收支安排情况，缺乏对相关资金具体用途的详细说明，例如预算支出安排的缘由，支出资金去向，支出资金的作用效果等。

第三节 我国国有资产收入的规范化管理

与前文相对应，仍从征收、使用与监督三方面来讨论国有资产收入的规范化管理。

一、国有资产收入征收的规范化管理

(一)逐步提高国有企业利润上缴比例

根据前文分析，为实现国有资产收入征收的规范化，我们认为应适当提高国有企业利润上缴比例，特别是提高垄断性国有企业的上缴比例。目前我国国有企业利润上缴比例过低，以央企为例，石油、电力、煤炭等具有垄断性质的能源行业和电信行业中的央企的税后利润上缴比例为 20%，其他行业的央企净利润上缴比例更低，而国外这一比例一般为 1/3～2/3，高的甚至达到 80%～90%。因此，应进一步提高国有企业利润上缴比例，尤其是要提高那些具有垄断性质的、利润率较高的行业中的国有企业的利润上缴比例。提高国有企业利润上缴比例一方面能够增加国有资产收入，能够使更多的国有资本收益投入到一些关键行业中，从而有效地优化国有经济结构；另一方面，提高国有企业利润上缴比例还能抑制国有企业经营者盲目投资扩张的欲望，减少了低水平重复投资，从而避免了国有经济结构的恶化。

当然，对于一般竞争性行业中不少中小型国有企业长期处于亏损状态，我们认为应该将其售出，使其民营化，尤其是那些产能过剩行业中的国有企业；另外，政府应尽量避免对国有企业生产经营的直接干预，确保市场在资源配置中起决定性作用。

(二)合理归并国有资产收入

如前所述，国有资产收入是国家凭借所有权身份获得的财政收入，它包括经营性收入和国有产权转让收入等。在我国财政实践中，凭借所有权身份获得的国有资产收入却分散在不同的预算口径中，例如，我们既有专门的国有资本经营预算来列示国有资本经营收入，同时在一般公共预算中也统计了国有资源(资产)有偿使用收入部分国有资本经营收入，此外，国有土地使用权出让金等凭借所有权身份获得的财政收入却列示在了政府性基金预算中。国有资产收入归并口径的碎片化既无法较好地展示国有资产收入的全貌，同时也不利于国有资产收入的规范化管理。因此，我们建议归并国有资产收入，将一般公共预算和政府性基金预算中依据所有权获得的国有资产收入都归并至国有资本经营预算进行统一管理。

至于国有资本经营预算到底属于普通基金预算还是特种基金,我们倾向于将其归入普通基金的类型,主要的理由是:我国国有资本的所有权属于全体人民,其收益也应归属于全体人民。在政府开支规模保持不变的前提下,国有资本的收益越多,公共财政预算中的税收负担率就可以越轻。如果国有资本有开支方面的需要,不宜直接从国有资本收益中支出,而应该从公共财政预算中统筹安排。通过这样的方式,全国人民都可以受益于国有资本,人民还可以通过其代表动态控制国有资本的规模和流向。基于这个原因,不宜将国有资本预算定位为特种基金预算,而应该将其归入一般公共预算。

二、国有资产收入使用的规范化管理

(一)优化国有资产收入的使用结构

当前在国有资产收入使用中,资本性支出和费用性支出占支出总额的绝大部分,其中资本性支出所占的比例高达 80%,也就是说大部分的国有资产收入都被用来继续支持国有企业的发展,而作为出资人的民众却没有享受到应有的权利。因此,应当优化国有资产收入的使用结构,适当降低资本性支出、大幅提高用于社会保障、民生等方面的支出,确保民众作为出资人应该享有的好处。此外,还应扭转资本性支出的投向,加大对战略性新兴产业等的扶持力度。如前所述,在 2018 年国有资本经营预算支出中,国有经济结构调整支出仅 364.92 亿元,占比为 16.05%;而前瞻性战略性产业发展支出与支持科技进步支出的占比更低,仅为 6.75%和 1.99%,这明显不利于国家战略关键领域的发展,因此,在未来确定国有资本经营预算资金的投向时,不仅要增加用于改善民生的国有资本经营预算支出,同时也要充分考虑到国有经济结构调整的目标,要将更多预算资金用于国有企业生产技术革新、新技术研发、节能减排、生态环境保护等有关国民经济命脉、国家发展战略的关键领域。

(二)完善国有资产收入使用绩效评价工作

对国有资产收入使用绩效的评价可以分为内部评价和外部评价两个层次。内部评价的主体是各级政府和国资委,主要对各级国资委和国有资本运营机构的资金使用效益情况包括盈利能力情况、资本运营情况、偿债能力情况、发展能力情况和社会效益情况等进行评价。外部评价的主体是各级人民代表大会、审计、司法机构和社会中介机构等,它们应对资金管理情况和资金执行进度情况进行评价,其中资金管理状况包括制度建设情况、资金到位情况,财务处理情况、资金使用合规性情况、资金使用情况报告等。完成评价后,政府、人大以及国资委应根据绩效评价结果对相关责任部门和责任人员进行奖励或处罚,同时要将评价结果和奖惩决定向社会公开。

三、国有资产收入监督管理的规范化

（一）加强人大对国有资本经营预算的监督

人民代表大会是我国最高的权力机关，政府在代表人民意志行使管理国家事务的权力时，必须接受各级人民代表大会的监督。国有资本经营预算是政府代表人民意志对国有企业履行受托责任的制度产物，理应接受人大的监督。首先，进一步完善人大及其常委会的履职环境，理顺预算监督过程中人大与党委、政府间的关系，提升人大代表的预算审查能力。建议预算工作委员会安排人员参加本级政府的经济工作委员会和财政工作会议等，全面了解经济计划、预算编制的依据，适时建立预算审查听证制度和答辩制度，要求项目部门对项目的基本情况、项目计划以及项目的可行性和效益进行说明。初审以后将结果汇总反馈给政府及财政部门，在其做出整改或给出说明理由之后，随国有资本经营预算草案上报给全国人民代表大会，为各位代表在审议预算草案时提供参考，从而增强预算审查的科学性和可操作性。其次，人大根据政府相关部门、国有企业提供的财务信息、预算信息来履行监督职能，强化人大在国有资本经营预算收支控制上的权力，落实人大在国有资本经营预算收入方面的审查、批准的权力，落实人大在国有资本经营预算重点支出项目形成过程中的监督权，对政府使用和支配预算资源的效率和效果进行评价，判断政府的工作业绩。再次，完善质询程序和制度安排，重塑人大代表及其常委会组成人员的质询权，在人民代表大会召开期间安排专门的质询时间，财政部门以及相关预算单位均有义务就人民代表的质询予以解答；答复后由提问代表或大会主席团、常委会决定是否满意，如对答复不满意可要求重新答复。

（二）增加有效的监督办法

如前所述，当前对国有资本经营预算进行监督的办法主要有项目评审、预算审批、定期报告、专项检查以及绩效评价，有效的监督办法不多，对国有资本经营预算资金的约束不大，从而无法保障国有资本经营预算资金的使用效果。基于此，我们建议除了应继续推进和完善审批制度、评审和立项制度之外，还应努力推进以下措施：首先建议建立预算听证与质询制度，一方面加强人大同财政部门、国有资本经营预算部门的内部协调，另一方面增进企业同各监督主体的沟通。其次是强化财政部门和国有资产管理部门对国有资本经营预算的内部监督。在持续推行及完善现有的定期报告办法的基础上，启动有效的评价报告制度，并加强对评价报告及绩效评价结果的运用。再次是在完善国有资本经营预算法律法规的基础上，建立专门的定期的国有资本经营预算审计制度，除了对预算收支金额进行检查之外，还对预算资金使用效果进行审计，并形成专门的国有资本经营预算审计报告，加强对国有资本经营预算的审计监督。最后是有效运用专项检查办法，对国有资本经营预算项目进行抽查并深入检查，对国有资本经营预算的执行者形成有效的威慑力。

（三）提高国有资本经营预算透明度

国有资本经营预算是一种受托管理，作为委托方的公众自然对预算管理情况具有知情权。但目前我国国有资本经营预算过程的公开性和透明性仍不足，各组织机构对国有资本经营预算监督检查的结果也没有进行公布。对于公众来说，国有资本经营预算的各项操作仍是在“黑匣子”中进行，公众不知道国有资本经营预算的资金都投到了哪些项目，这些项目产生了哪些社会效益和经济效益，是否达到了使用效果。此外，公开性和透明性不足也导致了国有资本经营预算各监督组织监督力度不够的问题。基于此，我们建议：首先，完善国有资本经营预算草案审批制度，并在审批制度中引入听证制度，邀请行政主管部门人员、专家、人大代表和公众代表对国有资本经营预算草案进行初审听证，公布预算信息，采纳公众意见。其次，依托电子政务发展，对国有资本经营预算全过程的相关情况进行定期电子公告。不仅要将预算草案、预算审批结果、预算调整案、预算调整审批结果、资金决算、决算审议结果公之于众，其他具有监督职责的部门也要将对国有资本经营预算的监督检查结果向社会公开。

本章小结

本章介绍了我国国有资产收入的规范化管理，主要内容包括以下三个方面：

第一，我国国有资产收入的现状分析。在介绍国有资产收入的概念以及形式的基础上，分析了我国当前的国有资产收入规模，进而对当前我国国有资产收入的征收、使用以及监督管理现状展开了说明。所谓国有资产收入，指国家凭借其所拥有的资产取得的财政收入，即经营和使用国有资产的企业、事业单位和个人把其收入的一部分交给资产所有者——国家。在我国财政实践中，国有资产收入包括列入一般公共预算的国有资本经营收入、国有资源（资产）有偿使用收入和列入国有资本经营预算的国有资本经营收入，按收入性质又可以概括为国有资本经营收入和国有资源（资产）有偿使用收入两大类。在国有资产收入的征收现状方面，为反映我国国有资产收入征收的具体情况，展示了一般公共预算中国有资产收入科目以及国有资本经营预算收入科目。在国有资产收入的使用现状方面，由于国有资产收入被分别列入一般公共预算和国有资本经营预算，一般公共预算的支出往往遵循“一般使用”的原则，主要用于提供公共产品和服务。因此，主要说明列入国有资本经营预算的国有资产收入的使用情况，其使用类型大致可以概括为资本性支出、费用性支出和其他支出等。在国有资产收入的监督管理方面，主要从对国有资本经营预算的监督管理来分析国有资产收入的监督管理。

第二，我国国有资产收入管理存在的问题。本部分主要从征收、使用与监督三方面来讨论国有资产收入管理存在的问题。在国有资产收入征收方面，存在着国有资本收益上缴比例偏低且垄断类企业上缴不合理的问题。国有资产收入使用方面所存在的问题主要体现在：(1)用于补充社保基金等其他用途的国有资产收入比例较低；(2)用于国有企业的支出基本上是内部循环。现行的国有资本经营预算的监督制度也不够完善，主要存在以下几方面的问题：(1)人大的监督作用没有充分发挥;(2)监督办法相对较少;(3)国有资本经营预算透明度不高,阻碍监督作用发挥。

第三,我国国有资产收入的规范化管理举措。针对上述提出的我国国有资产收入管理存在的问题,本部分仍从征收、使用与监督三方面来讨论国有资产收入的规范化管理。国有资产收入征收的规范化管理举措包括:(1)逐步提高国有企业利润上缴比例;(2)合理归并国有资产收入。国有资产收入使用的规范化管理举措包括:(1)优化国有资产收入的使用结构;(2)完善国有资产收入使用绩效评价工作。国有资产收入监督管理的规范化举措包括:(1)加强人大对国有资本经营预算的监督;(2)增加有效的监督办法;(3)提高国有资本经营预算透明度。

名词解释

1. 国有资产:是指属于国家所有的全部财产以及各种自然资源财富。广义的国有资产可以定义为属于国家所有的各种财产、物资、债权和其他权益;狭义的国有资产是法律上确定为国家所有的并能为国家提供未来效益的各种经济资源的总和。

2. 国有资产收入:是指国家凭借其所拥有的资产取得的财政收入,即经营和使用国有资产的企业、事业单位和个人把其收入的一部分交给资产所有者——国家。

3. 国有资本经营收入:是指经营和使用国有财产取得的收入。

4. 国有资源(资产)有偿使用收入:是指有偿转让国有资源(资产)使用权而取得的收入。

5. 国有资本经营预算:是指对国有资本收益做出支出安排的收支预算。国有资本经营预算应当按照收支平衡的原则编制,不列赤字,并安排资金调入一般公共预算。

复习思考题

1. 什么是国有资产收入?国有资产收入的具体形式有哪些?
2. 简述国有资产收入征收的理论依据。
3. 我国当前国有资产收入征收方面存在哪些问题?如何改进?
4. 我国当前国有资产收入使用方面存在哪些问题?如何改进?
5. 我国当前国有资产收入监督管理方面存在哪些问题?如何改进?

参考文献

[1]Armstrong M,Baron A. Managing Performance:Performance Management in Action[M]. CIPD Publishing,2005.

[2]Berry S,Levinsohn J,Pakes A. Automobile prices in market equilibrium[J]. Econometrica,1995,63(4):841—890.

[3]Berry S,Levinsohn J,Pakes A. Voluntary export restraints on automobiles:Evaluating a trade policy[J]. American Economic Review,1999,89(3):400—430.

[4]Blaug M. The Empirical Status of Human Capital Theory:A Slightly Jaundiced Survey[J]. Journal of Economic Literature,1976,14(3):827—855.

[5]Buchanan J M. An Economic Theory of Clubs[J]. Economica,1965,32(125):1—14.

[6]Cao Y,Qian Y,Weingast B R. From federalism,Chinese style,to privatization,Chinese style[J]. Economics of Transition,1999,7(1),103—131.

[7]Chen T,Kung J K. Busting the "Princelings":The campaign against corruption in China's primary land market[J]. The Quarterly Journal of Economics,2019,134(1):185—226.

[8]Cheung S N S. The Fable of the Bees:An Economic Investigation[J]. The Journal of Law and Economics,1973,16(1):11—33.

[9]Cheung S N S. The Structure of a Contract and the Theory of a Non-exclusive Resource[J]. The Journal of Law and Economics,1970,13(1):49—70.

[10]Else P K. Further Thoughts on Public Goods,Private Goods and Mixed Goods[J]. Scottish Journal of Political Economy,1988,35(2):115—128.

[11]Greenwood P H,Ingene C A. Uncertain Externalities,Liability Rules,and Resource Allocation[J]. The American Economic Review,1978,68(3):300—310.

[12]Holtermann S E. Externalities and Public Goods[J]. Economica,1972,39(153):78—87.

[13]Li S. Better Lucky than Rich? Welfare Analysis of Automobile Licence Allocations in Beijing and Shanghai[J]. The Review of Economic Studies,2018,85(4):2389—2428.

[14]Meade J E. External Economics and Diseconomies in a Competitive Situation[J]. Studi Economici,1952,62(245):54—67.

[15]Millward R. Exclusion Costs,External Economies,and Market Failure[J]. Oxford Economic Papers,1970,22(1):24—38.

[16]Robin B. Efficiency Aspects of Local School Finance[J]. Journal of Political Economy,1970,78(5):1028—1040.

[17]Samuelson P A. Diagrammatic Exposition of a Theory of Public Expenditure[J]. Review of Economics and Statistics,1955,37(4):350—356.

[18]Samuelson P A. The Pure Theory of Public Expenditure[J]. The Review of Economics and Statistics,1954,36(4):387—389.

[19]Stigler G J. The Theory of Economic Regulation[J]. The Bell Journal of Economics and Management Science,1971,2(1):3—21.

[20]Taylor B,Kalauskas R,Iseki H. Addressing Equity Challenges to Implementing Road Pricing[R]. Path Research Report,2010. http://www. path. berkeley. edu/PATH/Publications/PDF/PRR/2010/PRR—2010—06. pdf.

[21]Tobin J. On Limiting the Domain of Inequality[J]. Journal of Law and Economics,1970,13(2):263—277.

[22]Xu C. The Fundamental Institutions of China's Reforms and Development[J]. Journal of economic literature,2011,49(4):1076—1151.

[23]安徽省财政厅政府非税收入管理考察团. 黎学东、陈慧执笔,美国、加拿大政府非税收入管理考察报告[J]. 财政研究,2007(11):74—78.

[24]白彦锋,刘畅. 中央政府土地政策及其对地方政府土地出让行为的影响——对“土地财政”现象成因的一个假说[J]. 财贸经济,2013(7):29—37.

[25]白宇飞. 我国政府非税收入研究[M]. 北京:经济科学出版社,2008.

[26]白竹兰. 价格主管部门简政放权的探索和思考[J]. 价格理论与实践,2014(8):33—34.

[27]鲍莫尔. 福利经济及国家理论[M]. 北京:商务印书馆,1982.

[28]毕星,翁洁雄,胡元枢. 公路收费标准问题探讨[J]. 价格理论与实践,2005(7):35—36.

[29]庇古. 福利经济学(上下册)[M]. 北京:华夏出版社,2017.

[30]布坎南. 公共物品的需求与供给[M]. 上海:上海人民出版社,2017.

[31]财政部、国家发展改革委、行政事业性收费项目审批管理暂行办法,http://www. mof. gov. cn。

[32]财政部. 2019 政府收支分类科目,http://www. mof. gov. cn/.

[33]财政部. 政府性基金管理暂行办法,http://www. mof. gov. cn/zhengwuxinxi/caizhengwengao/2010nianwengao/wengao8/201011/t20101117—349215. html.

[34]财政部. 2019 政府收支分类科目,http://www. mof. gov. cn/.

[35]蔡玲. 破解“乱收费”难题 促进实体经济发展[J]. 经济界,2017(1):22—24.

[36]蔡茂寅,预算法之原理[M]. 台湾:出版有限公司,2008.

[37]曹广忠,袁飞,陶然. 土地财政、产业结构演变与税收超常规增长——中国“税收增长之谜”的一个分析视角[J]. 中国工业经济,2007(12):15—23.

[38]陈斌开,杨汝岱. 土地供给、住房价格与中国城镇居民储蓄[J]. 经济研究,2013(1):110—

122.

[39]陈发源.我国政府性基金法律制度研究[D].安徽大学,2012.

[40]陈光明.美国的基金和基金会计[J].外国经济与管理,1992(10):47—49.

[41]陈凯,赵肖筠.行政收费的规范与救济[J].理论探索,2003(2):75—76.

[42]陈清秀.税法总论[M].台湾:台湾元照出版社,2010.

[43]陈融.我国政府性基金法律问题探讨[J].政治与法律,2013(1):93—101.

[44]陈晓红,谢丽辉.关于国企委托代理关系的另一种观点[J].经济问题,2002(3):45—47.

[45]陈遥根,毕晨飞.加强政府性基金管理改革的建议[J].中国财政,2015(4):48—49.

[46]陈印辉.深入推进行政事业性收费改革的思考[J].湖南水利水电,2018(6):103—104.

[47]陈钊.中国转型中的所有制结构调整:一个动态模拟[J].世界经济文汇,2003(1):45—52.

[48]陈志勇,陈思霞.制度环境、地方政府投资冲动与财政预算软约束[J].经济研究,2014(3):78—89.

[49]程行云,吴晓宁,支玉强.改革完善我国政府税费管理制度的思路[J].价格理论与实践,2014(9):5—8.

[50]程行云.政府性基金管理现状、存在的问题和清理规范建议[J].价格理论与实践,2013(7):31—32.

[51]程勇.四川省行政收费的现状分析及对策研究[D].重庆大学,2007.

[52]程雨燕.环境罚款数额设定的立法研究[J].法商研究,2008(1):121—132.

[53]初兆娴,韩泽治.影子工程法计算矿山生态经济损失[J].黑龙江环境通报,2010(3):87—88.

[54]丛树海.公共支出评价[M].北京:经济科学出版社,2006.

[55]崔聪.行政事业性收费管理问题研究[D].山东大学,2016.

[56]崔岫昆.政府性基金的规范化研究[D].西南政法大学,2015.

[57]党凌云.试论行政收费的设定[J].法制与社会,2007(2):417—419.

[58]邓秋云,邓力平.政府性基金预算:基于中国特色财政的理解[J].财政研究,2016(7):2—10.

[59]邓子基.财政学[M].北京:高等教育出版社,2014.

[60]狄运中.国有资产产权收益存在严重问题[J].财经科学,1995(6):73—74.

[61]杜坤.非税收入预算法律问题研究[D].西南政法大学,2016.

[62]樊纲,胡永泰."循序渐进"还是"平行推进"?——论体制转轨最优路径的理论与政策[J].经济研究,2005(1):4—14.

[63]樊纲.论当前国有企业产权关系的改革[J].改革,1995(1):17—23.

[64]樊纲.论体制转轨的动态过程——非国有部门的成长与国有部门的改革[J].经济研究,2000(1):11—21.

[65]樊纲.中国的国有企业为什么亏损[J].价格与市场,1995(6):32.

[66]樊纲.中国经验与理论创新[J].经济研究,2015(12):11—12.

[67]范乃秋.关于政府性基金预算结转资金调入问题的思考[J].预算管理与会计,2016(11):51—52.

[68]范子英.土地财政的根源:财政压力还是投资冲动[J].中国工业经济,2015(6):18—31.

[69]冯辉.地方政府非税收入的激励与法律规制——理念重塑与类型化对策[J].广东社会科学,2014(4):235—242.

[70]冯俏彬,韩博.我国行政事业性收费的分类管理研究[J].财政科学,2019(5):100—113.

[71]冯俏彬,郑朝阳.规范我国政府性基金的运行管理研究[J].财经科学,2013(4):120—124.

[72]冯俏彬.供给侧改革视角下的我国收费制度研究[J].中共中央党校学报,2016(3):107—112.

[73]冯俏彬.国家治理视角下的政府性基金管理研究[J].地方财政研究,2015(7):16—21.

[74]冯俏彬.我国行政事业性收费的分类管理研究[J].社会治理,2019(10):44—56.

[75]冯昀.构建以人大为核心的财政监督机制[J].理论探索,2010(2):128—130.

[76]付敏杰,张平,袁富华.工业化和城市化进程中的财税体制演进:事实、逻辑和政策选择[J].经济研究,2017(12):31—44.

[77]傅娟,叶芸,谯曼君.减税降费中的企业非税负担定量研究[J].税务研究,2019(7):19—22.

[78]傅子恒,付永灿,杨宝剑.改进国有资产管理机制与促进收入分配公平[J].中国市场,2012(27):11—15.

[79]甘露.我国行政事业性收费项目定价制度的研究[D].东南大学,2016。

[80]高培勇.由适应市场经济体制到匹配国家治理体系——关于新一轮财税体制改革基本取向的讨论[J].财贸经济,2014(3):5—20.

[81]高青莲,贾海薇.现代政府治理模式理论述评[J].四川行政学院学报,2010(2):29—31.

[82]葛克昌.税法基本问题(财政宪法篇)[M].北京:北京大学出版社,2004.

[83]龚宛琪.国有资本经营预算监督体系研究[D].复旦大学,2014年.

[84]辜仲明.特别公课之规范概念与基本原则[D].中原大学,2001.

[85]谷树忠.关于自然资源资产产权制度建设的思考[J].中国土地,2019(6):4—7.

[86]郭丹.准公共产品定价机制的理论思考[J].经济体制改革,2014(6):154—158.

[87]郭慧岩.涉企行政事业性收费清零势在必行[N].河北经济日报,2019—02—16(003).

[88]郭沛廷.基于国家治理的国有资本经营预算改革研究[D].中央财经大学,2017.

[89]郭上,聂登俊.PPP项目财政支出列支政府性基金预算的风险防范[J].中国财政,2019(6):54—56.

[90] 国家发展改革委、财政部,关于取消收费许可证制度加强事中事后监管的通知,http://www.mof.gov.cn.

[91]国家发展改革委、财政部,行政事业性收费标准管理办法,http://www.gov.cn.

[92]国家发展和改革委员会,关于全面实行收费公示制度的通知,http://china.findlaw.cn.

[93]国家计划委员会,关于实行涉农价格和收费公示制度的通知,http://laws.66law.cn.

[94]国家计委、财政部、教育部,关于印发教育收费公示制度的通知,http://www.moe.gov.

cn/.

[95]国务院办公厅,关于进一步加强涉企收费管理减轻企业负担的通知,http://www.gov.cn.

[96]国务院国资委“非经营性国有资产监督管理研究”课题组.非经营性国有资产监督管理研究[J].经济研究参考,2005(3):2—22.

[97]国有资产管理监督委员会.中国国有资产监督管理年鉴[M].北京:中国财政经济出版社,2016.

[98]何盛明,刘西乾,沈云.财经大辞典[M].北京:中国财政经济出版社,1990.

[99]何宇霏,华国庆.非税收入合法性浅析[J].长春理工大学学报(社会科学版),2015(8):35—38.

[100]胡建.资源性国有资产之管理模式探讨[C].中国科学技术协会、中国工程院、湖北省人民政府.科技支撑科学发展——2009年促进中部崛起专家论坛暨第五届湖北科技论坛文集.中国科学技术协会、中国工程院、湖北省人民政府:湖北省科学技术协会,2009:380—384.

[101]胡建淼,江利红.行政法学[M].北京:中国人民大学出版社,2015.

[102]胡娟.构建非税收入分成结算体系的问题与对策[J].中国审计,2009(9):64—65.

[103]胡兰玲,曹玉雯.我国政府性基金设立制度研究——以国家重大水利工程建设基金为视角[J].河北法学,2014,32(2):55—64.

[104]湖南省非税收入征收管理局课题组.非税收入成本核定的思考——基于湖南省14个市州的调查摸底[J].新理财(政府理财),2016(4):24—27.

[105]华国庆.我国国有资本收益若干法律问题研究[J].法学论坛,2012(1):51—58.

[106]黄国辉,王振安,李艳敏.欠发达地区政府性基金收入问题的实证研究[J].吉林金融研究,2008(10):6—9.

[107]黄少安,陈斌开,刘姿彤.“租税替代”、财政收入与政府的房地产政策[J].经济研究,2012(8):94—107,161.

[108]贾康,刘薇.构建现代治理基础:中国财税体制改革40年[M].广州:广东经济出版社,2017.

[109]贾康.非税收入规范化管理研究[J].财政监督,2006(19):4—9.

[110]贾小雷.行政事业性收费清理之理论、效力及制度完善[J].首都师范大学学报(社会科学版),2018(4):48—55.

[111]贾小雷.我国非税收入法律规制与国家财权治理的现代化[J].法学论坛,2017(4):64—75.

[112]江利红.成本效率论:基于公平与效率价值的行政收费基础理论[J].南都学坛,2007(5):96—100.

[113]江利红.论行政收费范围的界定[J].法学,2012(7):60—73.

[114]江玲.行政事业性收费监督检查释解[J].中国价格监管与反垄断,2019(8):48—52.

[115]姜爱华,刘家豪.PPP项目实施过程中的财政激励约束机制研究[J].烟台大学学报(哲学社会科学版),2017(4):100—107.

[116]蒋建湘. 委托代理视角下国企公司治理的改进[J]. 法律科学(西北政法大学学报),2014(6):158－164.

[117]蒋星. 政府为什么会放弃国有产权——对"效率论"和"收入论"的探讨[D]. 复旦大学,2006.

[118]焦蕾. 完善政府非税收入管理制度的路径研究[D]. 云南大学,2018。

[119]经济合作与发展组织. 环境管理中的经济手段[M]. 北京:中国环境科学出版社,1996.

[120]科斯. 论生产的制度结构[M]. 上海:三联书店,上海人民出版社,1994.

[121]科斯等. 财产权利与制度变迁——产权学派与新制度经济学派译文集[M]. 上海:三联书店,1991.

[122]赖永添,李炜. 国有资本经营预算制度实践中的问题与思考[J]. 中国财政. 2011(6):50－53.

[123]兰德尔. 资源经济学[M]. 北京:商务印书馆,1989.

[124]雷潇雨,龚六堂. 基于土地出让的工业化与城镇化[J]. 管理世界,2014(9):29－41.

[125]李国强. 我国行政事业性收费改革的创新实践[J]. 国家治理,2015(4):14－17.

[126]李欢. 国有资本经营预算监督体系研究[D]. 财政部财政科学研究所,2013.

[127]李建发,肖华. 公共财务管理与政府财务报告改革[J]. 会计研究,2004(9):7－10.

[128]李江涛,杨磊. 国有资产管理的"两个转变"和委托代理链条的收敛性[J]. 中国工业经济,2003(5):48－54.

[129]李铠铠,肖子策. 论费税关系及行政收费法治化[J]. 浙江社会科学,2004(3):182－186.

[130]李明. 供给侧改革背景下行政事业性收费改革的建议[J]. 中国财政,2018(14):43－44.

[131]李珊. 淡马锡模式对我国国有企业改革的启示及局限性[J]. 现代农业研究. 2019(8):127－128.

[132]李松森. 国有资产收益分配理论探讨[J]. 东北财经大学学报,2003(5):7－11.

[133]李玮. 行政事业性收费管理问题及对策研究[D]. 华南理工大学,2017.

[134]李文静. 绩效管理[M]. 大连:东北财经大学出版社,2008.

[135]李郇,洪国志,黄亮雄. 中国土地财政增长之谜——分税制改革、土地财政增长的策略性[J]. 经济学(季刊),2013,12(4):37－56.

[136]李永友,沈坤荣. 辖区间竞争、策略性财政政策与 FDI 增长绩效的区域特征[J]. 经济研究,2008(5):60－71.

[137]李友志. 政府非税收入管理[M]. 北京:人民出版社,2003.

[138]梁磊. 激励约束机制的基本框架体系(上)[J]. 施工企业管理,2012(1):77－79.

[139]梁若冰. 财政分权下的晋升激励、部门利益与土地违法[J]. 经济学(季刊),2009,9(1):283－306.

[140]林毅夫,李志赟. 政策性负担、道德风险与预算软约束[J]. 经济研究,2004(2):17－27.

[141]林毅夫,刘培林. 中国的经济发展战略与地区收入差距[J]. 经济研究,2003(3):19－25.

[142]凌静. 我国国有资本经营预算管理问题研究[D]. 广西大学,2017.

[143]刘寒波，易继元，郭平. 政府非税收入概论[M]. 长沙；湖南人民出版社，2015.

[144]刘剑文，熊伟. 财政税收法[M]. 北京：法律出版社，2014.

[145]刘剑文. 落实税收法定原则的意义与路径[J]. 新理财（政府理财），2017(9)：24－28.

[146]刘剑文. 我国财税法治建设的破局之路：困境与路径之审思[J]. 现代法学，2013(3)：65－72.

[147]刘蓉，寇璇，周川力. 企业非税费用负担究竟有多重——基于某市企业问卷调查的研究[J]. 财经科学，2017(5)：124－132.

[148]刘蓉. 关于中国非税收入优化的政策建议——基于中美非税收入结构的比较[J]. 财经智库，2017(6)：62－75.

[149]刘尚希，韩晓明，张立承，等. 进一步降低企业税费负担的难点与对策——基于内蒙古、黑龙江的调研报告[J]. 财政科学，2017(9)：25－33.

[150]刘尚希. 论非税收入的几个基本理论问题[J]. 湖南财政经济学院学报，2013(3)：127－133.

[151]刘树杰. 政府收费的理论思考[J]. 价格理论与实践，2009(10)：13－16.

[152]刘小玄，李利英. 企业产权变革的效率分析[J]. 中国社会科学，2005(2)：4－16.

[153]刘小玄. 国有企业民营化的均衡模型[J]. 经济研究，2003(9)：21－31.

[154]刘永泽 张亮. 我国政府部门内部控制框架体系的构建研究[J]. 会计研究，2012(1)：10－19.

[155]刘运毛. 浅议税务行政争议解决机制[J]. 税务研究，2017(4)：63－67.

[156]刘振明. 规范非税收入预算管理的探索[J]. 时代金融，2015(23)：285－286.

[157]卢洪友，袁光平，陈思霞，卢盛峰. 土地财政根源："竞争冲动"还是"无奈之举"？——来自中国地市的经验证据[J]. 经济社会体制比较，2011(1)：94－104.

[158]罗必良，李尚蒲. 地方政府间竞争：土地出让及其策略选择——来自中国省级面板数据(1993－2009年)的经验证据[J]. 学术研究，2014(1)：67－78.

[159]罗美富. 英国绩效审计[M]. 北京：中国时代财经出版社，2005.

[160]罗福根. 国有资产经营理论与实务[M]. 广州：华南理工大学出版社，1997.

[161]罗文. 行政事业性收费清理及其价格监管研究——以福建省为例[J]. 福建商学院学报，2018(6)：53－58.

[162]马洪范. 政府非税收入管理国际经验及借鉴[J]. 地方财政研究，2009(9)：22－26.

[163]马乃云. 国外国有企业管理及收益收缴实践对我国的启示[J]. 财会研究，2010(17)：60－63.

[164]马楠. 和谐社会视野中的经营性行政违法行为行政罚款标准的确定[J]. 理论与现代化，2007(3)：57－60.

[165]马庆国，胡隆基. 再论国有财团体制：国有资产管理体制再造[J]. 管理世界，2003(7)：136－138.

[166]孟涛. 河北省行政事业性收费管理研究[D]. 燕山大学，2014.

[167]米尔顿·弗里德曼:资本主义与自由[M].北京:商务印书馆,1986.

[168]闵乐.中国国有资产管理体制改革研究[D].辽宁大学,2016.

[169]倪红日.我国城镇化中基础设施建设资金供给的财税体制研究[J].税务研究,2013(9):10—14.

[170]牛晓燕,刘玉平.公共财政框架下的国有资本经营预算制度研究[J].财会研究.2011(20):9—12.

[171]潘泽清.以新加坡淡马锡公司为例谈国有资本运营公司投资策略选择[J].财政科学.2017(6):109—119.

[172]彭成洪.论公共财政框架下的国有资产收益管理[J].广东财经职业学院学报,2002(1):19—22.

[173]彭卫岗.非税收入执收成本探讨[J].行政事业资产与财务,2013(16):73—74.

[174]平新乔.论国有经济比重的内生决定[J].经济研究,2000(7):16—23.

[175]戚振宇.国有资本经营预算实施中的问题及对策研究[D].吉林大学,2016.

[176]秦强.我国行政事业性收费膨胀的制度分析[J].财政监督,2015(31):17—21.

[177]清费减负工作积极推进 两年减轻企业负担超 5000 亿元[J].中国价格监管与反垄断,2018(5):8—9.

[178]饶星.政府性基金的性质及管理依据研究[D].西南财经大学,2013.

[179]任先德.政府非税收入管理知识读本[M].济南:齐鲁书社,2007.

[180]萨缪尔森,诺德豪斯.经济学[M].北京:商务印书馆,2013.

[181]申智平.我国行政事业性收费法律规制研究[D].暨南大学,2009.

[182]沈满洪,何灵巧.外部性的分类及外部性理论的演化[J].浙江大学学报(人文社会科学版),2002(1):152—160.

[183]沈苏俊.我国政府行政事业性收费管理研究[D].云南财经大学,2011.

[184]施正文.论税收程序[J].安徽大学法律评论,2001(1):170—180.

[185]施祖麟,徐润华.非税收入规范化管理与制度创新(中卷)[M].北京:中国言实出版社,2007.

[186]石磊.国有企业的委托—代理结构与制度改革[J].管理世界,1997(2):125—132.

[187]史莉莉.德国公共收费的概况、立法及启示[J].政治与法律,2012(8):128—135.

[188]宋丽颖,张明,梁红梅,陈绍初,王光俊.涉企收费:如何实现"一张网"治理?[J].财政监督,2017(24):40—49.

[189]宋潇.行政事业单位国有资产管理体制改革的两种模式[J].山西财经大学学报,2006(10):53—54.

[190]苏苗罕.美国联邦政府行政收费的法律规范研究[J].行政法学研究,2013(4):112—125.

[191]孙飞.政府性基金预算管理研究[D].东北财经大学,2016.

[192]孙国峰.政府非税收入法律规制研究[D].西北大学,2010.

[193]孙文基.财政学教程[M].苏州:苏州大学出版社,2010.

[194]孙秀林，周飞舟. 土地财政与分税制：一个实证解释[J]. 中国社会科学，2013(4)：41－60.

[195]孙志. 关于政府性基金预算的思考[J]. 中国财政，1998(5).

[196]汤姆金. 透视美国管理与预算局：总统预算局内的政治与过程[M]. 上海：上海财经大学出版社，2009.

[197]唐大鹏，王璐璐，武威. 预算分权下政府内部控制概念框架及实现路径[J]. 财政研究，2017(6)：59－71.

[198]唐峻. 政府非税收入法律制度研究[D]. 西南政法大学，2015.

[199]唐铁军. 公开透明是推进行政事业性收费改革的关键——从收费目录清单视角分析[J]. 价格理论与实践，2018(11)：18－21.

[200]陶然，陆曦，苏福兵，汪晖. 地区竞争格局演变下的中国转轨：财政激励和发展模式反思[J]. 经济研究，2009(7)：21－33.

[201]陶然，袁飞，曹广忠. 区域竞争、土地出让与地方财政效应：基于1999—2003年中国地级城市面板数据的分析[J]. 世界经济，2007(10)：15－27.

[202]田国强. 内生产权所有制理论与经济体制的平稳转型[J]. 经济研究，1996(11)：11－20.

[203]田开友. 政府性基金课征的法治化及其制度路径[J]. 湘潭大学学报（哲学社会科学版），2015(5)：32－36.

[204]万一兵. 论我国行政收费制度存在的问题和改革的措施[J]. 法制与社会，2011(16)：167－168.

[205]汪冲. 用地管控、财政收益与土地出让：央地用地治理探究[J]. 经济研究，2019(12)：54－69.

[206]汪平，李光贵，袁晨. 国外国有企业分红政策：实践总结与评述[J]. 经济与管理研究. 2008(6)：78－86.

[207]王超. 规范价格调节基金的建议[J]. 中国财政，2015(13)：50－51.

[208]王光远. 中美政府内部控制发展回顾与评述——兼为《联邦政府内部控制》（中文版）序[J]. 财会通讯，2009(12)：6－10.

[209]王红领，李稻葵，雷鼎鸣. 政府为什么会放弃国有企业的产权[J]. 经济研究，2001(8)：61－70.

[210]王错. 论行政收费的理由和标准[J]. 行政法学研究，2019(3)：41－53.

[211]王珂. 论行政收费范围[D]. 郑州大学，2010.

[212]王鹏. 探讨排污收费制度在中国的发展[J]. 科技创新导报，2013(7)：165－167.

[213]王清剑，骆晓强，井明，金泉竹，张俐鑫. 美国、加拿大政府非税收入及其票据管理的经验与启示[J]. 中国财政，2014(7)：70－73.

[214]王清剑. 政府非税收入管理流程及制度创新探索与实务（上卷）[M]. 北京：中国经济出版社，2006.

[215]王全兴，傅蕾，徐承云. 国资委与国资运营主体法律关系的定性探讨[J]. 法商研究，2003(5)：32－39.

[216]王为民.关于完善我非税收入管理问题的研究[M].成都:西南交通大学出版社,2007.

[217]王小梅.论居民身份证收费的存与废——兼评我国行政收费制度[J].政法学刊,2008(5):37—41.

[218]王晓琳.国有资源有偿使用收入:经验与借鉴[J].山东省青年管理干部学院学报,2008(2):134—137.

[219]王鑫,甄橙.美国药品监管法规百年历程及对中国的启示[J].中国新药杂志,2016(8):849—854.

[220]王银梅,楚雪娇,张亚琼.分权制衡机制与政府预算约束[J].宏观经济研究,2013(7):11—17.

[221]王媛,杨广亮.为经济增长而干预:地方政府的土地出让策略分析[J].管理世界,2016(5):18—31.

[222]王媛.政府干预与地价扭曲——基于全国微观地块数据的分析[J].中国经济问题,2016(5):29—41.

[223]温娇秀.中国政府性基金规范化管理有待完善[N].经济参考报,2018—02—07(6).

[224]温娇秀.2017中国财政发展报告——中国政府性基金规范化管理研究[M].北京:北京大学出版社,2018.

[225]吴旭东,张果.我国政府性基金的性质、规模与结构研究[J].财经问题研究,2014(11):23—28.

[226]吴之如.部门罚没收入也要晒[J].财政监督,2015(31):80.

[227]武靖州.国外生态补偿基金的实践与启示——基于政府与市场主导模式的比较[J].生态经济,2018(10):195—201.

[228]席鹏辉.2018年全国各省政府性基金收入情况[J].中国财政,2019(6):85—86.

[229]晓声,孙军.伦敦进城收费的启示[J].交通工程,2008(1):63—64.

[230]谢秋涵.国有资产经营原理与实务[M].北京:经济出版社,1997.

[231]熊伟.专款专用的政府性基金及其预算特质[J].交大法学,2012(1):62—73.

[232]徐丹.服务型政府视角下行政收费理论基础的再审视[J].行政与法,2009(6):35—37.

[233]徐桂华,杨定华.外部性理论的演变与发展[J].社会科学,2004(3):26—30.

[234]徐孟洲,王美舒.公共产品提供视野下的政府收费法治化探讨[J].财政监督,2015(31):8—11.

[235]鄢奋.现代西方公共产品理论的借鉴与批判[J].当代经济研究,2012(10):54—57.

[236]闫海,王洋.我国政府性基金透明化治理的制度需求和法治构建[J].税务与经济,2019(5):9—14.

[237]杨继东,杨其静.保增长压力、刺激计划与工业用地出让[J].经济研究,2016(1):99—113.

[238]杨佳佳.企业自备电厂存在的主要问题及政策建议[J].中国价格监督检查,2012(8):13—14.

[239]杨克.美国彩票公益金的运行机制与公共属性:对中国的启示[J].社会福利(理论版),

2015(8):7—11.

[240]杨其静,卓品,杨继东.工业用地出让与引资质量底线竞争——基于2007—2011年中国地级市面板数据的经验研究[J].管理世界,2014(11):24—34.

[241]杨瑞龙.外部效应与产权安排[J].经济学家,1995(5):52—59.

[242]杨志伟,马国仁.政府性基金征收的正当程序研究——基于民航发展基金的个案分析[J].湖南工业大学学报(社会科学版),2016,21(1):69—75.

[243]叶建赓.云南省教育行政事业性收费问题分析[D].云南大学,2014.

[244]叶姗.征收价格调节基金的合法性质证[J].法学论坛,2013,28(2):122—131.

[245]殷大卫.加拿大的非税收入管理及变动趋势[J].中国财政,2009(20):74—75.

[246]尹恒.改革行政事业性收费,建设服务型政府[J].国家治理,2015(4):19—20.

[247]岳红举,单飞跃.政府性基金预算与一般公共预算统筹衔接的法治化路径[J].财政研究,2018(1):101—111.

[248]岳红举.《预算法》视阙下政府性基金的法律规制[J].暨南学报(哲学社会科学版),2019(7):76—84.

[249]张斌.政府性基金谋变[J].新理财(政府理财),2015(10):76—77.

[250]张超.我国行政事业性收费规范管理研究[D].天津大学,2015.

[251]张琛,刘志梧.推进行政事业性收费改革的思考[J].经济研究导刊,2018(11).

[252]张富刚,李凯.自然资源资产产权制度改革新路径——权利分置理论与实践[J].中国土地,2018(8):17—18.

[253]张国清,李建发.美国政府机构内部控制的发展及其启示[J].厦门大学学报:哲学社会科学版,2009(4):86—92.

[254]张果.政府性基金理论浅析[J].赤峰学院学报(自然科学版),2014(17):44—46.

[255]张军,罗长远,冯俊.市场结构、成本差异与国有企业的民营化进程[J].中国社会科学,2003(5):4—15.

[256]张可.国有资本经营预算支出绩效评价研究[D].吉林大学,2016.

[257]张莉,高元骅,徐现祥.政企合谋下的土地出让[J].管理世界,2013(12):43—51.

[258]张莉,徐现祥,王贤彬.地方官员合谋与土地违法[J].世界经济,2011(3):74—90.

[259]张路曦.彩票公益金运行:来自美国的启示[N].中国社会报,2016—03—14(1).

[260]张庆龙.政府部门内部控制:框架设计与有效运行[M].北京:化学工业出版社,2012.

[261]张维迎.企业的企业家——契约理论[M].上海:三联书店,1995.

[262]张五常.经济解释——张五常经济论文选[M].北京:商务印书馆,2000.

[263]张新雅.多元化行政争议解决机制问题研究[D].河北大学,2014.

[264]张燕.涉企行政事业性收费的检察监督模式探索[J].人民法治,2019(21):54—59.

[265]章剑生.行政收费的理由、依据和监督[J].行政法学研究,2014(2):60—69.

[266]赵文哲,杨继东.地方政府财政缺口与土地出让方式——基于地方政府与国有企业互利行为的解释[J].管理世界,2015(4):11—24.

[267]赵忠良.我国罚没收入征管的理论基础研究[J].求索,2008(8):158－159.

[268]郑石桥.绩效审计[M].大连:东北财经大学出版社,2012.

[268]郑航海,戚聿东,吴冬梅.国有资产管理体制与国有控股公司研究[M].北京:经济管理出版社,2010.

[269]郑智强.澳大利亚政府非税收入管理及其启示[J].中国电子商务,2012(17):176.

[270]支玉强.英国政府收费制度及其启示[J].价格理论与实践,2011(8):47－48.

[271]钟平,顾健耀.非税收入管理中激励与约束机制的构建——一个基于“联合确定基数法”的应用[J].技术经济与管理研究,2005(4):69－70.

[272]钟增荣.我国政府性基金的定位及法律制度完善[J].湖北经济学院学报(人文社会科学版),2015,12(10):66－67.

[273]仲理峰,时勘.绩效管理的几个基本问题[J].南开管理评论,2002(3):15－19.

[274]周飞舟.大兴土木:土地财政与地方政府行为[J].经济社会体制比较,2010(3):83－95.

[275]周黎安.中国地方官员的晋升锦标赛模式研究[J].经济研究,2007(7):37－51.

[276]周佑勇.行政法基本原则研究[M].湖北:武汉大学出版社,2005.

[277]朱柏铭.厘定“政府性基金”的性质[J].行政事业资产与财务,2012(3):7－13.

[278]朱必平,陈绍初,程洁等.行政事业性收费和政府性基金清理规范的调查与思考——以湖北省咸宁市为例[J].财政监督,2017(19):78－81.

[279]朱春奎.行政事业性收费改革的示范意义[J].国家治理,2015(4):17－19.

[280]朱尔茜.政府非税收入管理的国际比较与借鉴[J].求索,2013(4):212－214.

[281]朱恒鹏.地区间竞争、财政自给率和公有制企业民营化[J].经济研究,2004(10):24－34.

[282]朱为群,缑长艳.当前国有资源财政收入制度之弊端及其改革[J].税务研究,2014(2):32－37.

[283]朱为群.推进非税收入法治化建设[R].国家税务总局课题组,2017.

[284]朱小川.美国行政规制的“使用者付费”制度[J].公法研究,2015(1):35－71.